NORSK

av Kathleen Stokker og Odd Haddal

NORSK

NORDMENN og NORGE

The University of Wisconsin Press

Published 1981

The University of Wisconsin Press
114 North Murray Street
Madison, Wisconsin 53715

The University of Wisconsin Press, Ltd.
1 Gower Street
London WC1E 6HA, England

Printings 1981, 1984, 1988

Printed in the United States of America

Illustrations by Caroline Beckett

Library of Congress Cataloging in Publication Data
Stokker, Kathleen, 1946–
Norsk: nordmenn og Norge.
English and Norwegian.
Includes index.
1. Norwegian language—Grammar. I. Haddal, Odd.
II. Title.
PD2623.S86 439.8′282′421 81-50827
ISBN 0-299-08690-9 AACR2

innhold

The four principal parts of the verb and review of verbs from Chapters 3 through 12.

13. *TURIST I OSLO* 159

Excerpts from the fictional diary of Kristine Svenson as she and her husband Robert visit Norway's capital city. The excerpts tell about the following places and things: *Karl Johans gate, Slottet, Nationaltheatret, Studenterlunden, Stortinget, Grand Hotell, Domkirken, Torget, "Et dukkehjem" av Henrik Ibsen.*

Grammar — Adjectives: function and forms (indefinite — agreement of the adjective in gender and number with the noun it modifies). Modifications of the general rule of adjective formation: (1) adjectives ending in a consonant plus *-t*; (2) adjectives ending in a double consonant; (3) adjectives ending in *-ig*; (4) adjectives of nationality ending in *-sk*; (5) adjectives ending in a stressed vowel; (6) adjectives ending in an unstressed *-e*. *Hvilken*. *Norsk* / / *nordmann*. Omission of the indefinite article with nationality. Overview of adjective forms.

14. *MER OM OSLO* 179

Kristine Svenson's diary continues as she and her husband visit *Rådhuset, Bygdøy (Fram-museet, Kon-Tiki-museet, Vikingskipmuseet, Folkemuseet), Holmenkollen* and *Nordmarka*.

Grammar — Adverbs of location and motion: simple and compound. Words ending in a single *-m*. Further modifications of the general rule of adjective formation: (1) adjectives ending in unstressed *-el, -en, -er*; (2) *annen*; (3) *liten*. *Litt* / / *liten*. *Å ta* (tenses). *For å* / / *å*. *Å komme* (tenses). The impersonal pronoun *en*. The idiom *å ta det med ro*. Review of nouns with irregular plural forms from Chapters 6 through 14. *Å gå* (tenses). Compound words.

15. *MER OM MAT OG SPISESKIKKER I NORGE* 201

Dinner in a Norwegian home. Coffee around the coffeetable afterward. Ordering in a restaurant. Vocabulary, manners and expressions appropriate to all three situations. Recipes for får-i-kål and bløtkake.

Grammar — *Å sette* / / *å sitte*. Review of reflexive verbs. The imperative with reflexive verbs. *Vil ha* ↔ *har lyst på*. *Vil* ↔ *har lyst til å*. Plural of nouns ending in an unstressed *-el*. One more (*en, ei, ett . . . til*). *Alle* / / *alt*. Modal auxiliaries in the imperfect tense: *ville, skulle, kunne, måtte, fikk*. *Ville* ↔ *hadde lyst*. The use of the infinitive (review). *Å bestille* (tenses).

Grammar — Word order: placement of adverbs of time, manner and degree in dependent clauses (placement of *ikke* and *aldri* in clauses introduced by *som* and *at*), other adverbs that precede the verb in dependent clauses. The expressions *på en måte, å ha lov til å*. The modal auxiliaries *bør* and *burde*. *Fordi / / på grunn av*. More on independent and dependent clauses; *hva, hvordan, hvorfor, hvor*, and *når* as conjunctions and as adverbs; other conjunctions that introduce dependent clauses and those that join independent clauses. The prefix *u-*. *Å slippe* and *å la*. Tenses of the modal auxiliaries.

24. *SVEIN BLIR SYK* 401

A short introduction to Norway's system of social insurance. Svein has appendicitis and must be taken to the hospital. Jorunn visits him at the hospital after the operation and announces her engagement to Jens-Petter. A more thorough account of Norway's *Folketrygd*.

Grammar — Word order: review of word order in independent and dependent clauses, word order in sentences in which a dependent clause precedes the independent clause. Parts of the body and omission of the possessive when referring to part of the subject's body. Irregular plural nouns. The expressions *å være sikker på, å lure på*, and *å være redd for*. Prefixes and suffixes.

25. *NORGE I STØPESKJEEN* 419

Modern Norway: oil blow-out in the North Sea; the discovery of oil in Norway; Norway's political system — the welfare state and parliament, ecological concerns, NATO, and EF.

Grammar — *Hva / / hva som* and *hvem / / hvem som*. The passive voice: passive with *bli* and passive with *-s*. *Å være / / å bli*.

26. *JORUNN OG JENS-PETTER GIFTER SEG* 437

Jorunn and Jens-Petter decide to get married. The marriage ceremony and the wedding banquet. The Church and religious observances in Norway.

Grammar — *X vil at Y skal*. Omission of "if" (expressing conditions by means of inversion). The expressions *å bestemme seg for, å være enig med (noen), enig i (noe)*, and *enige om (noe)*. *Å spørre / / å be / / å stille*. *Å vente på (at noe skal skje)*. Direct and indirect discourse. Ways of expressing future time in Norwegian: *skal, vil*, and *kommer til å*. Ways of expressing extended action: two conjugated verbs joined by *og; å holde på med å*.

Preface

In 1976 while I was teaching at Moorhead State University, Odd Haddal, a native Norwegian who was studying for his master's degree at Moorhead and teaching beginning Norwegian, and I decided to develop materials for the use of our students. The students had expressed an interest in being able to use Norwegian to a greater extent in the classroom and to learn the vocabulary and cultural information that would be most helpful to them in actual conversation with Norwegians in this country and in Norway.

During the first year that the material was in use, instructors at other schools expressed interest in it, and eventually the decision was made to publish it for a wider audience. The University of Wisconsin Press agreed to undertake the project, and suggested that the material be officially class-tested in three different settings: a large university (The University of Minnesota), smaller colleges (Augsburg and St. Olaf), and in adult education classes (sponsored by the Norwegian American Cultural Institute).

A wealth of constructive criticism and helpful suggestions resulted from the testing. Ideas gleaned from the numerous letters that other users of the text have kindly sent over the past four years have also contributed to the development of the book in its present form. I am sincerely grateful for all this valuable assistance.

In addition to the individuals and institutions who were willing to class-test the text, I particularly want to thank the following: The Norwegian Information Service, Moorhead State University, and Luther College for financial and other assistance; Harley Refsal, Lloyd Hustvedt, Liv Dahl, Berit Johns, and Linda Tellberg for helpful advice and encouragement; and Caroline Beckett for her lively illustrations. Special thanks go to Kenneth Chapman and Louis Janus for a multitude of creative ideas and suggestions and to Elizabeth Andress for her patience and care in compiling and typing the glossary, as well as for her unfailing and invaluable help with the arduous task of proofreading the final manuscript.

Current supplements to this text include a workbook (which features a variety of cross-word puzzles, word games, and more traditional exercises and grammar review), laboratory tapes (containing readings from the text, as well as a variety of exercises which require active student involvement), and a lab-manual (with tape-scripts and answers to the workbook exercises). This supplementary material has been prepared by Louis Janus. For instructors, as well as for those using the book for self-study, there is also a teacher's manual which gives teaching strategies, answers to text exercises, and sample examinations. The workbook, tapes, lab-manual, and teacher's manual are available from the University of Wisconsin Press. In addition, sets of color slides to accompany the chapters on Oslo, Bergen, the University, travel in Norway, etc., are currently being planned. Persons interested in further information concerning these slide sets are invited to contact me.

May 7, 1981

Kathleen Stokker
Luther College
Decorah, Iowa

To the Student

The following text begins with *you*. You will be conversing in Norwegian (*bokmål*) about who you are, where you come from, what you do, when and what you eat, how you live, and who your family members are.

Once you have acquired these basic units of vocabulary and structure, you will be using your new language to learn about Norway. You will visit the cities of Oslo and Bergen, eat in a Norwegian home and restaurant, go shopping, and learn about Norwegian schools. Emphasis will also be given to travel and communications, as well as the seasons of the year and Norwegian holidays.

In later chapters you will read about the Norwegian welfare state, the national health insurance system, the discovery of oil and its impact on the Norwegian life-style, the role of the church in Norway, the geography of Norway, and Norwegian history from Viking times to the present. Interspersed throughout the text you will find supplementary readings (*For spesielt interesserte*) containing additional cultural information. (It should be noted that the extra vocabulary from these sections is not included in the list of *Ord* at the end of each chapter, but is defined in the glossary.) The text also includes a special section of supplementary readings (*Tillegg*) which may be used at various points during your study. The relative levels of difficulty of these readings is indicated in the table of contents. Their subjects range from a fictionalized immigrant diary, to Christmas customs, art, and the applied arts in Norway.

As mentioned above, you will find a list of words at the end of each chapter. These words are meant to become part of your active vocabulary. Their definitions, along with pertinent grammatical information about them, are given in the glossary, as is the chapter number in which the word first appears. Although modern Norwegian allows a variety of forms and spellings for many of its words, it was felt that standardization would be desirable in a first-year text, and we therefore have allowed *Tanums store rettskrivningsordbok* to be our guide in matters of gender, form, and spelling.

The present edition of the text features a short grammar summary, a reference for review to assist you in drawing together aspects of the grammar that are presented throughout the text. In the body of the text itself, we have attempted to have the grammar emerge gradually so that you may focus on learning only one new concept at a time. We have tried to illustrate each grammatical point by example, so that you may deduce the rule, but we have also added explanatory footnotes to assist your understanding of Norwegian grammar.

To aid you in developing good pronunciation and intonation habits, as well as to internalize certain items of vocabulary and structure, most chapters contain a practice dialogue (*Vi lærer utenat* or *Vi øver oss*) which you may practice repeatedly while you are studying the chapter. As you begin your study, keep in mind that your goal is to be able to communicate meaningfully with others in Norwegian. Previous users of the book have been delighted by their rapid progress in being able to do so. We hope this will be your experience too.

*This asterisk marks passages in the text you can listen to on corresponding audio tapes.

NORSK

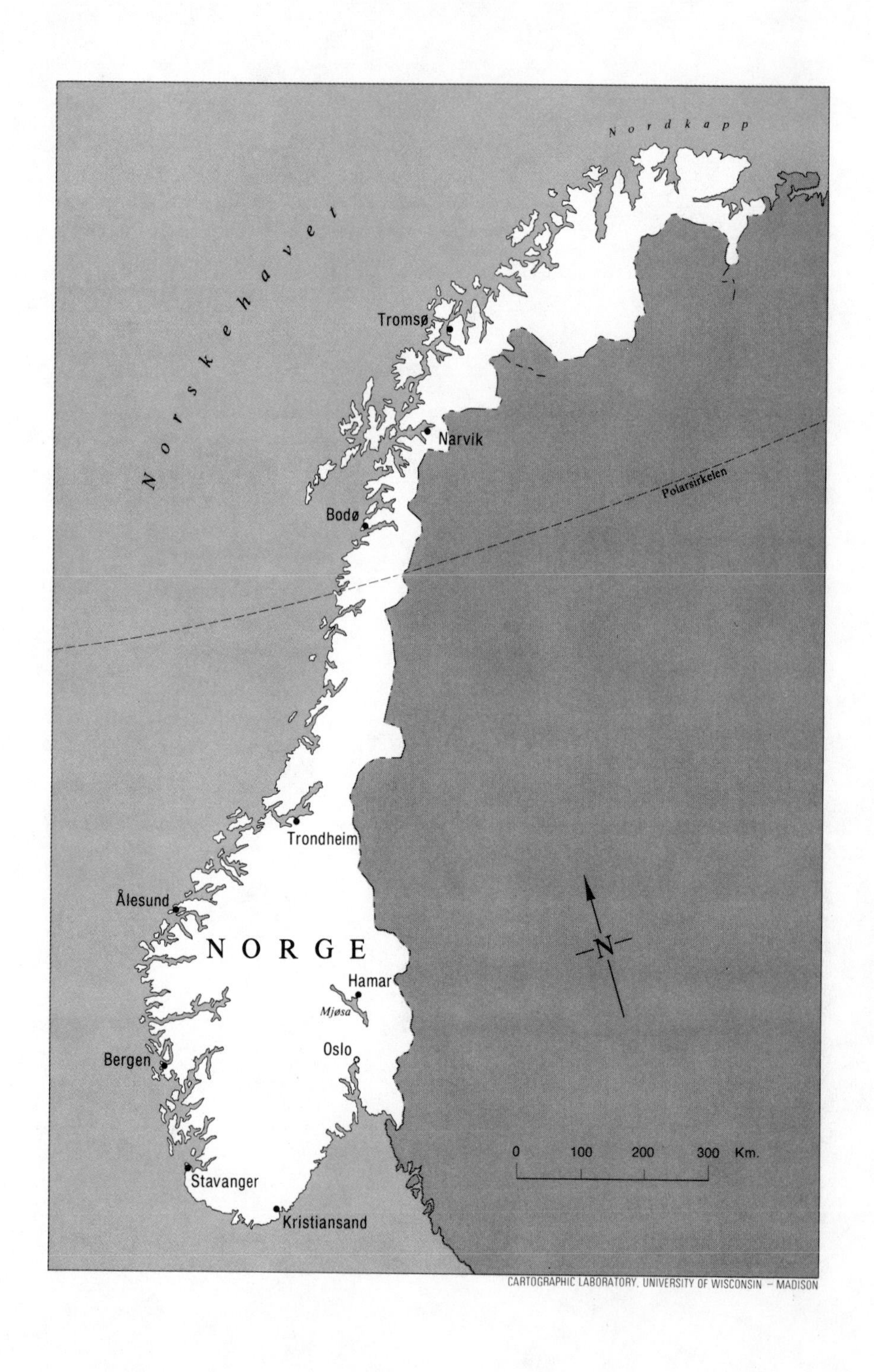
Nordkapp
Norskehavet
Tromsø
Narvik
Bodø
Polarsirkelen
Trondheim
Ålesund
NORGE
N
Hamar
Mjøsa
Oslo
Bergen
Stavanger
Kristiansand
0
100
200
300
Km.
CARTOGRAPHIC LABORATORY, UNIVERSITY OF WISCONSIN – MADISON

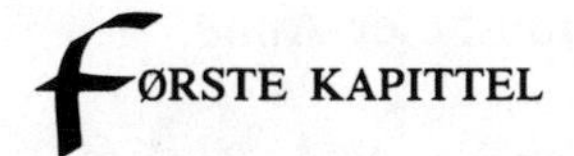

FØRSTE KAPITTEL

GOD DAG

*Lærer:	**God dag.**	1
	Jeg heter ________.	2
	Jeg er fra Amerika.	3
	Familien min er fra Norge.	4
	Hva heter du?	5
	Er du fra Norge?	6

ØVELSE:

Hva heter du?
Jeg heter ________.

Hva heter han?
Han heter ________.
Hva heter hun?
Hun heter ________.

Han heter Hans.
Heter han Hans?
Ja, han heter Hans.

Heter du Hans?
Nei, jeg heter ikke Hans.
Jeg heter Jens.

Heter han Hans?
Nei, han heter ikke Hans.
Han heter Jens.

Heter hun Kari?
Nei, hun heter ikke Kari.
Hun heter Anne.

Hvor er du fra?
Jeg er fra _______.

Hvor er han fra?
Han er fra _______.

Hvor er hun fra?
Hun er fra _______.

Hun er fra Norge.
Er hun fra Norge?
Ja, hun er fra Norge.

ØVELSE:

	jeg			du	
	du			jeg	
	han			han	
Er	hun	fra Norge?	Ja,	hun	er fra Norge.
	Jens			Jens	
	Kari			Kari	

	Kari			hun	
	Hans			han	
Er	Jens	fra Norge?	Ja,	han	er fra Norge.
	Anne			hun	

Er han fra Norge? — Nei, han er ikke fra Norge. Han er fra Amerika.

Er familien din fra Norge? — Ja, familien min er fra Norge.

Er familien min fra Norge? — Nei, familien din er ikke fra Norge.

VI LÆRER UTENAT:

*A: God dag.
B: God dag.
A: Hva heter du?
B: Jeg heter ________. Hva heter du?
A: Jeg heter ________.
B: Det gleder meg.
A: Likeså.
B: Hvordan har du det?
A: Bare bra, takk.

ØVELSE:

Hva er spørsmålet? *(Do* **not** *use interrogatives.)*

Heter han Jens________? Ja, han heter Jens.
________________________? Ja, hun er fra Norge.
________________________? Ja, familien min er fra Amerika.
________________________? Nei, han heter ikke Hans.

Hva er spørsmålet? *(***Use** *interrogatives.)*

Hva heter hun________? Hun heter Anne.
________________________? Jeg heter Hans.
________________________? Han heter Hans.
________________________? Han er fra Norge.
________________________? Familien min er fra Amerika.
________________________? Bare bra, takk.

Sett inn "ikke":

Hun heter Kari.	Hun heter ikke Kari.
Han er fra Norge.	______
Familien min er fra Amerika.	______
Han heter Jens.	______

UTTALE: Lange og korte vokaler[1]

/a:/ **fra, Kari, har, bare, bra, ja**	/a/ **Hans, Anne, takk**
/e:/ **heter, gleder, det**	/e/ **Jens**
/i: / **fam*i*lien, likeså**	/i/ **ikke**

VI SKRIVER:

Er han fra Norge?	Ja, ______
	Nei, ______
Heter han Hans?	Ja, ______
	Nei, ______
Er hun fra Amerika?	Nei, ______ (ikke)
	Hun ______ (Norge)
Heter hun Jens?	Nei, ______ (ikke)
	Hun ______ (Anne)
Er familien din fra Norge?	Ja, ______
	Nei, ______ (ikke)
	Familien min ______ (Amerika)

1. Vowels may be either long or short. In general, a vowel is *long* when it is stressed and followed by one or no consonants: /a:/ *bare, bra*. A vowel is *short* when unstressed or followed by two or more consonants: /a/ *Hans, takk*. The remaining vowels will be introduced in Chapter Two.

Spørsmål:

Hva heter du? ______________________________
Hvor er du fra? ______________________________
Hvor er familien din fra? ______________________________

Velkommen hit!

Lærer Hansen
Jorunn
Svein

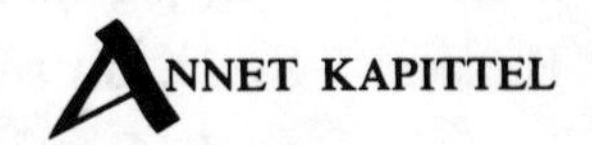

SNAKKER DU NORSK?

***Lærer Hansen:**	**God dag.**	1
Jorunn:	**Morn.**	2
Hansen:	**Snakker du engelsk, Jorunn?**	3
Jorunn:	**Ja, jeg snakker litt engelsk.**	4
Hansen:	**Og du, Svein, snakker du engelsk?**	5
Svein:	**Nei, jeg snakker ikke engelsk.**	6

ØVELSE:

Snakker du norsk?	Ja, jeg snakker norsk. Ja, jeg snakker litt norsk. Nei, jeg snakker ikke norsk.
Snakker han norsk?	Ja, han snakker norsk. Ja, han snakker litt norsk. Nei, han snakker ikke norsk.
Snakker hun norsk?	Ja, hun ________ Ja, ________ (litt) Nei, ________ (ikke)

Hansen:	**Hvordan har du det, Svein?**	7
Svein:	**Bare bra, takk.**	8
Hansen:	**Forstår du litt engelsk nå?**	9
Svein:	**Ja, jeg forstår litt engelsk nå.**	10

Hansen:	**Snakker du litt engelsk også?**	11
Svein:	**Nei, jeg snakker ikke engelsk.**	12
Hansen:	**Svein, du snakker engelsk**	13
	og du forstår engelsk.	14

ØVELSE:

Forstår du norsk?

Ja, jeg forstår norsk.
Ja, jeg forstår litt norsk.
Nei, jeg forstår ikke norsk.

Forstår hun norsk?

Ja, ________________
Ja, ________________
(litt)
Nei, ________________
(ikke)

Forstår han norsk?

Ja, ________________
Ja, ________________
(litt)
Nei, ________________
(ikke)

Vi leser:

***Hansen:**	**Jorunn, jeg er lærer.**[1]	15
	Er du student?[2]	16
Jorunn:	**Nei, jeg er elev.**	17
Hansen:	**Det stemmer.**	18
	Du er ikke student ennå.	19
	Er Svein student?	20

1. With occupations, including student, the indefinite article (the word corresponding to "a" or "an" in English) is omitted in constructions of the type "I am a . . .": *Jeg er student.* — "I am a student." *Han er lærer.* — "He is a teacher."

2. The Norwegian word *student* is used only for university-level students; *elev* is used for pupils of all other schools.

Jorunn: Nei, han er også elev. 21

Hansen: Det stemmer. 22

Det er alt for i dag. 23

Takk for nå. Ha det bra. 24

Jorunn: Takk for i dag. 25

Spørsmål:

1. Hva er Hansen?
2. Er Jorunn student?
3. Er Svein student?
4. Er du student?
5. Forstår du?

VI LÆRER UTENAT:

*A: Morn.
B: God dag.
A: Snakker du norsk?
B: Ja, jeg snakker litt norsk.
A: Er du lærer?
B: Unnskyld, jeg forstår ikke.
Kunne du si det en gang til?
A: Er du lærer?
B: Nei, jeg er student.
A: Takk for nå.
B: Likeså. Ha det bra.

VI SKRIVER:

Hva er spørsmålet?

Snakker du norsk________? Ja, jeg snakker litt norsk.
________________? Ja, du er lærer.
________________? Nei, jeg er student.
________________? Nei, hun forstår ikke norsk.
________________? Nei, han er ikke student ennå.
________________? Ja, det er alt for i dag.
________________? Ja, det stemmer.

Sett inn "ikke":

Han er lærer. — Han er ikke lærer.
Han forstår norsk. — ________________
Hun snakker norsk. — ________________
Jeg er student. — ________________
Det stemmer. — ________________
Du er elev. — ________________
Det er alt for i dag. — ________________

Spørsmål:

Er han student? — Ja, ________________
Nei, ________________

Er hun lærer? — Ja, ________________
Nei, ________________

Er du lærer? — Nei, ________________

Snakker han norsk? — Ja, ________________
Nei, ________________

Forstår hun norsk? — Ja, ________________
Nei, ________________

Snakker jeg norsk? — Ja, ________________ (litt)

Forstår du norsk? — Ja, ________________ (litt)

Er du elev? — ________________

Bokstavene:

a b c d e f g h i j k l m

n o p q r s t u v w x y z

æ ø å

Øvelse:

Jeg heter Anne. Jeg staver det A-N-N-E.
Hun heter Kari. Hun staver det K-A-R-I.
Hva heter du?
Hvordan staver du det?

Vi staver:

god, nå, litt, forstår, det, takk, lærer, student, likeså, hvordan, spørsmål, øvelse

UTTALE[3]**:**

lange vokaler		*korte vokaler*	
/a:/	**dag, fra, bare, bra, staver, hva**	/a/	**gang, lang, alt, snakker**
/e:/	**heter, det, ele*v***	/e/	**student, Jens, ennå, stemmer**
/i:/	**vi, i dag, si**	/i/	**ikke, litt**
/o:/	**god, hvordan, Jorunn**	/o/	**ost, hvor**
/u:/	**du**	/u/	**Jor*u*nn, student, *u*nnskyld, kunne, hun**
/y:/	**by**	/y/	**stykke, unnsk*y*ld**
/æ:/	**lærer, *e*r**	/æ/	**vært**
/ø:/	**bø!, øvelse**	/ø/	**første, spørsmål**
/å:/	**nå, likeså, ennå, forst*å*r, *o*g**	/å/	**åtte, n*o*rsk, N*o*rge, f*o*rstår**

3. The remaining material on pronunciation will be taken up in the lab manual and tapes.

LESESTYKKE:

(Frank kommer fra Amerika. Han er i Oslo.)

Frank:	Unnskyld.
En nordmann:	Ja?
Frank:	Jeg snakker ikke norsk.
Nordmann:	Ikke det? Er du student?
Frank:	Jeg snakker ikke norsk.
Nordmann:	God dag! Jeg heter Hansen.
Frank:	Jeg snakker ikke norsk!
Nordmann:	Jeg er fra Bergen. Er familien din fra Norge?
Frank:	Unnskyld. Jeg forstår ikke norsk.
Nordmann:	Familien min er i Amerika nå. Heter du Hansen? Jeg er lærer her i Norge. Er du lærer?
Frank:	Jeg forstår ikke . . .
Nordmann:	Hvordan har du det? Bra?
Frank:	DO YOU SPEAK ENGLISH?
Nordmann:	Jeg forstår ikke . . . kunne du si det en gang til?

Lykke til!

Good luck!

ORD

Fra 1. og 2. kapittel

Nouns (substantiver)
dag
elev
lærer
spørsmål
student

Pronouns (pronomener)
jeg
du
han
hun
det
vi

Verbs (verb)
er
forstår
heter
kommer
leser
skriver
staver

Adjectives (adjektiv)
engelsk
norsk

Adverbs (adverb)
bare
bra
ennå
her
ikke
likeså
litt
nå
også

Prepositions (preposisjoner)
for
fra
i

Conjunction (konjunksjon)
og

Countries (land)
Amerika
Norge

Interrogatives (spørreord)
hva
hvor
hvordan

Expressions (uttrykk)
god dag
det gleder meg
hvordan har du det
bare bra, takk
kunne du si det en gang til
takk for i dag
i dag
takk for nå
ha det bra
familien min
familien din
det stemmer
det er alt for i dag

Other words (andre ord)
ja
nei
unnskyld
morn
takk

En elev går på skolen.
En student studerer ved universitetet.

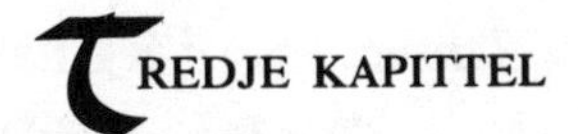

TREDJE KAPITTEL

ER DU STUDENT?

***Hansen:**	**God dag, Svein. Er du student?**	1
Svein:	**Nei, jeg er elev, men Jens er student.**	2
	Han studerer ved et universitet.	3
Hansen:	**Hva studerer han?**	4
Svein:	**Han studerer kjemi og biologi.**	5
Hansen:	**Og hva lærer *du* her på skolen, Svein?**	6
Svein:	**Jeg lærer norsk, engelsk og historie.**	7

Spørsmål:

1. Er Jens elev?
2. Hvor studerer han?
3. Hva studerer han?
4. Hva lærer Svein på skolen?
5. Hva studerer du?

***Hansen:**	**Jorunn, har du en jobb?**[1]	
Jorunn:	**Nei, jeg har ikke det. Jeg går på skole.**	
Hansen:	**Jeg er lærer. Har jeg en jobb, Svein?**	10
Svein:	**Unnskyld, jeg forstår ikke.**	11
	Kunne du si det en gang til?	12

1. Some Norwegian nouns are *en* words (masculine gender): *en skole* "a school," other Norwegian nouns are *et* words (neuter gender): *et kontor* "an office." There are also *ei* words (feminine gender) which will be taken up later. It is important that you memorize the proper article (*en, ei,* or *et*) for each noun you learn.

Hansen:	**Har jeg en jobb?**	13
Svein:	**Nei.**	14
Hansen:	**Jo,[2] jeg har en jobb.**	15
	Jeg arbeider på en skole.	16
	Arbeider jeg på et kontor,[1] Jorunn?	17
Jorunn:	**Nei, du arbeider på en skole. Du er lærer.**	18
Hansen:	**Arbeider jeg på en fabrikk, Svein?**	19
Svein:	**Nei, du arbeider ikke på en fabrikk.**	20
	Du er lærer på en skole.	21

Spørsmål:

1. Har Jorunn en jobb?
2. Har Hansen en jobb?
3. Hvor arbeider han?
4. Hva er han?
5. Har du en jobb?
6. Hvor arbeider du?

JO / / JA:

Øvelse:

Studerer du norsk?	Ja, jeg studerer norsk.
Forstår du norsk?	Ja, jeg forstår norsk.
Er du student?	Ja, jeg er student.
Studerer du ikke norsk?	Jo, jeg studerer norsk.
Forstår du ikke norsk?	Jo, jeg forstår norsk.
Er du ikke student?	Jo, jeg er student.

2. *Jo* means "yes." It is used when refuting a negative statement: *Nei, du arbeider ikke. Jo, jeg har en jobb. Jo* is also used when giving an affirmative answer to a negative question: *Snakker du norsk? Ja, jeg snakker norsk. Snakker du ikke norsk? Jo, jeg snakker norsk.*

Øvelse: (Give affirmative answers to these questions.)

Snakker du norsk?	______________________
Er du ikke fra Amerika?	______________________
Lærer du ikke norsk her?	______________________
Er du på skolen nå?	______________________
Er jeg lærer?	______________________

Heter du Anne?	Ja, jeg heter Anne. Nei, jeg heter ikke Anne.
Heter du ikke Anne?	Jo, jeg heter Anne. Nei,[3] jeg heter ikke Anne.
Arbeider du her?	Ja, ______________ (affirmative) Nei, ______________ (negative)
Arbeider du ikke her?	________________(affirmative) ________________(negative)
Går du på skole?	________________(affirmative) ________________(negative)
Går du ikke på skole?	________________(affirmative) ________________(negative)

Spørsmål: (Answer according to your own situation.)

1. Heter du ikke Kari?
2. Er ikke familien din fra Norge?
3. Er du ikke på skolen nå?
4. Skriver du ikke norsk nå?
5. Lærer du norsk?

3. If the answer to a question is negative, *nei* is used whether or not the question contains *ikke*.

VI LÆRER UTENAT:

*A: God dag.
B: Morn.
A: Er du ikke student?
B: Jo, jeg er student.
A: Hva studerer du?
B: Jeg studerer historie. Hva studerer du?
A: Jeg studerer ikke.
B: Har du en jobb?
A: Ja, jeg arbeider på en fabrikk.

VI TELLER:

1	2	3	4	5	6
en	to	tre	fire	fem	seks
7	8	9	10	11	12
sju	åtte	ni	ti	elleve	tolv

VI TELLER VIDERE:

13	14	15	16	17
tretten	fjorten	femten	seksten	sytten
18	19	20	21	22
atten	nitten	tjue	tjueen	tjueto . . .
30	40	50	60	70
tretti	førti	femti	seksti	sytti
80	90	100	300	110
åtti	nitti	(et) hundre	tre hundre	hundre og ti
1000	5000	0		
(et) tusen	fem tusen	null		

*Hansen: Hvor gammel er du, Jorunn? 22
Jorunn: Jeg er sytten år gammel. 23
Hansen: Hvor gammel er Svein? 24
Jorunn: Han er seksten år gammel. 25
Hansen: Svein! Sover du? 26

Svein: Jeg? . . . Nei, jeg sover ikke. 27

Hansen: Hvor gammel er du? 28

Svein: Jeg er seksten år gammel. 29

ØVELSE:

Hvor gammel er du? Jeg er ______ år gammel.

Hvor gammel er han / hun? Han / Hun er ______ år gammel.

VI LÆRER UTENAT[4]:

*A: God dag.
B: God dag, jeg heter Hansen.
A: Det gleder meg. Jeg heter Olsen.
B: Det gleder meg. Kommer du fra Norge?
A: Nei, jeg er fra Amerika, men familien min er fra Norge.
B: Jaså? Familien min er fra Amerika.
Hvor gammel er du?
A: Jeg er 45 år gammel. Hvor gammel er du?
B: Jeg er 37 år gammel. Jeg arbeider på et kontor.
A: Jaså? Jeg arbeider på en fabrikk.
B: Takk for nå.
A: Likeså.

Bjørn, Frank og Anne

Bjørn *er* student. Han kommer fra Bergen, men han *har vært* i 30
Amerika; han *var* i Chicago. Han studerer norsk og engelsk, og 31
han liker *å være* student. Han er tjuefire år gammel. 32

Frank kommer fra Minnesota, men han er i Norge nå. Han 33
liker å være der. Han er ikke student, han arbeider på et kontor. 34
Han er tjueto år gammel. 35

4. Practice this dialogue as it is, then change the information to make it apply to yourself.

Anne er tjuetre år gammel. Hun kommer fra Amerika og hun 36
er i Amerika nå. Hun var student før, men hun har en jobb nå. 37
Hun arbeider på en fabrikk. Hun har ikke vært i Norge . . . 38
ennå. 39

Spørsmål:

1. Hva er Bjørn?
2. Liker han å være student?
3. Har han vært i Amerika?
4. Hvor i Amerika var han?
5. Liker Frank å være i Norge?
6. Er Anne student nå?
7. Hvor arbeider hun?
8. Har hun vært i Norge?
9. Har du vært i Norge?
10. Liker du å være student?

Å VÆRE:

<table>
<tr><td></td><td>er</td><td></td><td>Er</td><td></td><td></td><td></td></tr>
<tr><td>Hun</td><td>var</td><td>her.</td><td>Var</td><td>hun</td><td></td><td>her?[5]</td></tr>
<tr><td></td><td>har vært</td><td></td><td>Har</td><td></td><td>vært</td><td></td></tr>
<tr><td colspan="3">Hun liker å være her.</td><td colspan="4">Liker hun å være her?</td></tr>
</table>

<table>
<tr><td></td><td>er</td><td></td><td></td><td></td></tr>
<tr><td>Hun</td><td>var</td><td>ikke</td><td></td><td>her.[6]</td></tr>
<tr><td></td><td>har</td><td></td><td>vært</td><td></td></tr>
<tr><td colspan="5">Hun liker ikke å være her.</td></tr>
</table>

5. As we have seen, the verb is placed first and followed by the subject when a question is formed from a statement: *Heter du Hans*? When dealing with a verb consisting of two or more elements, it is only the conjugated verb—the one that comes first after the subject in a statement—that is displaced to the beginning of the sentence: *Du har vært her. Har du vært her*?

6. As we have seen, *ikke* is placed immediately after the verb to make a statement negative. When dealing with a verb consisting of two or more elements, it is the conjugated verb that *ikke* follows: *Jeg er ikke student. Jeg har ikke vært student.*

Øvelse: Sett inn riktig form av *å være*:

1. _______ du student nå?
2. Hvor _______ du før?
3. Han har _______ i Norge.
4. Han liker _______ i Norge.
5. Hansen _______ lærer nå.
6. Han _______ student før.
7. Han _______ ikke _______ i Amerika.
8. _______ du _______ i Norge?

"Å være eller ikke å være, det er spørsmålet."
Hamlet

VI SKRIVER:

Sett inn "ikke":

1. Du er student.	Du er ikke student.
2. Han studerer historie.	_______
3. Hun liker å være i Norge.	_______
4. Jeg var på skolen i dag.	_______
5. Han snakker norsk.	_______
6. Anne har vært i Norge.	_______
7. Vi lærer norsk.	_______
8. Du arbeider her.	_______

Lag spørsmål: (Use sentences 1–8 above.)

1. Du er student.	Er du student?
2. Han studerer historie.	_______
(osv.)	

Hva er spørsmålet? (Do *not* use interrogatives.)

1. Liker du å være her? Ja, jeg liker å være her.
2. _______? Nei, jeg sover ikke.
3. _______? Ja, du snakker litt norsk.
4. _______? Nei, han har ikke vært i Amerika.
5. _______? Ja, hun liker å være student.

Hva er spørsmålet? (Use interrogatives.)

1. Hvordan staver vi universitet?
   Vi staver det U-N-I-V-E-R-S-I-T-E-T.
2. ______________________? Jeg er tjue år gammel.
3. ______________________? Han arbeider på en skole.
4. ______________________? Hun studerer biologi og kjemi.
5. ______________________? Jeg liker å være på skolen.

EN SAMTALE: (Supply the missing lines.)

A:
B: God dag.
A:
B: Jeg heter Anne. Hva heter du?
A:
B:
A: Likeså.
B:
A: Ja, jeg er student her.
B:
A: Jeg studerer engelsk og norsk.
B:
A: Nei, jeg arbeider ikke.
B:
A: Jeg er tjueen år gammel.
B: Takk for nå.
A:

PERSONLIG

Jeg heter ________
Jeg kommer fra ________
Familien min kommer fra ________
Jeg studerer ________
Jeg er ________ år gammel.

HJEMMELEKSE: Using the above information about yourself, write a dialogue between yourself and another student.

Ingen er for gammel til å lære.

ORD
Fra 3. kapittel

Substantiver[7]

(en) biologi	et kontor
en dag	et spørsmål
en elev	et universitet
en fabrikk	et år
(en) historie	
en jobb	
(en) kjemi	
en skole	
en student	

Verb

arbeider
går
har
liker
lærer
sover
studerer
teller
å være–er–var–har vært

Adjektiv

gammel

Adverb

der
før

Preposisjoner

på
ved

Konjunksjoner

eller
men

Uttrykk

hvor gammel er du
jeg er (16) år gammel
jaså
går på skole
på skolen
ved et universitet

Tall

en	nitten
to	tjue
tre	tjueen
fire	tjueto
fem	tretti
seks	førti
sju	femti
åtte	seksti
ni	sytti
ti	åtti
elleve	nitti
tolv	(et) hundre
tretten	hundre og ti
fjorten	tre hundre
femten	(et) tusen
seksten	fem tusen
sytten	
atten	null

Andre ord

jo

7. Nouns from chapters 1–2 are repeated here with the appropriae indefinite article. The articles for abstract nouns are given in parentheses.

fem øre

ti øre

tjuefem øre

femti øre

en krone

fem kroner

ti kroner

femti kroner

hundre kroner

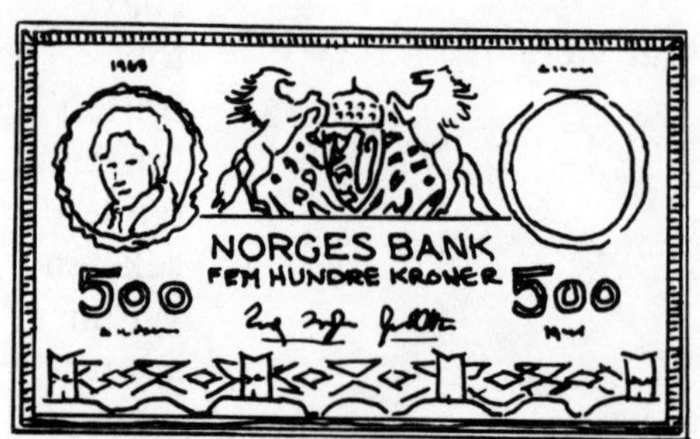

fem hundre kroner

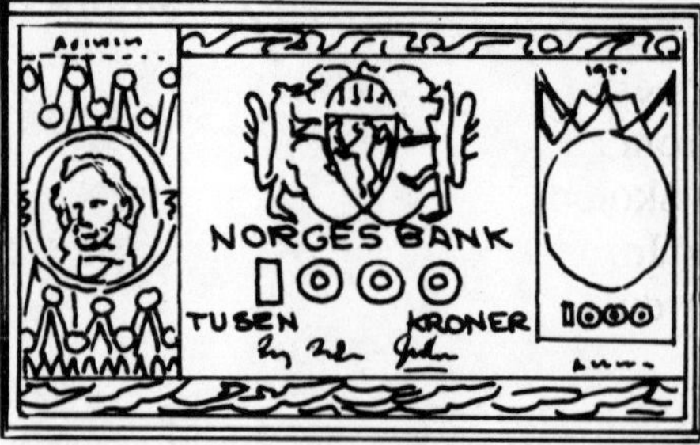

tusen kroner

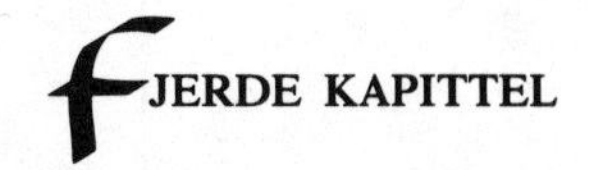
FJERDE KAPITTEL

PENGER I NORGE

*Lærer Hansen:	God dag. Takk for sist.[1]	1
	Jorunn, har vi dollar og cent i Norge?	2
Jorunn:	Nei, vi har kroner og øre i Norge.	3
Hansen:	Ja, det stemmer.	4
	Svein, har du ti kroner?	5
Svein:	Jeg? Nei. Jeg har ikke kroner og ikke dollar.	6
	Jeg har ikke *noen* penger.	7
Hansen:	Men Svein! Du er på skolen nå!	8
	Du trenger en blyant, et viskelær,	9
	en linjal og skrivepapir.	10
Svein:	Å jaså. Kunne du si det en gang til?	11
Hansen:	En blyant, et viskelær, en linjal og	12
	skrivepapir. Jorunn, hva trenger du?	13
Jorunn:	Jeg trenger en blyant. Jeg har en penn.	14

Spørsmål:

1. Har vi dollar og cent i Norge?
2. Har Svein noen penger?
3. Har du ti kroner?
4. Svein er på skolen. Hva trenger han?
5. Hva trenger Jorunn?
6. Hva trenger du?

1. An alternative, if the individuals were together the day before, is *Takk for i går*.

Øvelse: Hva er dette?

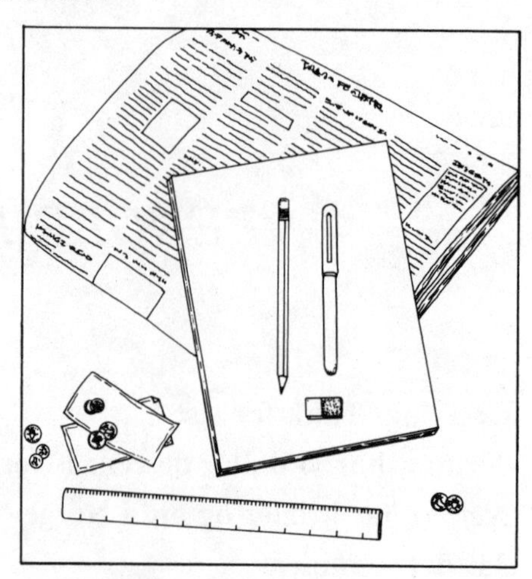

(*Svein er i butikken. Han har penger nå.*)

Ekspeditøren:	**Vær så god.**	15
Svein:	**Har du skrivepapir?**	16
Ekspeditøren:	**Ja, vær så god.**	17
Svein:	**Jeg trenger også en penn, en blyant**	18
	og et viskelær.	19
Ekspeditøren:	**Vær så god.**	20
Svein:	**Hvor mye koster alt dette?**	21
Ekspeditøren:	**Papiret koster seks kroner,**	22
	pennen koster tolv femti,	23
	blyanten koster åtti øre,	24
	og viskelæret koster femti øre.	25
Svein:	**Et øyeblikk! Jeg trenger også**	26
	en linjal og en avis.	27
Ekspeditøren:	**Ja takk. Linjalen koster en krone**	28
	og sekstifem øre, og avisen koster	29
	to femti. Det blir tjuetre kroner	30
	og nittifem øre.	31
Svein:	**Vær så god.**	32
Ekspeditøren:	**Mange takk.**	33

Spørsmål:

1. Hvor er Svein nå?
2. Hva kjøper han?
3. Hva koster papiret?
4. Hva koster pennen?
5. Hva koster blyanten?
6. Hva koster viskelæret?
7. Hva koster avisen og linjalen?
8. Hvor mye blir det?

UBESTEMT OG BESTEMT ARTIKKEL:

en **penn — penn*en*[2]**
en **blyant — blyant*en***
en **avis — avis*en***

et **spørsmål — spørsmål*et***
et **viskelær — viskelær*et***
et **kontor — kontor*et***

Øvelse:

Lærer:	*Student:*
Jeg kjøper en blyant.	Hva koster blyant*en*?
et viskelær.	viskelær*et*?
en penn.	________
en linjal.	________
en avis.	________

2. *The indefinite and definite forms of the noun*: In English the indefinite article is "a" or "an" and the definite article is "the." In Norwegian the indefinite article is *en, ei*, or *et* depending on the gender of the noun, and the definite article is suffixed to the noun: *en penn*, "a pen"; *pennen*, "the pen"; *et spørsmål*, "a question"; *spørsmålet*, "the question." The *ei* nouns will be taken up later.

Oppgave: Hva betyr det?

butikken
papiret
et år
en elev
fabrikken

en student
jobben
viskelæret
en lærer
en skole

året
eleven
studenten
læreren
skolen

VI LÆRER UTENAT:

***A:** **Vær så god.**
B: **Jeg trenger en penn.***
A: **Her er en penn.**
B: **Hva koster pennen?**
A: **Pennen koster tolv femti.**
B: **Vær så god.**
A: **Mange takk.**

Substitute** ***en linjal, et viskelær, en avis, en blyant, skrivepapir.

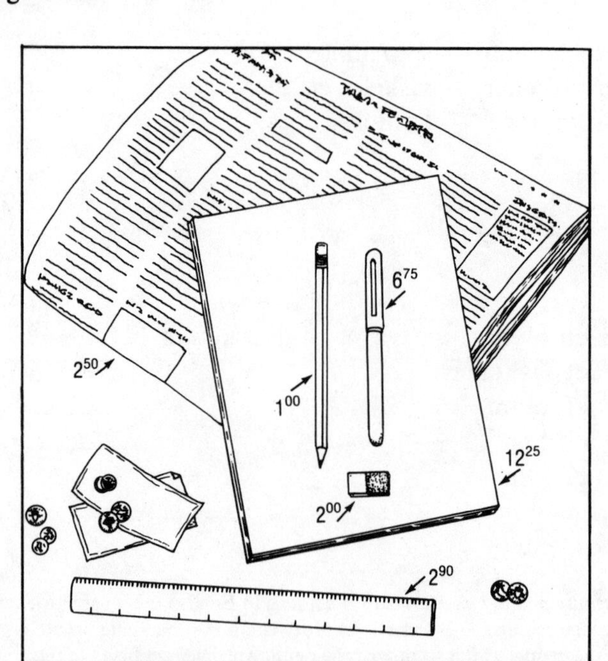

Oppgave: Oversett til norsk.

1. You need a pencil, an eraser, a ruler, and writing paper.
2. The pencil costs two *kroner*, the eraser costs ninety-five *øre*, the ruler costs three *kroner* and seventy-five *øre*, and the writing paper costs sixteen *kroner*.
3. That comes to twenty-two *kroner* and seventy *øre*.
4. She has a job in America.
5. She likes the job, but she doesn't like the office.
6. Svein is in the store now.
7. Jorunn has not been there yet.
8. I have a question.
9. What is the question?
10. He works at a factory, but where is the factory?

VI REPETERER: SPØRREORD

HVA

HVOR[3]
- **Hvor kommer du fra?** **(Hvor betyr "where.")**
- **Hvor gammel er du?** **(Hvor betyr "how.")**

HVORDAN[3]

3. *Hvor* has two meanings in Norwegian. It means "where" in front of a verb (*Hvor kommer du fra?*), and it means "how" in front of an adjective or adverb (*Hvor gammel er du?*). *Hvordan* is used for "how" only in front of verbs (*Hvordan har du det?*).

Oppgave: (Sett inn det riktige spørreordet.)

1. ___Hva___ heter du?
2. ________ kommer du fra?
3. ________ gammel er du?
4. ________ studerer du?
5. ________ arbeider du?
6. ________ har du det?
7. ________ mye koster alt dette?
8. ________ trenger du?
9. ________ kommer familien din fra?
10. ________ staver vi det?
11. ________ har familien din det?
12. ________ er vi nå?

VI LÆRER UTENAT:

***A: God dag. Takk for sist.**
B: Likeså. Hvordan har du det?
A: Bare bra, takk. Og du?
B: Takk bra. Hva kjøper du her i butikken?
A: Jeg trenger en penn og skrivepapir.
Hva kjøper du?
B: Jeg kjøper avisen.
Ha det bra.
A: Ha det.

OPPGAVE: (Give an appropriate response to each of the following.)

1. Hvordan har du det? ___Bare bra, takk.___
2. Det gleder meg. ________________
3. Takk for nå. ________________
4. God dag. ________________
5. Vær så god. ________________
6. Ha det bra. ________________

Penger spart er penger tjent.

ORD
Fra 4. kapittel

Substantiver
en avis
en blyant
en butikk
en ekspeditør
en krone
en linjal
en penn

(et) papir
(et) skrivepapir
et viskelær

Plural (flertall)
penger
øre

Pronomen
dette

Verb
betyr
kjøper
koster
trenger

Adjektiv
mange
noen

Adverb
mye
så

Uttrykk
takk for sist
takk for i går
mange takk
vær så god
hvor mye blir det
det blir (tjue kroner)
et øyeblikk
alt dette
ha det
i går
i butikken
hva betyr det

Hei!
Jeg er en gutt.
Hun er en pike.
Hva!
Forstår du ikke?

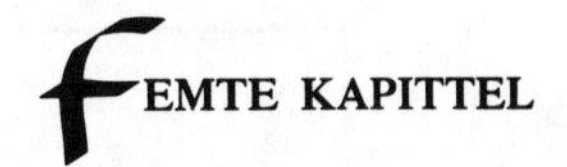

I KLASSEVÆRELSET

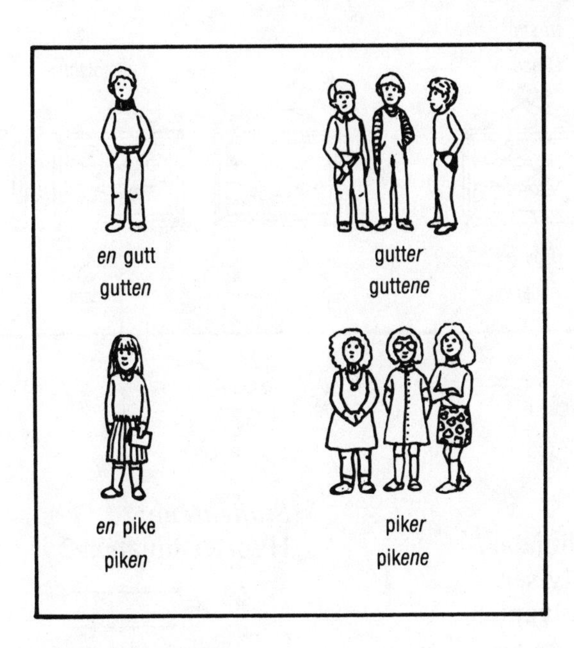

SUBSTANTIVET I FLERTALL:

Øvelse:

Hvor mange gutter[1] og piker er det i klassen?	
Vi teller gutt*ene*: en, to, tre . . .	Det er . . . gutt*er* i klassen.
Vi teller pik*ene*: en, to, tre . . .	Det er . . . pik*er* i klassen.
Hvor mange studenter er det i klassen? (elever)	Det er . . . student*er* i klassen. (elev*er*)
Hva lærer studentene[1] her? (elevene)	Student*ene* lærer norsk her. (Elev*ene*)

1. The normal ending for the indefinite plural in Norwegian is *-er*. The normal definite plural ending is *-ene*: *gutter*, "boys"; *guttene*, "the boys." Nouns ending in an unstressed *-e* lose the *-e* when the endings are added: *en pike, piken, piker, pikene*.

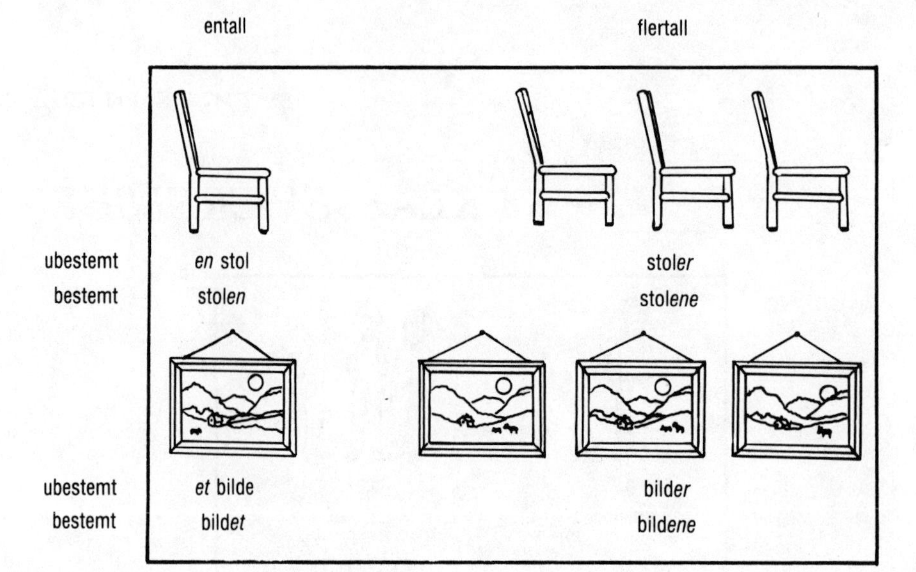

Øvelse:

Læreren:		*Studentene:*
Jeg har	to linjal*er*.	Hvor er linjal*ene*?
	to aviser.	________
	to blyanter.	________
	to penner.	________
	to gutter.	________
Jeg ser	to student*er*.	Vi ser ikke student*ene*.
	to elever.	________
	to skoler.	________
	to fabrikker.	________
	to butikker.	________
	to kontorer.	________
	to bilder.	________
	to stoler.	________

KLASSEVÆRELSET

Dette er et værelse.
Det er et klasseværelse på en skole.

Hva er det i klasseværelset?

	et	*en*
Det er	et golv	en stol
	__________	__________
	__________	__________
	__________	__________
	__________	
	__________	

Spørsmål: (Answer according to your own situation.)

1. Hvor mange gutter og piker er det i klassen?
2. Hvor mange vegger er det i klasseværelset?
3. Hvor mange vinduer er det i klasseværelset?
4. Hvor mange pulter er det i klasseværelset?
5. Hvor mange bilder er det på veggene i klasseværelset?

(***Svein er på skolen.***)

***Svein:**	**Lærer!**	1
Hansen:	**Ja, Svein. Hva er det?**	2
Svein:	**Jeg liker ikke klasseværelset.**	3
Hansen:	**Ikke det?**	4
Svein:	**Nei, det er bare to bilder her.**	5
	Vi trenger mange bilder i et klasseværelse.	6
Hansen:	**Å? Vi trenger stoler og pulter og bylanter**	7
	og papir, men bilder?	8
Svein:	**Et værelse trenger bilder.**	9
	Mange bilder. På veggene.	10
Hansen:	**Javel, Svein. Du kjøper bilder til klasseværelset.**	11
	Mange bilder.	12
Svein:	**Jeg har ikke penger nå.**	13

DET / / DER[2]

	en linjal	**på skrivebordet.**
	et viskelær	**på pulten.**
***Det* er**	**to penner**	**på golvet.**
	et bilde	**på veggen.**

	en linjal	
	et viskelær	
***Det* er**	**to penner**	***der*.**
	et bilde	

Øvelse:

Læreren:	*Studentene:*
Er det noen vindu*er* her?	Ja, *der* er vindu*ene*.
Er det noen bilder her?	Ja, der er bildene.
Er det noen pulter her?	Ja, der er pultene.
Er det noen stoler her?	Ja, ________________
Er det noen penger her?	Ja, ________________
Er det noen linjaler her?	Ja, ________________
Er det noen aviser her?	Ja, ________________

Oppgave: Sett inn *det* eller *der*:

1. ________ er femten gutter og fjorten piker i klassen.
2. Guttene sitter ________ og pikene sitter ________.
3. ________ var en penn på golvet i går.
4. ________ var en penn ________ i går.
5. ________ er mange vinduer i klasseværelset.
6. ________ er mange vinduer ________.
7. ________ var en blyant på pulten i går.
8. Blyanten var ________ i går.

2. *Der* is the opposite of *her*. It is used when indicating the exact location of an object. *Der er* should not be confused with *det er*: Both mean "there is" or "there are" in English, but note this distinction: *Det er tre stoler i værelset* establishes the existence of the chairs somewhere in the room, while *Der er stolene* points to their location within the room.

* Det er fire vegger, to vinduer, et tak og et golv i klasseværelset. Det er også ei[3] dør og ei[3] tavle der. Læreren skriver på tavla med kritt, og elevene leser ei bok. Boka er på norsk. Det er åtte gutter og fjorten jenter[4] i klassen. Elevene har time nå. De lærer norsk. Læreren ser på klokka. Elevene ser på klokka, men timen er ikke slutt ennå. Læreren skriver videre. Elevene sukker og leser videre. 14–20

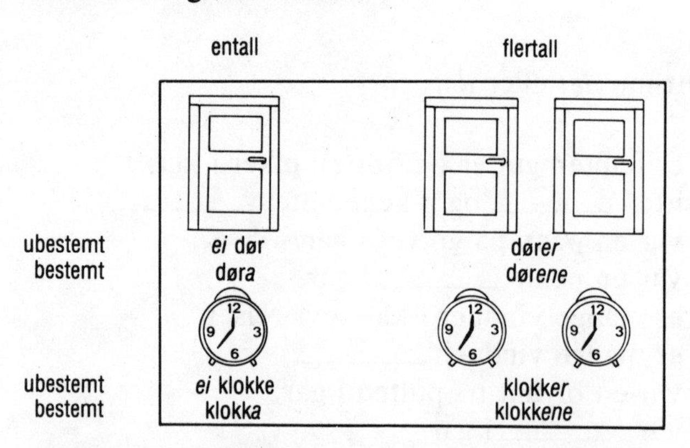

entall
flertall
ubestemt
bestemt
ei dør
døra
dører
dørene
ubestemt
bestemt
ei klokke
klokka
klokker
klokkene

3. In addition to the *en* nouns and *et* nouns, there are the *ei* nouns. The definite singular form is made by suffixing an *-a* to the indefinite singular form: *ei dør*, "a door"; *døra*, "the door." The plural indefinite and definite endings are the same as those for regular *en* and *et* nouns: *dører*, "doors"; *dørene*, "the doors." If the noun ends in an unstressed *-e* it loses the *-e* before the endings are added: *ei klokke, klokka, klokker, klokkene*.

4. You may consider *ei jente* to be synonymous with *en pike*.

Spørsmål:

1. Hva er det i klasseværelset?
2. Hva skriver læreren på?
3. Hva skriver læreren med?
4. Hva leser elevene?
5. Er boka på engelsk?
6. Hvor mange gutter er det i klassen?
7. Hvor mange jenter er det i klassen?
8. Er det ei klokke på veggen i klasseværelset?
9. Hva ser elevene og læreren på?
10. Er timen slutt ennå?

*** Hansen:**	**Svein, har du penn, blyant og skrivepapir i dag?**	21
Svein:	**Ja, her på pulten.**	22
Hansen:	**Bra. Vi leser sammen.**	23
Svein:	**Men lærer, jeg har ikke boka her.**	24
Hansen:	**Du hadde boka her i går, ikke sant?**	25
Svein:	**Jo, boka var på pulten i går.**	26
Hansen:	**Svein, ligger det ikke ei bok der på golvet?**	27
Svein:	**Jo, det stemmer. *Her* er boka.**	28
Hansen:	**Det var bra. Vi leser sammen *nå*.**	29

Pål

Pål *har* en jobb. Han arbeider på et kontor. Han liker jobben 30
og han liker *å ha* penger. Han *har* ikke alltid *hatt* jobb der på 31
kontoret. Han har hatt mange andre jobber før. Han *hadde* jobb 32
på en fabrikk sist. Men han liker best å være på kontoret. 33

Spørsmål:

1. Har Pål en jobb?
2. Hvor arbeider han?
3. Hva liker han?
4. Har han alltid hatt jobb der på kontoret?
5. Hvor hadde han jobb sist?
6. Hvor liker han best å være?

Å HA:

	har			***Har***		
Han	***hadde***	**penger.**		***Hadde*** **han**		**penger?**
	har hatt			***Har***	***hatt***	
Han liker *å ha* penger.				**Liker han *å ha* penger?**		

	har			
Han	***hadde***	**ikke**		**penger.**
	har		***hatt***	
Han liker ikke *å ha* penger.				

Øvelse: Sett inn riktig form av *å ha*.

Har du mange penger?	Ja, ______________________
	Nei, ______________________
Hadde du mange penger før?	Ja, ______________________
	Nei, ______________________
Har du alltid hatt mange penger?	Ja, ______________________
	Nei, ______________________
Liker du å ha mange penger?	Ja, ______________________
	Nei, ______________________

Vi repeterer: Sett inn riktig form av *å være*.

Læreren liker ________ i Norge.
Læreren ________ i Norge mange ganger.
Læreren ________ ikke i Norge nå.
Læreren ________ ikke i Norge i går.

Sett inn riktig form av riktig verb (*å være* eller *å ha*).

Det ________ mange bilder i klasseværelset nå.
Det ________ ikke så mange bilder her før.
Vi ________ mange bilder her nå.
Vi ________ ikke så mange bilder her før.
Det ________ ikke alltid ________ så mange bilder her.
Vi ________ ikke alltid ________ så mange bilder her.

Oppgave: Oversett til norsk.

1. He has always had money.
2. She had a job at an office before.
3. I had the book here yesterday.
4. Haven't they had any other jobs?
5. Yes, they have had many other jobs.

ET LESESTYKKE:

Gunnar er student. Han studerer ved Universitetet i Oslo. Han er fra Oslo og han liker Oslo. Han har hatt historie og norsk, han studerer engelsk nå. Han snakker og forstår engelsk. Han har vært i Amerika. Han skriver med en familie i Minnesota. Han skriver på engelsk.

Øystein er elev. Han er tolv år gammel og går på skole. Han snakker litt engelsk. Elevene i Norge lærer engelsk i fjerde klasse. Øystein har ikke vært i Amerika, men han reiser til England i morgen.

VI LÆRER UTENAT:

*A: God dag. Takk for i går.
B: Likeså. Har du hatt norsktimen ennå?
A: Ja, og vi har en god lærer.
Vi snakker mye norsk i timen.
B: Er det mange studenter i klassen?
A: Ja, det er tretti studenter — nitten jenter
og elleve gutter.
B: Det *var* mange. Du har vært i Norge, ikke sant?
A: Jo, jeg var der en gang, og jeg skriver med en familie der.
B: Skriver du til dem på norsk?
A: Nei, ikke ennå.

Felles skjebne er felles trøst.

ORD
Fra 5. kapittel

Substantiver
en familie
en gang
en gutt
en klasse
en norsktime
en pike
en pult
en stol
en time
en vegg

ei bok
ei dør
ei jente
ei klokke
ei tavle

et bilde
et golv
et klasseværelse
et kritt
et skrivebord
et tak
et taklys
et vindu
et værelse

Pronomener
de
dem

Verb
å ha – har – hadde – har hatt
ligger
reiser
sukker

Adjektiv
god

Adverb
alltid
best
sammen
videre

Preposisjoner
med
til
på

Andre ord
andre
javel

Uttrykk
hvor mange
på engelsk
på norsk
timen er ikke slutt ennå
vi leser sammen
ikke sant
det var bra
det er
ser på

Tidsuttrykk
i dag
i går
i morgen

Ordenstall
første
annen
tredje
fjerde
femte

Land
England

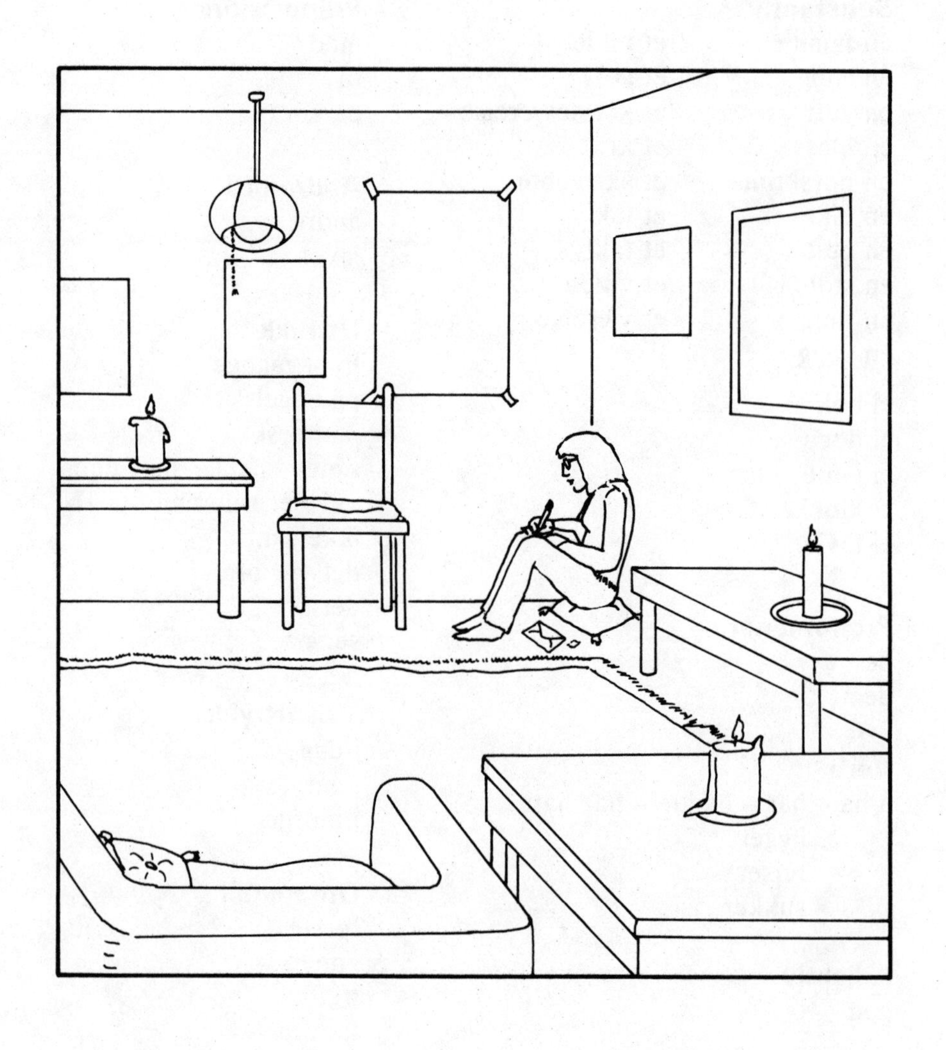

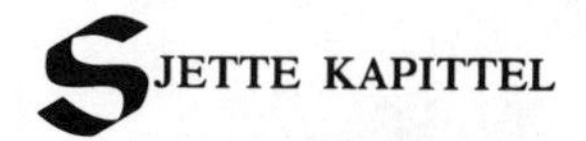

SJETTE KAPITTEL

HJEMME HOS JORUNN

Jorunn er hjemme. Hun bor i et hus med mange værelser. Hun sitter på golvet og skriver et brev. Ei lampe lyser fra taket. Jorunn har ei seng, to stoler, og tre *bord*[1] i værelset. Det er tre *lys*[1] på bordene, mange bilder på veggene og et teppe på golvet. Jorunn skriver mange *brev*.[1] Hun skriver nå til Ellen, en student i Amerika. Ellen lærer norsk, men hun skriver til Jorunn på engelsk.

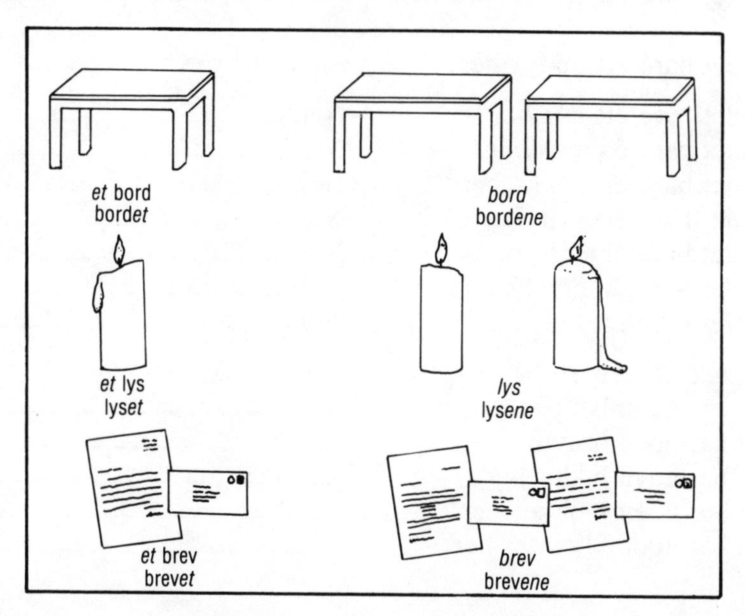

1. One-syllable *et* nouns do not add *-er* in the plural as do other nouns. Instead, that form remains the same as the singular form: *et bord, to bord*. Compounds of these words are similarly affected: *et skrivebord, to skrivebord*. These nouns do get the *-ene* ending in the definite plural: *bordene, skrivebordene*.

SUBSTANTIVET I FLERTALL (FORTSATT):

ØVELSE:

Læreren:	*Studentene:*
Er det bare *ett*[2] brev her?	Nei, det er mange brev her.
Er det bare ett lys her?	Nei, det er mange__________
Er det bare ett bord her?	Nei, __________
Er det bare *én*[2] penn her?	Nei, det er mange penner her.
Er det bare én blyant her?	__________
Er det bare *éi*[2] dør her?	Nei, det er mange dører her.
Er det bare éi lampe her?	__________
Er det bare ett vindu her?	Nei, det er mange vinduer her.
Er det bare ett bilde her?	__________
Er det bare ett skrivebord her?	Nei, det er mange skrivebord her.
Er det bare ett taklys her?	__________
Er det bare ett hus her?	Nei, __________
Er det bare én avis her?	Nei, __________
Er det bare éi klokke her?	Nei, __________
Er det bare ett værelse her?	Nei, __________
Er det bare éi jente her?	Nei, __________
Er det bare én linjal her?	Nei, __________
Er det bare ett brev her?	Nei, __________
Jeg har noen bord her.	Jeg ser ikke bord*ene*.
Jeg har noen lys her.	__________
Jeg har noen brev her.	__________
Jeg har noen bilder her.	__________
Jeg har noen klokker her.	__________
Jeg har noen blyanter her.	__________

2. The number "one" must agree in gender with the noun it modifies. For *en* and *ei* nouns the indefinite article is given extra stress, and may be written *én* and *éi*. The word for "one" with *et* nouns is *ett*.

Spørsmål:

1. Hvor mange taklys har vi i klasseværelset?
2. Hvor er taklysene?
3. Hvor mange skrivebord har vi i klasseværelset?
4. Hvor mange hus er det her?

5. Hvor mange brev er det her?

6. Hvor mange bord er det her?

7. Hvor mange lys er det her?

8. Hvor mange bilder er det her?

9. Hvor mange skrivebord er det her?

10. Hvor mange taklys ser du her?

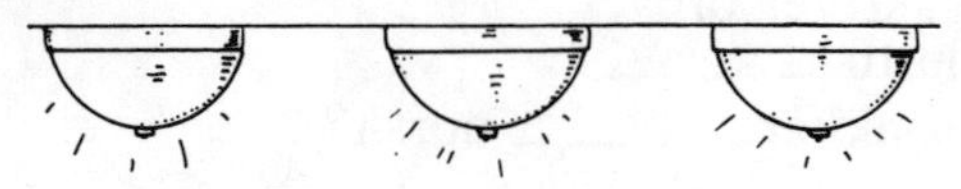

* (*Svein banker på døra til Jorunn.*)		8
Jorunn:	**Ja?**	9
Svein:	**Hei, Jorunn, hva gjør du?**	10
Jorunn:	**Jeg skriver brev.**	11
Svein:	**Jeg ser det, men hvem skriver du til?**	12
	Skriver du til meg?	13
Jorunn:	**Du tuller alltid, du Svein.**	14
	Nei, jeg skriver ikke til deg,	15
	jeg skriver til Ellen.	16
Svein:	**Hvorfor sitter du på golvet og skriver?**	17
Jorunn:	**Jeg liker ikke skrivebordet.**	18
Svein:	**Men du har tre bord her.**	19
	Hvorfor skriver du ikke på ett av dem?	20
Jorunn:	**Jeg har det bra på golvet, takk.**	21

Spørsmål:

1. Hvem banker på døra til Jorunn?
2. Hva gjør han alltid?
3. Hvorfor sitter Jorunn på golvet?
4. Har hun det bra på golvet?
5. Hva gjør du nå?

JEG / / MEG:

***Jeg* snakker norsk. Forstår du *meg*?**
"Jeg" er *subjekt*sformen. "Meg" er *objekt*sformen.

Øvelse: Sett inn *jeg* eller *meg*.

1. Jeg______ skriver brev.
2. Skriver du til ________?
3. Hvorfor snakker ________ norsk?

4. Snakker du til _______?
5. Er _______ i Norge nå?
6. Liker Ellen _______?

DU / / DEG:

Skriver *du* til meg? Nei, jeg skriver ikke til *deg*.
"Du" er *subjekts*formen. "Deg" er *objekts*formen.

Øvelse: Sett inn *du* eller *deg*.

1. Snakker __du__ norsk?
2. Jeg forstår _______.
3. Ligger _______ på golvet?
4. Hun snakker med _______.
5. Jeg så _______ i går.
6. Skriver _______ brev?
7. Skriver hun brev til _______?
8. Hvor sitter _______?

VI LÆRER UTENAT:

***A: Hei, hva gjør du?**
B: Jeg skriver brev.
A: Men du skriver på norsk.
Hvem skriver du til?
B: Jeg skriver til Kari.
Hun bor i Norge.
A: Leser hun ikke engelsk?
B: Jo, hun gjør det. Hun lærer engelsk på skolen.
Men jeg skriver til henne på norsk allikevel.
A: Kjenner du mange nordmenn?
B: Nei, ikke så mange. Jeg har bare
vært i Norge to ganger.
A: Men du har mange bøker om Norge der på skrivebordet.
Er noen av dem på norsk?
B: Nei, ingen av bøkene på skrivebordet er på norsk,
men noen av bøkene der på golvet er på norsk.

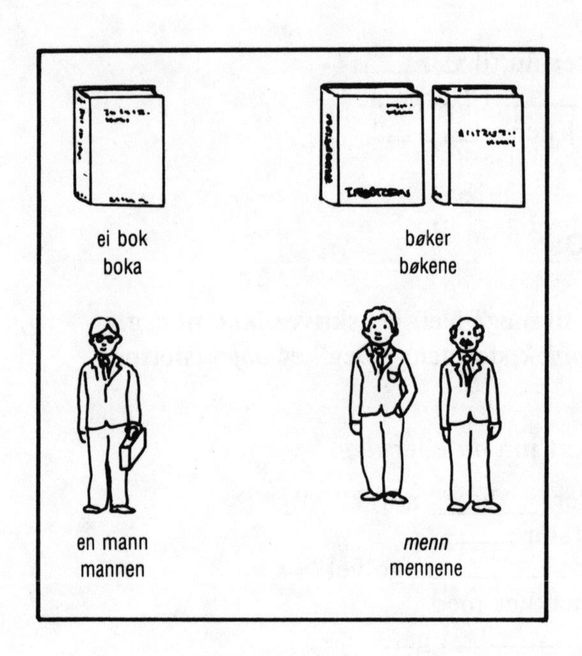

Spørsmål:

1. Kjenner du noen nordmenn?
2. Bor de (nordmennene du kjenner) i Norge?
3. Har du mange bøker?
4. Er noen av bøkene på norsk?

et frimerke

***Svein:**	**Du Jorunn, har du et frimerke?**	22
	Jeg skriver et brev til lærer Hansen.	23
Jorunn:	**Til Hansen? Hvorfor skriver du til *ham*?**	24
Svein:	**Jeg kommer ikke på skolen i morgen.**	25
	Familien min kommer fra Amerika.	26
Jorunn:	**Har familien din vært i Amerika?**	27

Svein:	Ja, de er der nå.	28
	De kommer i morgen.	29
Jorunn:	Men jeg har *sett* dem!	30
	Jeg så dem i butikken i går.	31
Svein:	Å? Så du dem?	32
	Er de i Norge allerede?	33
Jorunn:	Men Svein! De har ikke vært i Amerika.	34
Svein:	Nei, du har rett.	35
	Men har du et frimerke allikevel?	36

Spørsmål:

1. Hva trenger Svein?
2. Hvorfor trenger han det?
3. Hvorfor skriver han til Hansen?
4. Hvem så Jorunn i butikken i går?
5. Har familien til Svein vært i Amerika, eller tuller han?
6. Skriver han til Hansen allikevel?
7. Kommer Svein på skolen i morgen?
8. Hvorfor kommer ikke Svein på skolen i morgen?
9. Liker du skolen?
10. Du skriver brev til Jorunn; hva trenger du? (Name *3* things.)

Å SE:

	ser			*Ser*		
Vi	*så*	filmen.		*Så*	du	filmen?
	har sett			*Har*	*sett*	
Vi liker *å se* filmen.				Liker du *å se* filmen?		

	ser			
Jeg	*så*	ikke		filmen.
	har		*sett*	
Jeg liker ikke *å se* filmen.				

Øvelse: Sett inn riktig form av *å se*.

1. ________ du bildet nå?
2. Jeg ________ en film om Norge i går.
3. ________ du ________ filmen ennå?
4. Liker du ________ filmer om Norge?
5. Ja, men jeg ________ ikke ________ mange av dem.
6. Skrivepapiret var på pulten i går.
   Jeg ________ det i går, men jeg ________ det ikke nå.
7. Jorunn ________ familien til Svein i butikken i går.
   De har ikke vært i Amerika. Jorunn har ________ dem.

Å SE PÅ[3]:

Studentene	***ser på*** / ***så på*** / ***har sett på***	**klokka.**
Studentene liker *å se på* klokka.		

Ser / ***Så*** / ***Har***	**læreren**	***på*** / ***på*** / ***sett på***	**klokka?**
Liker de *å se på* klokka?			

Læreren	***ser*** / ***så*** / ***har***	**ikke**	***på*** / ***på*** / ***sett på***	**klokka.**
De liker ikke *å se på* klokka.				

Øvelse: Sett inn den riktige formen av *å se på*.

1. Jeg liker ________ bilder fra Norge.
2. Jeg sitter og ________ bilder fra Norge nå.
3. Vi ________ mange bilder fra Norge i går.
4. Vi har ________ mange bilder fra Norge i timen.

3. While *å se* means "to see," *å se på* is best translated "to look at" or "to watch."

Oppgave: Oversett til norsk.

1. We looked at the clock.
2. Jorunn saw Svein's family.
3. Have you seen the film yet?
4. Has she looked at the pictures yet?
5. They like to look at pictures from Norway.

MERK: Jorunn så *familien til Svein* i butikken.[4]
Svein banker på *døra til Jorunn*.

Øvelse:

Jorunn har ei bok.	Det er bok*a til* Jorunn.
Jorunn har et værelse.	Det er værels*et til* Jorunn.
Svein har en familie.	Det er famili*en til* Svein.
Svein har to klokker.	Det er klokk*ene til* Svein.
Jorunn har et skrivebord.	Det er ____________
Jorunn har skrivepapir.	Det er ____________
Svein har seks frimerker.	Det er ____________
Svein har to blyanter.	Det er ____________
Læreren har et skrivebord.	Det er skrivebordet til læreren.
Gutten har en blyant.	Det er ____________
Familien har et hus.	Det er ____________

MERK: Jorunn *har det bra*.[5]
Jorunn *har rett*.[5]

Oppgave: Sett inn den riktige formen av *å ha det bra*.

Så du ham i går? Hvordan hadde han det? Han hadde det bra.
Hvordan har familien din det? Takk, de ____________.
Hvor har du vært? Jeg har ikke sett deg her på skolen.
Hvordan har du hatt det? Takk, jeg ____________.

4. Ownership with proper names and nouns may be expressed by using the definite form of the object owned and a prepositional phrase: *boka til Jorunn*, "Jorunn's book"; *bøkene til læreren*, "the teacher's books."

5. Note that Norwegian uses the verb *å ha* in these two idioms.

Oppgave: Oversett til norsk med den riktige formen av *å ha rett*.

1. You are right.
2. Jorunn was right; Svein's family has not been in America.
3. The teacher likes to be right.
4. He has not always been right.

*Svein:	**Jorunn! Ser du ikke? Der borte!**	37
	Ser du ham nå?	38
Jorunn:	**Hvem?**	39
Svein:	**Kongen!**	40
Jorunn:	**Er *han* her? Jeg ser ham ikke![6]**	41
	Hvor er han?	42
Svein:	**Der borte. Han kommer mot oss!**	43
Jorunn:	**Å Svein! Jeg ser ham ikke nå heller!**	44
Svein:	**Han stopper ved skolen! Han hilser på**	45
	en dame.	46
Jorunn:	**Hvem er hun?**	47
Svein:	**Jeg kjenner henne ikke.[6]**	48
	Jeg ser ikke kongen nå. Han er borte!	49
	Ja, ja, det var det.	50
Jorunn:	**Jeg så ham ikke. Han var her,**	51
	og jeg så ham ikke!	52
Svein:	**Tror du han så oss?**	53

6. As we have seen, *ikke* usually comes directly after the verb. However pronouns normally intrude between the verb and *ikke*: *Jorunn så ikke kongen. Jorunn så ham ikke.* When the verb consists of two or more elements we have seen that *ikke* comes after the conjugated verb. This rule applies whether or not there is a pronoun present: *Jorunn har ikke sett kongen. Jorunn har ikke sett ham. Jorunn ser ikke på kongen. Jorunn ser ikke på ham.*

Spørsmål:

1. Så Svein kongen?
2. Så Jorunn kongen?
3. Har du sett kongen?
4. Hvor så du kongen?
5. Ser du kongen nå?

PERSONLIGE PRONOMENER:

	ENTALL			FLERTALL	
	subjekt	*objekt*		*subjekt*	*objekt*
1.	**jeg**	**meg**	1.	**vi**	**oss**
2.	**du**	**deg**	2.	**dere**	**dere**
3.	**han**	**ham**	3.	**de**	**dem**
	hun	**henne**			

Øvelse:

Jeg
Du
Han
Hun snakker norsk. Kåre forstår norsk. Kåre forstår meg.
Vi
Dere
De

Du ______
Han ______
Hun ______
Vi ______
Dere ______
De ______

Øvelse: Hva er den riktige formen av pronomenet?

1. (*Hun/Henne*) skriver brev til (*han/ham*).
2. (*Vi/Oss*) kjenner (*de/dem*).
3. (*Jeg/Meg*) forstår (*hun/henne*).
4. (*Han/Ham*) forstår (*du/deg*).
5. (*De/Dem*) skriver brev til (*du/deg*).
6. (*Du/Deg*) skriver til (*jeg/meg*).
7. Hun snakker til (*du/deg*).
8. Vi forstår (*du/deg*) når (*du/deg*) snakker norsk.

DU / / DERE:

Subjekt:

Svein, *du* snakker norsk.
Jorunn, *du* snakker norsk.
Svein og Jorunn, *dere* snakker norsk.

Objekt:

Jeg forstår *deg*, Svein.
Jeg forstår *deg*, Jorunn.
Jeg forstår *dere*, Jorunn og Svein.

Øvelse: Sett inn den riktige formen av *du/deg* eller *dere/dere*.

1. Unnskyld, er _______ studenter?
2. Du snakker norsk, og jeg forstår _______.
3. Hva lærer _______ i norsktimen, Jorunn?
4. Unnskyld, er _______ nordmann?
5. Unnskyld, er _______ nordmenn?
6. Jorunn og Svein, jeg trenger å snakke med _______.
7. Jorunn, jeg trenger å snakke med _______.
8. Dere snakker norsk, men jeg forstår _______ ikke.

Oppgave: Sett inn det riktige pronomenet.

1. _______ skriver brev til _______.
   (She) (him)
2. _______ kjenner _______ ikke.
   (We) (them)
3. _______ forstår _______ ikke.
   (He) (you)
4. _______ skriver mange brev til _______.
   (They) (us)
5. _______ snakker til _______.
   (I) (you)

6. Snakker ______ til ______?
(you) (her)

7. Forstår ______ ______?
(you) (her)

8. Forstår ______ ______?
(she) (you)

ORDSTILLING: Hvor setter vi "ikke"?

Jorunn så *ikke* kongen.
Jorunn så *ham ikke*.

Svein kjenner *ikke* damen.
Svein kjenner *henne ikke*.

Kongen så *ikke* Jorunn og Svein.
Kongen så *dem ikke*.

Øvelse:

Jeg
Du
Han snakker norsk. Smith forstår ikke norsk.
Hun
Vi
De

meg
______
______
Smith forstår ______ ikke.
______
______

Øvelse:

Kjenner du Kari?	Nei, jeg kjenner ikke Kari. Nei, jeg kjenner henne ikke.
Forstår du Jens?	Nei, ______________ (Jens) Nei, ______________(ham)
Ser du Kari og Jens?	Nei, __________ (Kari og Jens) Nei, ______________ (dem)
Ser du bildene?	Nei, ______________ (bildene) Nei, ______________ (dem)
Så du filmene?	Nei, ______________ (filmene) Nei, ______________ (dem)
Har du sett Svein?	Nei, ______________ (Svein) Nei, ______________ (ham)
Ser du på Jorunn?	Nei, ______________ Nei, ______________
Har du sett kongen?	Nei, ______________ Nei, ______________
Så du huset?	Nei, ______________ Nei, ______________
Ser du damene?	Nei, ______________ Nei, ______________

NOEN NAVN:

et navn	navn
navnet	navnene

*

Guttenavn		*Jentenavn*	
Per	**Leif**	**Gerd**	**Aud**
Bjørn	**Eivind**	**Turid**	**Torhild**
Odd	**Øyvind**	**Liv**	**Unni**
Kåre	**Lars**	**Bjørg**	**Gro**
Pål	**Magne**	**Astrid**	**Helga**
Øystein	**Egil**	**Åse**	**Marit**
Karsten		**Solveig**	

Oppgave: Sett inn personlige pronomener for navnene.

1. Torhild forstår Per. Hun forstår ham.
2. Bjørn liker Gro. Han liker henne.
3. Magne kjenner Gerd. ________________
4. Egil har ikke sett Knut. ________________
5. Øystein og Leif skriver brev til Liv og Pål. ________________
6. Åse forstår ikke Magne. ________________
7. Karsten kjenner ikke Aud. ________________
8. Leif så ikke Unni. ________________
9. Eivind liker ikke Kåre. ________________
10. Pål har ikke sett Astrid og Unni. ________________

VI LÆRER UTENAT:

A: Kjenner du Gunnar?[7]
B: Nei, jeg kjenner ham ikke.
A: Han er student. Han kommer fra Norge.
B: Snakker du norsk med ham?
A: Ja, jeg snakker norsk med ham.
B: Snakker han norsk med deg?
A: Ja, han snakker norsk med meg.

7. Substitute "Liv," then "Liv og Gunnar," and make all changes necessary.

ELLEN

Ellen er student. Hun bor i Amerika. Hun liker *å bo* i Amerika, men hun liker også *å snakke* norsk. Hun studerer norsk ved universitetet. Hun liker *å studere* norsk. Hun lærer *å skrive* og *å lese* norsk også. Hun skriver mange brev til Jorunn, men hun liker ikke *å skrive* brev på norsk. Hun skriver til Jorunn på engelsk. Jorunn liker *å lese* brevene fra Ellen. 54 55 56 57 58 59

INFINITIV[8]:

presens	*infinitiv*
Ellen *bor* i Amerika.	Hun liker *å bo* i Amerika.
Ellen *snakker* norsk.	Hun lærer *å snakke* norsk.
Ellen *skriver* norsk.	Hun lærer *å skrive* norsk.
Ellen *leser* norsk.	Hun liker *å lese* norsk.

Øvelse:

Læreren:	*Studentene:*
Han *ser* på bilder fra Norge.	Ja, men liker han *å se* på bilder fra Norge?
Han *leser* bøkene.	________________
Han *skriver* brevene.	________________
Han *ligger* på golvet.	________________
Han *kjøper* mye.	________________
Han *har* penger.	________________
Han *er* her.[9]	Ja, men liker han *å være* her?
Han *gjør* dette.[9]	Ja, men liker han *å gjøre* dette?
Han *lærer* norsk.	________________
Han *sover* på golvet.	________________

8. The infinitive is tenseless. It is used after other verbs with tense. The infinitive is frequently preceded by *å*, the so-called infinitive marker. It is the infinitive form of the verb that is given first in dictionaries and word lists. An *-r* is normally added to the infinitive to form the present tense: *å ha, har; å skrive, skriver*.

9. Most present tenses are formed as indicated in footnote 8. *Å være* (present tense *er*) and *å gjøre* (present tense *gjør*) are exceptions.

Oppgave: Hva heter verbene her i *infinitiv*?

presens	*infinitiv*	*presens*	*infinitiv*
banker	å banke	teller	______
stopper	______	staver	______
kjenner	______	kommer	______
tror	______	er	______
sukker	______	gjør	______
studerer	______	forstår	______

Oppgave: Sett inn den riktige formen av verbet i parentes.

1. Jorunn liker å lese. Hun leser mange bøker. (å lese)
2. Studentene ______ norsk. De lærer ______ norsk. (å snakke)
3. Noen av studentene trenger ______ mye. Han ______ mye. (å lese)
4. Han ______ på et kontor. Han liker ______ der. (å arbeide)
5. Hun ______ ikke mye. Hun trenger ______ nå. (å sove)
6. Jorunn ______ i et hus med mange værelser. (å bo)
7. Øyvind ______ i Oslo. Han liker ______ der. (å bo)
8. Jeg liker ______ brev. Jeg ______ mange brev. (å skrive)
9. Jorunn ______ hjemme nå. Hun liker ______ hjemme. (å være)
10. Hva liker du ______? Hva ______ du nå? (å gjøre)

HJEMMELEKSE: Vi skriver et brev.

Kjære ________!

hilsen ________

Hver sin lyst.

ORD
Fra 6. kapittel

Substantiver

en dame
en film
en konge
en mann (menn)
en nordmann (nordmenn)

ei bok (bøker)
ei lampe
ei seng

et bord
et brev
et frimerke
et hus
et lys
et navn
et teppe

Pronomen

ingen

Personlige pronomener

jeg	meg	vi	oss
du	deg	dere	dere
han	ham	de	dem
hun	henne		

Verb

å banke
å bo
å gjøre (*presens:* gjør)
å hilse
å kjenne
å lyse
å se – ser – så – har sett
å se på – ser på – så på – har sett på
å sitte
å stoppe
å tro
å tulle

Adverb

allerede
allikevel
borte
der borte
heller
hjemme

Preposisjoner

av
mot
om
ved

Konjunksjon

fordi

Spørreord

hvem
hvorfor

Uttrykk

det var det
å ha rett
å ha det bra
ikke nå heller
å hilse på

Andre ord

hei
hilsen ______
kjære ______!

Tall

éi
én
ett

Jeg ser *meg* i speilet.
Du ser *deg* i speilet.
Vi ser *oss* i speilet.
Dere ser *dere* i speilet.
Hun ser *ham*.
De ser *dem*.
Han ser *henne*.
Hun ser *seg* i speilet.
Han ser *seg* i speilet.
De ser *seg* i speilet.

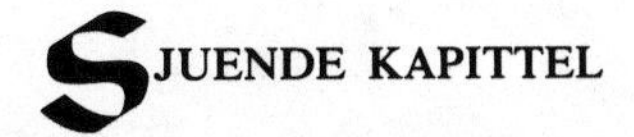

SJUENDE KAPITTEL

JORUNN LEGGER SEG[1]

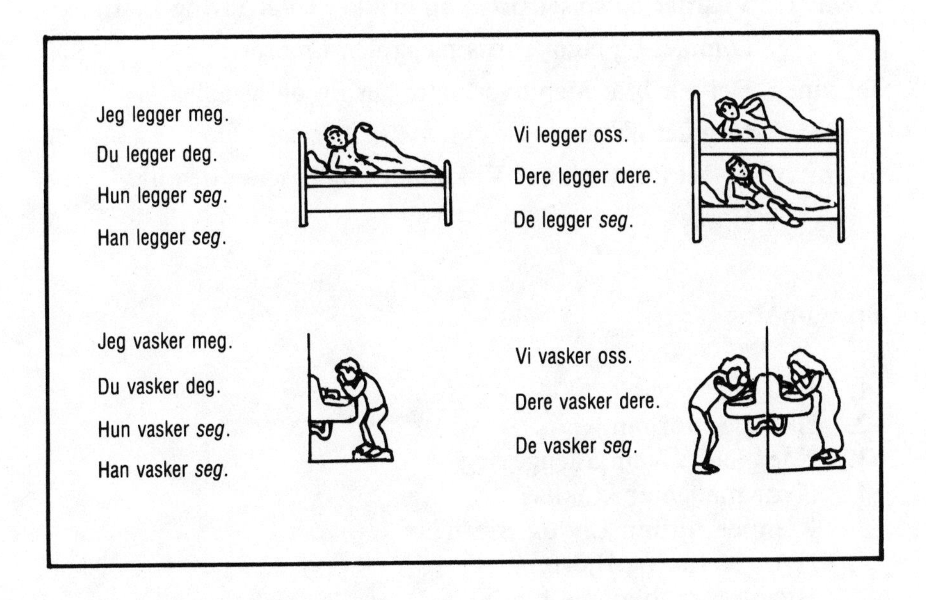

Jeg legger meg.
Du legger deg.
Hun legger *seg*.
Han legger *seg*.
Vi legger oss.
Dere legger dere.
De legger *seg*.
Jeg vasker meg.
Du vasker deg.
Hun vasker *seg*.
Han vasker *seg*.
Vi vasker oss.
Dere vasker dere.
De vasker *seg*.

∗ (Svein ringer til Jorunn.)		1
Svein:	**Hallo, Jorunn? Det er Svein.**	2
	Hva gjør du nå?	3
Jorunn:	**Jeg legger meg!**	4
Svein:	**Hun legger seg! Legger du deg allerede?**	5
	Klokka er bare elleve.	6

1. The reflexive form of the pronoun is identical with the objective form except in the third person, where the form is *seg* in both singular and plural. *Seg* may thus be translated "himself," "herself," or "themselves" depending on the subject of the sentence.

Jorunn:	*Bare* elleve?? Når pleier *du* å legge deg?	7
Svein:	Å, vi legger oss ikke før klokka tolv her	8
	hjemme hos oss. Du Jorunn, kjenner du	9
	Liv og Bjørn?	10
Jorunn:	Jeg kjenner henne, men jeg kjenner ikke Bjørn.	11
	Hvordan det? Hvorfor spør du?	12
Svein:	De er i byen nå. De er hjemme hos meg.	13
Jorunn:	Hva gjør dere?	14
Svein:	Vi sitter og spiser pizza og drikker cola. Liv og Bjørn	15
	kommer og besøker oss på skolen i morgen.	16
Jorunn:	Det var bra. Men hvorfor ringer du og forteller	17
	meg det nå?	18
Svein:	Å, vet du det ikke? Vi kommer og besøker deg nå.	19
	Ha det.	20

Spørsmål:

1. Hva gjør Svein?
2. Hva gjør Jorunn?
3. Når pleier Svein å legge seg?
4. Hvor mange er klokka?
5. Kjenner Jorunn Liv og Bjørn?
6. Hvor er Liv og Bjørn nå?
7. Hva gjør de hjemme hos Svein?
8. Hva gjør de i morgen?
9. Hvorfor ringer Svein og forteller Jorunn det nå?
10. Når pleier du å legge deg?

Oppgave: Sett inn riktig refleksivt pronomen.

1. Jeg så __meg__ i speilet.
2. Når pleier du å legge ______?
3. Jorunn og Svein vasker ______.
4. Vi vasker ______.

5. Har dere sett ________ i speilet?
6. Pleier hun å vaske ________ før hun spiser?
7. Han liker å se ________ i speilet.

Spørsmål:

1. Legger du deg klokka ti? Ja, jeg legger meg klokka ti.
   Nei, jeg legger meg ikke klokka ti.
2. Ser dere dere i speilet? Ja, ________
   Nei, ________
3. Liker de å vaske seg? Ja, ________
   Nei, ________
4. Har du sett deg i speilet? Ja, ________
   Nei, ________
5. Pleier han å legge seg før klokka tolv? Ja, ________
   Nei, ________
6. Pleier du å legge deg før jeg legger meg? Ja, ________
   Nei, ________

PLEIER Å[2]:

Jeg pleier (ikke) å **legge meg klokka ti.**
spise pizza.
drikke cola.
besøke henne.
ringe til ham.
snakke norsk.

2. *Å pleie å* may be thought of as meaning "to be accustomed to"; it is most often translated "usually": *Jeg pleier å legge meg klokka ti*, "I usually go to bed at 10 o'clock."

legge deg klokka ti?
spise pizza?
Pleier du (ikke) å drikke cola?
besøke henne?
ringe til ham?
snakke norsk?

Oppgave: Oversett til norsk.

1. Svein usually goes to bed at twelve o'clock.
2. We usually sit on the floor.
3. She usually writes many letters.
4. He usually eats at five o'clock.

LEGGER / / LIGGER[3]:

Boka ligger på bordet.
Jorunn legger boka på bordet.
Jorunn ligger på golvet.
Jorunn legger seg på golvet.

3. *Å legge*, like the English verb "to lay," is a transitive verb — it requires an object: *Han legger boka på bordet. Å ligge*, "to lie," is intransitive — it does not take an object: *Boka ligger på bordet.* Note that the Norwegian equivalent of "to lie down" or "to go to bed" is reflexive. It uses the transitive form of the verb and the reflexive pronoun is the object of the verb: *Jeg legger meg.*

Oppgave: Sett inn riktig form av *å ligge* eller *å legge*.

1. Jeg ________ meg klokka ti.
2. Jeg ________ på golvet.
3. Læreren ________ boka på skrivebordet.
4. Når pleier du å ________ deg?
5. Hun ________ papirene på pulten.
6. Liker du ________ på golvet?
7. Hvor ________ boka?
8. Når trenger dere ________ dere?

HJEMME HOS[4]: Oversett til engelsk.

Vi legger oss ikke før klokka tolv her hjemme hos oss.

____

Liv og Bjørn er hjemme hos Svein nå.

____

Øvelse:

Jeg er hjemme.	Liv er her også.	Liv er hjemme hos meg.
Du er hjemme.	Liv er der også.	Liv er hjemme hos deg.
Han er hjemme.		________________
Hun er hjemme.		________________
Vi er hjemme.		________________
Dere er hjemme.		________________
De er hjemme.		________________
Jorunn er hjemme.		Liv er hjemme hos Jorunn.
Øystein er hjemme.		________________
Aud er hjemme.		________________

4. *Hos* is a preposition meaning "in the company of" or "at the home/place of work of." *Hjemme* may be added to make it clear that "at the home of" is meant. Thus both *hos Svein* and *hjemme hos Svein* may mean "at Svein's home."

VET / / KJENNER[5]:

Jeg *vet* at[6] det er fem vinduer i klasseværelset.
Jeg *kjenner* Øystein. Jeg *vet* at han kommer fra Norge.
Jeg *vet* at Olav V er konge i Norge, men jeg *kjenner* ham ikke.
Jeg *kjenner* Astrid, men jeg *vet* ikke hvor gammel hun er.

Oppgave: Sett inn *vet* eller *kjenner.*

1. Han _______ ikke hvor mange studenter det er i klassen.
2. Han _______ ikke mange av studentene.
3. Han _______ Oslo. Han _______ mye om Oslo.
4. _______ du hvem han er? _______ du ham?
5. Vi _______ dem ikke, men vi _______ at de snakker norsk.

Oppgave: Oversett til norsk.

1. How old is he? I don't know.
2. Do you know them? I know that they have been here.
3. Do you know the king?
4. Do you know where he is?
5. Do you know how many students there are in the class?

***Jorunn:**	**Du Svein? Du kjenner Jens-Petter, ikke sant?**	21
Svein:	**Jo, hvordan det?**	22
Jorunn:	**Liker han meg?**	23
Svein:	**Hva?**	24
Jorunn:	**Liker Jens-Petter meg?**	25
Svein:	**Jens-Petter liker alle piker. Han liker**	26
	Bjørg, han liker Astrid, og han liker	27
	deg. Men *jeg* . . .	28

5. Both words mean "know" in English. *Kjenner* means "to be acquainted with" persons or places; *vet* is used about knowing facts.

6. Do not confuse *at* with *det*. *At* is a conjunction; it connects *vet* with a clause: *Jeg vet at han kommer fra Norge*. *Det* is a pronoun; it stands in place of something else: *Jeg vet det*.

Jorunn:	**Ja?**	29
Svein:	**Jeg liker deg ikke.**	30
Jorunn:	**Du tuller alltid!**	31
Svein:	**Du har rett — som alltid, Jorunn.**	32
	Men du forstår, jeg liker meg ikke her på skolen.	33
	Jeg liker meg hjemme og jeg liker meg ute,	34
	men jeg liker meg ikke på skolen.	35
	Liker *du* deg her?	36
Jorunn:	**Ja, men jeg liker meg bedre hos Jens-Petter.**	37

Spørsmål:

1. Hva liker Jens-Petter?
2. Hvor liker Svein seg?
3. Hvor liker han seg ikke?
4. Liker Jorunn seg på skolen?
5. Hvor liker hun seg bedre?

Å LIKE SEG[7]:

Jeg		**meg**			**jeg**	**meg**	
Du		**deg**			**du**	**deg**	
Han		**seg**			**han**	**seg**	
Hun	**liker**	**seg**	**(ikke) på skolen.**	**Liker**	**hun**	**seg**	**(ikke) på skolen?**
Vi		**oss**			**vi**	**oss**	
Dere		**dere**			**dere**	**dere**	
De		**seg**			**de**	**seg**	

Spørsmål:

1. Liker du deg på skolen? Ja, ____________________
   Nei, ____________________

7. This construction is used with a place and is most nearly the equivalent of "to enjoy oneself" or "to like it" in that place.

2. Liker du deg hjemme? Ja, ______________________
Nei, ______________________

3. Hvor liker du deg? ______________________
4. Hva liker du? ______________________

Vi skriver: Sett inn *liker* eller riktig form av *liker seg*.

1. Han ________ på skolen.
2. Hun ________ skolen.
3. Vi ________ Norge.
4. Vi ________ i Norge.
5. Jeg ________ hjemme.
6. ________ du ________ ute?
7. Hun ________ ham.
8. Vi ________ her.

Jorunn på badet

* Jorunn er på badet. Hun står ved vasken, og hun ser seg i speilet.

"Hvorfor legger jeg meg allerede?" tenker hun. "Klokka er bare ti." Hun ser seg i speilet en gang til. Hun vasker seg og pusser tennene.

Jorunn går til soveværelset og legger seg på senga. Den står ved vinduet. Hun finner ei bok, men hun leser den ikke. Hun har et bilde over senga. Det er av en gutt. Hun ser på bildet. Bildet ser på henne. Jorunn sukker.

Klokka er elleve. Det er ei lampe over senga. Den lyser ennå. Jorunn sover ikke. Hun er på badet. Hun ser seg i speilet. Hun liker seg foran speilet.

Jorunn ser på bildet.

DET // DEN // DE[8]:

Blyant*en* er på bordet. Jeg skriver med blyant*en*.	*Den* er på bordet. Jeg skriver med *den*.
Bok*a* ligger på senga. Jeg leser bok*a*.	*Den* ligger på senga. Jeg leser *den*.
Hus*et* er i Oslo. Han liker hus*et*.	*Det* er i Oslo. Han liker *det*.
Blyant*ene* er på bordet. Jeg skriver med blyant*ene*.	*De* er på bordet. Jeg skriver med *dem*.
Bøk*ene* ligger på senga. Jeg leser bøk*ene*.	*De* ligger på senga. Jeg leser *dem*.

Det er *en* imponerende *film*.
Den er imponerende.

Det er *ei* imponerende *bok*.
Den er imponerende.

Det er *et* imponerende *hus*.
Det er imponerende.

Det er imponerende *bilder*.
De er imponerende.

8. *Den* is used as a pronoun when referring to *en* and *ei* nouns that are not mentioned in the same clause: *Jeg leser ei bok. Den er god. Jeg så filmen. Den var god.* If the noun is mentioned in the clause, then *det* is used no matter what the gender or number of the noun: *Det er ei god bok, Det er en god film.* When referring to *et* nouns, *det* is used whether or not the noun is named in the clause: *Det er et imponerende hus. Det er i Oslo. De* and *dem* are used when referring to plural nouns that are not mentioned in the same clause.

Ordstilling med "ikke":

Jeg liker ikke blyant*en*.	**Jeg liker *den* ikke.**
Jeg liker ikke bok*a*.	**Jeg liker *den* ikke.**
Jeg liker ikke hus*et*.	**Jeg liker *det* ikke.**
Jeg liker ikke bø*kene*.	**Jeg liker *dem* ikke.**

Øvelse: (Answer the question, replacing the noun with the appropriate pronoun.)

Har du sett filmen?	Ja, jeg har sett den.________
Skriver hun brevet?	Ja, hun skriver ________.
Leser han boka?	Ja, ________
Ser dere på bildene?	Ja, ________
Liker de boka?	Ja, ________
Liker han boka?	Nei, ________
Skriver du brevet?	Nei, ________
Ser du bildene?	Nei, ________
Har du sett filmen?	Nei, ________
Ser du på klokka?	Nei, ________

Vi skriver: Sett inn *det, den, de*, eller *dem*.

1. Jeg hadde boka her i går. ________ var her i går.
2. Jeg skriver et brev. Jeg skriver ________ på norsk.
3. Klokka er bare ti. ________ er bare ti.
4. ________ er et imponerende hus. ________ er i Oslo.
5. Speilet er på veggen over vasken. ________ er på veggen over vasken.
6. Senga står ved vinduet. ________ står ved vinduet.
7. Bildet er over senga. ________ er av en gutt.
8. ________ er ei god bok. Er ________ ei god bok? Ja, ________ er god.
9. ________ er om Norge. Vi leser ________ i norsktimen. (*boka*)
10. Har du sett filmen? Var ________ god? Ja, ________ var en god film.
11. Jorunn har tre stoler på værelset. Hvorfor sitter hun ikke på en av ________?
12. Hun har mange bilder. ________ er på veggene i værelset hennes.

LESESTYKKE:

Jens-Petter arbeider på et kontor. Han er der nå, men han arbeider ikke. Han sitter og ser på et bilde av Jorunn. Hun er i et klasseværelse på skolen nå. Jens-Petter liker ikke skolen, men han liker seg på jobben. Han tjener penger. Han liker å ha penger, det er sant, men han liker også jobben.

"Liker Jorunn seg på skolen?" tenker han. Han sukker, ser på papirene på skrivebordet og arbeider videre.

VI ØVER OSS:

*A: Legger du deg allerede? Klokka er bare ti.
B: Ja, jeg pleier å legge meg før klokka ti.
Jeg liker å ligge og lese litt før jeg sover.
A: Hva er det du leser?
B: Det er ei god bok. Den heter *Kon-Tiki.*
A: Men det er også en film. Jeg har sett den.
B: Jaså? Har den vært her i byen?
A: Nei, men vi så den i norsktimen.
B: Ser dere ofte film i norsktimen?
A: Nei, ikke ofte. Bare når det er en god film om Norge.

Ingen kjenner dagen før sola går ned.

ORD
Fra 7. kapittel

Substantiver

en by — et bad
en vask — et soveværelse
et speil

Pronomen

den

Refleksive pronomener

meg — oss
deg — dere
seg

Verb

å besøke
å drikke
å finne
å fortelle
å legge
å legge seg
å like seg
å pleie (å ______)
å pusse
å ringe
å spise
å spørre (*presens:* spør)
å stå
å tenke
å tjene
å vaske
å vaske seg
å vite (*presens:* vet)

Adjektiv

alle
imponerende

Adverb

bedre
ennå
ofte
ute

Preposisjoner

foran
hos
over

Konjunksjoner

at
når
som

Spørreord

når

Uttrykk

hjemme hos
hvordan det?
å pusse tennene
det er sant
i byen
som alltid
å ringe til (*noen*)
ikke før

Tidsuttrykk

klokka ______
klokka er ______
hvor mange er klokka

Andre ord

hallo

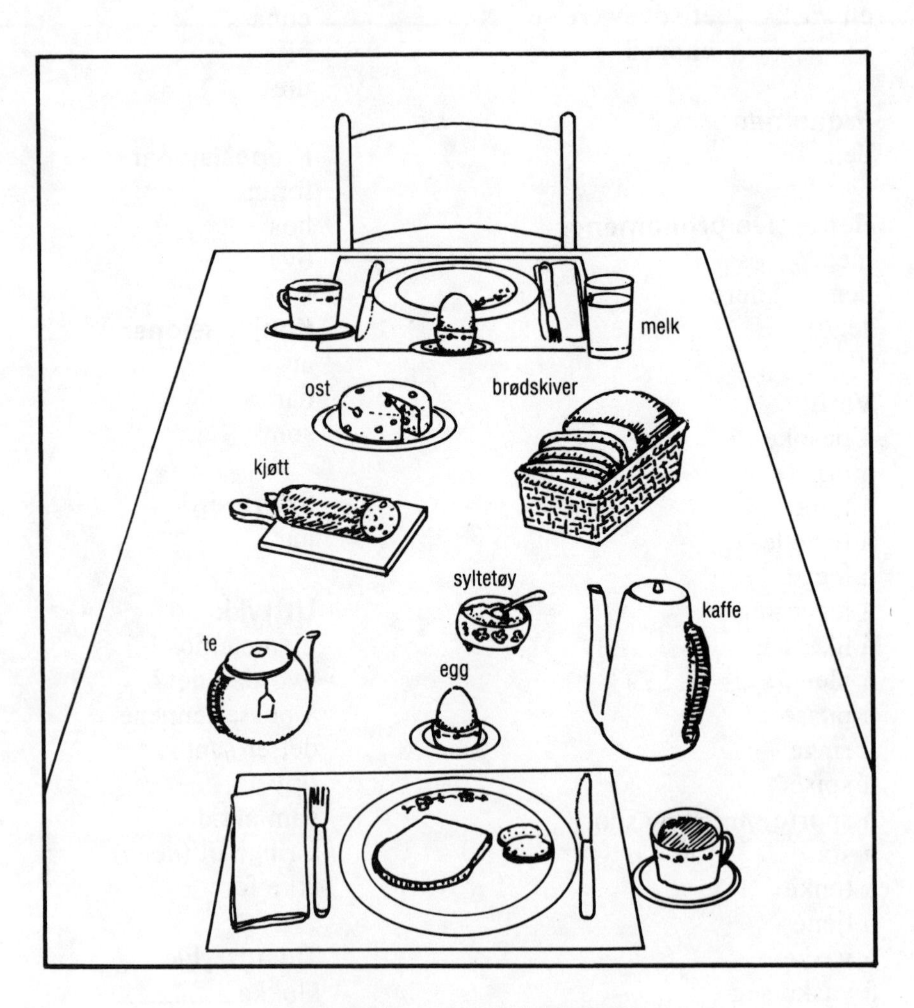

Hva spiser du til frokost?

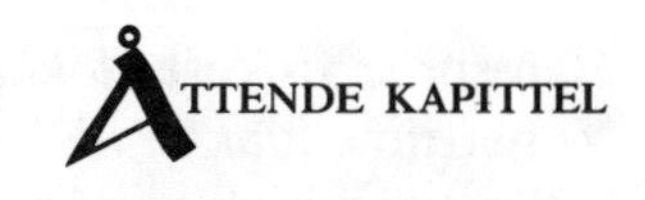
ÅTTENDE KAPITTEL

LA OSS SPISE!

NÅR OG HVA PLEIER NORDMENN Å SPISE?

Tid:	*Måltidet heter:*	*De spiser:*
ved 8-tiden	*frokost*	egg, brødskiver med pålegg (ost, syltetøy, kjøtt, osv.); melk, kaffe
ved 12-tiden	*formiddagsmat*	et par brødskiver med pålegg; kaffe, te, melk
ved 5-tiden	*middag*	kjøtt eller fisk, poteter, grønnsaker, dessert; vann, melk, saft
ved 7-tiden	*kaffe*	kake, småkaker; kaffe
ved 8-tiden	*aftens*	smørbrød eller en varmrett

Nordmenn pleier å si: "Takk for maten" etter et måltid.

Spørsmål:

1. Når pleier nordmenn å spise frokost?
2. Hva pleier de å spise til frokost?
3. Når pleier du å spise frokost?
4. Hva pleier du å spise til frokost?
5. Når pleier nordmenn å spise formiddagsmat?
6. Hva pleier de å spise da?
7. Når pleier nordmenn å spise middag?
8. Hva pleier de å spise til middag?
9. Hva drikker de til middag?
10. Når pleier du å spise middag?
11. Når pleier nordmenn å spise aftens?
12. Hva pleier de å spise til aftens?

KLOKKA 8 / / VED 8-TIDEN[1]

Han spiser frokost *klokka åtte*.
Vi har time *klokka ni*.
Jeg ser deg *klokka tolv*.

Hun spiser frokost *ved åtte-tiden*.
Han kommer *ved ni-tiden*.
Jeg ser deg *ved tolv-tiden*.

Vi skriver: (Skriv tallene også.)

1. Han pleier å spise _______________ (around 7 o'clock).
2. Hun vil spise _______________ (at 8 o'clock).
3. De pleier å komme _______________ (around 3 o'clock).
4. De kommer _______________ (at 5 o'clock) i dag.

HVORDAN SPISER VI?

Vi spiser med en skje, en kniv og en gaffel. 1
Nordmenn pleier å holde gaffelen i *venstre* og kniven i *høyre* hånd. 2

Spørsmål:

1. Hvordan pleier nordmenn å holde gaffelen og kniven?
2. Hvordan pleier du å holde dem?

1. Exact versus approximate time: *Vi spiser klokka sju*, "We eat *at* seven o'clock." *Vi spiser ved sju-tiden*, "We eat *around* seven o'clock." Note that there is no word for "at" in the Norwegian exact time expression.

Åse pleier å spise frokost klokka åtte. Hun *må spise* da fordi hun har time klokka ni. Hun lærer å snakke norsk i timen. Hun *kan snakke* litt norsk nå. Åse *vil lære* mer norsk fordi hun *skal reise* til Norge snart. 3 4 5 6

Spørsmål:

1. Når pleier Åse å spise frokost?
2. Hvorfor må hun spise da?
3. Hva lærer hun i timen?
4. Snakker hun litt norsk allerede?
5. Hvorfor vil hun lære mer norsk da?
6. Når har du norsktime?
7. Hva lærer du i norsktimen?
8. Skal du reise til Norge snart?

MERK:

Jeg snakke*r* norsk.
Jeg liker å *snakke* norsk.
Jeg vil *snakke* norsk.
Jeg må *snakke* norsk.
Jeg kan *snakke* norsk.
Jeg skal *snakke* norsk.

MODALE HJELPEVERB[2]

	vil		**Vil**	
	må		**Må**	
Han	**skal**	**snakk*e* norsk.**	**Skal**	**han snakk*e* norsk?**
	kan		**Kan**	

	vil	
	må	
Han	**skal**	**ikke snakk*e* norsk.**
	kan	

2. The modal auxiliaries are verbs that change the mood or mode of the action in a sentence. They may be translated as follows: *må*, "must," "has to"; *kan*, "can," "is able to"; *skal*, "shall," "is going to"; *vil*, "will," "is willing to," "wants to." The verb accompanying the modal auxiliary is always in the infinitive — without the infinitive marker *å*: *Jeg vil snakke norsk*, "I want to speak Norwegian."

Øvelse: (Insert the words in the column into the sentence and make any necessary changes.)

	Jeg skriver mange brev.
liker	Jeg *liker å skrive* mange brev.
må	Jeg *må skrive* mange brev.
vil	________________
trenger	________________
skal	________________
pleier	________________
kan	________________

Oppgave: Skriv setningen med modalt hjelpeverb.

1.	Jeg spiser middag nå.	Jeg vil spise middag nå.
2.	Han besøker dem.	Han kan ________________
3.	Hun skriver mange brev.	Hun skal ________________
4.	Vi snakker med deg.	Vi vil ________________
5.	De leser boka.	De må ________________
6.	Dere kjøper huset.	Dere vil ________________
7.	Du bor i byen.	Du må ________________
8.	Vi legger oss nå.	Vi skal ________________
9.	Han vasker seg ikke ennå.	Han kan ikke ________________
10.	Legger du deg allerede?	Må du ________________
11.	Banker hun ikke på døra?	Skal hun ikke ________________
12.	Stopper dere her?	Kan dere ________________
13.	Hva gjør hun nå?	Hva skal hun ________________
14.	Vi sitter på golvet.	Vi vil ikke ________________
15.	Vi er hjemme.	Vi vil ________________

Oppgave: Sett inn den riktige formen av verbet i parentes.

1. Hva ________ du? (å drikke)
2. Hva vil du ha ________? (å drikke)
3. Hva vil du ________? (å drikke)

4. Nordmenn ________ småkaker til kaffen. (å spise)
5. De pleier ________ aftens ved åtte-tiden. (å spise)
6. Hva ________ du nå? (å lese)
7. Må du ________ boka? (å lese)
8. Når skal du ________ middag? (å spise)
9. Hva ________ du til middag? (å spise)
10. ________ dere dette nå? (å forstå)

VI ØVER OSS:

* **A: Hva vil du ha til frokost i dag?**
B: Bare et par brødskiver med pålegg, takk.
A: Vær så god. Her er ost, syltetøy og skinke.
Hva vil du ha?
B: Jeg tror jeg vil ha ost, takk.
A: Vil du ha melk eller kaffe?
B: Melk, takk. Har du allerede spist?
A: Ja, jeg spiste ved sju-tiden.
Men jeg skal sitte og drikke en kopp kaffe med deg mens du spiser.
(Seinere. B har spist.)
B: Takk for maten.
A: Vel bekomme.

Å SPISE:

	spiser		*Spiser*			
De	*spiste*	frokost.	*Spiste*	de		frokost?
	har spist		*Har*		*spist*	
De liker *å spise* frokost.			Liker de *å spise* frokost?			

	spiser			
Vi	*spiste*	ikke		frokost.
	har		*spist*	
Vi liker ikke *å spise* frokost.				

Oppgave: Sett inn den riktige formen av *å spise*.

1. Han ________ på en restaurant i går.
2. Hun må ________ hjemme i dag.
3. Vi skal ________ formiddagsmat nå.
4. ________ du ________ ennå?
5. Hva liker du ________ til frokost?
6. Hva vil du ________ til frokost?
7. De har ikke ________ ennå.
8. Han ________ allerede ________.
9. Han ________ klokka seks.
10. Når pleier du ________ middag?

VI REPETERER: Sett inn den riktige formen av verbet i parentes.

1. Han ________ boka på pulten i går. (å ha)
2. Vi ________ filmen mange ganger før. (å se)
3. De ________ i byen i går. (å være)
4. Skal vi ________ filmen nå? (å se)
5. Pleier de ________ så mange filmer? (å se)
6. Hvor ________ dere frokost i går? (å spise)
7. Har du ________ i byen i dag? (å være)
8. Har dere ________ huset ennå? (å se på)
9. Har du ________ middag ennå? (å spise)
10. Hvordan har du ________ det? (å ha)

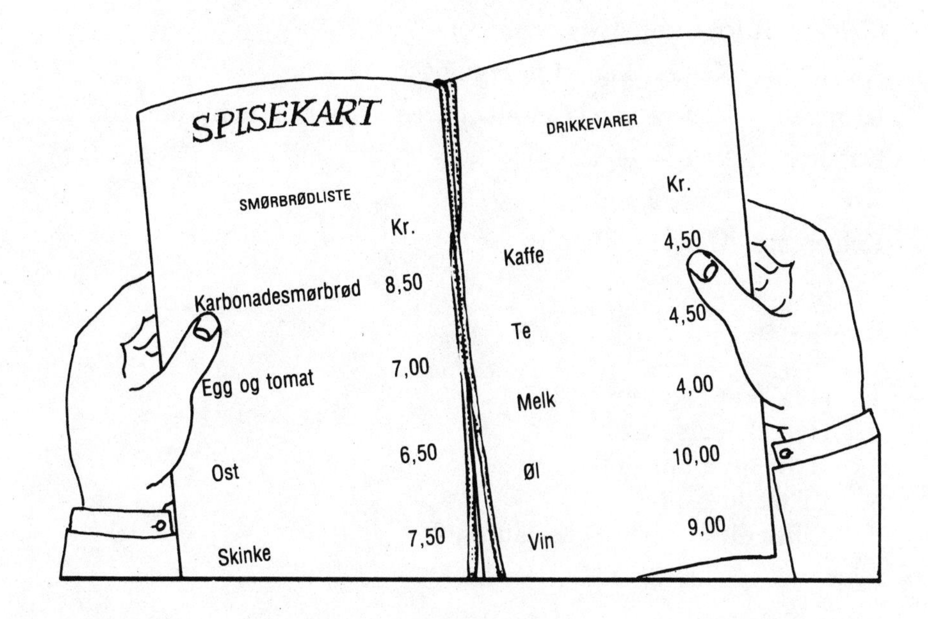

(*Karsten og Åse spiser på en restaurant.*)

* **Karsten:**	**Hva skal du ha, Åse?**	7
	Middag eller et par smørbrød?	8
Åse:	**Jeg vil bare ha et smørbrød.**	9
Karsten:	**Kelner, kan vi få et spisekart, takk.**	10
Kelneren:	**Vær så god.**	11
Karsten:	**Takk.**	12
(*Kelneren går.*)		13
	La oss se på smørbrødlista.	14
	Jeg tror jeg skal ha et smørbrød med skinke	15
	og et glass melk.	16
Åse:	**Jeg skal ha et smørbrød med ost og en kopp kaffe.**	17
(*Kelneren kommer tilbake.*)		18
Kelneren:	**Hva skal det være her?**	19
Karsten:	**Jeg skal ha et smørbrød med skinke og et glass melk.**	20
Åse:	**Og jeg skal ha et smørbrød med ost og en kopp kaffe.**	21
Kelneren:	**Ja takk.**	22

(*Seinere. Karsten og Åse har spist.*) 23

Karsten: **Kelner, kan vi få regningen, takk?** 24

Kelneren: **Vær så god. Det blir tjueen kroner og femti øre.** 25

Karsten: **Vær så god.** 26

Åse: **Vær så god.** 27

Kelneren: **Mange takk.** 28

Spørsmål:

1. Hva skal Karsten ha?
2. Hva skal Åse ha?
3. Hvor mye blir det?
4. Liker du ost?
5. Liker du å spise på restaurant?

NOEN / / NOE:

Noen kan bety "someone" og "anyone":

Var det *noen* hjemme i går?
***Noen* har vært her.**

Noe kan bety "something" og "anything":

Vil du ha *noe* å spise?
Har du hatt *noe* å drikke?

Noen kan også bety "some" og "any":

Jeg vil ha *noen* smørbrød.
Er det *noen* småkaker i huset?

Oppgave: Sett inn *noe* eller *noen*:

1. Kan vi få _______ å drikke?
2. Har _______ vært her og sett på huset ennå?
3. Spiser du sammen med _______?
4. Jeg pleier å spise _______ brødskiver til frokost.
5. Du kan få _______ å spise på restauranten der.
6. Vil du ha middag eller _______ smørbrød?

MERK:

et smørbrød	**smørbrød**
smørbrødet	**smørbrødene**

Jeg skal ha **et glass melk.**[3]
en kopp kaffe.
et par smørbrød.

Oppgave: (Ask to get the following things. Use *kan jeg få.*)

1. a menu <u>Kan jeg få et spisekart?</u>
2. something to drink ________________
3. breakfast ________________
4. the bill ________________
5. a glass of water ________________

(Order the following things. Use *jeg skal ha.*)

1. a sandwich <u>Jeg skal ha et smørbrød.</u>
2. some sandwiches ________________
3. a cup of coffee ________________
4. a glass of milk ________________
5. some vegetables ________________
6. a couple of slices of bread ________________

EN SAMTALE: Du spiser på en restaurant.
(Supply the missing lines.)

Du:
Kelneren: Vær så god.
Du:
Kelneren: Hva skal det være her?
Du:
Kelneren: Ja, takk.

3. Note that in the construction expressing a quantity of something there is no word for "of" in Norwegian.

(*Kelneren kommer tilbake med maten.*)
Du:
Kelneren: En kopp kaffe? Et øyeblikk.
(*Seinere. Du har spist.*)
Du:
Kelneren: Vær så god. Det blir ______
Du:
Kelneren: Mange takk.

VI REPETERER: *Infinitiv*

Du må bruke infinitiv ved:

å	*la + objekt*	*modale hjelpeverb*
liker å	**la oss**	**vil**
lærer å	**la meg**	**må**
pleier å	**la ham**	**skal**
trenger å	**la henne**	**kan**
	(osv.)	

Øvelse: Oversett til norsk.

1. Let's look at the menu.
2. He wants to eat at five o'clock, but I don't usually eat until around six.
3. The students have to read the books now.
4. What do you want to do?
5. I'm going to travel to Norway soon.
6. They want to eat at the restaurant.
7. She usually eats dinner with you, right?
8. Yes, we like to eat dinner together.

Oppgave: (Complete the sentences on the right based on the cues given.)

1.	Du har sett det.	La meg ___se det___ nå.
2.	De forstår norsk.	________dere norsk?
3.	Vi legger oss klokka ti.	Når pleier du ________?
4.	Vi har spist.	Vil du ________ nå?
5.	Han så filmen i går.	Hun skal ________ i dag.
6.	Hun snakker norsk hjemme.	Pleier du ________?
7.	De snakker norsk i timen.	Må de ________?
8.	De kjøper mange bøker.	Trenger du ________?

VI ØVER OSS:

***A: Morn. Skal du spise frokost nå?**
B: Ja, skal vi spise sammen?
A: Ja, la oss det. Pleier du å spise mye til frokost?
B: Ja, jeg pleier å spise en god frokost med egg, noen brødskiver, syltetøy, ost, melk og kaffe.
A: Jeg kan ikke spise så mye for jeg har time snart.
B: Hvilken time er det?
A: Norsk.
B: Norsk? Hvorfor vil du lære *det*?
A: Familien min er fra Norge.
B: Jaså? Snakker dere norsk hjemme da?
A: Ja, vi snakker litt norsk hjemme, men det er ennå mye jeg må lære.
B: Må du gå allerede?
A: Ja, takk for nå.
B: Ha det bra.

Det nytter ikke å gråte over spilt melk.

ORD
Fra 8. kapittel

Substantiver

(en) aftens
en dessert
en fisk
(en) formiddagsmat
en frokost
en gaffel
en hånd
en kaffe
en kelner
en kniv
en kopp
(en) mat
(en) melk
en middag
en ost
en potet
en regning
en restaurant
en skje
en te
(en) tid
en varmrett

ei brødskive
ei kake
ei liste
(ei) saft
ei skinke
ei småkake

et egg
et glass
(et) kjøtt
et måltid
et par
(et) pålegg
et smørbrød
et spisekart
(et) syltetøy
(et) vann

grønnsaker

Pronomener

noe
noen

Verb

å få
å holde
å la
å si (*presens:* sier)
å spise – spiser – spiste – har spist

Modale hjelpeverb

kan
må
skal
vil

Adjektiv

høyre
mer
venstre

Adverb
da
seinere
snart
tilbake

Preposisjon
etter

Konjunksjon
mens

Spørreord
hvilken

Uttrykk
og så videre (osv.)
takk for maten
vel bekomme
i venstre (høyre) hånd
jeg skal ha (et par smørbrød)
kan jeg få (spisekartet)
la (oss, meg, ham osv.)
la oss det
til (frokost, middag osv.)
et par (smørbrød)
et glass (melk)
en kopp (kaffe)

Tidsuttrykk
ved (åtte)-tiden

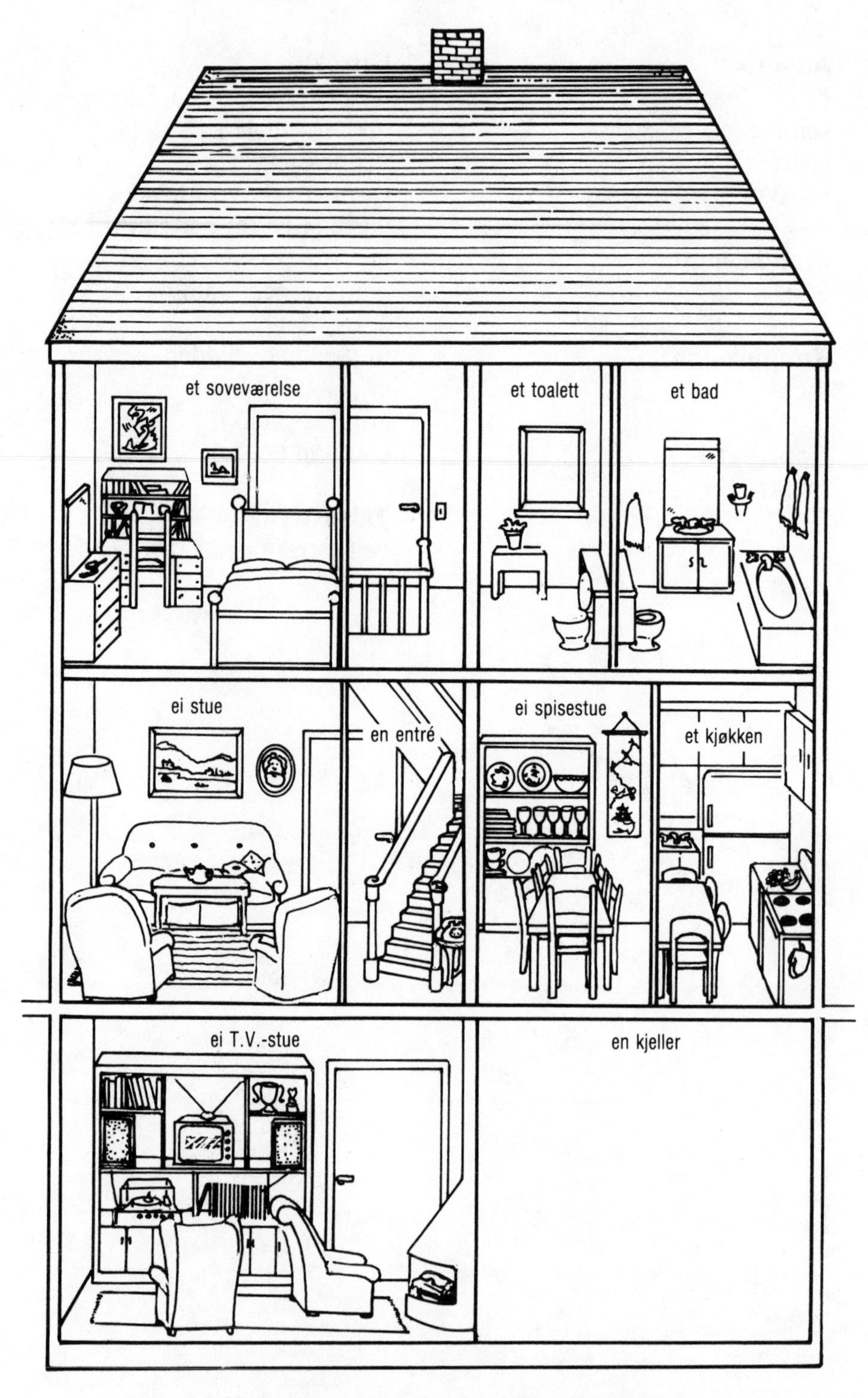

Hva slags værelser er det i huset?

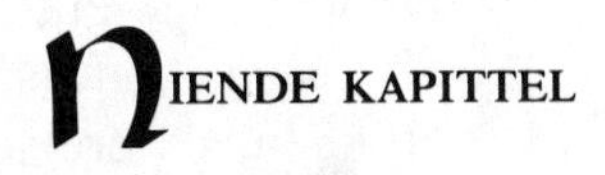IENDE KAPITTEL

HUSET

* Dette er et hus. Huset har to etasjer og en kjeller. Det er mange værelser i huset. Det er ei stue, ei spisestue og et kjøkken i første etasje. To soveværelser, et bad og et toalett er i annen etasje. Det er også et værelse i kjelleren. Værelset i kjelleren heter T.V.-stua.

Vi kan se mange møbler i værelsene. Stua har tepper på golvet, bilder på veggene, et kaffebord, en sofa og to lenestoler. Familien pleier å sitte i stolene ved kaffebordet når de drikker kaffe. Spisestua har et spisebord og seks stoler. Familien sitter på stolene ved spisebordet når de spiser middag.

Familien liker å spise frokost ved kjøkkenbordet. Det er fire kjøkkenstoler der. Komfyren, kjøkkenbenken og vasken er også i kjøkkenet. Det er mat i kjøleskapet, og familien kan bruke komfyren når de vil lage varm mat.

Trappa til annen etasje og trappa til kjelleren er i entreen. Det er også en telefon og et skap der.

Soveværelsene er i annen etasje. Vi kan se senger, kommoder, skrivebord og stoler i soveværelsene. Badet er også i annen etasje. Det er et badekar og en vask i badet, og det er et speil over vasken.

T.V.-stua i kjelleren har et fjernsyn, en platespiller og to lenestoler. Det er også en peis i T.V.-stua.

Spørsmål:

1. Hvor mange etasjer er det i huset?
2. Hva slags værelser er det i første etasje?
3. Hva slags værelser er det i annen etasje?
4. Hva heter værelset i kjelleren?
5. Hva slags møbler kan vi se i stua?
6. Hvor pleier familien å sitte når de drikker kaffe?
7. Hva slags møbler kan vi se i spisestua?
8. Hvor sitter familien når de spiser middag?
9. Hvor liker familien å spise frokost?
10. Hva kan vi også finne i kjøkkenet?
11. Hva finner vi i et kjøleskap?
12. Hva kan familien bruke når de vil lage mat?
13. Hva finner vi i entreen?
14. Hva slags møbler kan vi finne i et soveværelse?
15. Hva er det på badet?
16. Hva finner vi i T.V.-stua?
17. Hvor mange etasjer er det i huset ditt?
18. Hva slags værelser er det i huset ditt?
19. Hva slags møbler har du i soveværelset ditt?
20. Hvilken etasje bor du i?

EIENDOMSPRONOMENER[1]: MIN / DIN

jeg—meg :	***min***	***mi***	***mitt***	***mine***
du—deg :	***din***	***di***	***ditt***	***dine***

Jeg har *en* familie. **Det er famili*en min*.**
Du har *en* familie. **Det er famili*en din*.**

Jeg har *en* blyant. **Det er blyant*en min*.**
Jeg har *ei* bok. **Det er bok*a mi*.**
Jeg har *et* hus. **Det er hus*et mitt*.**
Jeg har *to* bilder. **Det er bild*ene mine*.**

1. Possessive pronouns: The pronouns *min*, "my," and *din*, "your," must agree in gender and number with the object possessed. Possession is most commonly expressed by following the *definite form* of the object owned with the appropriate possessive pronoun: *blyanten min*, "my pencil"; *huset ditt*, "your house." It is also possible to place the possessive pronoun before the indefinite form of the noun. This usage will be taken up in chapter 17.

Du har *en* blyant.
Du har *ei* bok.
Du har *et* hus.
Du har *to* bilder.

Det er blyant*en din*.
Det er bok*a di*.
Det er hus*et ditt*.
Det er bild*ene dine*.

Det er blyant*en min*.
Det er bok*a mi*.
Det er hus*et mitt*.
Det er bild*ene mine*.

***Den* er *min*.**[2]
***Den* er *mi*.**
***Det* er *mitt*.**
***De* er *mine*.**

Det er blyant*en din*.
Det er bok*a di*.
Det er hus*et ditt*.
Det er bild*ene dine*.

***Den* er *din*.**
***Den* er *di*.**
***Det* er *ditt*.**
***De* er *dine*.**

Øvelse:

Læreren:	*Studentene:*	
Jeg har *en* blyant.	Det er ikke blyant*en din*.	*Den* er *min*!
Jeg har *ei* bok.	Det er ikke bok*a di*.	*Den* er *mi*!
Jeg har *et* viskelær.	Det er ikke viskelær*et ditt*.	*Det* er *mitt*!
Jeg har *to* bild*er*.	Det er ikke bild*ene dine*.	*De* er *mine*!
Jeg har et brev.	______________________	__________
Jeg har to brev.	______________________	__________
Jeg har ei klokke.	______________________	__________
Jeg har to klokker.	______________________	__________
Jeg har en penn.	______________________	__________
Jeg har et speil.	______________________	__________
Jeg har to speil.	______________________	__________
Jeg har ei seng.	______________________	__________
Jeg har to senger.	______________________	__________
Jeg har et hus.	______________________	__________
Jeg har et kaffebord.	______________________	__________
Jeg har en lenestol.	______________________	__________
Jeg har to lenestoler.	______________________	__________

2. In addition to meaning "my" and "your," *min* and *din* mean "mine" and "yours," respectively.

Øvelse:

Læreren:
Jeg har *en* linjal.
et kjøleskap.
en komfyr.
mange bilder.
et fjernsyn.
en platespiller.
to lenestoler.

A:
Vi ser *den* ikke.
____
____
____
____
____
____

B:
De ser ikke linjal*en din*.
____
____
____
____
____
____

Jeg har *en* telefon.
en linjal.
et glass.
en kopp.
et viskelær.
mange møbler.
ei trapp.
en komfyr.
en kjøkkenbenk.
en platespiller.
et fjernsyn.
mange aviser.
mange kniver.

A:
Kan vi bruke *den*?
____
____
____
____
____
____
____
____
____
____
____
____

B:
De vil gjerne bruke telefon*en din*.
____
____
____
____
____

Oppgave: Oversett til norsk.

1. my kitchen
2. your living room
3. my sofa
4. your bedroom
5. my stove
6. your fireplace
7. my dresser
8. my coffee tables
9. your furniture
10. your easy chairs

HANS / HENNES

han — ham : *hans*[3]
hun — henne : *hennes*[3]

Han har en blyant.	**Det er blyant*en hans*.**
	***Den* er *hans*.**
Han har ei klokke.	**Det er klokk*a hans*.**
	***Den* er *hans*.**
Han har et hus.	**Det er hus*et hans*.**
	***Det* er *hans*.**
Han har to bilder.	**Det er bild*ene hans*.**
	De er *hans*.
Hun har en blyant.	**Det er blyant*en hennes*.**
	***Den* er *hennes*.**
Hun har ei bok.	**Det er bok*a hennes*.**
	***Den* er *hennes*.**
Hun har et hus.	**Det er hus*et hennes*.**
	***Det* er *hennes*.**
Hun har to bilder.	**Det er bild*ene hennes*.**
	***De* er *hennes*.**

3. Note that the possessive pronouns *hans*, "his," and *hennes*, "her," "hers," do not change according to the gender or number of the object owned. The one form is used with nouns of all genders in both the singular and the plural.

Øvelse:

Læreren:	*Studentene:*
Han har et hus.	Hva slags møbler er det i huset hans?
ei stue.	Hva slags møbler er det i __________
et kjøkken.	__________
en kjeller.	__________
Hun har ei T.V.-stue.	__________
et soveværelse.	__________
ei spisestue.	__________
mange værelser.	__________
to hus.	__________
to stuer.	__________

VI REPETERER:

Svein har et hus.	Det er hus*et til* Svein.
Jorunn har et rom.	Det er romm*et til* Jorunn.
Svein har ei bok.	Det er __________
Jorunn har en lenestol.	Det er __________
Læreren har to bøker.	Det er __________

Øvelse:

Læreren:	*Studentene:* (Jeg vet ikke.)
Hvor er boka til Jorunn?	Jeg har ikke sett *boka hennes.*
viskelæret til Svein?	Jeg har ikke sett __________
blyanten til Jorunn.	__________
pennene til Svein.	__________
skrivepapiret til Jorunn.	__________
stolen til Svein.	__________
senga til Jorunn.	__________
klokka til Svein.	__________
knivene til Svein.	__________
lampa til Jorunn.	__________

HENNE / / HENNES[4]

Jeg kjenner *henne*, men jeg kjenner ikke familien *hennes*.

Oppgave: Sett inn *henne* eller *hennes*.

1. Det er blyanten ________.
2. Jeg så ________ i går.
3. Har du sett bildene ________?
4. Jeg var hjemme hos ________ i går.
5. Jeg liker å snakke med ________.

***Jorunn:**	**Hei, Svein. Har du boka mi?**	**23**
Svein:	**Boka di? Nei, jeg har bare blyanten din**	**24**
	og papiret ditt. Men jeg så boka di på	**25**
	værelset ditt i går kveld.	**26**
Jorunn:	**På værelset mitt?**	**27**
Svein:	**Jeg var der i går kveld. Bøkene dine og**	**28**
	møblene dine var der, men jeg så ikke	**29**
	bildene dine. Bildene var borte.	**30**
Jorunn:	**I går kveld? Jeg var ikke hjemme i går**	**31**
	kveld. Er bildene mine borte?	**32**
Svein:	**Jaså, var du ikke hjemme? Var du ikke i**	**33**
	stua?	**34**
Jorunn:	**Jeg var ute i går kveld!**	**35**
Svein:	**Sier du det? Hei, lærer!**	**36**
Hansen:	**Ja, Svein?**	**37**
Svein:	**Klasseværelset trenger bilder, ikke sant?**	**38**
Hansen:	**Jo? Hvorfor spør du?**	**39**
Svein:	**Jeg har noen bilder her. Skal vi bruke dem?**	**40**

4. In English the third person feminine objective and possessive forms are identical: "her." In Norwegian we must distinguish between the two, using *henne* for the objective, and *hennes* for the possessive form.

Spørsmål:

1. Har Svein boka til Jorunn?
2. Har han blyanten hennes og papiret hennes?
3. Har han sett boka hennes?
4. Hvor var han i går kveld?
5. Hva så han der?
6. Hva var borte?
7. Var Jorunn hjemme i går kveld?
8. Hvor var hun i går kveld?
9. Hva har Svein nå?
10. Hva vil han gjøre med dem?

VÅR

vi — oss : ***vår vår vårt våre***[5]

Vi er i klasseværelset nå. Vi har blyant*ene våre*, skrivepapir*et* 41
***vårt* og bok*a vår* med oss. Lærer*en vår* er også her.** 42

Øvelse:

Vi har	en lenestol.	Det er lenestolen vår.	Den er vår.
	ei stue.	________________	________________
	et soveværelse.	________________	________________
	mange møbler.	________________	________________
	et bad.	________________	________________
	en sofa.	________________	________________
	mange bilder.	________________	________________
	ei klokke.	________________	________________
	et badekar.	________________	________________
	mange grønnsaker.	________________	________________
	ei seng.	________________	________________
	en kjeller.	________________	________________

5. The possessive pronoun *vår*, "our," "ours," changes according to the gender and number of the object owned: *familien vår*, "our family"; *huset vårt*, "our house"; *bøkene våre* "our books."

DERES

dere — dere: *deres*[6]

Dere er i klasseværelset nå. Dere har blyant*ene deres*, 43
skrivepapir*et deres* og bøk*ene deres* med dere. Lærer*en deres* er 44
også der. 45

Øvelse:

	bøkene	
	skrivepapiret	
	blyantene	
	pennene	
	avisene	
Har dere	linjalene	*deres* med dere i dag?
	viskelærene	
	hjemmeleksene	
	ordbøkene	
	læreren	

	vår	
Ja, vi har ______	vårt	med oss.
	våre	

Øvelse:

Læreren:	*Studentene:*	
Er dette klokka deres?	Nei, det er ikke klokk*a vår*.	*Den* må være *di*.
bøkene deres?	Nei, det er ikke bøk*ene*___	De ________
kontoret deres?	________	________
bildene deres?	________	________
teppet deres?	________	________
maten deres?	________	________

6. The possessive pronoun *deres*, "your," "yours" (addressing two or more persons), does not change according to the gender or number of the object owned: *familien deres* "your family"; *huset deres*, "your house."

avisen deres? ________________ ________
glassene deres? ________________ ________
koppene deres? ________________ ________

DERES

de — dem: *deres*[7]

Vi kjenner en familie i Oslo. De har et hus. Det er mange værelser i hus*et deres*. Kjøkken*et deres*, stu*a deres* og spisestu*a deres* er i første etasje, og soveværels*ene deres* er i annen etasje. Huset deres har også en kjeller. Det er ei T.V.-stue i kjeller*en deres*. 46 47 48 49 50

Øvelse:

Læreren:		*Studentene:*	
De har	et hus.	Det er ikke hus*et deres*.	*Det* er *vårt*.
	en regning.	Det er ikke ________	________
	et spisekart.	________	________
	ei klokke.	________	________
	et speil.	________	________
	noen bøker.	________	________
	noen møbler.	________	________

7. The possessive pronoun *deres*, "their," "theirs," does not change according to the gender or number of the object possessed: *boka deres*, "their book"; *kjøkkenet deres*, "their kitchen." Note that *deres* means both "your" (pl.) and "their." Its meaning is determined from context.

OVERSIKT:

Personlige pronomener og eiendomspronomener

	Subjekt	*Objekt*	*Eieformer*			
			en	*ei*	*et*	*flertall*
Entall	**jeg**	**meg**	**min**	**mi**	**mitt**	**mine**
	du	**deg**	**din**	**di**	**ditt**	**dine**
	han	**ham**	**hans**	**hans**	**hans**	**hans**
	hun	**henne**	**hennes**	**hennes**	**hennes**	**hennes**
Flertall	**vi**	**oss**	**vår**	**vår**	**vårt**	**våre**
	dere	**dere**	**deres**	**deres**	**deres**	**deres**
	de	**dem**	**deres**	**deres**	**deres**	**deres**

Oppgave: Oversett til norsk.

1. our kitchen
2. your (pl.) cellar
3. his furniture
4. their T.V.-room
5. her television
6. our living room
7. his record player
8. our beds
9. their kitchen counter
10. her closet
11. my bathtub
12. your (sing.) sofa
13. our coffee table
14. your (pl.) living room
15. their dresser
16. our furniture
17. your (pl.) books
18. their bedrooms
19. his vegetables
20. my bills

ORDSTILLING[8]

SUBJEKT	***VERBAL*** **ANDRE ELEMENTER (vanlig)**
IKKE SUBJEKT	***VERBAL*** **SUBJEKT ANDRE ELEMENTER (inversjon)**
Han	***spør:*** **"Hvor er du?"**
"Hvor er du?"	***spør*** **han.**
Han	***har*** **en jobb i Amerika.**
I Amerika	***har*** **han en jobb.**
Det	***er*** **et speil over vasken.**
Over vasken	***er*** **det et speil.**
Vi	***spiser*** **klokka fire.**
Klokka fire	***spiser*** **vi.**
Han	***heter*** **Frank.**
Frank	***heter*** **han.**
Jeg	***har sett*** **det før**
Det	***har*** **jeg** ***sett*** **før.**
Han	***har*** **ikke** ***vært*** **i Norge.**
I Norge	***har*** **han ikke** ***vært.***
Vi	***skal*** **ikke** ***spise*** **middag i dag.**
I dag	***skal*** **vi ikke** ***spise*** **middag.**
Jeg	***vil se*** **på det.**
Det	***vil*** **jeg** ***se*** **på.**
Kari og Jens	***må*** **lese nå.**
Nå	***må*** **Kari og Jens lese.**

8. Word order: When the subject comes first in the sentence, it is called normal word order (*vanlig ordstilling*). When an element other than the subject comes first in a Norwegian sentence, the verb remains as the second element and is immediately followed by the subject. Note that it is only the conjugated verb to which this applies. Putting something other than the subject first in the sentence is called inversion (*inversjon*) and is commonly done in Norwegian in order to vary the style or to give special emphasis to that element which is placed first.

Øvelse:

Læreren:	*Studentene:*
Jeg forstår norsk *nå*.	*Nå* forstår jeg norsk.
Jeg snakker norsk nå.	Nå______________
Jeg leser norsk nå.	______________
Jeg skriver norsk nå.	______________
Jeg forstår *det* ikke.	*Det* forstår jeg ikke.
Jeg trenger det ikke.	Det______________
Jeg liker det ikke.	______________
Jeg vet det ikke.	______________
Det er et kjøkken *i første etasje*.	*I første etasje* er det et kjøkken.
Det er ei stue i første etasje.	I første etasje______________
Det er ei spisestue i første etasje.	______________
Det er mange møbler i første etasje.	______________
Det er to soveværelser i første etasje.	______________
Det er et bad i første etasje.	______________
Det er en entré i første etasje.	______________

Videre øvelse:

	Amerika.	I Amerika har han ofte vært.
	Norge.	I Norge______________
Han har ofte vært i	Oslo.	______________
	Bergen.	______________
	Trondheim.	______________
	Tromsø.	______________

Vi kan se på fjernsyn i dag.	I dag kan vi se på fjernsyn.
Vi kan gå til byen i dag.	I dag______________
Vi kan kjøpe huset i dag.	______________
Vi kan snakke norsk i dag.	______________
Vi kan lese brevene i dag.	______________
Vi kan lage frokost i dag.	______________
Vi kan bruke komfyren i dag.	______________

Vi kan ikke se på fjernsyn *i dag*. I dag kan vi ikke se på fjernsyn.
Vi kan ikke lese brevene i dag. I dag________________
Vi kan ikke lage frokost i dag. ________________
Vi kan ikke bruke komfyren i dag. ________________
Vi kan ikke kjøpe huset i dag. ________________
Vi kan ikke gå til byen i dag. ________________

HUSET (*EN GANG TIL*)

Dette er et hus. Huset har to etasjer og en kjeller. I huset er det mange værelser. I første etasje finner vi ei stue, ei spisestue og et kjøkken. I annen etasje er det to soveværelser, et bad og et toalett. I kjelleren er det også et værelse. Værelset i kjelleren heter T.V.-stua. 55

I værelsene kan vi se mange møbler. I stua finner vi et teppe på golvet og bilder på veggene. Der er det også en sofa, to lenestoler og et kaffebord. Ved seks-tiden pleier familien å sitte omkring kaffebordet og drikke kaffe.

I spisestua er det et spisebord og seks stoler. Her pleier 60 **familien å sitte ved fem-tiden og spise middag.**

* **Frokost liker familien å spise omkring kjøkkenbordet. I kjøkkenet finner vi også kjøkkenbenken, kjøleskapet og vasken. Det er også en komfyr i kjøkkenet. Den kan familien bruke når de vil lage mat.** 65

I entreen kan vi finne trappa til annen etasje og kjelleren. Der er det også en telefon og et skap.

I annen etasje er det to soveværelser. I dem kan vi se mange møbler — senger, kommoder, skrivebord og stoler. Badet er også i annen etasje. I badet kan vi se et badekar og en vask. Over 70 **vasken er det et speil.**

Her bor familien. De liker seg hjemme.

Oppgave: Skriv om med *nå* først i setningen.

1.	Jeg ser på fjernsyn nå.	Nå ser jeg på fjernsyn.
2.	Han legger seg nå.	Nå ________________
3.	De har vært i Norge nå.	________________
4.	Vi har sett filmen nå.	________________
5.	Hun har spist middag nå.	________________
6.	Du liker deg her nå.	________________
7.	Vi skal reise til Norge nå.	________________
8.	Studentene må gjøre hjemmeleksene nå.	________________

Oppgave: (Rewrite the following sentences, placing the italicized portion first and making the necessary changes in word order.)

1. Det er tre soveværelser *i annen etasje.*
2. Han reiser til Bergen *i morgen.*
3. Svein var hjemme hos Jorunn *i går kveld.*
4. Jeg forstår *det* ikke.
5. Han har ofte vært *i Bergen.*
6. Karsten og Åse spiste på en restaurant *i går kveld.*
7. Jeg legger meg alltid *klokka elleve.*
8. Vi pleier å spise middag *ved fem-tiden.*
9. Hun skal reise til Norge *snart.*
10. Jorunn så familien til Svein i butikken *i går.*
11. Jens-Petter tenker: "*Jorunn er på skolen i dag.*"
12. Lærer Hansen spør: "*Hvor er Svein i dag?*"
13. Det er ei lampe *over senga til Jorunn.*
14. Svein liker seg ikke *på skolen.*
15. Han kommer ikke på skolen *i morgen.*
16. Jeg har ikke sett *deg* før.

VI ØVER OSS:

*A: God dag, god dag. Det er lenge siden sist!
Hvordan har du hatt det?
B: Bare bra, takk. Jeg har vært hjemme.
A: Familien din bor i byen nå, ikke sant?
B: Jo, nå bor vi i byen.
A: Liker dere huset?
B: Ja takk, det gjør vi.
A: Hvor mange etasjer er det i huset?
B: Det er to etasjer og en kjeller.
I første etasje har vi et kjøkken, ei stue, et bad og et soveværelse.
A: Er det mange soveværelser i annen etasje?
B: Ja, det er tre soveværelser i annen etasje, og ett i kjelleren.
Men kan du ikke komme og besøke oss en gang?
A: Jo, tusen takk, det vil jeg gjerne!

EN STIL: Skriv om huset ditt. (Tenk på ordstillingen!)

Hvor det er hjerterom, er det husrom.

ORD
Fra 9. kapittel

Substantiver

en entré
en etasje
en kjeller
en kjøkkenbenk
en komfyr
en kommode
en kveld
en lenestol
en peis
en platespiller
en sofa
en telefon

ei spisestue
ei stue
ei trapp
ei T.V.-stue

et badekar
et fjernsyn
et kaffebord
et kjøkken
et kjøleskap
et skap
et toalett

møbler

Eiendomspronomener

min	mi	mitt	mine
din	di	ditt	dine
hans			
hennes			
vår	vår	vårt	våre
deres			
deres			

Verb

å bruke
å lage

Adverb

gjerne
siden

Adjektiv

varm

Preposisjon

omkring

Uttrykk

i (første, annen) etasje
hva slags
det er lenge siden sist
å ha (noe) med seg
sier du det
i går kveld
tusen takk

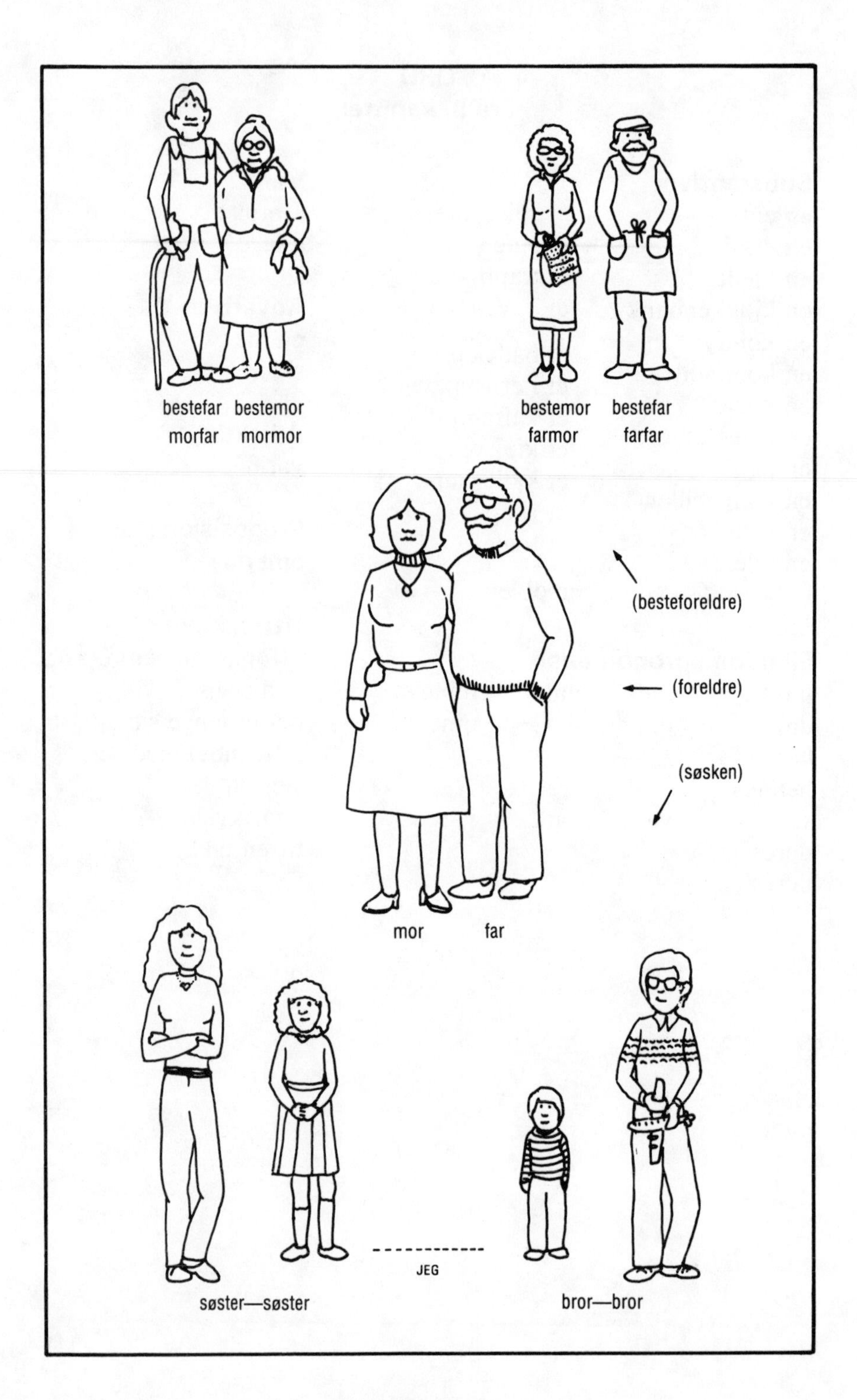

Familien min

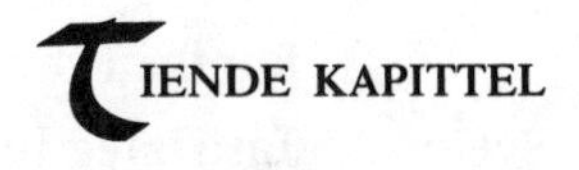
IENDE KAPITTEL

FAMILIEN

Familien min

Jeg har en mor og en far. Moren min og faren min er foreldrene mine. Jeg har søsken. Jeg har to brødre og to søstre. Brødrene mine og søstrene mine er søsknene mine. Jeg har besteforeldre — to bestemødre og to bestefedre. Jeg har en mormor og en morfar. Mormor og morfar er foreldrene til moren min. Jeg har en farmor og en farfar også. Farmor og farfar er foreldrene til faren min. Jeg har familie. Jeg har søsken, foreldre og besteforeldre.[1]

besteforeldre
besteforeldrene

en bestemor	**beste*mødre***	**en bestefar**	**beste*fedre***
bestemoren	**beste*mødrene***	**bestefaren**	**beste*fedrene***

foreldre
foreldrene

en mor	***mødre***	**en far**	***fedre***
moren	***mødrene***	**faren**	***fedrene***

søsken
søsknene

en søster	**søs*tre***	**en bror**	***brødre***
søsteren	**søs*trene***	**broren**	***brødrene***

1. Foreldrene til besteforeldrene dine heter *oldeforeldre*, og foreldrene til oldeforeldrene dine heter *tipp-oldeforeldre*. Så kommer *tipp-tipp-oldeforeldre, tipp-tipp-tipp-oldeforeldre* osv.

*** Svein:** **Kjenner du foreldrene mine?**
Jorunn: **Faren din og moren din? Nei, jeg kjenner ikke familien din.** 10
Svein: **Jaså? Jeg har en bror og en søster også. Har du søsken?**
Jorunn: **Ja, jeg har to søstre og to brødre.**
Svein: **Jeg kjenner brødrene dine, men jeg kjenner ikke søstrene dine. Men søsteren min kjenner søstrene dine. Du, Jorunn, jeg har to fedre og to mødre.** 15
Jorunn: **Du tuller! Du har ikke to fedre og to mødre. Du har to *foreldre*, en far og en mor.**
Svein: **Ja, men søsknene mine, broren min og søsteren min, behandler meg som et barn.** 20
Jorunn: **Svein, du *er* et barn.**

Spørsmål:

1. Har Svein søsken?
2. Har Jorunn søsken?
3. Kjenner Svein brødrene til Jorunn?
4. Kjenner han søstrene hennes?
5. Hvem kjenner søstrene hennes?
6. Hvorfor sier Svein at han har to fedre og to mødre?
7. Har du søsken?
8. Hvor mange brødre og søstre har du?

Hansen: **Jorunn, har besteforeldrene dine mange barn?**
Jorunn: **Mormor og morfar har mange barn.**
Svein: **Besteforeldrene mine har også mange barn.** 25
Jorunn: **Mormor og morfar har ti barn — ni sønner og en datter.**
Hansen: **Bare én datter?**
Jorunn: **Ja, moren min. Hun har ni brødre og ingen søstre.**

Hansen:	**Har moren din mange døtre?**	**30**
Jorunn:	**Ja, hun har tre døtre. Vi er tre søstre.**	
Hansen:	**Og bare én sønn?**	
Jorunn:	**Nei, foreldrene mine har to sønner.**	
Svein:	**Og du, Jorunn?**	
Jorunn:	**Jeg er ikke gift. Jeg har ikke barn.**	**35**
Hansen:	**Har besteforeldrene dine mange barn, Svein?**	
Svein:	**Nei, besteforeldrene mine hadde ikke barn.**	
	Ikke foreldrene mine heller.	
Hansen:	**Nå tuller du igjen, Svein.**	

		et barn	**barn**	
		barnet	**barn*a***[2]	
en datter	***døtre***		**en sønn**	**sønner**
datteren	***døtrene***		**sønnen**	**sønnene**

Spørsmål:

1. Har besteforeldrene til Jorunn mange barn?
2. Hvor mange barn har morfaren og mormoren hennes?
3. Hvor mange brødre og søstre har moren hennes?
4. Hvor mange døtre har moren hennes?
5. Har ikke Jorunn brødre?
6. Er Jorunn gift?
7. Hvor mange barn har morfaren og mormoren din?
8. Hvor mange søsken har moren din?
9. Hvor mange barn har farfaren og farmoren din?
10. Hvor mange søsken har faren din?
11. Hvor mange sønner og døtre har foreldrene dine?
12. Hvor mange søsken har du?
13. Er du gift?
14. Har du barn?

2. This ending is possible in the definite plural form of several *et*-nouns, but mandatory with *barn*.

Øvelse:

Læreren:		*Studentene:*
Jeg har	en bror.	Vi kjenner ikke bror*en din*.
	to brødre.	Vi kjenner ikke ________
	en søster.	________
	to søstre.	________
	en datter.	________
	to døtre.	________
	en sønn.	________
	to sønner.	________
	en bestefar.	________
	en bestemor.	________
Jeg har	en bror.	Jeg har *to brødre*.
	en søster.	Jeg har to ________
	en datter.	to ________
	en sønn.	to ________
	en bestefar.	to ________
	en bestemor.	to ________
	et barn.	to ________

PERSONLIG

Søsken: (hva slags) ________

Hva heter de? ________

Hva gjør de? ________

Er de gift? ________

Har de barn? ________

VI LÆRER UTENAT[3]:

A: **Har du søsken?**

B: **Ja, jeg har ________.**

(Nei, jeg har ingen søsken.)

3. Insert information for Speaker B that is true of yourself. Practice with one student being A and the other B. Then have A change his/her lines so that they apply to his/her own situation.

Har *du* søsken?

A: Ja, jeg har en søster og en bror.

B: Hva heter søsknene dine?

A: Broren min heter Øystein, og søsteren min heter Åse.
Hva heter søsknene *dine*?

B: Broren min heter ______________________________.
(Brødrene mine)
(Søsteren min)
(Søstrene mine)
Hva gjør søsknene dine?

A: Broren min går på skole og søsteren min arbeider på et kontor.
Hva gjør søsknene *dine*?

B: ____.
Er søsknene dine gift?

A: Ja, søsteren min er gift og har et barn, men broren min er ikke gift.
Er søsknene *dine* gift?

B: ____.

* Svein: Jeg har en onkel i Amerika. Han har penger. 40

Jorunn: Jeg har elleve onkler i Norge.
Og jeg har en tante i Amerika.

Svein: Har hun penger?

Jorunn: Alle i Amerika har penger.

Svein: Onkelen min har ikke barn. Jeg har ingen søskenbarn 45
i Amerika. Jeg skal kanskje arve pengene.

Jorunn: Jeg har tjuetre søskenbarn. Brødrene til mor
er gift og har barn.

Svein: Kjenner du alle søskenbarna dine?

Jorunn: Jeg har aldri sett to av fetterne mine. 50
De bor i Sverige.

Svein: **Er du tante?**

Jorunn: **Nei, jeg er ikke tante. Jeg har ingen nieser eller nevøer. Er du onkel?**

Svein: **Onkel Svein, ja, det er meg.** 55
Broren min har en datter og en sønn. Hm . . .
Broren min skal kanskje arve pengene fra Amerika.
Jeg må ha en familie: kone, barn, sønner, døtre . . . Jorunn?

Jorunn: **Nei takk!** 60

Spørsmål:

1. Hvor bor onkelen til Svein?
2. Hva har han?
3. Hvor mange onkler har Jorunn?
4. Hvor mange barn har onkelen til Svein?
5. Hvor mange søskenbarn har Jorunn?
6. Er Jorunn tante?
7. Er Svein onkel? Hvor mange nieser og nevøer har han?
8. Hvorfor må Svein ha kone og barn?

en tante	**tanter**	**en onkel**	**on*kler***
tanten	**tantene**	**onkelen**	**on*klene***
en niese	**nieser**	**en nevø**	**nevøer**
niesen	**niesene**	**nevøen**	**nevøene**

MERK: Barna til tantene og onklene dine (niesene og nevøene til foreldrene dine) er *søskenbarna* dine.

et søskenbarn	**søskenbarn**
søskenbarnet	**søskenbarn*a***

Døtrene til tantene og onklene dine er *kusinene* dine.
Sønnene til tantene og onklene dine er *fetterne* dine.

en kusine	**kusiner**	**en fetter**	**fetter*e*[4]**
kusinen	**kusinene**	**fetteren**	**fetter*ne***

Spørsmål:

1. Hvor mange tanter og onkler har du?
2. Hvor mange kusiner har du?
3. Hvor mange fettere har du?
4. Har du noen nieser eller nevøer?

VI ØVER OSS:

***A: Er ikke bestemoren din fra Norge?**
B: Jo, mormoren min kommer fra Norge, men farmoren min er ikke fra Norge.
A: Er ikke bestefedrene dine fra Norge?
B: Jo. En av dem er fra Norge, men morfaren min er fra England.
A: Og farmoren din?
B: Hun var fra Tyskland. Men hun lever[5] ikke lenger.
A: Hvor i Norge var mormoren din fra?
B: Hun var fra Hallingdal, og farfar var fra Gol.
Det er også i Hallingdal.
A: Men jeg har en tante og en onkel på Gol.
B: Jaså! Slektningene mine kjenner kanskje slektningene dine.
A: Ja, kanskje det.

4. This is the normal plural ending for Norwegian nouns ending in *-er* that refer to people. Compare:

en lærer	**lærer*e***	**en kelner**	**kelner*e***
læreren	**lærer*ne***	**kelneren**	**kelner*ne***

5. *Lever* betyr ikke det samme som *bor*: Onkelen til Jorunn *lever* ikke nå. Onkelen til Svein *lever*. Han *bor* i Amerika.

MERK:

et barnebarn	**barnebarn**	**en slektning**	**slektninger**
barnebarnet	**barnebarna**	**slektningen**	**slektningene**

Spørsmål:

1. Hvor mange barnebarn har besteforeldrene dine?
2. Hvem er besteforeldrene dine?
3. Hvem er barnebarna til besteforeldrene dine?
4. Liker du å besøke slektningene dine?

VI SKRIVER: (Translate "your" both ways, singular and plural, when logical.)

1. Moren _______ kommer fra Norge.
   (my)
2. Barnet _______ er i Norge nå.
   (my)
3. Besteforeldrene _______ kommer fra Norge.
   (my)
4. Bor søsteren _______ i Minneapolis?
   (your)
5. Broren _______ er gift.
   (her)
6. Kjenner du foreldrene _______?
   (his)
7. Har besteforeldrene _______ mange barn?
   (your)
8. Onkelen _______ bor i Amerika.
   (our)
9. Kona _______ går på skole.
   (my)
10. Moren _________ er lærer.
    (Hansen's)
11. Boka ____________ ligger på bordet.
    (the teacher's)
12. ____________ hennes bor i Norge.
    (Grandmother)
13. _________________ mine arbeider ikke.
    (Brothers-and-sisters)

14. ________ er i Norge nå.
(My aunts)
15. Sønnen ________ går på skole nå.
(her)
16. Jeg skal se ________ klokka fem.
(him)
17. Datteren ________ går også på skole.
(their)
18. Jeg ser ________ klokka fire.
(her)
19. Kjenner du ________? Kjenner du brødrene ________?
(her) (her)
20. Hvor er kona ________?
(your)
21. Heter broren ________ Svein?
(your)
22. Broren ________ går på skole.
(Jorunn's)
23. Søskenbarnet ________ kommer i dag.
(your)
24. Har du sett moren ________?
(her)
25. Jeg ser ________ nå.
(her)

ØVELSE: (Combine these elements to produce correct sentences.)

Eksempel: døtrene/ mor/ søstrene/ til/ mine/ er: Døtrene til mor er søstrene mine.

1. kommer/ bestefaren/ Norge/ fra/ min
2. onklene/ arbeider/ skole/ en/ hans/ på
3. mitt/ har/ søskenbarn/ ikke/ barnet
4. Hansen/ læreren/ Svein/ til/ heter
5. di/ heter/ hva/ kona
6. mor/ brødrene/ gift/ er/ til/ ikke
7. brødrene/ kjenner/ hans/ ikke/ henne
8. slektningene/ kommer/ Amerika/ fra/ dine
9. sett/ foreldrene/ ikke/ har/ han/ hennes
10. kjenner/ mine/ ikke/ barna/ ham
11. hos/ kona/ har/ hjemme/ ikke/ mi/ vært/ ham

ØVELSE:

Hva gjør tanten din?	Tanten min arbeider på fabrikk.
Hva gjør onkelen din?	______________________
Hva gjør niesen din?	______________________
Hva gjør nevøen din?	______________________
Hva gjør slektningene dine?	Slektningene mine sitter og drikker kaffe.
Hva gjør familien din?	Familien min ____________
Hva gjør besteforeldrene dine?	______________________
Hva gjør søsknene dine?	______________________

OPPGAVE: Hvem er de?

Hvem er tanten din?	Tanten min er søsteren til faren eller moren min.
Hvem er onkelen din?	______________________
Hvem er søskenbarna dine?	______________________
Hvem er niesen din?	______________________
Hvem er nevøen din?	______________________

EN STIL: Skriv om familien din — Hvor bor foreldrene dine, hva gjør de; hvor er besteforeldrene dine fra, hvor bor de nå; hvor bor søsknene dine, hva gjør de, er de gift, har de barn osv.

Barn er fattigmanns rikdom.

ORD
Fra 10. kapittel

Substantiver
en bestefar
en bestemor
en bror (brødre)
en datter (døtre)
en far (fedre)
en farfar
en farmor
en fetter (fettere)
en kusine
en mor (mødre)
en morfar
en mormor
en nevø
en niese
en onkel (onkler)
en slektning
en sønn
en søster (søstre)
en tante

ei kone

et barn
et barnebarn
et søskenbarn

besteforeldre
foreldre
søsken

Verb
å arve
å behandle
å leve

Adjektiv
gift

Adverb
aldri
igjen
ingen
kanskje
lenger

Uttrykk
nei takk
kanskje det
ikke lenger

Land
Tyskland

Ingeborg Bakke
Øyvind
Siri
Thorleif
Mette
Arne Bakke
Dag Krogstad
Stein

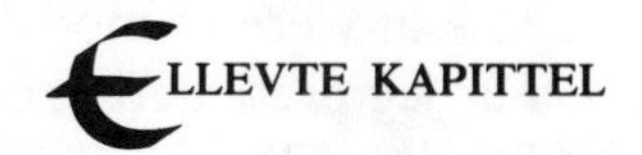

ELLEVTE KAPITTEL

JOURNALISTEN DAG KROGSTAD SKRIVER OM FAMILIEN BAKKE

*** God dag. Får jeg presentere meg? Jeg heter Dag Krogstad. Jeg er tjueåtte år gammel og arbeider i en avis i Oslo. Jeg er journalist, og jeg reiser omkring i mange land og skriver om dem. Jeg har vært i USA, England, Tyskland, Frankrike, Italia, Spania og Danmark. Og ja, og Sverige. Jeg pleier å skrive om mennesker, ikke om problemer. Mennesker interesserer meg.**

Spørsmål:

1. Hvor gammel er Dag Krogstad?
2. Hvor arbeider han?
3. Hva er han?
4. Hva gjør han?
5. Hvor har han vært?
6. Hva pleier han å skrive om?
7. Hva skriver han ikke om?
8. Hvorfor skriver han om mennesker?
9. Hva interesserer deg?
10. Liker du å reise i andre land?

Å FÅ: et modalt hjelpeverb og et vanlig verb:

Å få kan være et modalt hjelpeverb. Det kan bety "may":

Får jeg presentere meg?
Du *får* gå nå.
***Får* jeg snakke med deg?**

Å få kan også være et vanlig verb. Det kan bety "get," "receive":

Kan jeg *få* regningen?
Kan vi *få* et spisekart?
***Får* du mange brev?**

Øvelse: Sett inn den riktige formen av *å få* og oversett til engelsk.

1. Han pleier ________ mange brev.
2. ________ jeg se på det?
3. Vi ________ ikke spise ennå.
4. Kan vi ________ noe å spise her?

Oversett til norsk.

1. May I introduce my wife?
2. Can we get something to drink here?
3. Can we get the check now?
4. May we go now?

VI REPETERER: *Ordstilling*

Øvelse:

	Sverige.	I Sverige kjenner han mange mennesker.
	Danmark.	I Danmark ________
	Norge.	I Norge ________
	Tyskland.	I Tyskland ________
Han kjenner mange mennesker i	England.	I England ________
	USA.	I USA ________
	Frankrike.	I Frankrike ________
	Italia.	I Italia ________
	Spania.	I Spania ________

Vi har aldri vært i Sverige.	I Sverige har vi aldri vært.
Danmark.	I Danmark ________
(osv.)	(osv.)

Jeg vil gjerne bo i Sverige.	I Sverige vil jeg gjerne bo.
Danmark.	I Danmark ________
(osv.)	(osv.)

Øvelse: Hva interesserer deg? Hva liker du å snakke om?

Jeg liker (ikke) å snakke om mennesker.	Mennesker interesserer meg (ikke).
Han liker (ikke) å snakke om andre land.	Andre land ________
Hun liker (ikke) å snakke om møbler.	________
Vi liker (ikke) å snakke om mat.	________
Dere liker (ikke) å snakke om penger.	________
De liker (ikke) å snakke om problemer.	________

FAMILIEN BAKKE av Dag Krogstad

*** Nå besøker jeg Ingeborg og Arne Bakke. Jeg vil skrive om dem for avisen. Familien bor på en gård på landet. De har et hus med mange værelser. I første etasje har de to stuer, ei spisestue og et kjøkken. Det er fem soveværelser og et bad i annen etasje.** 10

"Velkommen til oss!" sier fru Bakke og tar meg i hånden. Kona til Bakke er en kvinne i førtiårene. Hun smiler til meg, og jeg føler meg velkommen.

"Har du vært her på gården før?" spør Bakke. Mannen til fru Bakke er en mann i femtiårene. Bakke tar meg også i hånden og 15 ønsker meg velkommen. "Hvor har jeg sett deg før?" spør han.

"Du har kanskje sett bildet mitt i avisen."

Ekteparet Bakke har fem barn — tre gutter og to piker. Fru Bakke presenterer dem for meg. Sønnene heter Øyvind, Thorleif og Stein, og døtrene heter Siri og Mette. 20

"Barna hjelper oss på gården," sier Bakke og smiler til dem. "En bonde må ha hjelp på gården, vet du." Barna tar meg i hånden. De ligner på foreldrene, alle sammen.

"Og de hjelper oss i huset. Mette også," sier fru Bakke.

"Hvor gammel er du, Mette?" 25

Hun smiler og svarer ikke.

"Mette er fire år gammel, ikke sant, Mette?"

"Jo! Nesten fem!"

Fru Bakke og Mette viser meg værelset mitt. Det er i annen etasje. Vi skal spise frokost klokka åtte i morgen. "God natt og sov godt," sier fru Bakke og lukker døra. Jeg ser senga, legger meg — og sovner. 30

(*fortsettes*)

Spørsmål:

1. Hvorfor besøker Krogstad familien Bakke?
2. Hvor bor familien Bakke?
3. Hva slags værelser er det i huset deres?
4. Hva sier fru Bakke når hun tar Krogstad i hånden?
5. Hvor gammel er fru Bakke?
6. Hvor gammel er herr Bakke?
7. Hva gjør Bakke?
8. Hvor mange barn har ekteparet Bakke?
9. Hva heter barna?
10. Hvem ligner de på?
11. Hvor gammel er Mette?
12. Hva viser fru Bakke Krogstad?
13. Når skal familien Bakke spise frokost i morgen?
14. Hva gjør fru Bakke før hun går?

15. Hva gjør Krogstad?
16. Bor du på landet eller i byen?
17. Er faren din bonde?
18. Pleier du å hjelpe foreldrene dine når du er hjemme?
19. Når pleier du å sovne?
20. Hvem ligner du på?

IMPERATIV[1]

Sov godt!
Vær så god!
Ha det bra!

Imperativ = infinitiv ÷ (minus) *e*

1. The imperative is the form used to give commands. The subject "you" is understood. The imperative is formed by dropping the unstressed *-e* from the infinitive: *å spise - spis!* In the case of verbs whose infinitives end in a stressed vowel, the infinitive and imperative forms are identical: *å stå - stå!*

Presens	*Infinitiv*	*Imperativ*
Du *spiser* ikke.	Du må *spise*.	*Spis!*
Du drikker ikke.	Du må ______	______
Du sover ikke.	Du må ______	______
Du skriver ikke.	______	______
Du leser ikke.	______	______
Du snakker ikke.	______	______
Du *står* ikke.	Du må *stå*.	*Stå!*
Du går ikke.	______	______
Du ser ikke på klokka.	______	______
Du tror det ikke.	______	______

MERK:

Du *sier* det ikke. **Du må *si* det.** ***Si* det!**

Oppgave: (Respond to the following commands using the cues given.)

Eksempel: Snakk norsk! Vi kan ikke *snakke norsk*.

1.	Se på klokka!	Jeg vil ikke ______
2.	Lag middag nå.	Nei, jeg skal ______ seinere.
3.	Spis!	Takk, jeg ______
4.	Skriv brevene!	Må jeg ______
5.	Reis til Norge!	Jeg kan ikke ______
6.	Bruk komfyren!	Jeg vil ikke ______
7.	Sitt på golvet!	Vi ______
8.	Kjøp huset!	Vi kan ikke ______
9.	Snakk engelsk!	Jeg vil ikke ______
10.	Gå nå!	Vi ______
11.	Fortell meg om det!	Jeg skal ______
12.	Lukk vinduet!	Jeg vil ______
13.	Si det en gang til!	Jeg kan ikke ______

Oppgave: (Give the command that provoked the statement.)

Eksempel: Ring til henne! *Jeg ringer til henne.*

1. ______________________ Jeg leser.
2. ______________________ Vi sover.
3. ______________________ Jeg skal se filmen i morgen.
4. ______________________ Vi tar bilder.
5. ______________________ Jeg vil ligge på senga.
6. ______________________ Må vi svare på norsk?
7. ______________________ Jeg vil ikke banke på døra.
8. ______________________ Vi skal stoppe her.
9. ______________________ Må jeg smile til ham?
10. ______________________ Jeg hjelper dem.
11. ______________________ Vi teller til ti.
12. ______________________ Jeg kan ikke lukke døra.
13. ______________________ Må jeg besøke foreldrene dine?
14. ______________________ Jeg kan ikke finne bøkene.
15. ______________________ Men jeg vil ikke vaske golvet.
16. ______________________ Vi sier det en gang til.

MERK:

(a) **en bonde bønder**
bonden bøndene

(b) **Han *tar* henne *i hånden* og ønsker henne velkommen.**

(c) **Fru Bakke *presenterer* meg *for* barna.**

(d) **Barna *ligner på* foreldrene.**

Å SOVNE / / Å SOVE:

***Å sovne* betyr "to fall asleep."**
***Å sove* betyr "to sleep."**

Øvelse: Sett inn den riktige formen av *å sove* eller *å sovne* og oversett til engelsk.

1. Pleier du å ________ bra?
2. Jeg pleier å ________ klokka elleve.
3. Svein, du må ikke ________ i timen!
4. Krogstad ser senga, legger seg og ________.

Å FØLE SEG:

Jeg		*meg*			*jeg*	*meg*	
Du		*deg*			*du*	*deg*	
Han		*seg*			*han*	*seg*	
Hun	*føler*	*seg*	velkommen.	Hvordan *føler*	*hun*	*seg*	i dag?
Vi		*oss*			*vi*	*oss*	
Dere		*dere*			*dere*	*dere*	
De		*seg*			*de*	*seg*	

Oversett og svar på spørsmålet: How are you feeling today?

FAMILIEN BAKKE av Dag Krogstad (*fortsatt*):

*** Jeg har sovet bra og spist en god frokost sammen med familien Bakke. Nå går Bakke og jeg omkring på gården. Bakke viser meg låven, fjøset og stabburet.** 35

"Poteter og korn, poteter og korn, ja. Det dyrker vi mye av," sier Bakke. "Rug og havre vokser bra, men ikke hvete. Vi har høy på låven også."

Vi står ved huset og ser oss omkring. "Bak huset har Ingeborg en hage med grønnsaker," sier Bakke. "Hun dyrker erter, 40 **blomkål, kål og gulrøtter. Grønnsakene vokser bra der."**

"Selger hun grønnsakene på torget?"

"Nei, hun gjør ikke det. Naboen selger mye på torget. Han selger både grønnsaker og frukt, epler og pærer."

Vi går og ser på fjøset. 45

"Har dere mange dyr her på gården?" spør jeg.

"Nei, ikke så mange. Vi har åtte kuer og fem griser. Ingeborg melker kuene og steller dyrene, og både Siri og Stein hjelper henne. Ja, vi har en hund og en katt også."

en låve
et fjøs
et stabbur
en hage
et hus
en katt
en hund
en gris
ei ku

"Har dere ikke hester?" 50

"Nei, hvem har hester nå? Jeg hadde to hester før, men nå bruker jeg traktor."

"Bruker dere stabburet ennå?"

"Ja, vi bruker det litt. Vi har litt mat og noen klær der nå. Men vi *har* kjøleskap, vet du, så vi trenger ikke stabburet så mye 55 nå."

(*fortsettes*)

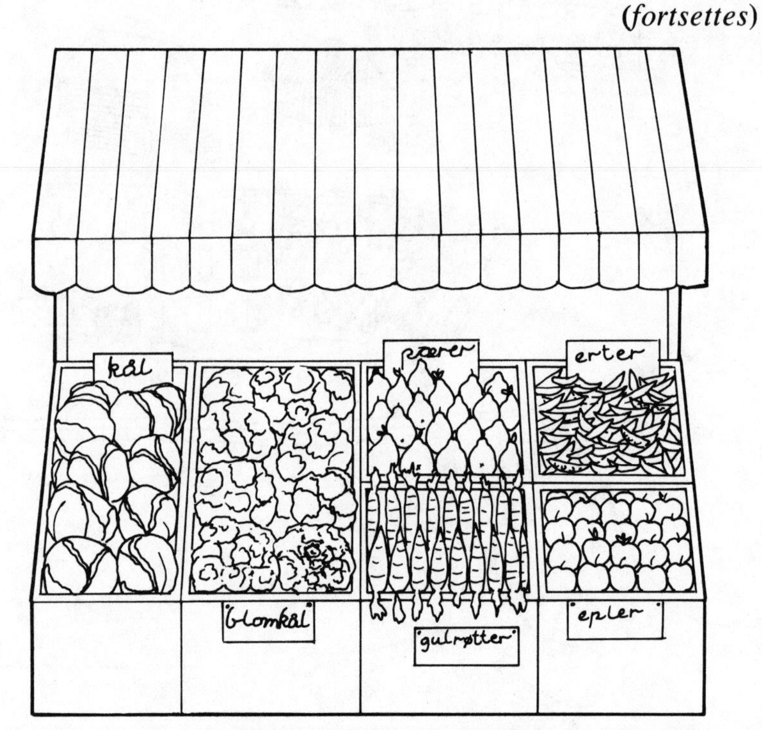

På torget selger de både grønnsaker og frukt.

Spørsmål:

1. Hvordan har Krogstad sovet?
2. Hva gjør Bakke og Krogstad etter frokost?
3. Hva dyrker Bakke?
4. Hva dyrker han ikke? Hvorfor?
5. Hva har Ingeborg bak huset?
6. Hva slags grønnsaker dyrker hun?
7. Hva slags dyr har familien Bakke?

8. Har de hester?
9. Bruker de stabburet ennå?
10. Hva har de i stabburet?

Å SOVE:

	sover		*Sover*			
Han	*sov*	**i senga.**	*Sov*	**han**		**i senga?**
	har sovet		*Har*		*sovet*	

Han pleier *å sove* i senga. **Pleier han *å sove* i senga?**

	sover	**ikke**		
Han	*sov*	**ikke**		**i senga.**
	har	**ikke**	*sovet*	

Han pleier ikke *å sove* i senga.

Oppgave: Sett inn den riktige formen av *å sove*.

1. Har du _______ bra?
2. Ja, jeg pleier _______ bra her.
3. _______ du bra i går?
4. Du må ikke _______ i timen!
5. Vi _______ nå.
6. Du må også _______. _______!

Å VOKSE / / Å DYRKE:

***Å dyrke* betyr "to cultivate" (Transitivt: Det tar objekt.)**
***Å vokse* betyr "to get larger," "thrive" (Intransitivt: Det tar ikke objekt.)**

Øvelse: Sett inn den riktige formen av *å vokse* eller *å dyrke*.

1. Han er bonde i Amerika. Han _______ hvete.
2. Hvete _______ ikke bra i Norge.
3. Grønnsakene bak huset _______ bra nå.
4. Hva pleier familien din _______?
5. Hva _______ familien din?

ØVELSE:

	korn		**Korn*et***	
	rug.		**Rugen**	
	hvete.		**Hveten**	
	grønnsaker.		**Grønnsakene**	
	erter.		**Ertene**	
Vi *dyrker*	**blomkål.**		**Blomkålen**	***vokser* bra her.**
	gulrøtter.		**Gulrøttene**	
	kål.		**Kålen**	
	frukt.		**Frukten**	
	epler.		**Eplene**	
	pærer.		**Pærene**	

	grønnsak*er*.		**grønnsak*ene***	
	erter.		**ertene**	
	gulrøtter.		**gulrøttene**	
	frukt.		**frukten**	
Vi dyrker	**epler.**	**Skal dere selge**	**eplene**	**på torget?**
	pærer.		**pærene**	
	korn.		**kornet**	
	hvete.		**hveten**	

MERK:

klær
klærne

VI REPETERER: *Å se seg omkring*

Sett inn riktig form av *å se seg omkring.*

Jeg ser meg omkring.	Vi ________________
Du ser ________________	Dere ________________
Han ________________	De ________________
Hun ________________	

Jeg så meg omkring i går. (osv.)	I går så jeg meg omkring.
Jeg har sett meg omkring nå. (osv.)	Nå har jeg sett meg omkring.

VI ØVER OSS:

* A: **Bor du på landet eller i byen?**
B: **Jeg bor på en gård på landet.**
A: **Har familien din noen dyr?**
B: **Ja, vi har noen griser og kuer, to hester, en katt og en hund.**
A: **Dyrker familien din noe?**
B: **Ja, vi dyrker rug, havre og hvete.**
A: **Har dere ikke noen grønnsaker eller frukt?**
B: **Jo, moren min har en hage bak huset. Der har hun både grønnsaker og frukt.**
A: **Hva slags grønnsaker dyrker hun?**
B: **Hun dyrker tomater, kål, blomkål, gulrøtter, erter og poteter. Vi har også epler og pærer på gården.**
A: **Det må være hyggelig å bo på en gård!**
B: **Ja, det kan du si, men det er også mye arbeid.**

EKSTRA OPPGAVE: Oversett til norsk.

1. He is a farmer. He lives on a farm in the country.
2. He likes to be a farmer, and he likes to live in the country.
3. Mrs. Bakke wants to introduce the children to Krogstad.
4. Bakke grows rye, oats and hay.

5. Mrs. Bakke grows potatoes, peas, cabbage and cauliflower.
6. Their neighbor grows apples and pears.
   He usually sells them at the marketplace in town.
7. The Bakke family has some animals, too.
   They have eight cows, five pigs, a cat and a dog.
8. Krogstad slept well. How did you sleep?
9. When do you usually fall asleep?
10. May I look around a little?
11. Have they looked around in the town yet?
12. Show me the town. I want to see the town.
13. Is your mother a journalist?
14. Close the door and look at this!
15. Do you feel better today?

OVERSETT OG SVAR PÅ SPØRSMÅLET:

1. What kind of animals do you like?
2. What kind of vegetables do you like?
3. Do you like it in the country?

Eplet faller ikke langt fra stammen.

ORD
Fra 11. kapittel

Substantiver

(en) blomkål
en bonde (bønder)
en frukt
en gris
en gård
en hage
(en) havre
en hest

en hjelp
en hund
(en) hvete
en journalist
en katt
en kvinne
(en) kål
en låve
en mann

en nabo
en natt
(en) rug
en tomat
en traktor

ei ku
ei pære

et arbeid
et dyr
et ektepar
et eple
et fjøs
(et) høy
(et) korn
et land
et menneske

et problem
et stabbur
et torg

erter
gulrøtter
klær (klærne)

Pronomen
alle sammen

Verb
å dyrke
å føle (seg)
å hjelpe
å interessere
å ligne
å lukke
å melke
å presentere
å selge
å smile
å sove – sover – sov – har sovet
å sovne
å stelle
å svare
å ta
å vise
å vokse
å ønske

Modalt hjelpeverb
å få

Adjektiv
hyggelig

Adverb
nesten
godt

Konjunksjoner
både
så

Preposisjoner
av
bak

Uttrykk
på landet
velkommen til oss
å ta (noen) i hånden
god natt
sov godt
i (førti) årene
å se seg omkring
å ligne på
å smile til
å ønske (noen) velkommen
å presentere (noen) for (noen)

Andre ord
velkommen
fru
herr

Land
Danmark
Frankrike
Italia
Spania
Sverige
USA

TOLVTE KAPITTEL

PÅ BESØK HOS FAMILIEN BAKKE

(*Se på bildene.*)

Stein har et værelse. Værelset *hans* er i annen etasje.
Stein sover på værelset *sitt*.[1]
Han sover i senga *si*.
Herr Bakke kommer til værelset *hans*.
Herr Bakke vekker sønnen *sin*.
Sønnen *hans* sover i senga *si*.

Fru Bakke kommer til værelset til Mette.
Hun kommer til værelset *hennes*.
Mette sover i senga *si* på værelset *sitt*.
Fru Bakke vekker datteren *sin*.
Hun finner klærne til datteren *sin* i kommoden *hennes*.
Hun finner klærne *hennes* i kommoden *hennes*.

Siri er på værelset *sitt*.
Fru Bakke kommer til værelset *hennes* og vekker henne.
Men hun finner ikke klærne *hennes*.
Siri finner klærne *sine* i kommoden *sin*.

Familien Bakke sitter i stua *si*.
Krogstad sitter også i stua *deres* og snakker med dem.
Stua *deres* er i første etasje.
Foreldrene er der sammen med barna *sine*.
Barna *deres* heter Mette, Siri, Øyvind, Thorleif og Stein.
Herr og fru Bakke snakker med barna *sine*.
De snakker om gården *sin* og huset *sitt*.

1. *Sin, si, sitt,* and *sine* are used when the subject "owns" the objects and when that subject is in the third person. The form used must agree in gender and number with the object owned. *Sin, si, sitt, sine* may not be used as part of the subject of any verb.

SIN — SI — SITT — SINE // HANS — HENNES — DERES

Spørsmål: Bruk *sin, si, sitt, sine* eller *hans, hennes, deres* i svarene.

Første bilde:
1. Hvor sover Stein?
2. Hvem kommer til værelset til Stein?
3. Hva gjør herr Bakke?

Annet bilde:
4. Hvor sover Mette?
5. Hva gjør fru Bakke?
6. Hvor finner hun klærne til Mette?

Tredje bilde:
7. Hva gjør fru Bakke?
8. Hva gjør Siri?

Fjerde bilde:
9. Hvor sitter herr og fru Bakke?
10. Hvor sitter Krogstad?
11. Er stua til familien Bakke i annen etasje?
12. Hva snakker familien Bakke om?

Øvelse:

Læreren:	*Studentene:*
Har du sett gaffelen til Stein?	Kan han ikke finne gaffel*en sin*?
kniven til Siri?	Kan hun ikke finne _____?
maten til familien Bakke?	Kan de ikke finne_____?
kommoden til Siri?	_____
møblene til Stein?	_____
fjernsynet til familien Bakke?	_____
platespilleren til Siri?	_____
onkelen til Stein?	_____
moren til Siri?	_____
kona til Bakke?	_____
mannen til fru Bakke?	_____
boka til Bakke?	_____
klokka til fru Bakke?	_____

Oppgave: Sett inn *hans, hennes, deres* eller *sin, si, sitt, sine.*

1. Herr og fru Bakke viser Krogstad gården ______.
2. Krogstad besøker gården ______.
3. Thorleif er på værelset ______ og leser boka ______.
4. Siri er på kjøkkenet og snakker med moren ______.
5. Mette er på værelset______. Værelset ______ er i annen etasje.
6. Hun ser seg i speilet. Hun ligner på foreldrene ______.
7. Familien Bakke liker seg på landet, og Krogstad liker seg på gården ______.
8. Gården ______ er på landet.

OVERSIKT: Personlige-, refleksive- og eiendomspronomener:

	Subjekt	*Objekt*	*Eieformer*			
			en	*ei*	*et*	*flertall*
	jeg	meg	min	mi	mitt	mine
	du	deg	din	di	ditt	dine
Entall	han	ham	hans	hans	hans	hans
	han	seg	sin	si	sitt	sine
	hun	henne	hennes	hennes	hennes	hennes
	hun	seg	sin	si	sitt	sine
	vi	oss	vår	vår	vårt	våre
Flertall	dere	dere	deres	deres	deres	deres
	de	dem	deres	deres	deres	deres
	de	seg	sin	si	sitt	sine

Oppgave: Oversett til norsk.

1. Tomorrow he is coming to Oslo with his mother.
2. Svein's father ate breakfast with his grandchildren.
3. Both Siri and Mette resemble their parents.
4. Krogstad wants to write about the Bakke family for his newspaper.
5. They are telling him about their farm.
6. Mrs. Bakke grows vegetables in her garden.
7. Her garden is behind the house.

8. Krogstad looked around on their farm.
9. I live on a farm in the country, but I like it in town, too.
10. Mr. and Mrs. Bakke, where are your children?

FAMILIEN BAKKE av Dag Krogstad (*fortsatt*)

* Jeg er fremdeles på besøk hos familien Bakke. Jeg har det hyggelig. Nå sitter vi i stua og ekteparet Bakke forteller meg om slektningene sine. 1

"Jeg har en bror i Amerika," sier Bakke. "Han er bonde i Minnesota. Han kaller seg Johnson nå. Farmer Johnson i Minnesota. Datteren hans bor i New York og tjener mange penger. Hun lager fjernsynsprogrammer." 5

"Har du søsken, fru Bakke?" spør jeg.

"Ja, jeg har mange søsken. Vi var fem barn, tre jenter og to gutter. Du kjenner kanskje broren min, Magne Norvik. Han arbeider i en avis i Trondheim." 10

"Nei, dessverre, ham kjenner jeg ikke."

"Både Arne og jeg har søsken i utlandet. Broren til Arne bor i Amerika, som han sa, og begge søstrene mine bor i utlandet. Anna — tante Anna som barna kaller henne — bor i Sverige, og Hilde bor i Danmark." 15

"Sier du det? Bor søsknene dine i utlandet, alle sammen?"

"Nei, Magne bor, som sagt, i Trondheim, og Johannes, onkel Johs, bor i byen. Vi ser ham ofte."

(*fortsettes*)

Spørsmål:

1. Har herr Bakke søsken?
2. Hvor bor broren hans?
3. Har fru Bakke søsken?
4. Hva gjør broren hennes?
5. Bor noen av søsknene hennes i utlandet?
6. Bor noen av slektningene dine i utlandet?

Oppgave: Sett inn *hans, hennes, deres,* eller *sin, si, sitt, sine.*

1. Herr og fru Bakke snakker om slektningene ______.
2. Bakke forteller om broren ______.
3. Broren ______ bor i Amerika.
4. Broren til Bakke har en datter. Datteren ______ bor i New York.
5. Hun ser ikke foreldrene ______ ofte.
6. Fru Bakke snakker også om søsknene ______.
7. En av brødrene ______ er journalist.
8. Krogstad er også journalist, men han kjenner ikke broren ______.
9. Fru Bakke har søsken i utlandet. Begge søstrene ______ bor i utlandet.
10. Hun ser ikke søstrene ______ ofte, men en av brødrene ______ bor i byen.
11. Fru Bakke sier at broren ______ besøker dem ofte.
12. Herr Bakke sier at broren ______ bor i Amerika nå.

BEGGE / / BÅDE[2]

***Både* Arne *og* Ingeborg har søsken i utlandet.**
***Begge* har søsken i utlandet.**
Han skriver med *både* blyanten sin *og* bylanten min.
Han skriver med *begge* blyantene.

Øvelse: Sett inn *begge* eller *både*:

1. ______ Arne og Krogstad går omkring på gården.
2. De ser ______ på låven og på fjøset.
3. Fru Bakke presenterer ______ guttene og pikene for Krogstad.
4. Fru Bakke presenterer ______ pikene for Krogstad.
5. ______ døtrene hjelper foreldrene på gården.
6. ______ sønnene og døtrene hjelper foreldrene på gården.

2. *Begge* and *både* mean "both." *Både* is a conjunction and is always used with *og*. *Begge* is a pronoun; it is used in place of a noun or a name. *Jeg hilser på både Siri og Mette. Jeg hilser på begge pikene.*

MERK: *Å ha det hyggelig* betyr "to have a good time."

	har	
Krogstad	***hadde***	**det hyggelig hos familien Bakke.**
	har hatt	
	pleier *å ha*	

Å VÆRE PÅ BESØK HOS ⇔ Å BESØKE:

	er	
Krogstad	***var***	***på besøk*** **hos familien Bakke.**
	har vært	
	liker *å være*	

	besøker	
Han	***besøkte***	**dem.**
	har besøkt	
	liker *å besøke*	

Øvelse: Sett inn den riktige formen av *å være på besøk hos*:

1. Familien Bakke ________ slektningene sine i går.
2. Bakke barna har ofte ________ slektningene sine i utlandet.
3. Krogstad ________ familien Bakke nå.
4. Han liker ________ dem.

Øvelse: Sett inn den riktige formen av *å besøke.*

1. Liker du ________ slektningene dine?
2. ________ du dem ofte nå?
3. Når ________ du dem sist?
4. Har de ________ deg?

Å SI:

	sier		*Sier*		
Hun	*sa*	mange ord.	*Sa*	hun	mange ord?
	har sagt		*Har*	*sagt*	
Hun	pleier *å si* mange ord.		Pleier hun *å si* mange ord?		

	sier			
Hun	*sa*	ikke		mange ord.
	har		*sagt*	
Hun pleier ikke *å si* mange ord.				

Øvelse: Sett inn den riktige formen av *å si*:

1. Han snakker mye, men han ________ ikke mye.
2. Studentene lærer ________ mange ord på norsk.
3. Hun ________ det mange ganger før.
4. Han ________ ikke noe om det i går.
5. Du må ikke ________ noe til dem om det.
6. Nå kan studentene ________ mye på norsk.
7. Tror du hun har ________ det til ham ennå?
8. "Velkommen til oss," ________ fru Bakke og tar Krogstad i hånden.
9. ________ det en gang til!
10. Kunne du ________ det en gang til?

Merk:

Hun sier:
Hun sa: **"Velkommen til oss."**
Hun har sagt:

sier hun.
"Velkommen til oss," sa hun.
har hun sagt.

Oppgave: Oversett til norsk.

1. "Good night and sleep well," he said.
2. The Norwegians ask, "Do you speak English?"
3. They always say that. (Remember that the *verb* must be the second element.)
4. She often said that.
5. May I say something now?
6. Can you say it in Norwegian?

VI REPETERER: *å si / å se*

å si — sier — sa — har sagt
å se — ser — så — har sett

Øvelse: Sett inn riktig form av *å si* eller *å se*.

1. Svein, har du _______ boka mi?
   (*seen*)
2. Ja, jeg _______ den i går.
   (*saw*)
3. Hva _______ du?
   (*said*)
4. Jeg _______ at jeg _______ den i går.
   (*said*) (*saw*)
5. _______ du at du _________ den?
   (*Say*) (*have seen*)
6. Ja, men jeg _______ den ikke nå.
   (*see*)
7. Du _________ det før.
   (*have said*)
8. Jeg skal _______ deg i morgen.
   (*see*)

VERBFORMENE: Et verb har fire hovedformer. De heter:

infinitiv	**presens**	**imperfektum**	**perfektum**
å si	sier	sa	har sagt
å være	________	________	________
å spise	________	________	________
å sove	________	________	________
å se	________	________	________
å ha	________	________	________
å besøke	________	________	________

Presens:

Krogstad *er* på besøk hos familien Bakke.
Han *besøker* dem ofte.
Herr og fru Bakke *sier* mye om barna sine.
Krogstad *sover* bra på gården.
Krogstad *spiser* en god frokost sammen med familien.
Bakke og Krogstad *ser* seg omkring på gården etter frokost.
Krogstad *har* det hyggelig hos familien Bakke.

Imperfektum:

Krogstad *var* ____
(osv.)
____

____

____

Perfektum:

Krogstad ____
(osv.)
____

____

____

Øvelser:

Jeg spiser frokost nå.	Vi spis*te* frokost *i går*.
Jeg sover bra nå.	Vi ________________
Jeg sier det nå.	________________
Jeg er på besøk hos dem nå.	________________
Jeg har mye å gjøre nå.	________________
Jeg ser på klokka nå.	________________
Jeg besøker familien Bakke nå.	________________

Jeg vil gjerne spisefrokost nå.	Vi *har* allerede *spist* frokost.
Jeg vil gjerne sove nå.	________________
Jeg vil gjerne si noe nå.	________________
Jeg vil gjerne besøke dem nå.	________________
Jeg vil gjerne ha det hyggelig nå.	________________
Jeg vil gjerne se på fjernsyn nå.	________________

Leser du nå?	Nei, men i morgen *skal* jeg *lese*.
Spiser du nå?	________________
Skriver du brev nå?	________________
Snakker du norsk nå?	________________
Drikker du kaffe nå?	________________
Legger du deg nå?	________________
Melker du kuene nå?	________________
Steller du dyrene nå?	________________
Ser du på fjernsyn nå?	________________
Vekker du henne nå?	________________

Jeg vil ikke sove nå.	*Sov* nå!
Jeg vil ikke spise nå.	________________
Jeg vil ikke si det nå.	________________
Jeg vil ikke besøke dem nå.	________________
Jeg vil ikke se på fjernsyn nå.	________________
Jeg vil ikke snakke norsk nå.	________________
Jeg vil ikke legge meg nå.	________________
Jeg vil ikke drikke kaffe nå.	________________
Jeg vil ikke stelle dyrene nå.	________________
Jeg vil ikke vekke barna nå.	________________

FAMILIEN BAKKE av Dag Krogstad *(fortsatt)*

* Klokka er nå halv seks. Hele familien Bakke sitter omkring kaffebordet i stua. Jeg er også der og drikker kaffe sammen med dem. 20

"Hvilken dato er det i dag?" spør Thorleif. "Er det ikke den femte?"

Bakke smiler. "Du Thorleif, du Thorleif. Nei, det er den tiende, søndag den tiende mai. Hvorfor spør du?" 25

"Jeg skriver brev til tante Anna og onkel Göran. Jeg skal besøke dem snart."

"Når reiser du til Sverige, Thorleif?" spør fru Bakke. "Er det ikke i juli?" 30

"Nei, jeg reiser i juni."

"Besøker barna ofte slektningene sine i Danmark og Sverige?" spør jeg.

"Ja, det gjør de, og i fjor var hele familien i Danmark. Da hadde vi det riktig hyggelig. I år vil vi gjerne reise til Sverige." 35

(*slutt*)

Spørsmål:

1. Hvor sitter Krogstad og familien Bakke?
2. Hvor mange er klokka?
3. Hvilken dato er det?
4. Hva gjør Thorleif?
5. Hvorfor skriver han til dem?
6. Når skal han reise til Sverige?
7. Hvor var hele familien Bakke i fjor?
8. Hadde de det hyggelig da?
9. Hvor mange er klokka nå når du skriver dette?
10. Hvilken dato er det?

KLOKKA: **Hva er klokka? Hvor mange er klokka?**

Klokka er åtte.

Klokka er fem *over* åtte.

Klokka er fem *på* åtte.

Klokka er ti *over* åtte.

Klokka er ti *på* åtte.

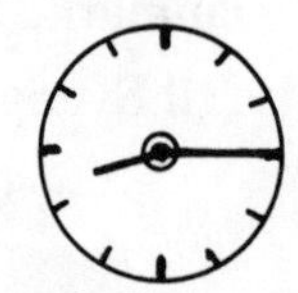

Klokka er kvart *over* åtte.

Klokka er kvart *på* åtte.

Klokka er *halv ni*.

Klokka er ti *på halv ni*.

Klokka er fem *over halv ni*.

Klokka er fem *på halv ni*.

Klokka er ti *over halv ni*.

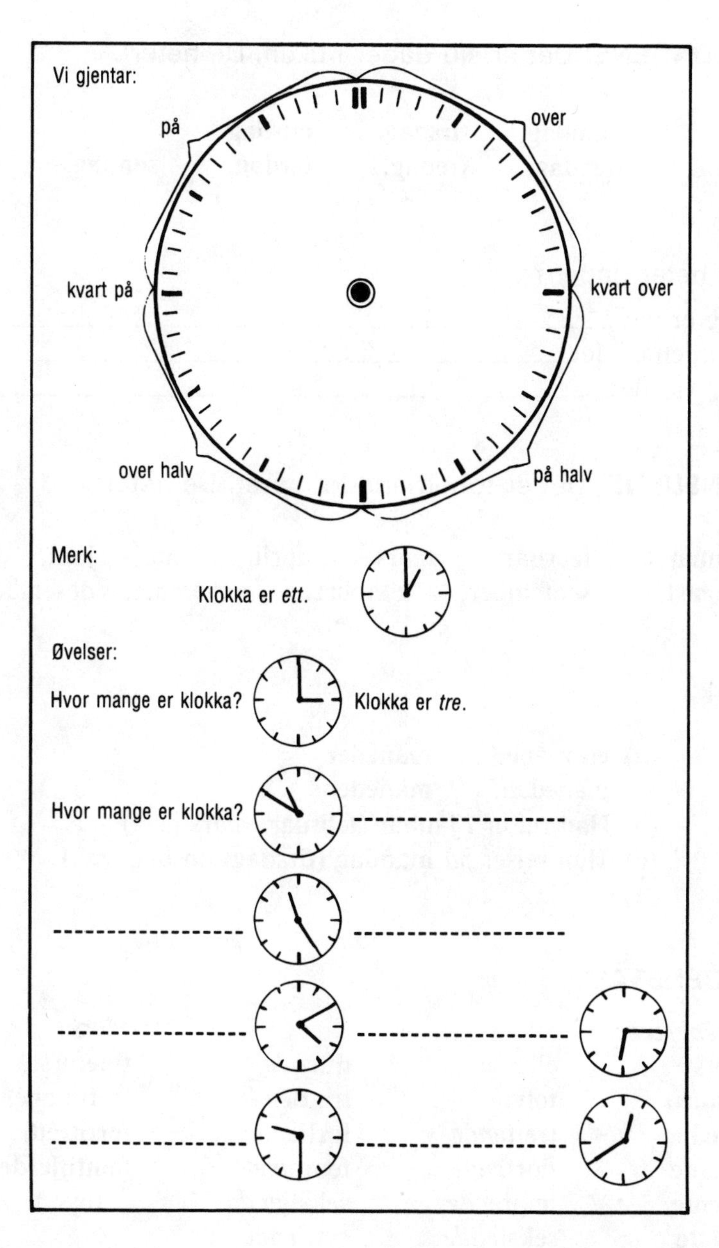

Vi gjentar:
på
over
kvart på
kvart over
over halv
på halv
Merk:
Klokka er *ett*.
Øvelser:
Hvor mange er klokka?
Klokka er *tre*.
Hvor mange er klokka?

MERK:

Hvor mange er klokka?	(11.10)	Klokka er ti over elleve.
		Den er ti over elleve.

Vi spiser middag klokka fire.
(We eat dinner *at* four o'clock.)

UKEDAGENE: Det er sju dager i uken. De heter:

mandag,	**tirsdag,**	**onsdag,**	
torsdag,	**fredag,**	**lørdag,**	**søndag.**

Hva heter dagen?

I dag er det ______________________________

I morgen er det ______________________________

I går var det ______________________________

MÅNEDENE: Det er tolv måneder i året. De heter:

januar,	**februar,**	**mars,**	**april,**	**mai,**	**juni,**	**juli,**
august,	**september,**	**oktober,**	**november,**	**desember.**		

Merk:

(a) **en måned** **måneder**
måneden **månedene**

(b) **Han reiser *i* januar (februar, mars osv.)**

(c) **Han reiser *på* mandag (tirsdag, onsdag osv.)**

ORDENSTALL:

Vi repeterer:			*Merk:*
første	**ellevte**	**tju*ende***	**tjueførste**
annen	**tolvte**	**tretti*ende***	**trettiannen**
tredje	**trett*ende***	**førti*ende***	**førtitredje**
fjerde	**fjort*ende***	**femti*ende***	**femtifjerde**
femte	**femt*ende***	**seksti*ende***	**(osv.)**
sjette	**sekst*ende***	**sytti*ende***	
sjuende	**sytt*ende***	**åtti*ende***	
åttende	**att*ende***	**nitti*ende***	
niende	**nitt*ende***		
tiende			

DATOER:

den første desember	**den 1.**	**desember**	**1/12**
den femte juni	**den 5.**	**juni**	**5/6**
den tredje januar	**den 3.**	**januar**	**3/1**
den sjette oktober	**den 6.**	**oktober**	**6/10**

Merk:

Han reiser den 1. januar.
(He's leaving *on* the first *of* January.)

Vi skriver noen datoer: Hvilken dato er/var det?

i dag: ______________ ____________________ __________
i morgen: ___________ ____________________ __________
i går ________________ ____________________ __________

2/5	den annen mai	den 2. mai
4/7		
7/9		
10/2		
8/3		
6/4		

Øvelse:

Henrik Ibsen ble født den 20. mars 1828 (atten tjueåtte).

Når ble du født? ________________________________

VI ØVER OSS:

***A: God morgen. Har du sovet godt?**
B: Ja, takk. Jeg sov riktig godt.
Det gjør jeg alltid når jeg er på besøk hos dere.
A: Du liker deg her ute på landet da?
B: Ja, det er så stille her ute, vet du.

A: Hva vil du ha til frokost?
B: Bare et par brødskiver, takk.
A: Vær så god. Maten står på bordet.
Vil du ha både melk og kaffe?
B: Ja, tusen takk.
A: Hva skal du gjøre i dag?
B: Jeg må ta bussen til byen.
Jeg trenger å kjøpe et par gaver.
A: Jaså? Til hvem?
B: Både moren min og faren min har fødselsdag neste uke.
A: Sier du det? Ble begge foreldrene dine født i august?
B: Ja, mor ble født den sjette og far ble født den tolvte.
Vet du hvor mange klokka er?
A: Ja, den er kvart over ti.
B: Da må jeg gå. Bussen går klokka halv elleve.
Takk for maten.
A: Vel bekomme. Ha det hyggelig i byen!

STIL:

Når og hvor ble du født? Hvor bor familien din nå — på landet eller i byen? Dyrker familien din noe? Hva? Har familien din noen dyr? Hva slags? Liker du å bo hvor du bor? Hvorfor?

Kommer tid, kommer råd.

ORD
Fra 12. kapittel

Substantiver		**Pronomen**
en buss	et besøk	begge
en dato	et fjernsynsprogram	
en fødselsdag	et ord	
en gave	et program (programmer)	
en måned	et år	
en uke		

Refleksive eiendomspronomener
sin, si, sitt, sine

Verb
å besøke – besøker
– besøkte – har besøkt
å kalle
å si – sier – sa – har sagt
å vekke

Adjektiv
stille

Adverb
dessverre
fremdeles
her ute
riktig

Uttrykk
i utlandet
ble født
hele familien
som sagt
å ha det hyggelig
å være på besøk hos (noen)
hvor mange er klokka?
hva er klokka?
hvilken dato er det?

Tidsuttrykk
i år
i fjor
neste uke
i (januar, februar osv.)
på (mandag, tirsdag osv.)
(ti) på (åtte)
(ti) over (åtte)
kvart (over åtte)
halv (ni)

Konjunksjon
som

Ukedagene
mandag
tirsdag
onsdag
torsdag
fredag
lørdag
søndag

Månedene

januar	juli
februar	august
mars	september
april	oktober
mai	november
juni	desember

Ordenstall

første	sekstende
annen	syttende
tredje	attende
fjerde	nittende
femte	tjuende
sjette	
sjuende	tjueførste
åttende	tjueannen
niende	trettiende
tiende	førtiende
ellevte	femtiende
tolvte	sekstiende
trettende	syttiende
fjortende	åttiende
femtende	nittiende

Karl Johans gate

TURIST I OSLO

. . . *Fra reisedagboka til Kristine Svenson*

* Den 6. juni

Oslo er hovedstaden i Norge. Det er en stor by med mange lange gater og store bygninger. Det er noen høye bygninger med butikker og kontorer i byen, det er sant, men det er også mange fine parker, gode museer og pene kirker å se her.

Mannen min, Robert, og jeg går omkring i Oslo sentrum og ser oss omkring. Nå står vi på Karl Johans gate og ser på en gul og hvit bygning. Det er Slottet. Kongen bor der. I dag kan vi se et rødt flagg på toppen av Slottet. Det betyr at kongen er hjemme. Foran Slottet er det en fin statue av Karl Johan på en hest. Karl Johan var konge i Norge og Sverige fra 1818 (atten atten) til 1844 (atten førtifire), og Karl Johans gate er oppkalt etter ham. Olav V (den femte) er konge i Norge nå. Han har en sønn og to døtre. Sønnen, kronprins Harald, skal arve tronen. Han er gift med kronprinsesse Sonja, og de har to barn, en datter, prinsesse Märtha Louise, og en sønn, Haakon Magnus.

(*fortsettes*)

ADJEKTIV[1]**:**

en *stor* bygning	et *stort* hus	*store* bygninger
ei *stor* klokke		

1. Adjectives are words that modify nouns. In Norwegian they must agree in gender and number with the noun they modify. There is a basic form (dictionary form) that is used with *en* and *ei* words in the singular. A *-t* is normally added to that form for singular *et* nouns, and an *-e* is added to the dictionary form when the adjective modifies a plural noun.

en *høy* bygning **ei *høy* lampe**	**et *høyt* hus**	***høye* bygninger**
en *lang* bygning **ei *lang* lampe**	**et *langt* hus**	***lange* bygninger**
en *fin* bygning **ei *fin* lampe**	**et *fint* hus**	***fine* bygninger**
en *god* bygning **ei *god* lampe**	**et *godt* hus**	***gode* bygninger**
en *pen* bygning **ei *pen* lampe**	**et *pent* hus**	***pene* bygninger**
en *gul* bygning **ei *gul* lampe**	**et *gult* hus**	***gule* bygninger**
en *rød* bygning **ei *rød* lampe**	**et *rødt* hus**	***røde* bygninger**
en *hvit* bygning **ei *hvit* lampe**	**et *hvitt* hus**	***hvite* bygninger**

Vi skriver: Bruk den riktige formen av adjektivet.

1. en ________ by (*stor*)
2. et ________ hus (*fin*)
3. ei ________ gate (*lang*)
4. mange ________ parker (*fin*)
5. noen ________ museer (*god*)
6. ei ________ bok (*god*)
7. et ________ bord (*lang*)
8. et ________ museum (*god*)
9. ei ________ gate (*pen*)
10. et ________ slott (*gul*)
11. mange ________ flagg (*rød*)
12. mange ________ byer (*pen*)
13. en ________ bygning (*høy*)
14. et ________ bord (*hvit*)
15. mange ________ bord (*hvit*)

VI GJENTAR OG BRUKER NOEN ADJEKTIV:

Jens-Petter arbeider på et *stort* kontor i en *stor* by. Han har en *god* jobb og han liker jobben, men i dag sitter han og tenker på Jorunn. Han har et *stort* bilde av henne på skrivebordet. Det er et *godt* bilde av henne. Hun er en *pen* pike. Jens-Petter arbeider igjen. Dagen er *lang*.

Øvelse:

Kontoret er ________, byen er ________.
Jobben er ________, bildet er ________.
Jorunn er en ________ pike. Hun er ________.
Dagen er ________, det er en ________ dag.

Familien Bakke bor ikke i Oslo. De bor på landet på en *stor* gård. De har et *stort, fint* hus med mange *pene* værelser. Kjøkkenet i første etasje er *gult* og *hvitt*. Det er et *stort* bord der, og familien sitter ofte omkring bordet og snakker sammen. De har to stuer. Ei av dem er *stor* og *fin*. De bruker den når folk kommer på besøk. Veggene i stua er *hvite*, taket er *hvitt* og teppet på golvet er *rødt, hvitt* og *gult*. Det er alltid mange *pene* blomster på kaffebordet. De er *røde, gule*, og *hvite*.

Øvelse: Sett inn adjektiv:

Gården er ________. Huset er ________ og ________.
Værelsene er ________.
Kjøkkenet er ________ og ________.
Ei av stuene er ________ og ________.
Veggene i stua er ________, taket er ________, og
teppet på golvet er ________, ________ og ________.
Blomstene på kaffebordet er ________, ________ og ________.

Øvelse:

Læreren:	*Studentene:*
Er parken stor?	Ja, den er stor.
Er parkene store?	Ja, de er store.
Er hotellet stort?	Ja, det er stort.
Er slottet stort?	______________
Er byen stor?	______________
Er fjøset stort?	______________
Er låven stor?	______________
Er huset stort?	______________
Er byene store?	______________
Er bygningene store?	______________
Er museene store?	______________
Er parkene pene?	Ja, de er pene.
Er museet godt?	______________
Er parken pen?	______________
Er museene gode?	______________
Er gata lang?	______________
Er gården fin?	______________
Er eplet rødt?	______________
Er flaggene røde?	______________
Er bygningen høy?	______________
Er slottet hvitt og gult?	______________

MERK:

et muse*um*	**museer**
museet	**museene**

Oppgave: Sett inn den riktige formen av *museum:*

1. Er det noen gode _______ i byen?
2. Ja, det er et godt _______ der borte.
3. Hva kan vi se i _______ der borte?
4. Jeg vet ikke, men alle _______ i byen er gode.

LES "TURIST I OSLO" EN GANG TIL OG SVAR PÅ SPØRSMÅLENE:

1. Hva er Oslo?
2. Hvem bor på Slottet?
3. Hva betyr det når det er et rødt flagg på toppen av Slottet?
4. Hva slags statue står foran Slottet?
5. Hvem var Karl Johan?
6. Hvem er konge i Norge nå?
7. Hvem skal arve tronen?
8. Er kronprinsen gift? Hva heter kona hans?
9. Har de barn?
10. Har du noen gang vært i Oslo?

Den 6. juni *(fortsatt)*:

* Nå ser vi på et stort teater. Det heter Nationaltheatret, og her kan folk se mange gode skuespill fra hele verden. De ser også skuespill av Ibsen, Bjørnson og Holberg på Nationaltheatret. Navnene deres står på teatret, og det står store statuer av dem ved teatret. Statuene av Bjørnson og Ibsen står foran teatret, og (20) ved siden av teatret står statuen av Holberg. Det er en friluftskafé like ved teatret, men den er full av folk nå, så vi går videre.

Vi går over gata og kommer til en stor, pen park. Parken heter Studenterlunden fordi den ligger like ved Universitetet. Her er (25) det også en friluftskafé. Det er alltid mange nordmenn ute når været er varmt, og de liker å besøke friluftskafeene.

Ved enden av Studenterlunden kan vi se en stor bygning. Det er Stortinget. Stortinget har makten i Norge. Stortinget har møter fra september til mai hvert år, og det er omvisning der i (30) juni, juli og august.

Over gata ligger Grand Hotell. Det er en kjent kafé i første etasje. Henrik Ibsen spiste ofte der.

Bygningene ved siden av Studenterlunden er ikke høye, så parken får mye sol. Butikkene er fulle av folk nå. Det er 35 **sommer, og mange turister går på gatene i hovedstaden. Hotellene er fulle, og de er dyre. Men turistene liker seg i Oslo allikevel. Det er så mange interessante ting å gjøre.**

Spørsmål:

1. Hva ser nordmenn i Nationaltheatret?
2. Hva liker nordmenn å gjøre når været er varmt?
3. Hva liker du å gjøre når været er varmt?
4. Har kongen makten i Norge?
5. Når har Stortinget møter?
6. Når er det omvisning der?
7. Hvorfor er kafeen i Grand Hotell kjent?
8. Hvorfor liker folk å besøke hovedstaden?

ADJEKTIV (*fortsatt*):

en *varm* dag ei *varm* stue	et *varmt* værelse	*varme* dager
en *dyr* kafé ei *dyr* klokke	et *dyrt* hus	*dyre* hoteller
en *full* butikk ei *full* stue	et *fullt* hotell	*fulle* hoteller
en *kjent* kafé ei *kjent* bok	et *kjent*[2] hotell	*kjente* hoteller
en *interessant* mann ei *interessant* bok	et *interessant*[3] museum	*interessante* museer

2. Adjectives ending in a consonant plus *-t* do not add another *-t* when they modify *et* nouns: *en kjent mann, et kjent hotell.*

3. Note that the final *-t* in *interessant* is pronounced only in the *et* form.

hver dag	*hvert* hotell	---
hver bok		

MERK:

	dyr*t* å bo på hotell i Norge.
Det er	varm*t* ute i dag.
	god*t* å være i hovedstaden.

OPPGAVE: Sett inn den riktige formen av adjektivet.

1. I dag er det _______. (**varm**)
2. Alle hotellene i byen er _______. (**dyr**)
3. Kafeen var _______så vi spiste ikke der. (**full**)
4. Bor du på et _______ hotell? (**god**)
5. Han leser ei _______ bok. (**interessant**)
6. Har dere sett mange _______ ting? (**interessant**)
7. Det var mange _______ flagg på bygningene. (**rød**)
8. Noen av bygningene var _______. (**høy**)
9. I byen er det mange _______ gater. (**lang**)
10. Men det er også mange _______ parker (**pen**)
    og _______ kirker. (**fin**)

HVOR ER DET?

	ved	
	foran	
Det er et godt hotell (like)	*bak*	parken.
	ved siden av	
	ved enden av	

	ved	
	foran	
(Like)	*bak*	parken er det et godt hotell.
	ved siden av	
	ved enden av	

Oppgave:

Hvor er statuen?

Hvor er skolen?

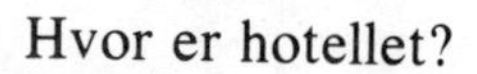

Hvor er hotellet?

Hvor er friluftskafeen?

Hvor er teatret?

MERK: Noen uregelmessige substantiver:

en ting	**ting**	**et teater**	**teat*re***	**en kafé**	**kaf*e*er**
tingen	**tingene**	**teat*ret***	**teat*rene***	**kaf*e*en**	**kaf*e*ene**

et skuespill	**skuespill**
skuespillet	**skuespillene**

Oppgave: Sett inn den riktige formen av substantivet.

1. Vi har sett mange store ________ i byen.
   (*buildings*)
2. Han pleier å si interessante ________.
   (*things*)
3. Det er mange hyggelige ________ i Oslo.
   (*streets*)
4. Er det noen gode ________ i byen?
   (*museums*)
5. Pleier det å være så mange ________ på bygningene?
   (*flags*)
6. Er ________ stort?
   (*the museum*)
7. ________ er fulle av folk nå.
   (*The cafes*)
8. Har du sett noen gode ________ i år?
   (*plays*)

VI SER OSS OMKRING PÅ TORGET (Mer fra reisedagboka til Kristine Svenson)

Den 8. juni

I dag går Robert og jeg videre nedover Karl Johans gate. Vi kommer til Domkirken — hovedkirken i Oslo. Foran kirken er det et stort blomstertorg. Her kan folk kjøpe røde og gule roser og mange andre fargerike blomster og planter. Mange nordmenn liker å ha blomster hjemme, så torget er et populært sted. 40

Det er to store torg i Oslo. På torget foran Domkirken selger de blomster, og på torget i Torggata selger de grønnsaker og frukt. Vi går dit nå, for vi vil gjerne kjøpe litt frukt. Nå er vi på torget. Her kan vi se både røde og grønne epler, saftige appelsiner og gule pærer. Jeg kjøper et rødt eple. Det er deilig og saftig. 45 50

Frukten og grønnsakene er rimelige på torget, og de er ikke så billige i butikkene. I dag er det mange mennesker på torget. De kjøper rimelige grønnsaker og rimelig frukt. Torget er et populært sted. Det er både hyggelig og interessant å være der.

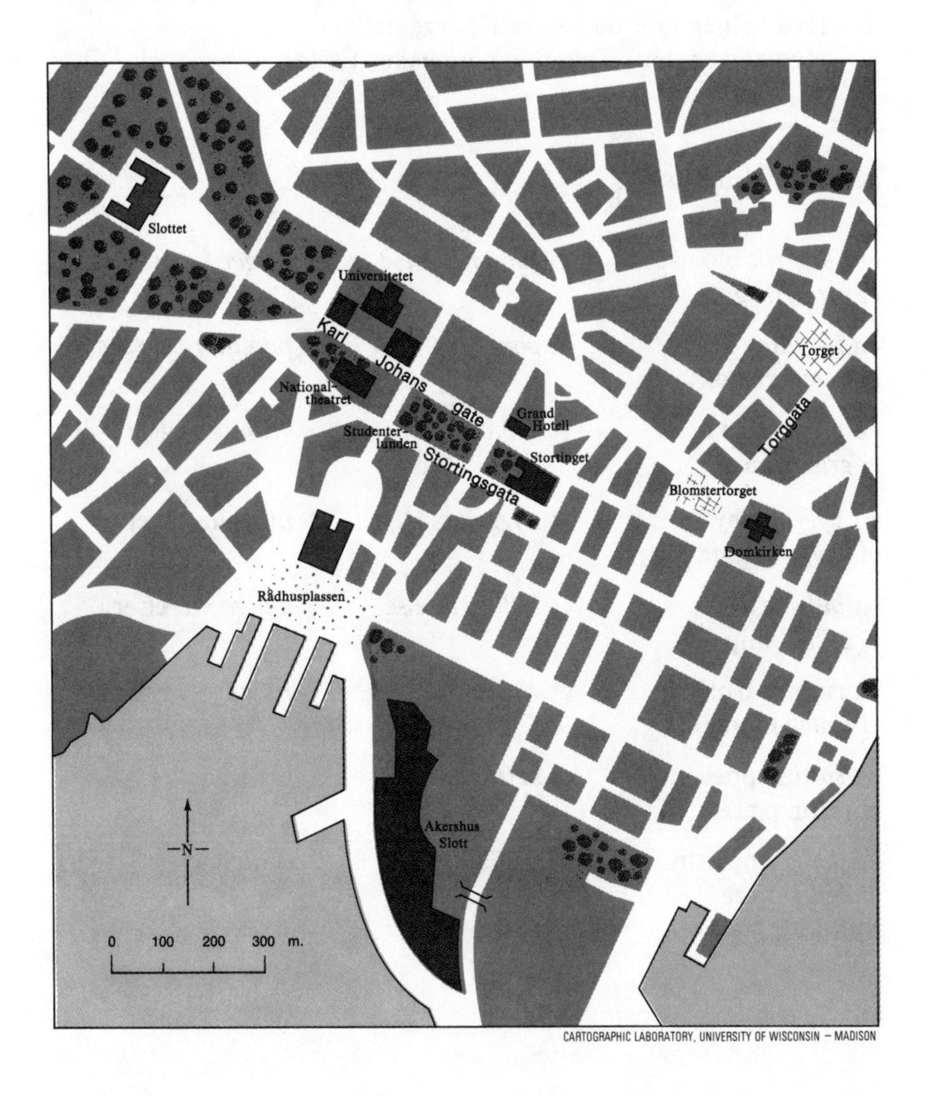

Spørsmål:

1. Hva er Domkirken?
2. Hva er det foran Domkirken?
3. Hva selger folk der?
4. Hva selger folk på torget i Torggata?
5. Hvorfor er det så mange mennesker på torget?

ADJEKTIV (*fortsatt*)

en *fargerik* blomst ei *fargerik* gate	et *fargerikt* sted	*fargerike* blomster
en *populær* mann ei *populær* bok	et *populært* sted	*populære* steder
en *grønn* frukt ei *grønn* pære	et *grønt*[4] hus	*grønne* vegger
en *hyggelig* by ei *hyggelig* gate	et *hyggelig*[5] sted	*hyggelige* byer
en *billig* frukt ei *billig* lampe	et *billig* værelse	*billige* værelser
en *rimelig* frukt ei *rimelig* lampe	et *rimelig* værelse	*rimelige* værelser
en *saftig* appelsin ei *saftig* pære	et *saftig* eple	*saftige* epler
en *deilig* appelsin ei *deilig* pære	et *deilig* eple	*deilige* epler

4. Adjectives ending in a double consonant normally lose one of them when adding the *-t*.
5. Adjectives ending in *-ig* do not add *-t* when modifying *et* nouns: *en hyggelig mann, et hyggelig sted.*

Oppgave: Sett inn den riktige formen av det riktige adjektivet.

1. Vi vil gjerne kjøpe noen ______, ______, ______ epler.
   (*delicious*) (*juicy*) (*red*)
2. Jeg spiser et eple. Det er ______, ______ og ______.
   (*delicious*) (*juicy*) (*red*)
3. Torget er et ______ sted, og det er ______ å være der.
   (*popular*) (*interesting*)
4. Det er mange ______ blomster, ______ grønnsaker
   (*colorful*) (*fine*)
   og ______ mennesker på torget.
   (*pleasant*)
5. Frukten er ______ på torget. Grønnsakene er også
   (*reasonable*)
   ______ der.
   (*reasonable*)
6. Turistene liker seg i Oslo. Det er så mange ______ steder
   (*interesting*)
   å se.
7. Det er alltid ______ å være i Norge.
   (*pleasant*)
8. Men jeg kan ikke finne et ______ hotell.
   (*cheap*)
9. Bor du i et ______ hus?
   (*green*)
10. Taket er ______ men veggene er ______.
    (*white*) (*green*)

MERK:

et sted	**sted*er***
stedet	**stedene**

Øvelse:

Er alle teppene dyre?	Nei, men her er et dyrt teppe.
Er alle bøkene interessante?	Nei, men her er ei interessant bok.
Er alle stolene pene?	Nei, men her er en pen stol.
Er alle bygningene høye?	______________________
Er alle hotellene billige?	______________________
Er alle appelsinene saftige?	______________________
Er alle værelsene varme?	______________________
Er alle eplene deilige?	______________________
Er alle blomstene fargerike?	______________________
Er alle pærene grønne?	______________________
Er alle filmene populære?	______________________
Er alle skuespillene interessante?	______________________
Er alle kafeene kjente?	______________________
Er alle stedene interessante?	______________________

VI ØVER OSS:

(*To turister snakker sammen.*)

*A: **God dag. Er du ikke fra USA?**
B: **Jo, jeg er fra Seattle. Og du?**
A: **Jeg er fra Frankrike. Har du vært i Norge før?**
B: **Nei, det er første gang jeg er her.**
A: **Hvordan liker du deg her i Oslo?**
B: **Svært godt. Det er så mange interessante ting å gjøre.**
A: **Har du vært på Domkirken og Slottet?**
B: **Nei, ikke ennå, men i går kveld var jeg i Nationaltheatret.**
A: **Jaså? Hvilket skuespill så du? Var det norsk?**
B: **Ja, det var *Et dukkehjem* av Henrik Ibsen. Det er om et ektepar. Mannen behandler kona si som et barn, så hun går fra ham.**
A: **Sier du det? Det må være et nytt skuespill da.**
B: **Å nei da, det er fra 1879, men det er allikevel svært moderne.**

ADJEKTIV (*fortsatt*):

en *norsk* kirke ei *norsk* klokke	et *norsk*[6] skuespill	*norske* kirker
en *ny* kirke ei *ny* klokke	et *nytt*[7] skuespill	*nye* kirker
en *moderne* kirke ei *moderne* klokke	et *moderne*[8] skuespill	*moderne* kirker
hvilken kirke? *hvilken* klokke?	*hvilket* skuespill?	*hvilke* kirker?

HVILKEN:

Hvilken dag kommer de?
Hvilket tog tok han?
Hvilken bok leser du?
Hvilke museer har hun sett?

Oppgave: Lag spørsmål med den riktige formen av *hvilken.*

Eksempel: *Hvilket måltid liker du best?* Jeg liker frokost best.
1. ______________________________ Jeg så *Et dukkehjem.*
2. ______________________________ Vi besøkte Domkirken.
3. ______________________________ Han bor i tiende etasje.
4. ______________________________ Hun leser *Kon-Tiki* og *Aku-Aku.*
5. ______________________________ Dere skal ta buss nummer ti.

6. Adjectives ending in *-sk* which refer to nationality add no *-t* when modifying an *et* noun.
7. Adjectives ending in a stressed vowel often get two *-t*'s when modifying an *et* noun.
8. Adjectives ending in an unstressed *-e* remain unchanged regardless of the number or gender of the noun they are modifying.

NORSK / / NORDMANN:

Nordmann er et substantiv:

Han er nordmann.[9] "He is a Norwegian."

Mange nordmenn er bønder. "Many Norwegians are farmers."

Norsk er et adjektiv:

Han er norsk. "He is Norwegian."
Jeg liker norsk mat. "I like Norwegian food."

Oppgave: Oversett til norsk.

1. Norwegian beer is good, but very expensive.
2. We saw many Norwegian flags in front of the Palace today.
3. Yesterday there were many Norwegians in the streets because it was May seventeenth.
4. She wants to find a reasonable Norwegian hotel.
5. Is she a Norwegian?

SPØRSMÅL:

1. Hva pleier du å gjøre når du er turist?
2. Hva liker du å kjøpe når du er turist?
3. Hva vil du gjerne gjøre når du reiser til Norge?
4. Har du sett noen gode skuespill i år?
5. Var du kjent med navnene Ibsen, Bjørnson og Holberg før?
6. Vil du gjerne lese eller se noen av skuespillene deres?

STIL:

(1) Skriv om huset ditt igjen.
Bruk nå så mange adjektiv du kan når du forteller om det.
(2) Skriv om byen du bor i.

9. With nationalities, as with occupations, the indefinite article is omitted in constructions of the type: "He is a . . . ."

OVERSIKT: Adjektivformene

		entall		**flertall**
I.		*en* og *ei*	*et*	
	(A)	stor	stort	store
		lang	langt	lange
		fin	fint	fine
		god	godt	gode
		pen	pent	pene
		gul	gult	gule
		rød	rødt	røde
		hvit	hvitt	hvite
		høy	høyt	høye
		full	fullt	fulle
		varm	varmt	varme
		dyr	dyrt	dyre
		fargerik	fargerikt	fargerike
		populær	populært	populære
	(B)	grønn	grønt	grønne
II.		ny	nytt	nye

		entall	**flertall**
III.			
	(A)	norsk	norske
	(B)	kient	kjente
		interessant	interessante
	(C)	saftig	saftige
		deilig	deilige
		hyggelig	hyggelige
		billig	billige
		rimelig	rimelige

	entall og flertall
IV.	
	moderne
	imponerende
	stille

Når enden er god, er allting godt.

ORD
Fra 13. kapittel

Substantiver

en appelsin
en blomst
en bygning
en domkirke
en dukke
en ende
en friluftskafé
en hovedstad
en kafé (kafeer)
en kirke
en makt
en omvisning
en park
en plante
en prins
en prinsesse
en rose
en side
en statue
en ting (ting)
en topp
en trone
en turist
(en) verden

ei dagbok
ei gate
ei reisedagbok
ei sol

et flagg
et folk
et hotell
et museum (museer)
et møte
et sentrum
et skuespill (skuespill)
et slott
et sted (steder)
et storting
et teater (teatre)
(et) vær

Adjektiv

billig (--,-e)
deilig (--,-e)
dyr (-t,-e)
fargerik (-t,-e)
fin (-t,-e)
full (-t,-e)
god (-t,-e)
grønn- grønt - grønne

gul (-t,-e)
hvit (-t,-e)
høy (-t,-e)
interessant (--,-e)
kjent (--,-e)
lang (-t,-e)
moderne (--,--)
norsk (--,-e)

ny - nytt - nye
pen (-t,-e)
populær (-t,-e)
rimelig (--,-e)
rød (-t,-e)
saftig (--,-e)
stor (-t,-e)
varm (-t,-e)

Pronomen
hver — hvert

Adverb
dit
like
nedover
svært

Spørreord
hvilken — hvilket — hvilke

Uttrykk
på toppen av
ved siden av
ved enden av
like ved
noen gang
oppkalt etter
over gata
første gang
nei da
gift med
hele verden
i teatret
å gå fra (noen)

Oslo Rådhus

MER OM OSLO

. . . Fra reisedagboka til Kristine Svenson

* Den 11. juni

Robert og jeg er fremdeles i Oslo. Nå er vi på vei ned til Rådhuset. Det ligger nede ved havna. Det er en imponerende bygning med mange viktige kontorer. Vi kommer inn i en stor sal. Inne i salen er det noen kjente veggmalerier. De er interessante å se på fordi de viser oss mange sider av livet i Norge. Det er store, høye vinduer i salen. Sola skinner inn, og det er lyst og hyggelig der inne. Ei stor trapp går opp til annen etasje. Der oppe er det mange pene værelser med fine møbler.

(*fortsettes*)

Spørsmål:

1. Hvor ligger Rådhuset?
2. Hva er Rådhuset?
3. Hva kan vi se i første etasje på Rådhuset?
4. Hva kan vi se i annen etasje på Rådhuset?

TILSTEDS- OG PÅSTEDSADVERB[1]:

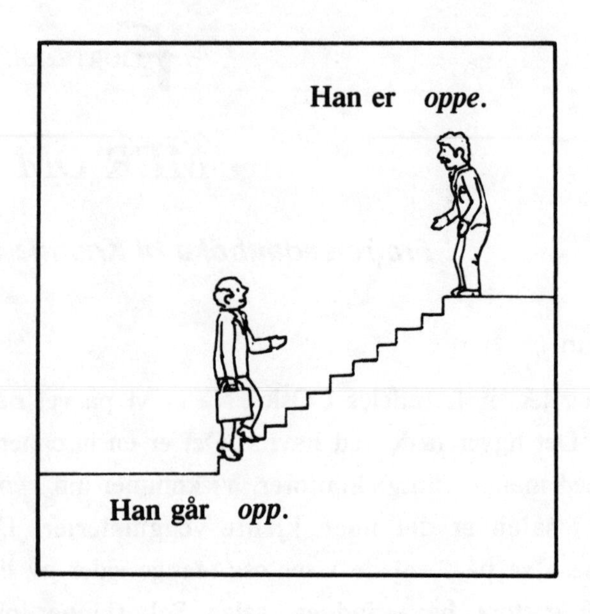

til et sted		på et sted	
	opp.		**opp*e*.**
	ned.		**ned*e*.**
Han går	**ut.**	**Han er**	**ut*e*.**
	inn.		**inn*e*.**
	hjem.		**hjem*me*.**[2]
	bort.		**bort*e*.**
	inn i huset.[3]		**inn*e* i huset.**[3]

1. Some adverbs have two forms: one that is used with verbs of *motion*, and another — usually formed by adding an *-e* to the first — used with verbs of *location*. *Han går ut*, "He goes out"; *Han er ute*, "He is out."

2. Words ending in a single *m* preceded by a short vowel double that *m* when a suffix beginning with a vowel is added: *hjem — hjemme*. Norwegian words may not end in double *m*. Cf. et program — progra*m*mer (Chap. 12).

3. *Inn i* may be translated "into." *Inne i* may be translated "inside of."

Oppgave: Sett inn den riktige formen av adverbet.

1. Er herr Krogstad _______? (*in*)
2. Nei, han er dessverre _______. (*out*)
3. Takk, vi vil gjerne komme _______. (*in*)
4. Har du vært _______ i tredje etasje ennå? (*up*)
5. Naboene våre har vært _______ en måned. (*away*)
6. Vi går _______ til havna og ser på båtene der _______. (*down*)
7. Hun er _______ i hagen. Vi går _______ til henne. (*out*)
8. Han er _______ på soveværelset. Vi går _______ til ham. (*up*)
9. Vi går _______ huset. (*into*)
10. Når kom hun _______? Er hun fremdeles _______? (*home*)
11. Var det noe _______ egget? (*inside of*)
12. Han er _______ i kjelleren. La oss gå _______ til ham. (*down*)

Oppgave: Sett inn den riktige formen av adjektivet.

1. Det er mange _______ kontorer i rådhuset. (*important*)
2. Han er en meget _______ mann. (*important*)
3. Mannen sier at dette er _______. (*important*)
4. Sola skinner inn. Det er _______ i værelset. (*light*)
5. Det er et _______ værelse. (*pleasant*)
6. I annen etasje er det mange _______ møbler. (*fine*)

MED BÅT TIL BYGDØY

Den 11. juni (*fortsatt*)

* **Vi går ut av Rådhuset og står ute på trappa. Vi ser på utsikten — foran oss ligger fjorden med mange store og små øyer, båter og skip. Til venstre ser vi et stort, gammelt slott. Det heter Akershus Slott og er omtrent 600 år gammelt. Til høyre, ute i fjorden, ser vi Bygdøy, ei halvøy med mange interessante** 10

museer. Jeg ser opp på klokka i Rådhustårnet. Den er bare halv tre. Vi har god tid, så vi går bort til brygga og tar en liten båt ut til museene på Bygdøy. Det er også mulig å komme dit ut med buss, men Robert vil gjerne ta båten. 15

(Seinere.)

Ute på Bygdøy besøker vi Fram-museet med polarskipet Fram. Det har vært både på Nordpolen (med Fridtjof Nansen) og på Sørpolen (med Roald Amundsen). 20

Ved siden av Fram-museet står det et annet lite museum. Det er Kon-Tiki-museet og der inne ligger flåten til Thor Heyerdahl. Heyerdahl tok en lang tur med den over Stillehavet, fra Sør-Amerika til Polynesia. Det var seks menn med på turen, men flåten er svært liten. Folk kommer hit fra hele verden for å se flåten til Heyerdahl og for å lese om turen i dagboka hans. 25

Vi går et stykke videre og kommer til Vikingskipmuseet. Der inne står det tre store skip. Vikingene tok lange turer over Atlanterhavet med slike skip. Vikingskipene er omtrent tusen år gamle. Robert bruker lang tid inne i museet. 30

(fortsettes)

Spørsmål:

1. Hvordan kan vi komme ut til Bygdøy?
2. Hvorfor kaller vi *Fram* et "polarskip"?
3. Hva vet du om turen Heyerdahl tok med flåten Kon-Tiki?
4. Hvorfor kommer folk til Kon-Tiki-museet?
5. Hvor gamle er vikingskipene på Vikingskipmuseet?

TILSTEDS- OG PÅSTEDSADVERB (*fortsatt*):

Han er *der*.
Han er *her*.
Han går *dit*.
Han kommer *hit*.

til et sted		på et sted	
	dit opp.		*der oppe.*
	dit ned.		*der nede.*
De går	*dit ut.*	De er	*der ute.*
	dit inn.		*der inne.*
	dit bort.		*der borte.*
	hit opp.		*her oppe.*
	hit ned.		*her nede.*
Vi kommer	*hit ut.*	Vi er	*her ute.*
	hit inn.		*her inne.*
	hit bort.		*her borte.*

Oppgave: Sett inn den riktige formen av adverbet.

1. Han har vært i Norge, men hun har aldri vært ______. (*there*)
2. Hun ønsker å reise ______ snart. (*there*)
3. De kommer ______ på besøk i morgen. (*here*)
4. Har du vært ______ før? (*here*)

5. Rådhuset ligger ________. (*down there*)
6. Vi går ________ for å se det. (*down there*)
7. Er det noe interessant å se ________ ved havna? (*down here*)
8. De bor ________ på Bygdøy. (*out there*)
9. Har du vært ________ ennå? (*there*)
10. Nei, men jeg vil gjerne ta båten ________ seinere i dag. (*out there*)

Øvelse:

Læreren:	*Studentene:*
Jeg går *dit*.	Vi har allerede vært *der*.
hjem.	________
inn.	________
ut.	________
dit opp.	________
dit ned.	________
dit bort.	________
dit inn.	________
dit ut.	________

ADJEKTIV (*fortsatt*):

en *gammel* båt ei *gammel* klokke	et *gammelt* slott	*gamle*[4] museer
en *annen* dag ei *anna* gate	et *annet* hus	*andre* dager
en *liten* båt ei *lita* stue	et *lite* hus	*små* båter

4. Adjectives ending in an unstressed *-el*, *-en*, or *-er* lose the *-e* when the plural ending is added. A double consonant preceding the original *-e* is reduced to a single one in the plural: *En gammel mann, gamle menn.*

Oppgave: Sett inn den riktige formen av *gammel*.

1. Vikingskipene er svært ______.
2. Akershus Slott er omtrent seks hundre år ______.
3. Domkirken er omtrent to hundre og femti år ______.
4. Hvor ______ er søsknene dine?
5. Hvor ______ er du?
6. Turister liker å ta bilder av ______ ting.
7. Hun har noen ______ bilder av Oslo.
8. De bor i et svært ______ hus.
9. Norske barn begynner å gå på skolen når de er sju år ______.

Oppgave: Sett inn den riktige formen av *annen*:

1. Jeg vil gjerne komme en ______ dag.
2. Han sa mange ______ interessante ting om museet.
3. De bor ikke der nå. De bor i et ______ hus.
4. Noen studenter liker å lære norsk, ______ liker ikke å gjøre det.
5. Han leser ikke *Dagbladet*. Han leser en ______ avis.

Oppgave: Sett inn den riktige formen av *liten*:

1. Det er mange store og ______ båter på Oslofjorden.
2. Kon-Tiki-museet er et ______ museum.
3. Vi har tatt en ______ båt ut til Bygdøy.
4. Han er bare et ______ barn.
5. Vil du ha et stort eller et ______ glass melk?
6. Mette er ei ______ jente.
7. Det er mange gamle hus på øya. Noen er store, andre er ______.
8. Flåten til Thor Heyerdahl er svært ______.
9. Huset vårt er svært ______.
10. Han er ikke stor. Han er ______.

LITEN / / LITT[5]

en	***liten***	**pike**		**mat**
			litt	**kaffe**
ei	***lita***	**stue**		**vann**
et	***lite***	**hus**		**dyr**
			litt	**lang**
				stor

Vi skriver: Sett inn *litt* eller en form av *liten.*

1. Vi bor i et________ hus.
2. Hun spiser ______ mat.
3. De har en________ båt.
4. En _______ pike drikker _______ melk.
5. Det er _______ varmt her inne.
6. "Det er _______ dyrt," tenker vi.
7. Det er bare et _______ vindu i værelset.
8. Det er bare et _______ hotell, og nå er det _______ fullt.

Å TA:

	tar		***Tar***			
Han	***tok***	**båten.**	***Tok***	**han**		**båten?**
	har tatt		***Har***		***tatt***	
Han liker *å ta* båten.			**Liker han *å ta* båten?**			

	tar	**ikke**		
Han	***tok***	**ikke**		**båten.**
	har	**ikke**	***tatt***	
Han liker ikke *å ta* båten.				

5. These words should not be confused. *Liten* is an adjective meaning "small sized"; *litt* means "a little bit." The indefinite article is never used with *litt*.

Øvelse: Sett inn den riktige formen av *å ta.*

1. Turister liker _______ bilder.
2. Vi må _______ mange bilder av Domkirken.
3. Vi _______ bussen ut til Bygdøy i går.
4. Har du noen gang _______ båten dit ut?
5. Thor Heyerdahl _______ en lang tur over Stillehavet med flåten Kon-Tiki.
6. _______ du mange bilder når du er i Norge?
7. Pleier de _______ bussen ut til Bygdøy?
8. Hvor er turistene? De _______ _______ båten til byen.

MERK: *For å* betyr "in order to."

Folk kommer hit fra hele verden *for å* se flåten til Thor Heyerdahl.
De kommer *for å* lese dagboka hans også.

Oppgave: Sett inn *å*, *for å, og* eller ingenting(--).

1. Jeg pleier _______ spise frokost i byen.
2. Jeg tok bussen til byen _______ spise forkost.
3. Jeg tok bussen til byen _______ spiste frokost.
4. Han ønsker _______ reise til Norge _______ lære norsk.
5. De tok båten ut til Bygdøy _______ se museene.
6. Hun er her _______ snakke med deg.
7. Hun vil _______ snakke med deg nå.
8. De vil _______ reise til Norge _______ besøke slektningene sine.
9. De reiser til Norge _______ besøker slektningene sine hvert år.
10. Barnet trenger _______ sove litt nå.
11. Hva vil du _______ gjøre i byen?
12. Besøkte du Oslo _______ se vikingskipene?
13. De besøkte meg _______ så noen av bildene mine.
14. De tok bussen til byen _______ besøkte søsteren min.
15. Krogstad besøkte familien Bakke _______ skrive om dem for avisen sin.

UTE PÅ BYGDØY

Den 11. juni (*fortsatt*)

Vi går videre og kommer til Folkemuseet. Her kan vi se mange gamle hus fra hele Norge. Noen er store, og noen er svært små. Mange av dem har gras på taket. 35

Det er også en spesiell kirke på Folkemuseet. Det er en stavkirke, og den er omtrent sju hundre år gammel. På taket har den både dragehoder og kors. Ingen andre land har slike kirker, så turistene pleier å ta mange bilder av dem.

Men nå begynner vi å bli trøtte og sultne. Vi har sett mye, og 40 jeg har tatt mange bilder. Vi finner en liten friluftsrestaurant på museet. Der kjøper vi litt norsk mat og kaffe. Vi kan sitte ute ved et lite bord. I dag er det noen folkedansere på restauranten. De har norske bunader på seg og danser gamle norske folkedanser. Det er en spillemann med dem. Han spiller på ei hardingfele 45 — et gammelt norsk nasjonalinstrument. Jeg må ta mange bilder av dem. Det er morsomt å se folkedansene.

ADJEKTIV (*fortsatt*)

en *sulten* mann ei *sulten* ku	et *sultent* barn	*sultne*[6] menn
en *morsom* dag ei *morsom* bok	et *morsomt* skuespill	*morsomme*[7] bøker

Spørsmål:

1. Hva kan vi se på Folkemuseet?
2. Hva slags kirke er det på Folkemuseet?
3. Har andre land slike kirker?
4. Hva har folkedanserne på seg?
5. Hva gjør spillemannen?
6. Hva er ei hardingfele?

Oppgave: Sett inn den riktige formen av adjektivet.

1. Har du sett noen ________ skuespill i år?
   (*morsom*)
2. Ja, vi så et svært________ skuespill i går kveld.
   (*morsom*)
3. Klokka er ni og vi har ikke spist ennå. Vi pleier å spise ved sju-tiden. Vi er________.
   (*sulten*)
4. Var barna også________? Er du________?
   (*sulten*) (*sulten*)
5. Han var________, hun var________, og jeg var________.
   (*sulten*) (*sulten*) (*sulten*)
6. Det var ikke________!
   (*morsom*)
7. Husene på Folkemuseet er svært________.
   (*gammel*)
8. Noen av dem har________ gras på taket.
   (*grønn*)
9. Barnet er________og ________. Er dere ________eller________?
   (*trøtt*) (*sulten*) (*trøtt*) (*sulten*)
10. Vi ser på ei hardingfele, et________ ________ folkeinstrument.
    (*gammel*) (*norsk*)

6. Cf. *gammel — gamle*. 7. Cf. *hjem — hjemme*.

MED UNDERGRUNNSBANEN OPP TIL NORDMARKA

Den 12. juni

En ny dag har kommet. Vi kom tilbake til hotellet i går kveld og tok det med ro. Vi hadde en hyggelig dag i går. Vi skal aldri glemme den, men nå begynner en ny dag med nye opplevelser. 50 Vi har sovet godt og spist en stor frokost på hotellet. Nå går vi nedover gata til Nationaltheatret. Der skal vi ta undergrunnsbanen. Den går under Slottet og under noen gater, men den er "undergrunnsbane" bare et lite stykke av veien. Den kommer opp igjen litt utenfor Oslo sentrum og går til mange steder 55 omkring Oslo. Vi skal ta den opp til Nordmarka, et friluftsområde nord for Oslo. Kartet vårt viser at området er svært stort.

På veien til Frognerseteren stasjon kommer en forbi mange interessante steder. Vi ser mange fine hus og mer og mer av byen og fjorden. Vi kommer også forbi Holmenkollen. Den kan en 60 også se fra byen — et høyt, hvitt tårn mot grønne trær. Turistene kan få en flott utsikt fra toppen av tårnet. Holmenkollen er en berømt hoppbakke, og det er et svært interessant skimuseum med mange berømte ski der.

Spørsmål:

1. Hvor går undergrunnsbanen?
2. Hva er Nordmarka?
3. Hva er Holmenkollen?
4. Hvordan er utsikten fra toppen av tårnet?
5. Hva slags museum er det i tårnet?

Å KOMME:

	kommer	
Hun	*kom*	til Oslo.
	har kommet	

Hun liker *å komme* til Oslo.

Kommer			
Kom	hun		til Oslo?
Har		*kommet*	

Liker hun *å komme* til Oslo?

	kommer ikke		
Hun	*kom*	ikke	til Oslo.
	har	ikke	*kommet*

Hun liker ikke *å komme* til Oslo.

Imperativ form: *Kom!*

Øvelse: Sett inn den riktige formen av *å komme*.

1. Når _______ du hjem i går kveld?
2. Vil du _______ og besøke meg snart?
3. _______ og besøk meg!
4. Kan du _______ hit?
5. Han _______ ofte på besøk til oss.
6. Når _______ vi til Oslo?
7. Har turistene _______ ennå?
8. Nå har vi _______ til Bygdøy.

DET UPERSONLIGE PRONOMENET "EN":

På veien til stasjonen kommer *en* forbi mange interessante steder.
En ser mange fine hus, og *en* begynner å se mer og mer av byen og fjorden.
En kommer også forbi Holmenkollen.

Oppgave: Bruk det upersonlige pronomenet "en" i noen spørsmål.

Eksempel: Kan en ha det hyggelig i byen?	*Vi* hadde det hyggelig i byen.
1. ______________?	*Vi* så mange interessante ting der.
2. ______________?	*Vi* spiste på hotellet.
3. ______________?	*Vi* tok bussen tilbake til byen.
4. ______________?	*Vi* kom hit ut med båt.
5. ______________?	*Vi* sov godt på hotellet.

RETNINGER:

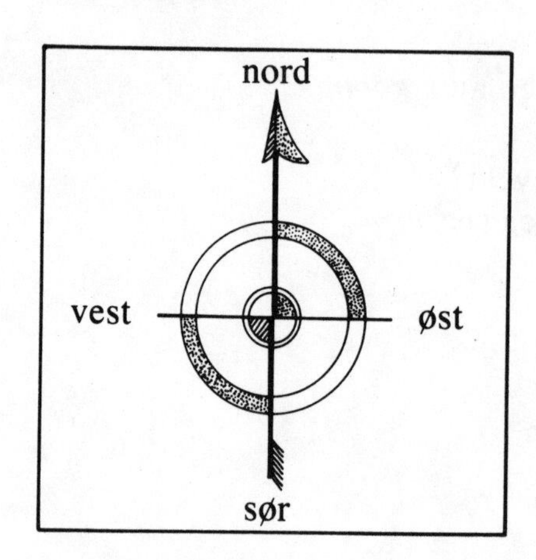

Nordmarka er *nord* for byen.
Byen er *sør* for Nordmarka.
Bergen er *vest* for Oslo.
Oslo er *øst* for Bergen.

Hun sitter *til venstre* for henne.
Hun sitter *til høyre* for ham.

Å TA DET MED RO:

Oppgave: Sett inn den riktige formen av *å ta det med ro.*

1. Jeg liker______________________
2. Jeg______________________ i går.
3. Jeg vil gjerne______________________
4. Nå______________________

VI REPETERER: Uregelmessige substantiver

en lærer	**lærer*e***	**en danser**	**danser*e***
læreren	**lærer*ne***	**danseren**	**danser*ne***
ei bok	**b*ø*ker**	**en bonde**	**b*ø*nder**
boka	**b*ø*kene**	**bonden**	**b*ø*ndene**
et muse*um*	**museer**	**en kafé**	**kaf*e*er**
museet	**museene**	**kaf*e*en**	**kaf*e*ene**
en mann	**m*e*nn**	**en nordmann**	**nordm*e*nn**
mannen	**m*e*nnene**	**nordmannen**	**nordm*e*nnene**
—	**klær**	**et tre**	**tr*æ*r**
—	**klær*ne***	**tr*e*et**	**tr*æ*r*ne***
en ting	**ting**	**ei ski**	**ski**
tingen	**tingene**	**skia**	**skiene**
et sted	**sted*er***	**et teater**	**teat*re***
stedet	**stedene**	**teat*ret***	**teat*rene***

Oppgave: Sett inn den riktige formen av substantivet.

1. Faren min er________ (*a farmer*) og onklene mine er også________ (*farmers*).
2. Jeg kjenner mange________ (*teachers*) i Norge. Er du ________ (*a teacher*)?
3. Nå begynner ________ (*the trees*) å bli grønne igjen.
4. Familien Bakke har noen gamle ________ (*clothes*) på stabburet.
5. Det var morsomt å se på ________ (*the dancers*).
6. Det er mange interessante ________ (*places*) og mange interessante ________ (*things*) å gjøre i Oslo.
7. Jeg liker sommer. ________ (*The trees*) er grønne da.
8. Det er mange gode ________ (*theaters*) i Oslo.

VI ØVER OSS:

(*En nordmann og en amerikansk turist snakker sammen.*)

*N: Nå, hvordan går det?
A: Jo, takk. Det går bra.
N: Hvor var du i går?
A: Jeg var oppe i Nordmarka.
N: Tok du undergrunnsbanen dit opp?
A: Ja, jeg tok den til Frognerseteren stasjon.
N: Hvordan var utsikten der oppe?
A: Den var flott! Det var en fin dag, og været var pent. Jeg kunne se Rådhuset og mange andre store bygninger i byen, og jeg så fjorden og skipene og båtene og alle øyene og Bygdøy og . . .
N: Ja, ja. Det var bra. Hvor gikk du da?
A: Jeg gikk en svært lang tur.
Jeg gikk hele veien til Tryvannstua!
N: Gikk *hele* veien, sier du? Men *det* er ikke så langt.
A: Nei, ikke for en nordmann, kanskje, men det er første gang jeg har gått i Nordmarka.
N: Javel. Du hadde det hyggelig da?
A: Å ja! Jeg hadde det svært hyggelig. Det var en flott tur. Jeg skal aldri glemme den.

Å GÅ:

<table>
<tr><td></td><td>går</td><td></td><td>Går</td><td></td><td></td><td></td></tr>
<tr><td>De</td><td>gikk</td><td>i Nordmarka.</td><td>Gikk</td><td>de</td><td></td><td>i Nordmarka?</td></tr>
<tr><td></td><td>har gått</td><td></td><td>Har</td><td></td><td>gått</td><td></td></tr>
</table>

De liker *å gå* i Nordmarka. Liker de *å gå* i Nordmarka?

<table>
<tr><td></td><td>går</td><td>ikke</td><td></td><td></td></tr>
<tr><td>De</td><td>gikk</td><td>ikke</td><td></td><td>i Nordmarka.</td></tr>
<tr><td></td><td>har</td><td>ikke</td><td>gått</td><td></td></tr>
</table>

De liker ikke *å gå* i Nordmarka.

Øvelse: Sett inn den riktige formen av *å gå*.

1. Nordmenn liker ______ i Nordmarka.
2. Mange nordmenn ______ lange turer hver søndag.
3. Det er første gang jeg har ______ i Nordmarka.
4. I går ______ vi en lang tur.
5. Jeg pleier ______ en lang tur hver dag.
6. Har han ______ ennå?
7. Liker du ______ lange turer?
8. Et øyeblikk! Hvor ______ du?

OPPGAVE: Sett inn den riktige formen av adjektivet.

1. Nordmarka er et ______ (*flott*) sted.
2. Kom du hit med et __________ (*amerikansk*) skip?
3. Er det ______ (*slik*) restauranter i andre ______ (*norsk*) byer også?
4. Dyrene var ______ (*gammel*) og ______ (*sulten*).
5. Holmenkollen er et ______ (*berømt*) sted og mange ______ (*berømt*) nordmenn har vært der.

HJEMMELEKSE:

Lag en dialog om en tur i hovedstaden Oslo, eller i hovedstaden i landet ditt.

SAMMENSATTE ORD[8]

I. *Substantiv + substantiv:*

en skole**bygning**
et skole**år**
ei skole**bok**
ei dag**bok**
et kaffe**bord**
et kjøkken**bord**
et vegg**maleri**
et fjernsyn*s***program**
en friluft*s***kafé**
et friluft*s***område**
en fisk*e***båt**
et folk*e***museum**
et folk*e***instrument**

II. *Verb + substantiv:*

ei spise**stue**
et spise**kart**
en spise**sal**
et sove**værelse**
et skrive**bord**
et skrive**papir**

III. *Adjektiv + substantiv*

ei hoved**gate**
et hoved**kontor**
en hoved**kirke**
et polar**skip**
et nasjonal**instrument**

8. Compound words are most often formed in Norwegian by simply joining the two elements of the compound. Hyphens are rarely used. Sometimes *-e* or *-s* is added to ease pronunciation: *friluftskafé, folkemusikk*. The gender of the compound word is determined by the last element in the compound.

Øvelse: Hva heter det på engelsk. Er det et *en, ei,* eller *et* ord?

_______	skoleelev	_______	steintårn
_______	steinbygning	_______	skrivestue
_______	kjøkkendør	_______	arbeidsdag
_______	friluftsteater	_______	fabrikkarbeider
_______	lærerskole	_______	fiskebåt
_______	morgenavis	_______	håndbok
_______	fjernsynsprogram	_______	bykart
_______	skolebygning	_______	turisthytte
_______	hoveddør	_______	arbeidsværelse
_______	friluftsmuseum	_______	gågate

Borte bra, hjemme best.

ORD
Fra 14. kapittel

Substantiver

en bunad
en båt
en dans
en danser (dansere)
en fjord
en flåte
en folkedans
en folkedanser
  (folkedansere)
en hoppbakke
en opplevelse
en retning
en sal
en spillemann
  (spillemenn)
en stasjon
en stavkirke
en tur
en undergrunnsbane
en utsikt
en vei
en viking

ei brygge
ei fele
ei halvøy
ei hardingfele
ei havn
ei ski (ski)
ei øy

et dragehode
et friluftsområde
(et) gras
et instrument
et kart
et kors
et liv
et område
et rådhus
et skip
et stykke
et tre (trær)
et tårn
et veggmaleri

Navn

Atlanterhavet
Stillehavet

Upersonlig pronomen

en

Verb

å begynne
å bli
å danse
å glemme
å gå – går – gikk – har gått
å komme – kommer – kom – har kommet
å skinne
å spille
å ta – tar – tok – har tatt

Adverb
omtrent

Tilsteds- og påstedsadverb

bort	borte
hjem	hjemme
inn	inne
ut	ute
ned	nede
opp	oppe
inn i	inne i
dit	der
hit	her
dit opp	der oppe (osv.)
hit ned	her nede (osv.)

Adjektiv
amerikansk (--,-e)
annen – anna – annet – andre
berømt (--,-e)
flott (--,-e)
gammel – gammelt – gamle
liten – lita – lite – små
lys (-t,-e)
morsom – morsomt – morsomme
nasjonal (-t,-e)
slik (-t,-e)
spesiell – spesielt – spesielle
sulten – sultent – sultne
trøtt (--,-e)
viktig (--,-e)

Preposisjoner
forbi
mot
under
utenfor

Retninger
nord (for)
sør (for)
øst (for)
vest (for)

til venstre (for)
til høyre (for)

Uttrykk
på veien til
å ha god tid
hele verden
for å
å ha (klær) på seg
å ta det med ro
et kart over (Oslo)
hvordan går det
med buss
å bli trøtt
å bruke lang tid

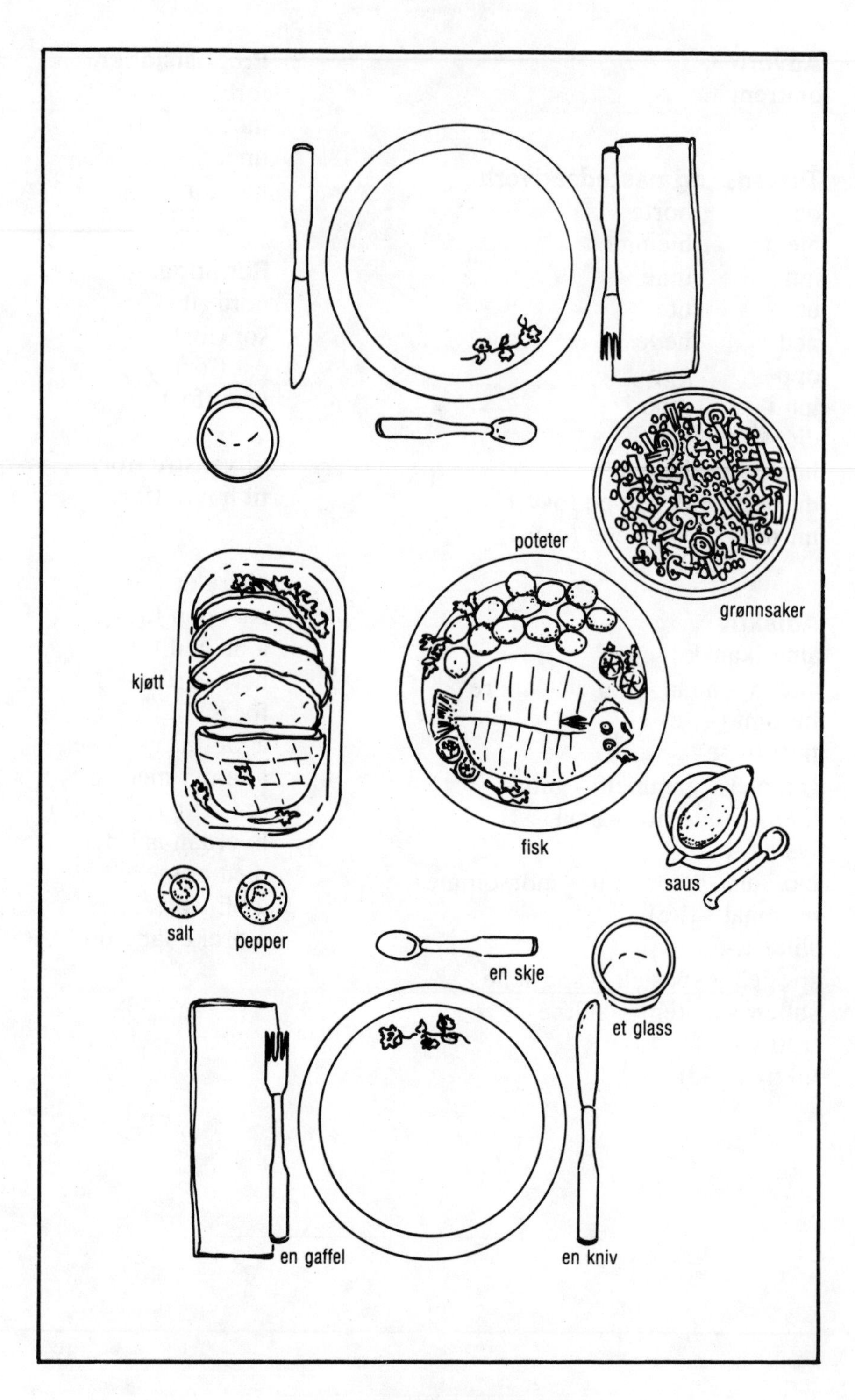

Vær så god. Forsyn deg!

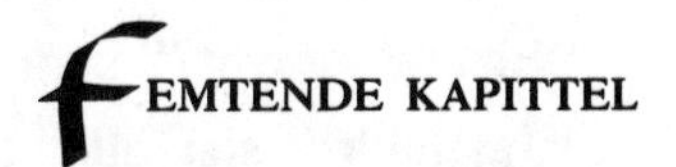

MER OM MAT OG SPISESKIKKER I NORGE

ET MÅLTID I ET HJEM I NORGE

* "Skal vi spise nå? Vær så god, maten står på bordet," sier vertinnen. Alle setter seg.

"Vær så god, kan du begynne med potetene?" sier vertinnen.

"Ja takk," sier gjesten og forsyner seg. Han sender potetene videre og sier: "Vær så god."

"Takk," er svaret. Gjesten får grønnsakene, sier: "Takk" og forsyner seg. Han sender dem videre og sier: "Vær så god." Kjøttet og sausen kommer også rundt.

"Dette var deilig," eller "Dette var godt," sier gjesten til vertinnen.

Maten kommer alltid rundt minst en gang til; kjøttet, grønnsakene, potetene og sausen kommer rundt to ganger. Gjestene pleier å forsyne seg begge gangene.

"Kunne du være så snill å sende meg saltet?" sier gjesten.

"Vær så god," sier verten.

"Kunne du være så snill å sende meg pepperet?" sier verten.

"Vær så god," sier gjesten.

Maten kommer ofte rundt en tredje gang. Gjestene pleier å si: "Nei takk, jeg er forsynt" eller "Nei takk. Det var deilig, men jeg er forsynt."

Desserten kommer etterpå. Den kommer ofte rundt to ganger. Gjestene pleier å forsyne seg begge gangene.

"Kunne du være så snill å sende meg mer is?" spør vertinnen.

"Vær så god," sier verten.

"Er alle forsynt?" spør vertinnen etter en stund. 25

"Ja, takk," sier alle. De reiser seg fra bordet, og *alle* sier: "Takk for maten" til vertinnen. Noen sier: "Takk for maten" til verten også.

"Vel bekomme," svarer vertinnen.

Spørsmål:

1. Hva sier vertinnen når maten står på bordet?
2. Hva sier en når maten kommer til en?
3. Hva sier en når en sender maten videre?
4. Pleier en å forsyne seg av maten bare én gang?
5. Hva sier en når en vil hå saltet?
6. Hva pleier en å si når en har spist nok?
7. Hva sier en til vertinnen når en reiser seg fra bordet?
8. Hva svarer vertinnen?

Oppgave: Oversett til norsk.

1. Could you please pass me the vegetables (meat, gravy)?
2. Do you want to have more to eat?
3. No thank you. It was delicious, but I'm full.
4. The guests sit down at the table, help themselves to the food, eat, get up from the table, and say, "Thanks for the food."

Å SETTE / / Å SITTE[1]:

Jorunn sitter på stolen.

1. *Å sette* is a transitive verb; it requires an object. *Å sitte* is intransitive; it cannot take an object. Note that the Norwegian equivalent of "to sit down" is reflexive, and the reflexive pronoun is the object of the transitive verb: *å sette seg*. Cf. *å legge seg*. Chap. 7.

Hun setter koppen på stolen.

Hun setter seg på stolen.

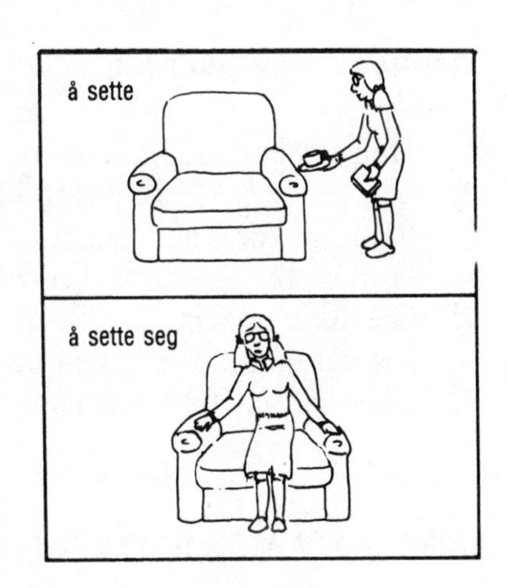

Øvelse: Sett inn den riktige formen av *å sitte* eller *å sette*.

1. Hvor vil du ______?
2. Hvor ______ de?
3. Han ______ noen glass på bordet.
4. Du kan ______ deg her. Vi ______ der borte.
5. Gjestene ______ seg ved bordet.

MERK:

Jeg		***meg***		**Jeg**			
Du		***deg***		**Du**			
Han		***seg***		**Han**			
Hun	**setter**	***seg***	**ved bordet.**	**Hun**	**s*i*tter ved bordet.**		
Vi		***oss***		**Vi**			
Dere		***dere***		**Dere**			
De		***seg***		**De**			
Alle		***seg***		**Alle**			
Jeg		***meg***		***Jeg***		***meg***	
Du		***deg***		***Du***		***deg***	
Han		***seg***		***Han***		***seg***	
Hun	***forsyner***	***seg***	**av maten.**	***Hun***	***reiser***	***seg***	**fra bordet.**
Vi		***oss***		***Vi***		***oss***	
Dere		***dere***		***Dere***		***dere***	
De		***seg***		***De***		***seg***	
Alle		***seg***		***Alle***		***seg***	

Oppgave: Sett inn riktig *refleksivt pronomen.*

1. Han reiser ______ fra bordet.
2. Vi ser ______ omkring i huset.
3. "Du må forsyne ______ av potetene," sier vertinnen.
4. Hun setter ______ ved bordet og spiser.
5. Gjestene reiser ______ fra bordet og sier: "Takk for maten."
6. Jeg setter ______ ved bordet og forsyner ______.
7. Gjestene pleier å forsyne ______ av maten to ganger.

IMPERATIV MED REFLEKSIVE VERB:

Vi repeterer:

Imperativ = infinitiv ÷ *e*: Spis!
Drikk!
Ta det med ro!

Refleksive verb:

presens	*infinitiv*	*imperativ*
Du vasker deg ikke.	Du må vaske deg.	*Vask deg!*
Dere setter dere ikke.	Dere må sette dere.	*Sett dere!*
Dere legger dere ikke.	Dere må ______	______
Du ser deg ikke omkring.	Du må ______	______
Dere forsyner dere ikke.	Dere må ______	______
Du reiser deg ikke.	Du må ______	______

Oppgave: (Change these commands to statements using the cues given.)

1. Sett deg!	Nei, jeg vil ikke sette meg.
2. Legg dere!	Nei, vi skal ikke ______
3. Se deg omkring i byen!	Ja, jeg må ______
4. Forsyn deg!	Takk, jeg vil gjerne ______

5.	Forsyn dere!	Takk, vi skal________
6.	Reis deg!	Må jeg ________
7.	Vask dere!	Vi kan ikke ________
8.	Se dere omkring!	Takk, vi ________
9.	Spis!	Takk, jeg ________
10.	Ta det med ro!	Takk, vi ________

Oppgave: (Give commands as answers to these questions.)

1.	Må jeg legge meg klokka elleve?	Ja, legg deg klokka elleve!
2.	Får vi sette oss nå?	Ja, ________
3.	Skal vi se oss omkring?	Ja, ________
4.	Må jeg vaske meg?	Ja, ________
5.	Får jeg reise meg?	Ja, ________
6.	Må jeg gå nå?	Ja, ________

VI ØVER OSS:

(A og B spiser middag hos B.)

*** A: Dette var deilig mat.**
B: Takk skal du ha. Nå må du bare forsyne deg. Det er mer på kjøkkenet.
A: Mange takk. Jeg er meget sulten etter turen. Kunne du være så snill å sende meg fisken?
B. Vær så god. Forsyn deg. Vil du også ha salt og pepper?
A: Nei takk, men kunne du sende meg sausen?
B: Vær så god, og ta mer poteter. "Ingen middag uten poteter," vet du.
A: Ja takk, jeg tar gjerne litt mer.
(*Seinere*.)
B: Har du lyst på mer dessert?
A: Takk, isen var deilig, men jeg er forsynt. Tusen takk for maten.
B: Vel bekomme.

VIL HA ⇔ HAR LYST PÅ

Hun *vil ha* noe å spise.	↔	Hun *har lyst på* noe å spise.
Han *vil ha* litt mer kaffe.	↔	Han *har lyst på* litt mer kaffe.

Oppgave: Skriv setningene om med *å ha lyst på.*

Jeg vil ha et par smørbrød.	Jeg ______________________
Hun vil ha et glass melk.	Hun ______________________
Vil du ha noe å spise?	______________________
Hva slags smørbrød vil du ha?	______________________

Oppgave: Oversett til norsk. (Translate "want" two ways.)

He wants more food	1. ______________________
	2. ______________________
Does she want breakfast?	1. ______________________
	2. ______________________

ET MÅLTID I ET NORSK HJEM *(fortsatt)*

Verten og vertinnen serverer ikke kaffe til middagen. Kaffen 30
kommer seinere, en time eller to etter middagen. "Kaffe" er ofte
et lite måltid. Gjestene får ofte bløtkake, småkaker eller vafler.
De får alltid noe å spise til kaffen.

"Vær så god. Forsyn deg av vaflene," sier vertinnen.

"Du må smake på bløtkaka også," sier vertinnen. 35

"Ja takk," sier gjesten.

Gjestene pleier å smake på mange kaker. Til slutt sier gjesten:
"Nei takk, det var godt, men jeg er forsynt."

"Skal det være litt kaffe til?" spør vertinnen.

"Ja takk," svarer gjesten. 40

"Bruker du fløte i kaffen?" spør vertinnen.

"Ja takk," svarer gjesten, "ville du være så snill å sende meg den?"

"Kunne du være så snill å sende meg sukkerbitene?" sier verten. Mange nordmenn liker en sukkerbit til kaffen. 45

Etter en stund spør vertinnen: "Har du lyst på mer kaffe?"

"Nei takk, jeg er forsynt," svarer gjesten. Alle sier: "Takk for kaffen" til vertinnen, og hun svarer: "Vel bekomme."

Verten og vertinnen serverer ofte frukt — epler, pærer, appelsiner eller bananer — etter kaffen. 50

Spørsmål:

1. Pleier vertinnen å servere kaffe til middagen?
2. Når kommer kaffen?
3. Hva får gjesten å spise til kaffen?
4. Pleier gjesten å forsyne seg bare én gang?
5. Hva sier gjesten til slutt?
6. Hva sier en når en vil ha fløten?
7. Hva sier en til vertinnen når en er forsynt?
8. Hva svarer vertinnen?
9. Hva serverer verten og vertinnen ofte etter kaffen?
10. Drikker du kaffe?
11. Bruker du sukker eller fløte i kaffen?

VI ØVER OSS:

(*A og B drikker kaffe hos A.*)

* **A:** Vær så god. Forsyn deg av bløtkaka.
B: Ja takk, gjerne.
A: Har du lyst på mer kaffe?
B: Ja takk, og kunne du være så snill å sende meg fløten?
A: Vær så god. Bruker du sukker også?
B: Nei takk, men jeg tar gjerne en sukkerbit til slutt.
A: Har du lyst til å smake på vaflene?
B: Ja takk. (*Spiser.*) De er deilige. Si meg — lager du syltetøyet selv?

A: **Ja, det gjør jeg.**
B: **Det er svært godt. Kunne du vise meg hvordan du lager det en gang?**
A: **Ja da, hvis du vil. Har du lyst på en vaffel til?**
B: **Nei, tusen takk, men nå er jeg forsynt. Alt var deilig. Takk for kaffen.**
A: **Vel bekomme.**

VIL ⇔ HAR LYST TIL Å:

Jeg *vil* smake på bløtkaka. ↔ Jeg *har lyst til å* smake på bløtkaka.
Jeg *vil* reise til Norge. ↔ Jeg *har lyst til å* reise til Norge.

Oppgave: Skriv om med *å ha lyst til å.*

1. Han vil spise middag nå. Han har lyst til å spise middag nå.
2. Hun vil ta båten ut til Bygdøy. ________________
3. Vi vil gå videre. ________________
4. De vil komme en annen gang. ________________
5. Vil du begynne nå? ________________

HAR LYST PÅ / / HAR LYST TIL Å:

Jeg har lyst *på* en tur til Norge. (*substantiv*, *pronomen*, osv.)
Jeg har lyst *til å* reise til Norge. (*verb*)

Oppgave: Sett inn *til å* eller *på.*

1. Har du lyst ________ mer å spise?
2. Hun har lyst ________ noe å drikke.
3. Vi har lyst ________ se oss omkring i byen.
4. De har lyst ________ besøke slektningene sine.
5. Har dere lyst ________ middag eller bare noen smørbrød?

Oppgave: Oversett "want" på to måter.

1. Do you want something to eat?
   Vil du ha noe å spise?
   Har du lyst på noe å spise?
2. Do you want to eat now?
   Vil du spise nå?
   Har du lyst til å spise nå?
3. Do you want cream and sugar?
4. Do you want more coffee?
5. Do you want to sit down now?

MERK:

en vaffel	**va*fl*er**[2]	**en gaffel**	**ga*fl*er**[2]
vaffelen	**va*fl*ene**	**gaffelen**	**ga*fl*ene**

MERK: *En (ei, ett) . . . til betyr "one more":*

Kunne du si det *en gang til?*
Har du lyst på *en vaffel til?*
Vil du ha *litt til?*

Øvelse: Oversett til engelsk.

	ei bok til	(to bøker til).
Jeg tror jeg skal kjøpe	ett flagg til	(to flagg til).
	en stol til	(to stoler til).

Øvelse: Oversett til norsk.

1. We need three more forks, but we have enough spoons.
2. Do you want one more cup of coffee?
3. I don't want to see one more person today.
4. Could you please write one more exercise?
5. We're going to read one more book.

2. Cf. en onkel — onkler
onkelen — onklene

ALT / / ALLE:

Alt kan bety "everything":
Alt var deilig.
Gjestene spiste _alt_.
Alt var pent.

Alle kan bety "everyone" eller "everybody":
Alle har spist.
Alle har sagt: "Takk for maten."
Alle var pene.

Oppgave: Sett inn *alle* eller *alt*.
1. _______ har vært så hyggelige mot meg.
2. _______ var så dyrt!
3. _______ i klassen kan snakke norsk nå.
4. _______ jeg spiste i Norge var deilig.

ALL — ALT — ALLE

All kan også være et adjektiv:

en	*et*	*flertall*
all maten	**_alt_ arbeidet**	**_alle_ gjestene**
all mat	**_alt_ arbeid**	**_alle_ gjester**

Oppgave: Sett inn den riktige formen av adjektivet *all*, eller pronomenene *alt* eller *alle*.

1. Har du spist opp _______ maten din?
2. Skal du gjøre _______ arbeidet?
3. _______ sa at _______ var så dyrt at de måtte bruke _______ pengene sine.
4. Jeg hadde lyst på _______ jeg så på spisekartet.
5. _______ er så pent her. _______ bygningene er så pene.
6. Jens-Petter liker _______ piker.
7. _______ sier: "Takk for maten" til vertinnen.
8. Mange tusen takk for _______!

Hver morgen spiser jeg frokost klokka åtte. Jeg må spise da fordi jeg har time klokka ni. I timen lærer jeg å snakke norsk. Før kunne jeg ikke snakke norsk, men nå kan jeg si mange interessante ting. Jeg vil gjerne lære mer norsk og en dag skal jeg reise til Norge. Jeg ville reise til Norge i fjor; jeg skulle bo hos venner. Men jeg fikk ikke reise. Jeg måtte bli hjemme for jeg hadde ikke nok penger. 55

MODALE HJELPEVERB I IMPERFEKTUM:[3]

Presens	*Imperfektum*
kan	**kunne**
vil	**ville**
skal	**skulle**
må	**måtte**
får	**fikk**

3. The modal auxiliaries may be translated as follows:

kan: "can, is able to"	*kunne:* "could, was able to"
vil: "will, wants to"	*ville:* "would, wanted to"
skal: "shall, is going to, is supposed to"	*skulle:* "should, was going to, was supposed to"
må: "must, has to"	*måtte:* "must, had to"
får: "may, is allowed to, gets to"	*fikk:* "might, was allowed to, got to"

The verb with which a modal auxiliary appears is always in the *infinitive*.

In addition to expressing past time, the imperfect tense of the modal auxiliary may be used to give an added note of politeness to certain requests:

Kan du hjelpe meg? Kunne du hjelpe meg?

Jeg skal ha et glass melk. Jeg skulle ha et glass melk.

Note that this is also true in English: "Could you help me?" "I would like a glass of milk."

Øvelse:

	kan			kunne	ikke	
	vil			ville	ikke	
Dere	skal	snakke norsk nå.	Vi	skulle	ikke	snakke norsk før.
	må			måtte	ikke	
	får			fikk	ikke	

	kunne		*Kunne*	
	ville		*Ville*	
Han	*skulle*	*snakke* norsk.	*Skulle*	han *snakke* norsk?
	måtte		*Måtte*	
	fikk		*Fikk*	

	kunne	ikke	
	ville	ikke	
Han	*skulle*	ikke	*snakke* norsk.
	måtte	ikke	
	fikk	ikke	

Oppgave: Skriv om med modalt hjelpeverb.

1.	Jeg spiser middag nå.	Jeg vil spise middag nå.______
2.	Han snakker norsk.	Han kan________________
3.	Vi skriver lange brev.	Vi må__________________
4.	De legger seg klokka ll.	De skal_________________
5.	Dere går ikke ennå.	Dere får ikke___________
6.	Jeg spiste klokka 6 i går.	Jeg ville spise klokka seks i går.
7.	Jeg så på noen pene bilder i går.	Jeg måtte_______________
8.	Hun tok ikke mange bilder i går.	Hun kunne ikke__________
9.	Han sov ikke på golvet.	Han fikk ikke____________
10.	Jeg sa det til ham i går.	Jeg skulle______________
11.	De kom på besøk til oss i går.	De ville________________
12.	Vi gikk ikke på ski i går.	Vi kunne ikke____________

VILLE ⇔ HADDE LYST

Jeg *ville ha*	noen smørbrød.	Jeg *hadde lyst på* noen smørbrod.
	noe å spise.	______________________
	kaffe med fløte.	______________________
	frokost.	______________________
	litt frukt.	______________________

Jeg *ville*	reise til Norge.	Jeg *hadde lyst til å* reise til Norge.
	spise middag.	______________________
	drikke kaffe.	______________________
	skrive brev.	______________________

Spørsmål:

1. Hva vil du gjerne gjøre i dag?
2. Hva må du gjøre i dag?
3. Hva skal du gjøre i morgen?
4. Kan du snakke tysk?
5. Får du legge deg når du vil når du er hjemme?
6. Hva ville du gjøre i går?
7. Hva måtte du gjøre i går?
8. Fikk du gjøre alt du ville i går?

VI REPETERER: Vi må bruke *infinitiv* ved:

å	*modale hjelpeverb*		*la + objekt*	
liker å	kan	kunne		meg
lærer å	vil	ville		deg
ønsker å	må	måtte		ham
pleier å	skal	skulle	la	henne
har lyst til å	får	fikk		oss
trenger å				dere
begynner å				dem
				Svein
				læreren

Oppgave: Sett inn den riktige formen av verbet.

1. Dere begynner _______ mer og mer norsk. (å **forstå**)
2. Jeg måtte_______ hjemme i fjor. (å **bli**)
3. Jeg kunne ikke _______ til Norge. (å **reise**)
4. Jeg hadde lyst til _______. (å **reise**)
5. Han ville _______, men hun hadde lyst til _______ ham. (å **sove**/å **vekke**)
6. Jeg pleier _______ mange bilder når jeg _______ i utlandet. (å **ta**/å **være**)
7. I går _______ jeg bare et par smørbrød til middag. (å **spise**)
8. Han _______ at han har _______ for _______ med deg. (å **si**/å **komme**/å **snakke**)
9. Har du _______ noe til ham om det? (å **si**)
10. Vi ville _______ ved sju-tiden, men han _______ ikke før åtte. (å **spise**/å **komme**)
11. Dere får _______ nå. (å **legge seg**)
12. I går _______ alle turistene opp til toppen av Fløyen for _______ middag. De _______ ikke Fløybanen. (å **gå**/å **spise**/å **ta**)
13. Vi måtte _______ fra bordet for det _______ så mange andre gjester. (å **reise seg**/ å **være**)
14. Vertinnen sa til oss: "Vær så god og _______. (å **sette seg**)
15. _______ dere mange bilder i Norge i fjor? (å **ta**)
16. Jeg _______ boka nå, men jeg vil la deg _______ den seinere. (å **lese**)
17. _______ sola i dag? (å **skinne**)
18. Hva er dette? Jeg vet ikke. La meg _______. (å **se**)
19. Hva _______ du nå? (å **gjøre**)
20. Kunne du være så snill _______ meg? (å **hjelpe**)

SPISEKART

SUPPER

Tomatsuppe	Kr. 12,50
Blomkålsuppe	12,00

MIDDAG

Kjøttkaker med brun saus, erter og gulrøtter	32,00
Får-i-kål	40,00
Oksesteik med erter og gulrøtter	37,00
Kokt torsk med smør og gulrøtter	29,00
Fiskeboller med hvit saus og gulrøtter	30,00
Biff med løk	42,00
Svinekotelett med surkål	35,00

DESSERT

Is med sjokoladesaus	19,50
Fruktsuppe	18,00

VINLISTE

	flaske	*1/2 flaske*	*glass*
rød vin	Kr. 37,00	27,00	17,50
hvit vin	32,00	25,00	16,50
sherry	—	—	19,50
likør	—	—	22,50

12½ prosent serveringsavgift er inkludert i prisene.

LESESTYKKE

(*Telefonen ringer hjemme hos Jorunn.*)

Jorunn: **Hallo?**

Svein: **Hei, Jorunn! Det er Svein. Skal vi spise ute i kveld? Jeg har penger! Jeg betaler!**

Jorunn: **Ja takk, gjerne, Svein.**

Svein: **Jeg møter deg på restauranten klokka fem. Ha det!**

Jorunn: Svein!!
Svein: Ja?
Jorunn: Hvilken restaurant?
(*Seinere, på restauranten.*)
Svein: Hva skal du ha, Jorunn? Vil du ha middag eller varm aftens?
Jorunn: Jeg har lyst på middag.
Svein: Kelner, kan vi få spisekartet, takk.
Kelner: Vær så god.
Svein: Takk. (*Han leser spisekartet.*) Skal vi se . . . smørbrød, suppe, middag — her er det! Får-i-kål. Det beste jeg vet. Hva har du lyst på, Jorunn? Penger spiller ingen rolle!
Jorunn: Jeg har lyst på alt sammen! Skal du ha suppe?
Svein: Nei, men jeg skal ha dessert etterpå.
Jorunn: Jeg tror jeg skal begynne med suppe. Blomkålsuppe og tomatsuppe . . . hm . . .
Kelner: Vær så god, vil dere bestille nå?
Svein: Ja takk, jeg skulle ha får-i-kål og til dessert, is — med sjokoladesaus.
Kelner: Javel, takk. Og hva har damen lyst på?
Jorunn: Jeg skulle ha tomatsuppe, oksesteik med grønnsaker, og is til dessert — uten sjokoladesaus.
Kelner: Javel, takk. Skal det være noe å drikke?
Svein: Ei flaske rødvin, takk. Og kaffe til desserten . . . og likør til kaffen!
Kelner: Ja takk.
Jorunn: Likør til kaffen? Du må ha *mange* penger, Svein.
(*Seinere.*)
Jorunn: Svein, jeg er så mett! Det var så godt, men nå kan jeg ikke spise mer.
Svein: Ikke jeg heller.
Hva har du lyst til å gjøre nå?
Jorunn: Skal vi gå på kino? Klokka er snart sju.
Filmene pleier å begynne klokka sju.
Svein: Ja, jeg skal bare betale regningen før vi går.
Kelner, kan jeg få regningen?
Kelner: Ja takk. Vær så god.
Svein: Å søren også! Jorunn, du må hjelpe meg!
Jeg har ikke penger med meg!
Kan du låne meg to hundre kroner?

Jorunn: Jeg har bare ti kroner!
Du sa at du ville betale!
Svein: Kelner, vi har et problem.
Vi kan ikke betale regningen.
Vi har ikke nok penger med oss.
Hva skal vi gjøre?
Kelner: Dere kan vaske opp!
Jorunn: Men jeg har ti kroner!
Kelner: Det er ikke nok.
Svein: Men jeg har penger hjemme!
Kan vi ikke betale i morgen?
Kelner: Nei, jeg må ha pengene nå.
Vær så god, oppvasken venter på dere på kjøkkenet.

(*Seinere.*)

Svein: Men Jorunn, liker du ikke å vaske opp?
Du smiler ikke.
Jorunn: Jeg snakker ikke til deg!
Jeg vil ikke *se* deg!
Svein: Men Jorunn, vet du hva? Jeg har pengene ennå.
Skal vi spise på restaurant i morgen kveld også?

(*Svein får oppvaskkluten i hodet.*)

MERK: ***Å låne* betyr "to loan" or "to borrow":**

> **Svein sa: "Kan du *låne* meg noen penger?"**
> **Svein ville *låne* noen penger av Jorunn.**

Spørsmål: (Use the same tense in your answer as is given in the question.)

1. Hvor skulle Jorunn og Svein spise?
2. Hvem skulle betale?
3. Hva hadde Jorunn lyst på?
4. Hva bestilte hun? **(å bestille-bestilte-har bestilt)**
5. Hva bestilte Svein?
6. Hvorfor måtte Jorunn hjelpe Svein?
7. Kunne Jorunn låne ham pengene?
8. Hvor mange penger hadde hun med seg?
9. Hva måtte de gjøre?
10. Kunne de ikke betale neste dag? Hvorfor ikke?
11. Hva hadde Svein lyst til å gjøre neste kveld?
12. Hadde Jorunn også lyst til å gjøre det?

Spørsmål om deg:

1. Liker du å vaske opp?
2. Vasker du ofte opp hjemme?
3. Liker du å spise på restaurant?
4. Hva pleier du å bestille når du spiser på restaurant?
5. Får-i-kål er det beste Svein vet. Hva er det beste du vet?
6. Går du ofte på kino?
7. Har du gått ofte på kino i år?
8. Hvilke filmer har du sett?

HJEMMELEKSE:

Lag en dialog: Du spiser på restaurant.

FRA HVERDAGSLIVET I NORGE: OPPSKRIFTER

Får-i-kål

¾ kg fårekjøtt (*kg*- kilogram)
1 kg kål
1 ss salt (*ss*-spiseskje)
2 ss mel
1 ss hel pepper
1½ l kokende vann (*l* - liter)

Vask kjøttet og skjær det i biter.
Rens kålen og skjær den i "båter."
Bland saltet, melet og pepperen.
Legg ett lag fårekjøtt på bunnen av ei gryte.
Legg ett lag kål på kjøttet.
Legg ett lag kjøtt på kålen.
Legg ett lag kål på kjøttet (osv).
Strø melet, saltet og pepperen mellom lagene.
Hell kokende vann i gryta.
Får-i-kålen må småkoke til alt er ferdig, ca. 1½ time.
Rør forsiktig av og til.
(Nordmenn pleier å spise kokte poteter til får-i-kål.)

Bløtkake

3 egg
150 g sukker (*g* - gram)
¼ dl vann (*dl* - desiliter)
125 g hvetemel
2 ts bakepulver (*ts* - teskje)
½ boks fersken
½ l kremfløte
1 ss sukker

Pisk egg og sukker godt. Tilsett siktet mel, bakepulver og vann. Steik ved 175°C, ½ til ¾ time. Del kaka i 3. Dynk den med saft fra boksen. Pisk kremen med sukkeret og bland i ferskenbiter. Fyll kaka og pynt med ferskener. La kaka stå og "trekke" et par timer før servering.

God appetitt!

ORD
Fra 15. kapittel

Substantiver

en banan
(en) fløte
(en) får-i-kål
en gaffel (gafler)
en gjest
en kino
en likør
en morgen
en oksesteik
en oppvaskklut
en saus
(en) sjokolade
en stund
en sukkerbit
en vaffel (vafler)
en vert
en vertinne
en vin

ei bløtkake
ei flaske
ei suppe

et hode
(et) pepper
(et) salt
(et) sukker
et svar

Pronomener

alle
alt
alt sammen
selv

Verb

å bestille – bestiller
  – bestilte – har bestilt
å betale
å bli
å forsyne seg
å låne
å møte
å reise seg
å sende
å servere
å sette (seg)
å smake
å takke
å vaske opp
å vente

Modale hjelpeverb

får *fikk*
kan *kunne*
må *måtte*
skal *skulle*
vil *ville*

Adjektiv
all – alt – alle
mett (--,-e)
snill – snilt – snille

Adverb
etterpå
meget
minst
nok
rundt

Preposisjon
uten

Uttrykk
å gå på kino
jeg skulle ha . . .
å være forsynt
å være mett
kunne du være så snill å . . .
å ha lyst på (noe)
å ha lyst til (å gjøre noe)
å smake på
å vente på
søren også
det beste (noen) vet
neste dag
neste kveld
til slutt
litt til
en (vaffel) til
vær så god
ikke jeg heller
takk skal du ha
skal vi se
å forsyne seg av maten
det spiller ingen rolle

Fisketorvet

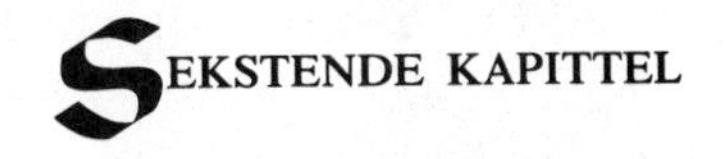

SEKSTENDE KAPITTEL

TURIST I BERGEN

. . . Fra reisedagboka til Kristine Svensen

* Den 16. juni

Nå har Robert og jeg tatt toget til Bergen, en norsk by på vestkysten. Det er en svært pen by med en lang og interessant historie. Bergen heter "Byen mellom fjellene," fordi den ligger mellom sju høye fjell. Den heter også "Byen med paraplyen," fordi det regner så ofte der, og folk må ofte gå med paraply. Men i dag er været vakkert. Det regner ikke, himmelen er blå og klar, og sola skinner.

Vi er nede ved havna. Fjorden er vakker og blå, og det ligger mange store skip og små båter foran oss. Vi går og ser på de små fiskebåtene, og snart kommer vi til et stort torg. Det store torget heter Fisketorvet og er et svært kjent sted. Fiskerne selger deilig, fersk fisk her, og andre folk selger grønnsaker og frukt. Det er også et blomstertorg hvor en kan kjøpe fargerike blomster. Alle de pene fargene skinner mot den vakre, blå fjorden og den klare, blå himmelen. Det er et fantastisk bilde.

ADJEKTIV (*fortsatt*): Bestemt form

VI REPETERER: Adjektivets ubestemte form

en stor by	**et stor*t* hus**	**stor*e* byer**
ei stor klokke		

ADJEKTIVETS BESTEMTE FORM[1]:

den* store by*en	***det* store hus*et***	***de* store by*ene***
den* store klokk*a		

BESTEMTE ARTIKLER[2]:

uten adjektiv:	*med adjektiv:*		
by*en*	***den***		**by*en***
klokk*a*	***den***	**store**	**klokk*a***
hus*et*	***det***		**hus*et***
by*ene*	***de***		**by*ene***

Øvelse: Sett inn den riktige formen av adjektivet.

rød:	en ________	paraply	**dyr:**	ei ________	klokke
	den ________	paraplyen		den ________	klokka
	________	paraplyer		________	klokker
	de ________	paraplyene		de ________	klokkene

god:	et ________	skip
	det ________	skipet
	________	skip
	de ________	skipene

1. The adjectives dealt with in previous chapters were all *indefinite* in form. The adjective also has a *definite* form. It usually consists of the dictionary form plus *-e*. It is thus identical with the indefinite plural form: *store byer*, "large towns"; *den store byen*, "the large town." Most adjectives with irregular indefinite plural forms use this same form in the definite: *gamle byer*, "old towns"; *den gamle byen*, "the old town."

2. *Definite articles:* When no adjective is present, the definite article is suffixed to the noun in Norwegian: *byen*. This is called the "post-positive definite article." When an adjective is present, however, an extra definite article, which may be thought of as the adjective's definite article, must be present. Its form is *den* for singular *en* and *ei* nouns, *det* for singular *et* nouns, and *de* for all plural nouns. The post-positive definite article is usually present as well: *den* store by*en*. This construction is referred to as the "double definite."

Oppgave: Oversett til norsk.

1.	a large town en stor by	the large town den store byen
2.	a good hotel________	the good hotel________
3.	expensive boats________	the expensive boats________
4.	an interesting book________	the interesting book________
5.	a new umbrella________	the new umbrella________

UREGELMESSIGE ADJEKTIV:

en vakker dag **ei vakker klokke**	**et vakkert sted**	**vakre**[3] **dager**
den *vakre* dagen **den *vakre* klokka**	**det *vakre* stedet**	**de *vakre* dagene**
en blå blomst **ei blå lampe**	**et blått hus**	**blå**[4] **blomster**
den *blå* blomsten **den *blå* lampa**	**det *blå* huset**	**de *blå* blomstene**
en fantastisk utsikt **ei fantastisk bok**	**et fantastisk**[5] **bilde**	**fantastiske bilder**
den *fantastiske* utsikten **den *fantastiske* boka**	**det *fantastiske* bildet**	**de *fantastiske* bildene**
en fersk fisk **ei fersk skinke**	**et ferskt kjøtt**	**ferske vafler**
den *ferske* fisken **den *ferske* skinka**	**det *ferske* kjøttet**	**de *ferske* vaflene**

3. Like *gammel* and all other adjectives ending in an unstressed *-el, -er*, or *-en, vakker* loses the unstressed *-e* when the plural ending is added, and the double consonant is reduced to a single one, in order to avoid three consonants in sequence.

4. *Blå* is irregular in both the plural definite and indefinite form in that neither form adds *-e*. Remember that adjectives ending in a stressed vowel take double *-t* when modifying *et* nouns.

5. In addition to those denoting nationality, adjectives ending in *-sk* which have more than one syllable add no *-t* when modifying *et* nouns.

Oppgave: Sett inn den riktige formen av adjektivet.

1. Vi hadde mange ______ dager i Norge.
(*vakker*)
2. Jeg har en rød paraply og en ______ paraply.
(*blå*)
Jeg liker den ______ paraplyen best.
(*blå*)
3. De spiste ______ kjøtt på et ______ skip.
(*fersk*) (*norsk*)
4. Været er ______ i dag. Vi har lyst til å være ute i det
(*vakker*)
______ været.
(*vakker*)
5. Ser du de ______ husene der borte? Vi bor i et ______
(*blå*) (*blå*)
hus også.
6. Bergen var et ______ sted å besøke! Har du besøkt den
(*fantastisk*)
______ byen?
(*fantastisk*)

SPØRSMÅL: Les *Turist i Bergen* en gang til og svar på spørsmålene.

1. Hvor ligger Bergen?
2. Hvorfor heter den "Byen mellom fjellene"?
3. Hvorfor heter den "Byen med paraplyen"?
4. Hva heter det store torget i Bergen?
5. Hva selger fiskerne der?

Den 16. juni (*fortsatt*)

Et stykke borte kan vi se noen gamle hus. De gamle husene var tyske varehus i Hansatiden, og nå er de omtrent 600 år gamle.

Vi går litt videre og kommer til noen grå steinbygninger. Det er et gammelt slott. To av de kjente bygningene på det gamle slottet heter Rosenkrantztårnet og Haakonshallen. De er fra middelalderen. Hallen er omtrent sju hundre år gammel, og tårnet er omtrent fire hundre år gammelt, men bergenserne bruker de gamle bygningene ennå. De har ofte store fester i den gamle hallen. Der inne er det meget vakkert med mange vakre tepper på veggene og fine møbler i værelsene.

Vi går opp til toppen av Rosenkrantztårnet. Der oppe får vi en fin utsikt. Vi kan se havna med alle de store og små båtene, de gamle husene på Tyskebryggen, alle menneskene på Fisketorvet, og det reine, blå vannet i fjorden.

Nå har vi gått tilbake til Bergen sentrum for å besøke Mariakirken — en steinkirke fra middelalderen. Den er svært gammel — omtrent åtte hundre år gammel. Ingen av de andre bygningene i Bergen er så gammel som Mariakirken. Den har en imponerende prekestol fra 1678. Den er ikke så gammel som kirken, men den er meget fin. Vi ser at det henger et lite skip fra taket. Vi har sett slike små skip i andre kirker i Norge også. Robert spør hvorfor skipet er der, og guiden forteller oss at det lille skipet her, og de andre små skipene i de andre kirkene, skal være et symbol på menneskesjelen.

Nå står vi ute på gata igjen. Vi går bort til en liten kiosk og jeg kjøper et kart over byen. Kartet viser at vi er like ved Fløyen, som er et av de sju fjellene omkring Bergen. Det viser også at det er en restaurant på toppen av fjellet. "La oss spise middag der oppe," sier Robert mens vi går mot Fløybanen. Fløybanen er et lite tog som går til toppen av fjellet.

Mens det lille toget tar oss opp til toppen, står vi og ser på den flotte utsikten. Vi kan se den vakre, blå fjorden, det gamle slottet, og mange av de store og små skipene i havna. Når vi kommer til toppen, skal vi sitte ute og se på den fine utsikten mens vi spiser.

Spørsmål:

1. Hva var de gamle husene på Tyskebryggen og hvor gamle er de nå?
2. Hva er Haakonshallen og Rosenkrantztårnet?
3. Hvor gamle er de?
4. Hvordan er utsikten fra toppen av tårnet?
5. Hva er Mariakirken?
6. Hva er Fløyen?
7. Hva er Fløybanen?
8. Hvordan er utsikten fra toppen av fjellet?

LITEN: Ubestemt og bestemt form

ubestemt:	**en *liten* båt**	**ei *lita* stue**	**et *lite* hus**	***små* båter**
bestemt:	**den *lille* båten**	**den *lille* stua**	**det *lille* huset**	**de *små* båtene**

Øvelse: Sett inn den riktige formen av *liten*.

1. Fløybanen er et ________ tog.
2. Vi tar det ________ toget opp til toppen av fjellet.
3. Vi har sett mange ________ skip i kirkene i Norge.
4. De ________ skipene skal være et symbol på menneskesjelen.
5. Vi ser en ________ bygning et stykke borte.
6. Den ________ bygningen er en ________ butikk.
7. Den ________ butikken har mange ________ vinduer.
8. Det er mange andre ________ butikker i den ________ gata.

SOM

Fløybanen er et lite *tog*.
**   *Toget* går til toppen av fjellet.**
Fløybanen er et lite *tog som* går til toppen av fjellet.

Vi er like ved *Fløyen*.
**   *Fløyen* er et av de sju fjellene omkring Bergen.**
Vi er like ved *Fløyen som* er et av de sju fjellene omkring Bergen.

Oppgave: Lag én setning av hvert par.

Eksempel: Bergen er full av turister. Turistene har kommet fra andre land.
Bergen er full av turister som har kommet fra andre land.

1. Vi bor i Oslo. Oslo er hovedstaden i Norge.
2. Vi har tatt toget til Bergen. Bergen ligger på vestkysten.
3. Det er en svært pen by. Byen har en lang og interessant historie.
4. Jeg kjenner turistene. Turistene står der borte.
5. Der borte ser du fiskerne. Fiskerne skal selge den ferske fisken.
6. Vi besøker Mariakirken. Mariakirken er en steinkirke fra middelalderen.
7. Der borte ser du et tysk varehus. Det er omtrent 600 år gammelt.
8. Fra taket henger det et skip. Det skal være et symbol på menneskesjelen.

SOM / / HVEM[6]:

***Hvem* bor i Bergen?**
Det er mannen *som* bor i Bergen.

Kjenner du noen *som* kommer fra Norge?
***Hvem* kommer fra Norge?**

Oppgave: Sett inn *som* eller *hvem.*

1. Der borte står mannen ________ har vært i Norge.
2. Er det noen her ________ har tatt toget opp til Fløyen?
3. ________ har spist på Fløyen Restaurant?
4. Jeg liker å snakke med folk ________ kommer fra andre land.
5. Jeg vet ikke ________ han er. ________ er han?

6. *Som* is a relative pronoun. It replaces a noun, pronoun, or proper name and is used to add new information about that noun, pronoun, or proper name. *Hvem* is an interrogative pronoun. It inquires about identity.

SOM / / HVILKEN - HVILKET - HVILKE[7]:

Hvilken bok leser du?
Er det boka (*som*) du leser?

Hvilket tog går til Bergen?
Er det toget *som* går til Bergen?

Oppgave: Sett inn *som* eller den riktige formen av *hvilken*:

1. ________ filmer har du sett i år?
2. Er det en film ________ er i byen nå?
3. Er det noen båter ________ tar turister ut til Bygdøy?
4. ________ land kommer du fra?
5. Rådhuset er en bygning ________ er meget viktig.

SOM / / AT / / DET[8]:

at er en konjunksjon: Jeg tror *at* han kommer.
Hun sier *at* hun vil spise middag på Fløyen.
De vet *at* vi har sett Mariakirken.

det peker på noe: *Det* er toget (som) vi tok til Bergen.
Det er mannen (som) jeg så i går.
Det er museet som er så interessant.

som er et relativt pronomen: Det er kirken *som* står i Bergen.
Det er toget *som* går opp til Fløyen.
Der borte ser du mannen *som* kjenner meg.

7. Like *hvem, hvilken* is an interrogative pronoun and should not be confused with the relative pronoun *som*.

8. As a general rule of thumb: Use *som* after nouns, pronouns, and proper names; use *at* only after verbs.

Oppgave: Sett inn *som* eller *at* eller *det*.

1. ______ er mannen ______ sa ______ vi skulle gjøre ______.
2. Jeg tror ______ ______ er museet ______ er så kjent.
3. Vi vet ______ de har lyst til å se fiskerne ______ selger den deilige, ferske fisken.
4. Han sier ______ ______ betyr ______ vi kan ta bilder av ______.
5. Jeg tror ______ han vil ta et bilde av bygningen ______ står ved siden av hotellet.

IKKE SÅ . . . SOM:

	høy	
Skolebygningen er *ikke så*	**gammel**	***som* trærne.**
	grønn	
	pen	
Stua mi er *ikke så*	**fin**	***som* stua di.**
	vakker	
	høyt	
	gammelt	
Huset mitt er *ikke så*	**nytt**	***som* huset ditt.**
	fint	
	pene	
Soveværelsene våre er *ikke så*	**fine**	***som* soveværelsene deres.**
	vakre	

Øvelse: Bruk *ikke så* (adjektiv) *som*.

1. Per er seksten år gammel. Thorstein er atten år gammel.
   Per er ______________________ Thorstein.
2. Svein er 180 cm. høy. Knut er 195 cm høy.
   Svein er ______________________ Knut.
3. Per og Kåre er seksten år gamle. Thorstein er atten.
   Per og Kåre er ______________________ Thorstein.
4. Svein er 180 cm høy. Knut og Kåre er 195 cm høy.
   Svein er ______________________ Knut og Kåre.

OPPGAVE: Sett inn den riktige formen av adjektivet.

1. Den _______ turisten der borte har kommet hit med et
   (*tysk*)
   _______ skip.
   (*tysk*)
2. Været er ikke _______ i dag. Himmelen er _______ og
   (*pen*) (*grå*)
   vannet i fjorden er også _______.
   (*grå*)
3. Jeg liker ikke slike _______ dager, men det var _______ i går.
   (*grå*) (*vakker*)
4. Hva er det _______ _______ huset vi ser der borte?
   (*vakker*) (*grå*)
5. Er vannet salt eller _______?
   (*fersk*)

VI ØVER OSS:

(*To turister snakker sammen.*)

* A: **Har du spist middag?**
B: **Ja, jeg spiste oppe på Fløyen.**
A: **Hvordan kom du dit opp?**
B: **Jeg tok Fløybanen.**
A: **Fløybanen? Hva er det?**
B: **Det er et lite tog som går til toppen av fjellet.**
A: **Hvordan var utsikten der oppe?**
B: **Den var svært god. Jeg kunne se hele byen og fjorden og alle øyene.**
A: **Hva har du lyst til å gjøre nå?**
B: **Jeg vet ikke riktig. Jeg har ikke sett akvariet ennå. Har du lyst til å se det?**
A: **Ja, la oss gjøre det. Skal vi ta bussen dit ut eller skal vi gå?**
B: **Vi tar bussen. Det er litt langt å gå.**

(*Seinere, på akvariet.*)
A: Har du sett de fargerike sjødyrene der borte?
B: Ja, noen av dem ser svært rare ut, ikke sant?
A: Jo, det gjør de. Men nå ser *du* svært sulten ut.
Kan vi få noe å spise her?
B: Ja, det tror jeg, men jeg håper at de har noe annet enn fisk.

Å SE UT:

Mannen		**sulten**	
Kua	*ser*	**sulten**	*ut.*
Barnet		**sultent**	
Mennene		**sultne**	

Oppgave: Sett inn den riktige formen av adjektivet.

1. De ser ________ ut. **(trøtt)**
2. Barnet ser ________ ut. **(vakker)**
3. Han ser ________ ut. **(rar)**
4. Husene ser ________ ut. **(gammel)**
5. Barna ser ________ ut. **(sulten)**

Oppgave: Oversett til norsk.

1. You look hungry. (Translate two ways, speaking to one person, then to more than one.)
2. The books look very interesting.
3. The house looks old.
4. Some of the colorful sea-animals look very strange.

UTENFOR BERGEN SENTRUM: VI FÅR OMVISNING I FANTOFT STAVKIRKE.

Den 17. juni

En ny dag har kommet. Vi så og gjorde mye i Bergen sentrum i går. Vi har vært på Fisketorvet og Tyskebryggen, Haakonshallen og Rosenkrantztårnet. Vi har sett den gamle Mariakirken og Robert så det store akvariet. Vi har tatt 55 Fløybanen opp til toppen av fjellet og spist middag der oppe. Vi har gått mye omkring i gatene, og vi har gjort mange andre interessante ting. Men vi har bare vært i Bergen sentrum. I dag skal vi reise til noen steder utenfor sentrum.

Vi skal begynne med den gamle norske stavkirken på Fantoft. 60 Den er omtrent like gammel som stavkirken på Folkemuseet i Oslo. Begge kirkene er fra middelalderen, og begge har både dragehoder og kors. Taket på stavkirken ser ut som et skip, og guiden forteller oss at takene på stavkirkene var like sterke som vikingskipene. Nå forstår vi bedre hvorfor de norske stavkirkene 65 har stått så lenge. Men de har ikke alltid stått hvor de står nå. Fantoft Stavkirke stod opprinnelig i Sogn, og den gamle stavkirken på Folkemuseet i Oslo stod opprinnelig i Hallingdal. I middelalderen var det mange slike kirker i Norge, men nå er det dessverre ikke så mange av dem igjen. 70

Spørsmål:

1. Hvor gammel er Fantoft Stavkirke?
2. Hvordan ser taket på kirken ut?
3. Hvor sterkt er det?
4. Har stavkirkene alltid stått hvor de står nå?
5. Er det like mange stavkirker i Norge i dag som det var i middelalderen?

Å GJØRE:

	gjør		*Gjør*			
Hun	*gjorde*	mange ting.	*Gjorde*	hun		mange ting?
	har gjort		*Har*		*gjort*	

Hun liker *å gjøre* mange ting. Liker hun *å gjøre* mange ting?

	gjør	ikke		
Hun	*gjorde*	ikke		mange ting.
	har	ikke	*gjort*	

Hun liker ikke *å gjøre* mange ting.

Imperativ: *Gjør* mange ting!

Spørsmål:

1. Hva liker du å gjøre?
2. Hva gjør du når du er sulten?
3. Hva gjorde du i går?
4. Har du noen gang gjort det før?
5. Hva gjør du nå?
6. Hva skal du gjøre i morgen?
7. Hva gjør du når du er trøtt?
8. Hva kan du ikke gjøre?

ØVELSE:

Hva liker du å gjøre?	Jeg liker å gå omkring i gatene.
Hva gjør du?	Jeg går omkring i gatene.
Hva gjorde du?	Jeg gikk omkring i gatene.
Hva har du gjort?	Jeg har gått omkring i gatene.

Hva liker du å gjøre?	Jeg liker å ta mange bilder.
Hva gjør du?	Jeg ________ mange bilder.
Hva gjorde du?	Jeg ________ mange bilder.
Hva har du gjort?	Jeg ________ mange bilder.

Hva liker du å gjøre?	Jeg liker å ha det hyggelig.
Hva gjør du?	Jeg ________ det hyggelig.
Hva gjorde du?	Jeg ________ det hyggelig.
Hva har du gjort?	Jeg ________ det hyggelig.
Hva liker du å gjøre?	Jeg liker å spise middag.
Hva ________ du?	Jeg ____________ middag.
Hva ________ du?	Jeg ____________ middag.
Hva ________ du ________?	Jeg ____________ middag.
Hva liker du å gjøre?	Jeg liker å se meg omkring.
Hva ________ du?	Jeg ________ meg omkring.
Hva ________ du?	Jeg ________ meg omkring.
Hva ________ du ________?	Jeg ________ sett ________ omkring.
Hva liker du å gjøre?	Jeg liker å si mange rare ord.
Hva ________ du?	Jeg ________ mange rare ord.
Hva ________ du?	Jeg ________ mange rare ord.
Hva ________ du ________?	Jeg ________ mange rare ord.

Å STÅ:

Jeg ***står*** / ***stod*** / ***har stått*** foran kirken.	***Står*** / ***Stod*** du / ***Har*** du ***stått*** foran kirken?
Jeg liker *å stå* foran kirken.	**Liker du *å stå* foran kirken?**

Jeg *står* ikke / *stod* ikke / *har* ikke *stått* foran kirken.

Jeg liker ikke *å stå* foran kirken.

Å FORSTÅ:

	forstår		*Forstår*			
Vi	*forstod*	brevet.	*Forstod*	dere		brevet?
	har forstått		*Har*		*forstått*	

Vi kan *forstå* brevet. Kan dere *forstå* brevet?

	forstår	ikke		
Vi	*forstod*	ikke		brevet.
	har	ikke	*forstått*	

Vi kan ikke *forstå* brevet.

Merk:

å stå	står	stod	har stått
å forstå	forstår	forstod	har forstått

Øvelse: Sett inn den riktige formen av *å stå* eller *å forstå.*

1. Jeg ______ mye mer norsk nå. Jeg ______ nesten ikke noe norsk før.
2. Jeg ______ og så på mange fine malerier i går.
3. Kunne du ______ alt hun sa?
4. Har du ______ alt dette?
5. Har du ______ her lenge?

OPPGAVE: Sett inn den riktige formen av verbet.

1.	Hva gjorde han?	Han ________ Fløybanen opp til Fløyen. (*å ta*)
2.	Hva har hun gjort?	Hun ________ til byen. (*å gå*)
3.	Hva gjør du?	Jeg ________ middag. (*å spise*)
4.	Hva gjorde de?	De ________ (*å si*) "Ha det bra," og ________. (*å gå*)
5.	Hva liker dere å gjøre?	Vi liker ________________. (*å ta det med ro*)
6.	Hva vil du gjøre nå?	Jeg vil ________ (*å legge seg*) og ________. (*å sove*)
7.	Hva gjorde han på museet?	Han ________ (*å stå*) og ________ (*å se*) på maleriene.
8.	Hva har du gjort i dag?	Jeg ________ lenge. (*å sove*)
9.	Hva gjorde dere?	Vi ________ ikke spørsmålet. (*å forstå*)
10.	Hva pleier dere å gjøre på universitetet?	Vi pleier ________ (*å stå*) og ________. (*å vente*)

LIKE + ADJEKTIV

Jorunn er nitten og Kari er nitten. Jorunn og Kari er *like* gamle.
Svein er 180 cm høy og Kåre er 180 cm høy. De er *like* høye.

Oppgave: Bruk *like* og den riktige formen av adjektivet.

1. Olaf er fire og Per er også fire. Olaf og Per er ____________.
2. Svein er meget sterk. Knut er også meget sterk.
   Jeg tror de er ________________________.
3. Jorunn er meget pen, og Kari er også meget pen.
   Mange sier de er ________________________.

OVERSIKT: *Like . . . som/ like . . ./ ikke så . . . som*

Fantoft Stavkirke er omtrent *like* gammel *som* Gol Stavkirke.
Taket på kirken er nesten *like* sterkt *som* et vikingskip.
Jorunn er *like* gammel *som* Kari. De er *like* gamle.
Svein er *like* høy *som* Kåre. De er *like* høye.
Fløyen er *ikke så* høy *som* Ulriken (et annet fjell i Bergen).
De andre bygningene i Bergen er *ikke så* gamle *som* Mariakirken.

Oppgave: Sett in *like . . . , like . . . som*, eller *ikke så . . . som* og det riktige adjektivet.

1. Per er 6 år gammel. Kari er tre. Kari er________________.
2. Olav er 8 og Stein er 8. Olav er____________________
3. Olav er 8 og Stein er 8. De er______________________
4. Svein er 190 cm høy, Knut er 180 cm høy. Knut er________
5. Svein er 190 cm høy, Kåre er 190 cm høy. De er__________
6. Knut er 180 cm høy, Harald er 180 cm høy. Harald er______

MERK: *å se ut som* betyr "to look like:"

Taket på stavkirken *ser ut som* et skip.

Oversett til norsk.

1. The trees over there look like people.
2. The school looks like a church.

3, The chairs look strong.
4. The water looks very blue today.

5. The children looked pretty yesterday.
6. We saw a building that looked like a museum.

VI BESØKER HJEMMET TIL DEN BERØMTE KOMPONISTEN EDVARD GRIEG

Den 17. juni (*fortsatt*)

* Nå har vi gått et langt stykke, og vi har kommet til et lite hvitt og grønt hus. Det lille huset var hjemmet til den berømte norske komponisten Edvard Grieg. Han har skrevet mye vakker musikk. Han skrev f. eks. musikken til *Peer Gynt*, som er et av skuespillene til Henrik Ibsen, den fine a-mollkonserten for piano og orkester, og musikken til mange vakre sanger. 75

Vi har nå gått inn i huset. Værelsene der inne er svært pene. I stua står det store pianoet til Grieg. Ingen spiller på det nå, men i mai og juni hvert år, når Bergen holder de velkjente Festspillene sine, kommer mange kjente pianister hit for å spille på det. Under Festspillene er det alltid mange turister i byen. De kommer for å se interessante skuespill og for å høre vakker musikk. Mange av turistene kommer da også til Trollhaugen, som hjemmet til Grieg heter, for å høre på den vakre musikken som de kjente pianistene spiller på det gamle pianoet hans. 80 85

Nå går Robert og jeg omkring ute i hagen på Trollhaugen. Nede ved vannet kan vi se ei lita, rød hytte. "Grieg skrev noen av de beste komposisjonene sine i den lille hytta der," sier guiden. Den heter "komponisthytta."

"Er det sant at Grieg og kona hans er begravet her?" spør Robert. 90

"Ja, de ligger ikke langt fra den lille hytta," sier guiden. "Gravene deres er i en fjellvegg ved vannet."

Spørsmål:

1. Hvem var Edvard Grieg?
2. Liker du å høre musikken hans?
3. Er du kjent med mye av musikken hans?
4. Hva heter det berømte hjemmet til Edvard Grieg?

5. Når holder Bergen de kjente Festspillene sine?
6. Hvorfor kommer folk til Festspillene?
7. Ville du gjerne reise til Bergen for Festspillene?
8. Hvor ligger Grieg og kona hans begravet?

BESTEMT ADJEKTIV SAMMEN MED EIEFORMEN:

Vi har lest om *det* berømt*e* hus*et til* Edvard Grieg:
Edvard Grieg hadde et hus.
Han hadde et hus.
Det var hus*et hans*.
Det var et berømt hus.

Det var *det* berømt*e* hus*et hans*.
Det var *det* berømt*e* hus*et til* Edvard Grieg.

Han hadde ei hytte.
Det var hytt*a hans*.
Det var ei lita hytte.

Det var *den lille* hytt*a hans*.
Det var *den lille* hytt*a til* Edvard Grieg.

Han skrev musikk.
Det er musikk*en hans*.
Det er vakker musikk.

Det er *den vakre* musikk*en hans*.
Det er *den vakre* musikk*en til* Edvard Grieg.

Han skrev mange sanger.
Det er sang*ene hans*.
Det er vakre sanger.

Det er *de vakre* sang*ene hans*.
Det er *de vakre* sang*ene til* Edvard Grieg.

Oppgave: Sett inn den riktige formen av adjektivet.

1. Vi sitter og hører på den ______ musikken til Edvard Grieg.
(*vakker*)
2. Hvor er den ________ klokka di?
(*gammel*)
3. Har du sett det ______ huset vårt?
(*ny*)
4. Han har alltid den ______ hunden sin med seg.
(*stor*)
5. Vi liker å få besøk av de ______ barna deres.
(*liten*)

Oversett til norsk.

1. the beautiful music of Edvard Grieg (Grieg's beautiful music)
2. our old house
3. their new car
4. my pretty pictures
5. your long, interesting letters

Oppgave: Sett inn de riktige ordene.

1. Får vi se på ________________ (*your interesting pictures*)?
2. Vi liker å gå til ________________ (*their pleasant parties*).
3. Har du sett ________________ (*Larsen's little house*)?
4. Han skrev et av ________________ (*his long letters*).
5. Vi vil gjerne selge ________________ (*our old house*).
6. Jeg kan ikke finne ________________ (*my new umbrella*).
7. Vi fikk høre ________________ (*her beautiful song*).
8. Har dere sett ________________ (*your new home*)?
9. Har du sett ________________ (*your new home*)?
10. Vi vil gjerne kjøpe ________________ (*his large cabin*).

Å SKRIVE:

<table>
<tr><td></td><td>skriver</td><td></td><td>Skriver</td><td></td><td></td><td></td></tr>
<tr><td>De</td><td>skrev</td><td>mange brev.</td><td>Skrev</td><td>de</td><td></td><td>mange brev?</td></tr>
<tr><td></td><td>har skrevet</td><td></td><td>Har</td><td></td><td>skrevet</td><td></td></tr>
<tr><td colspan="3">De liker å skrive brev.</td><td colspan="4">Liker de å skrive brev?</td></tr>
</table>

<table>
<tr><td></td><td>skriver</td><td>ikke</td><td></td><td></td></tr>
<tr><td>De</td><td>skrev</td><td>ikke</td><td></td><td>mange brev.</td></tr>
<tr><td></td><td>har</td><td>ikke</td><td>skrevet</td><td></td></tr>
<tr><td colspan="5">De liker ikke å skrive brev.</td></tr>
</table>

Oppgave: Sett inn riktig form av *å skrive.*

1. Ibsen, Bjørnson og Holberg ________ mange skuespill.
2. Det var Edvard Grieg som ________ den velkjente musikken til skuespillet *Peer Gynt*.
3. ________ du ofte brev hjem til familien din?
4. Kunne du være så snill ________ navnet ditt her?
5. Liker du ________ brev?
6. ________ du ________ alle brevene ennå?
7. Hvor ofte pleier du ________ hjem?
8. Må du ofte ________ til familien din om penger?
9. Har du lyst til ________ brev nå?
10. Skal du ________ til foreldrene dine nå?

OVERSETT TIL NORSK.

1. Grieg wrote some of his compositions in the little cabin by the water.
2. He wrote some of his best compositions down there.
3. We came to "Festspillene" to hear Grieg's beautiful music.
4. One of his well-known compositions is called "Solveigs sang".
5. I must visit my old relatives in Bergen.
6. She must visit her old relatives in Bergen.
7. He believes that his old relatives live in Bergen.
8. There are many people who come to "Festspillene" to see interesting plays.
9. Others come to hear the beautiful music.
10. It must be very interesting to be in Bergen in May and June.

OVERSIKT: Adjektivformene

		ubestemt entall		flertall og bestemt
		en og *ei*	*et*	
I.	(A)	dyr	dyrt	dyre
		fargerik	fargerikt	fargerike
		fersk	ferskt	ferske
		fin	fint	fine
		god	godt	gode
		gul	gult	gule
		hvit	hvitt	hvite
		høy	høyt	høye
		klar	klart	klare
		lang	langt	lange
		lys	lyst	lyse
		pen	pent	pene
		populær	populært	populære
		rød	rødt	røde
		sterk	sterkt	sterke
		stor	stort	store
		varm	varmt	varme
	(B)	all	alt	alle
		grønn	grønt	grønne
		snill	snilt	snille
		spesiell	spesielt	spesielle
II.	(A)	gammel	gammelt	gamle
		sulten	sultent	sultne
		vakker	vakkert	vakre
	(B)	blå	blått	blå
		grå	grått	grå
		ny	nytt	nye
	(C)	morsom	morsomt	morsomme

III.		ubestemt entall	flertall og bestemt
	(A)	amerikansk	amerikanske
		fantastisk	fantastiske
		norsk	norske
		tysk	tyske
	(B)	berømt	berømte
		flott	flotte
		interessant	interessante
		kjent	kjente
		trøtt	trøtte
	(C)	billig	billige
		deilig	deilige
		hyggelig	hyggelige
		rimelig	rimelige
		saftig	saftige
		viktig	viktige

IV. **ubestemt entall og flertall og bestemt**

imponerende
moderne
stille

V.	*en*	*ei*	*et*	*flertall* og *bestemt*
	annen	anna	annet	andre
	hvilken	hvilken	hvilket	hvilke

VI.	*en*	*ei*	*et*	*flertall*
			ubestemt	
	liten	lita	lite	små
			bestemt	
	lille	lille	lille	små

Selvgjort er velgjort.

ORD
Fra 16. kapittel

Substantiver

en bergenser (bergensere)
en farge
en fest
en fisker (fiskere)
en grav
en guide
en himmel
en historie
en kiosk
en komponist
en komposisjon
en konsert
en kyst
middelalderen
(en) musikk
en paraply
en pianist
en prekestol
en sang
en sjel
en sjø
en stein

ei hytte

et akvarium (akvarier)
et eksempel (eksempler)
et festspill
et fjell
et hjem
et orkester (orkestre)
et piano
et sjødyr
et symbol
et tog
et varehus

Relativt pronomen

som

Verb

å forstå – forstår – forstod – har forstått
å gjøre – gjør – gjorde – har gjort
å henge
å høre
å håpe
å regne
å skrive – skriver – skrev – har skrevet
å stå – står – stod – har stått

Adverb

igjen
langt
opprinnelig
under

Adjektiv
blå – blått – blå
fantastisk (--,-e)
fersk (-t,-e)
grå – grått – grå
klar (-t,-e)
liten – lita – lite – små
bestemt form entall: lille
rar (-t,-e)
rein (-t,-e)
sterk (-t,-e)
tysk (--,-e)
vakker – vakkert – vakre

Konjunksjon
enn

Preposisjon
mellom

Uttrykk
å ligge begravet
ikke så (høy) som
like (høy) som
like (høye)
å se (sulten) ut
å se ut som (noe)
å være igjen
noe annet enn
ikke langt fra
å høre på
for eksempel (f. eks.)
på vestkysten

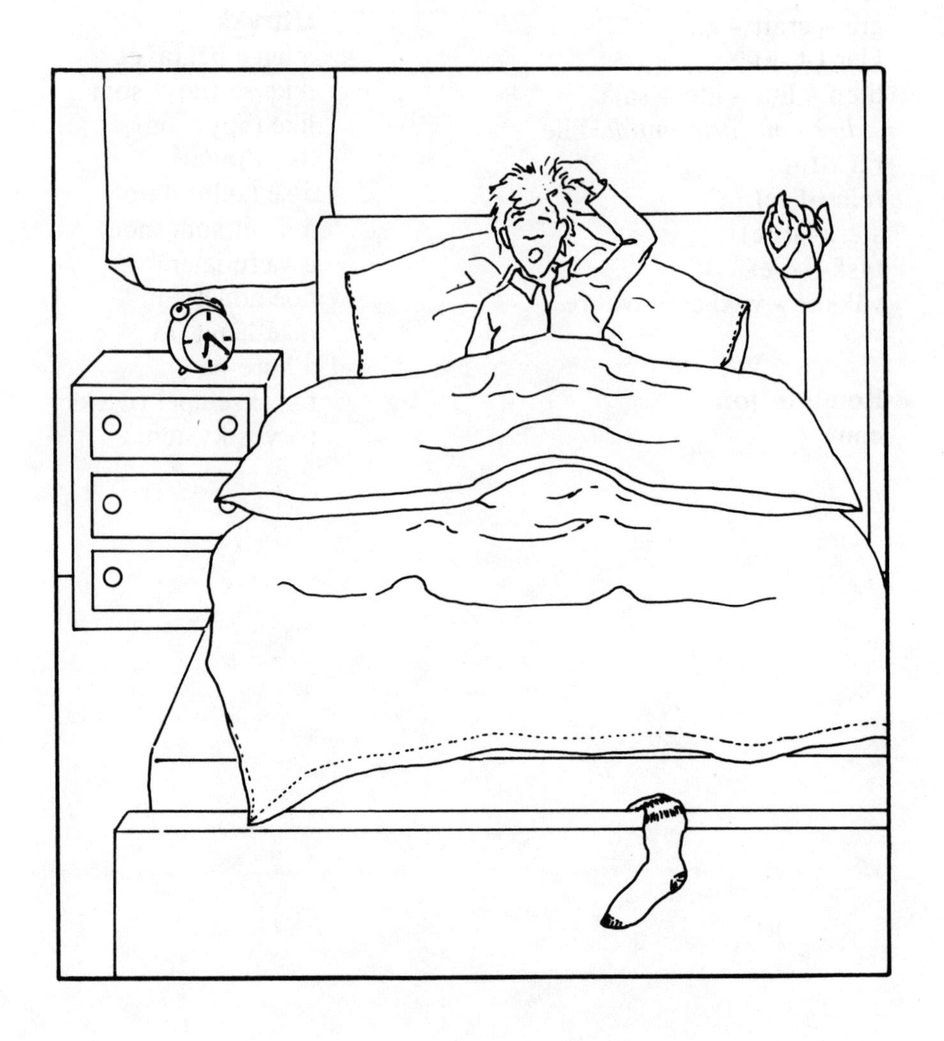

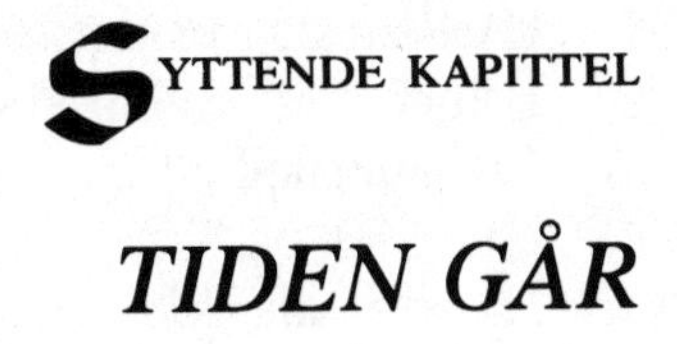

SYTTENDE KAPITTEL

TIDEN GÅR

SVEINS FØRSTE DAG PÅ JOBBEN

* Mor:	Svein! Du må stå opp! Klokka er ti på halv sju!	1
Svein:	Ti på halv sju??! Så tidlig?! Jeg står ikke opp før ti på åtte!	
Mor:	Det er lørdag i dag! Du må være på jobben klokka sju.	5
Svein:	Javel, javel, javel! Jeg kommer. Nei! Det er noen på badet. Du på badet, skynd deg! Du må skynde deg for jeg må være på jobben snart!	
Far:	Et øyeblikk!	10
Svein:	Jeg kommer aldri på badet, det er alltid opptatt. Jeg kommer aldri tidsnok til jobben . . .	
Far:	Vær så god, badet er ledig nå.	
Svein:	Takk.	
Far:	Du må ikke sovne der inne, Svein.	15
Svein:	Jeg? Sovne?	
Far:	Du vet du pleier å sovne på badet. Det gjør du ofte.	
Svein:	Javel, javel!	
Mor:	Svein, klokka er halv sju! Du må skynde deg! Du har dårlig tid.	20
Svein:	Javel!!	
Mor:	Frokosten står på bordet! Du må ikke komme for seint i dag, din første dag på jobben.	

Spørsmål:

1. Hvilken dag er det, og hvor mange er klokka?
2. Hvorfor må Svein stå opp så tidlig?
3. Er badet ledig?
4. Hvem er på badet?
5. Hvorfor må ikke Svein komme for seint i dag?

MER OM EIEFORMER:[1]

Svein har en jobb: **Det er *jobben hans*. Det er *hans jobb*.**

Med adjektiv: **Det er Sveins først*e* dag på jobben.**

Jorunn har et nytt piano:

Det er det nye pianoet til Jorunn. Det er Jorunns ny*e* piano.

Hun har et nytt piano:

Det er det nye pianoet hennes. Det er hennes ny*e* piano.

Oppgave: Oversett på to måter.

Eksempel: their house: **huset deres, deres hus**

1. Svein's family
2. our piano
3. their books
4. your umbrella
5. his cabin

1. In the possessive constructions we have seen, the possessor has come *after* the *definite* form of the object owned: *værelset til Svein, værelset hans*. In a construction more similar to English, the name of the possessor may also *precede* the *indefinite* form of the object owned: *Sveins værelse, hans værelse*. If an adjective is present in a possessive construction, it is always in the definite form: *det store værelset til Svein, det store værelset hans; Sveins store værelse, hans store værelse*. The construction in which the possessor precedes the object owned is most often used (1) when the object owned is abstract and unspecified or used figuratively: *vår tid, byens historie, Sveins første dag på jobben*, (2) when the ownership is stressed: *Det er mitt værelse (ikke ditt)*, and (3) in more formal style: *Får jeg presentere mine foreldre?* But: *Foreldrene mine bor i Oslo*.

Otherwise the construction in which the possessor follows the object owned is more commonly used.

6. her stamps
7. my office
8. your money
9. Jorunn's fork
10. your knife
11. their old house
12. her interesting letters
13. my old umbrella
14. your new mirror
15. our old furniture

Å STÅ OPP:

	står	
Svein	***stod***	***opp.***
	har stått	

Han liker *å stå opp.*

	***står* ikke**		
Sveins bror	***stod* ikke**		***opp.***
	***har* ikke**	***stått***	

Han liker ikke *å stå opp.*

Står			
Stod	**Svein**		***opp?***
Har		***stått***	

Liker han *å stå opp?*

Øvelse:

1. Når pleier du å stå opp?
2. Når stod du opp i dag?
3. Liker du å stå opp tidlig?
4. Har du noen gang stått opp før klokka fire?
   Hvorfor gjorde du det?

Å KOMME TIDSNOK // Å KOMME FOR SEINT:

Svein må være på jobben klokka sju.
Han vil gjerne *komme tidsnok* til jobben. (klokka sju eller før)
Han vil ikke *komme for seint* til jobben. (etter klokka sju)

Øvelse:

1. Pleier du å komme tidsnok til norsktimen?
2. Har du noen gang kommet for seint til timen?
3. Hvorfor kom du for seint?
4. Kom du tidsnok til timen i dag?
5. Kom læreren tidsnok til timen i dag?

Å HA GOD TID // Å HA DÅRLIG TID:

Jeg har god tid.
Jeg kan ta det med ro.
Jeg har dårlig tid.
Jeg må skynde meg.

Oppgave: Give the command "Hurry!"

to one person:________________

to two people:________________

Spørsmål:

1. Må vi skynde oss når vi har god tid?
2. Når må vi skynde oss?
3. Hva liker du å gjøre når du har god tid?

NOEN TIDSUTTRYKK

(et øyeblikk)	**en morgen**
(en stund)	**en formiddag**
et sekund	**en ettermiddag**
et minutt	**en kveld (en aften)**
en time	**en natt[3]**
en dag[2]	
et døgn[2]	
en uke	
en måned	
et år	

Oppgave: *Hva er det?* Sett inn det riktige tidsuttrykket og si om det er *en, ei* eller *et.*

1. Det er sju av dem i en uke: en dag
2. Det er seksti av dem i en time: ________
3. Det er tolv av dem i et år: ________
4. Det er tjuefire av dem i et døgn: ________
5. Det er omtrent fire av dem i en måned: ________
6. Det er seksti av dem i et minutt: ________

2. *Dag* often refers to the light hours of the day. *Døgn* is used for the full 24-hour period.

3. *Natt* refers to the time when people usually are asleep, but starts no later than midnight. *Kveld* is used in many cases where English uses "night." Thus, people parting for the evening say, *"Takk for i kveld"* not *"Takk for i natt."*

Merk:

en natt	**netter**
natten	**nettene**

DET ER 24 TIMER I DØGNET[4]:

Klokka er **ett**. Klokka er ett **om natten.**
Klokka er **tretten**. Klokka er ett **om dagen.**

Klokka er **åtte**. Klokka er 8 **om morgenen.**
Klokka er **tjue**. Klokka er 8 **om kvelden.**

Klokka er **fire**. Klokka er 4 **om natten.**
Klokka er **seksten**. Klokka er 4 **om ettermiddagen.**

Klokka er **elleve**. Klokka er 11 **om formiddagen.**
Klokka er **tjuetre**. Klokka er 11 **om kvelden.**

Klokka er **tolv**. Det er **midt på dagen.**[5]
Klokka er **tjuefire**. Det er **midnatt.**

Natten er fra klokka 23 til klokka 6.[6]
Morgenen er fra klokka 6 til klokka 9.
Formiddagen er fra klokka 9 til klokka 12 eller 14.
Ettermiddagen er fra klokka 14 til klokka 18.
Dagen er fra klokka 9 til klokka 18.
Kvelden er fra klokka 18 til klokka 23.

4. On schedules, signs, and other occasions where there could be misunderstanding as to whether the time indicated is A.M. or P.M. (which are not used), Norway along with the rest of Europe uses the 24-hour system of time.

5. *Middag* used to be the term, and in many places it still is. However, for most people *middag* now means the meal which usually is eaten later in the afternoon.

6. This is meant merely as a rule of thumb. All times are approximate and by no means universal.

FRA HVERDAGSLIVET I NORGE: EN TIMETABELL

Norges Statsbaner

Familierabatten gir mer enn togreisen å glede seg over.

Når flere familiemedlemmer reiser sammen på samme strekning, er det bare én som betaler full pris. Alle de andre – også voksne barn opptil 25 år – får rabatt.

Det er nok med 2 familiemedlemmer. En ektefelle må være med.

Rabatt:
Ektefelle: 50 %. Barn 15–25 år: 50 %. Barn 4–15 år: 75 %. Barn 0–4 år: gratis.

Familierabatten gjelder hele året på avstander over 150 km én veg. Det kan oppnås noe mindre rabatt også på kortere avstander, – spør salgsstedet. Familieforholdet må kunne legitimeres.

Husk å bestille plasser i plassregulerte tog. God tur!

NSB

TEGNFORKLARING

- ⚒ Toget kjøres alle hverdager.
- † Toget kjøres bare søn- og helgedager.
- ⥮ Midt i tidkolonnen, toget kjører over en annen strekning.
- § Foran klokkeslett: Toget kjører ikke hver dag eller det kjører bare et visst tidsrom.
- | Midt i tidkolonnen, toget stopper ikke ved denne stasjon.
- × Toget stopper om det trengs.
- ▶ Toget stopper bare for å ta med reisende.
- ◀ Toget stopper bare for å sette av reisende.
- : Foran klokkeslett. Dagen før.
- : Etter klokkeslett. Dagen etter.
- ✖ Restaurantvogn eller kafeteriavogn. } I noen tog er det servering bare enkelte dager i uken på hele eller del av strekningen.
- ♀ Mineralvann, kaffe og smørbrød m.m. blir servert i toget. } I noen tog er det servering bare enkelte dager i uken på hele eller del av strekningen.
- 🛏 Sovevogn.
- ▬ Liggevogn.
- ⊏1.2⊐ ⊏2⊐ } Direkte sittevogn.
- Et. Ekspresstog.

I Norge så vel som i Sverige og Danmark gjelder mellomeuropeisk tid.

VIKTIG OM HØYTIDSRUTER

Oppmerksomheten henledes på at trafikkselskapene i jule-, nyttårs-, påske- og pinseheigene samt 1. mai, 17. mai og Kristi Himmelfartsdag ofte kjører etter endret ruteplan. Man bør før reisen tiltredes undersøke reisemulighetene med et reisebyrå eller ved direkte henvendelse til trafikkselskapet.

5

Bergensbanen Oslo—Bergen
Tabell 41 i Rutebok for Norge
Gjelder 1/6-27/9 1975

km		♀	✖	Et.✖	♀	🛏♀
0	Fra **Oslo Ø.**	r 9.30	10.05	15.45	17.40	23.00
90	Til **Hønefoss** ..	§ 10.56	11.32	17.02	19.17	0.29
	Fra *Drammen* ...	...	*10.05*	*15.25*	*n17.15*	*:22.15*
90	Fra **Hønefoss** ...	§ 11.00	11.38	17.03	19.23	0.40
186	- **Nesbyen**	§ 12.21	13.04	18.16	21.06	2.08
203	- **Gol**	§ 12.37	13.21	18.28	21.23	2.25
228	- **Al**	§ 13.02	13.52	18.50	k22.00	2.55
253	- **Geilo**	§ 13.28	14.20	19.13	k22.45	3.22
302	- **Finse**	r 15.35	15.15	19.59	...	4.15
336	Til **Myrdal**	§ 16.10	15.48	|	...	4.50
356	Til *Flåm*	*17.13*	§s *17.13*	...	...	*6.08*
	Fra *Flåm*	*15.25*	*15.00*	...	...	*4.00*
	Fra **Myrdal**	§ 16.25	15.52	|	...	5.00
385	Til **Voss**	§ 17.28	16.47	21.10	...	5.52
412	Til *Granvin*	...	*18.00*	*h22.15*	...	*7.10*
	Fra *Granvin*	...	*15.55*	...	...	...
	Fra **Voss**	§ 17.40	16.58	21.12	...	6.05
425	- **Dale**	§x18.24	mx◀17.41	|	...	6.48
440	- **Vaksdal**	§x18.41	mx◀17.57	|	...	7.05
462	- **Arna**	§ 19.01	x◀18.20	|	...	7.35
471	Til **Bergen**	r 19.10	18.30	22.30	...	7.45

h. Buss på landeveien Voss—Granvin. *k.* Buss på landeveien Ål—Geilo. *m.* Toget stopper ikke i tiden 1/6-24/8, men stopper hverdager fra 25/8 for reisende fra stasjoner øst for Voss. *n.* Bare fredager og helgedager. *r.* «Trolltog». Kjøres i tiden 1/6—24/8. Opphold i Finse på en time og ti minutter for lunsj og fotografering. *s.* Fra 25/8 kl. 18.00.

Gjøvikbanen og Valdresbanen Oslo—Gjøvik/Fagernes
Tabell 42 og 45 i Rutebok for Norge.
Gjelder 1/6-27/9 1975

km					
0	Fra **Oslo Ø.**	♀9.00	♀ 14.10	♀16.10	♀19.15
101	Til **Eina**	10.45	16.01	17.51	21.08
	Fra **Eina**	10.55	...	18.00	...
148	Til **Dokka**	11.58	...	19.03	...
210	Til **Fagernes**	13.15	...	20.20	...
	Fra **Eina**	10.47	16.03	17.56	21.10
112	- **Raufoss**	11.00	16.15	18.08	21.22
124	Til **Gjøvik**	11.17	16.30	18.25	21.35

Bergensbanen Bergen—Oslo
Tabell 41 i Rutebok for Norge
Gjelder 1/6-27/9 1975

km		♀	♀	✖	Et.✖	🛏♀
0	Fra **Bergen**	...	h 8.50	9.30	15.00	22.30
9	- **Arna**	...	§x▶8.59	x▶9.39	|	22.40
31	- **Vaksdal**	...	§ |	|	|	|
46	- **Dale**	...	§ |	|	|	23.15
86	Til **Voss**	...	§ 10.10	10.50	16.17	23.57
113	Til *Granvin*	...	*11.17*	...	*18.00*	...
	Fra *Granvin*	...	*9.00*	*9.00*	*n15.20*	*:22.50*
	Fra **Voss**	...	§ 10.15	10.55	16.19	0.02
135	Til **Myrdal**	...	§ 11.13	11.50	17.05	0.53
155	Til *Flåm*	...	*12.08*	§*r13.03*	*18.00*	*2.03*
	Fra *Flåm*	...	*10.15*	§*r10.50*	§*s15.25*	*0.03*
	Fra **Myrdal**	...	§ 11.18	11.53	17.05	1.00
169	- **Finse**	...	h 13.00	12.32	17.38	1.37
218	- **Geilo**	m 7.35	§ 13.55	13.28	18.24	2.30
243	- **Al**	8.30	§ 14.23	13.55	18.48	3.00
268	- **Gol**	8.58	§ 14.49	14.20	19.09	3.28
285	- **Nesbyen**	9.13	§ 15.05	14.36	19.21	3.45
381	Til **Hønefoss** ..	10.54	§ 16.32	16.02	20.35	5.15
452	Til *Drammen* ...	⚒*12.50*	...	*17.39*	*21.52*	*k6.41*
	Fra **Hønefoss** ...	11.04	§ 16.35	16.07	20.36	5.30
471	Til **Oslo Ø.**	12.44	h 18.15	17.40	21.55	7.10

h. «Trolltog». Kjøres i tiden 1/6-24/8. Opphold i Finse på en time og fem minutter for lunsj og fotografering. *k.* Helgedager kl. 8.18. *m.* Buss på landeveien Geilo—Ål. *n.* Buss på landeveien Granvin—Voss. *r.* Fra 25/8. *s.* Fra 25/8 kl. 15.00.

Gjøvikbanen og Valdresbanen Gjøvik/Fagernes—Oslo
Tabell 42 og 45 i Rutebok for Norge
Gjelder 1/6-27/9 1975

km						
0	Fra **Gjøvik** ...	7.25	10.10	14.00	♀17.15	m 19.55
12	Fra **Raufoss** ...	7.39	10.27	14.15	17.32	§ 20.12
23	Til **Eina**	7.51	10.40	14.27	17.45	m 20.25
	Fra **Fagernes** .	...	8.20	...	15.25	m17.55
	- **Dokka**. .	...	9.36	...	16.41	§ 19.11
	Til **Eina**	...	10.36	...	17.41	§ 20.15
	Fra **Eina**	♀7.52	♀10.50	♀14.28	17.58	§ 20.28
124	Til **Oslo Ø.** ..	9.45	12.30	16.25	19.50	m22.15

m. Kjøres helgedag før hverdag.

Oppgave: *Hvor mange er klokka?* Er det *om formiddagen, om ettermiddagen, om kvelden* eller *om natten?* (Convert all times to the 12-hour, informal system.)

1. kl. 15.30 Klokka er halv fire om ettermiddagen.
2. kl. 20.15 ____________________
3. kl. 2.30 ____________________
4. kl. 9.30 ____________________
5. kl. 21.45 ____________________
6. kl. 16.05 ____________________
7. kl. 3.10 ____________________
8. kl. 10.50 ____________________

LESESTYKKE:

Jan er student. Han leser mye. Han står opp klokka halv sju om morgenen. Han spiser frokost kvart på åtte, og han begynner å lese allerede klokka åtte. Han leser til klokka er kvart på ti. Han har time klokka ti om formiddagen. Timen slutter klokka ti på elleve, og da leser han en halv time til. Klokka ti på halv tolv spiser han formiddagsmat sammen med et par venner, og han har time igjen klokka ett og klokka to. Han begynner å lese igjen klokka tre og leser til klokka ti over halv seks. Klokka kvart på seks spiser han middag, og etterpå leser han litt til. Pleier han å lese så mye? Nei, men han har to store prøver i morgen og han vil gjerne gå på kino i kveld.

NOEN TIDSUTTRYKK TIL:

om morgen*en*[7]
om formiddag*en*
om ettermiddag*en*
om kveld*en* (*om* aften*en*)
om natt*en*

i morges[8]
i formiddag
i ettermiddag
i kveld (i aften)
i natt[9]

Eksempler:

Jeg pleier å være hjemme **om kvelden**, men **i kveld** må jeg besøke noen venner.
Han er ofte på kontoret **om ettermiddagen**, men **i ettermiddag** er han ute.
Hun pleier å stå opp klokka sju **om morgenen**, men **i morges** stod hun opp klokka seks.
Jeg pleier å sove godt **om natten**, men **i natt** sov jeg dårlig.
Jeg håper jeg sover bedre **i natt**. Jeg må stå opp tidlig **i morgen**.

Oppgave: Sett inn den riktige formen av tidsuttrykket i parentes.

Eksempel: Pleier du å sove godt om natten? (natt)

1. Jeg pleier å gå i butikken ________. (formiddag)
2. Hva skal du gjøre ________? (formiddag)
3. Hva pleier du å gjøre________? (kveld)
4. Skal du være på møtet ________? (kveld)
5. Når pleier du å stå opp________? (morgen)
6. Når stod du opp________? (morgen)
7. Når skal du reise________? (morgen)

7. To indicate that something happens regularly *in the* or *during the* morning, afternoon, evening, or night use *om* and the *definite* form of the time expression: *Sover du godt om natten?*

8. To indicate that something is happening *this* particular afternoon, evening, or night use *i* and the *indefinite* form of the time expression: *Hva skal du gjøre i ettermiddag*? Compare: *i dag, i år*.

Note that *morgen* is an exception to this rule. "This morning" is either *i morges* or *i dag tidlig*. "Tomorrow morning" is *i morgen tidlig*. *I morgen* means "tomorrow."

9. *I natt* may mean either "tonight" or "last night," depending on the tense of the verb with which it appears.

8. Hva liker du å gjøre________? (ettermiddag)
9. Jeg pleier å ta det med ro________. (ettermiddag)
10. Men jeg har en prøve i morgen så jeg må lese ekstra mye ________. (ettermiddag)

Spørsmål:

1. Når pleier du å stå opp om morgenen?
2. Når stod du opp i morges?
3. Når pleier du å spise frokost om morgenen?
4. Når spiste du frokost i morges?
5. Når pleier du å legge deg om kvelden?
6. Når skal du legge deg i kveld?
7. Når pleier du å sovne om kvelden?
8. Hvor mange timer pleier du å sove om natten?
9. Sov du godt i natt?
10. Pleier du å lese leksene dine om formiddagen, om ettermiddagen eller om kvelden?
11. Hva skal du gjøre i kveld?
12. Hva skal du gjøre i morgen?

ENDA NOEN TIDSUTTRYKK TIL:

i dag
i går
i år
i fjor

i dag
i dag tidlig
i morgen
i morgen tidlig

i går ettermiddag
i går kveld
i morgen ettermiddag
i morgen kveld

hele **dag*en***
uk*en*
måned*en*
år*et*
tid*en*
natt*en*
kveld*en*

neste **uke**
måned
år

VI REPETERER: Ordstilling

Tidsuttrykket kommer ofte først i setningen.
Da bruker vi *inversjon*:

Han *står* opp klokka seks.
Klokka seks *står* han opp.

Jeg *pleier* å lese leksene mine om kvelden.
Om kvelden *pleier* jeg å lese leksene mine.

Øvelse: Sett tidsuttrykket først i setningen.

1. Mange turister var i Norge *i fjor*.
2. Vi gikk på kino *i går kveld*.
3. Jeg har hatt mye å gjøre *i år*.
4. Kari hjelper sin mor *om formiddagen*.
5. Hun har ikke sovet godt *i natt*.
6. Han skal være borte *neste uke*.
7. Slektningene mine skal reise til Norge *i morgen tidlig*.
8. Vi har ikke sett ham mye *i år*.
9. De har vært borte *hele dagen*.
10. Jeg stod opp tidlig *i morges*.

Oppgave: Sett inn det riktige tidsuttrykket.

1. Det kan være varmt ____________________.
   (*in the afternoon*)
2. Jeg stod opp klokka seks ____________________.
   (*this morning*)
3. Tror du han kommer ____________________?
   (*tomorrow morning*)
4. Jeg har ikke sett ham ____________________.
   (*this afternoon*)
5. Jeg håper hun skal komme ____________________.
   (*this evening*)
6. Hva gjorde du ____________________?
   (*yesterday afternoon*)

7. Han kom ikke hjem før klokka tre ______________________.
(*last night*)
8. Hvor skal du sove ______________________?
(*tonight*)
9. Han snakker ______________________.
(*all the time*)
10. Hun har vært borte ______________________.
(*all week*)
11. Gikk dere på kino ______________________?
(*last night*)
12. Hva skal du gjøre ______________________?
(*tomorrow afternoon*)
13. Har barna sovet ______________________?
(*all night*)
14. Naboene våre har vært borte ______________________.
(*all month*)
15. Har du lyst til å gå til konserten ______________________?
(*tomorrow night*)

ALL — ALT — ALLE / / HELE:

Jan leste *hele* dagen.
Han leste *alle* leksene sine.
Han leste *hele* boka.
Han gjorde *alt* arbeidet.
Han spiste *all* maten.
Han spiste *alle* småkakene.
Han spiste *hele* måltidet.

Entall:

all	maten vinen osten skinka mat vin	En kan *ikke telle* mat, vin osv.

alt	ølet arbeidet vannet øl arbeid	En kan *ikke telle* ølet, arbeidet osv.
hele	dagen året uken måneden natten kvelden familien veien	En kan *telle* dager, uker osv.

Flertall:

alle	leksene småkakene månedene dagene årene ukene gangene lekser småkaker dager	En kan *telle* lekser, småkaker osv.

Oppgave: Sett inn *hele* eller den riktige formen av *all*.

1. Naboene våre har vært borte _______ måneden.
2. Barna sov _______ natten.
3. _______ barna gikk _______ veien til butikken.
4. _______ studentene har gjort _______ arbeidet sitt.
5. Han så på fjernsyn _______ kvelden.

6. Hun vil gjerne ligge i senga ________ dagen.
7. Skal de bo i Norge ________ året?
8. Er ________ arbeid godt for oss?

TID // GANG // TIME[10]:

***Tiden* går. Jeg må skynde meg.**
Klokka viser *tiden*.

Det er første *gang* jeg er i Oslo,
men jeg har vært i Norge mange *ganger* før.

Det er seksti minutter i *en time*.
Vi har norsk*time* nå. Når har du historie*time*?

Oppgave: Sett inn den riktige formen av *tid, gang*, eller *time*.

1. Jeg stod opp tidlig i morges. Jeg har god ________.
2. Har du noen ________ vært i Norge?
3. Jeg leste fra klokka 5 til klokka 9 i kveld.
   Jeg leste fire ________.
4. Hun gjør ikke noe annet enn å lese. Hun leser hele ________.
5. Hvor mange ________ har du allerede sett filmen?

Spørsmål:

1. Hvor mange ganger har du gått på kino i år?
2. Når har du norsktime, og er det om morgenen eller om ettermiddagen?
3. Hvor mange timer pleier du å lese hver dag?
4. Får du nok tid til å gjøre alle leksene dine?

10. *En time* means an hour, *tid (en)* refers to the abstract concept of time, and *en gang* is used when speaking of an occurrence or occasion.

OM // I // FOR . . . SIDEN[11]:

Tiden går. Dagene går, ukene går og årene gar. Hvor var jeg *for* en uke *siden*? Jeg var her. Hvor skal jeg være *om* en uke? Her. *Om* et år? Hvem vet? Jeg har vært her *i* tre år, men jeg vet ikke hvor jeg skal være *om* tre år. Jeg skal kanskje være i Norge *om* tre år. 25

Tiden går. Klokka går. Minuttene går, og timene går. Tiden går alltid, men klokka går ikke alltid. Den stopper av og til. 30

Merk: *Av og til* betyr "now and then."

Oppgave: Sett inn det riktige tidsuttrykket.

1. Han kom hit ______________________________.
   (*three days ago*)
2. Han har vært her ________ tre dager.
3. Klokka er kvart på elleve. Timen slutter klokka ti på elleve. Timen slutter ________ fem minutter.
4. Klokka er fem. Vi spiser klokka halv seks. Vi spiser ______.
5. Vi ser ham ikke ofte. Vi ser ham bare ______________.
6. Bestemoren min kom til Amerika ______________.
   (*many years ago.*)
7. Han kom for seint.
   Vi måtte sitte og vente på ham ________ en halv time.
8. Snart skal jeg reise til Norge. Jeg skal reise ________ sju dager.
9. Han var i Norge ______________________.
   (*five months ago*)
10. Han var der ______________________.
   (*for five weeks*)

11. *Om*, "in," answers the question "How soon?": *Jeg reiser til Norge om en uke*. (". . . in a week.")
I, "for," answers the question "How long?": *Jeg var i Norge i to uker*. (". . . for two weeks.")
For . . . siden, "ago," answers the question "How long ago?": *Jeg var i Norge for tre år siden*. (". . . three years ago.").

LESESTYKKE:

Mormor kom fra Norge til Amerika *for* seksti år *siden*. Hun har vært i Amerika *i* seksti år. *Om* en måned skal hun reise tilbake til Norge. Hun kan nesten ikke vente. Hun har ikke vært i Norge *på* seksti år. Det blir første gang hun har vært i Norge siden hun reiste til Amerika *for* så mange år *siden*. Hun skal være i Norge *i* åtte uker. Hun skal være tilbake i Amerika *om* tre måneder.

Farfar er også fra Norge. Han kom til Amerika *for* førti år *siden*. Han har vært i Amerika *i* førti år. Noen av slektningene hans har kommet på besøk til ham fra Norge. En av fetterne hans kom *for* tre uker *siden*. Han er her ennå. Han har vært her *i* tre uker. Han reiser tilbake til Norge *om* to uker. Han skal være i Amerika *i* fem uker i alt.

Oppgave: Bruk de nye tidsuttrykkene ved å svare på noen spørsmål.

1. Når kom bestemor til Amerika?
2. Hvor lenge har hun vært i Amerika?
3. Hvor lenge er det siden hun har vært i Norge?
4. Har hun vært tilbake i Norge mange ganger siden hun kom til Amerika?
5. Hvor lenge skal hun være i Norge?
6. Når kommer hun tilbake?
7. Når kom bestefar til Amerika?
8. Hvor lenge har han vært i Amerika?
9. Hvem kommer på besøk til ham?
10. Hvem er på besøk hos ham nå?
11. Hvor lenge har han vært på besøk?
12. Når reiser han tilbake til Norge?

I / / PÅ: (for how long?)

Mormor skal være i Norge *i* åtte uker.	**Han har vært borte *i* ti år.**
Hun har *ikke* vært i Norge *på* seksti år.	**Vi har *ikke* sett ham *på* ti år.**

Oppgave: Sett inn *i* eller *på*.

1. Jeg har vært student ________ tre år.
2. Jeg har ikke spist ________ to dager.
3. De hadde ikke sett ham ________ ti år.
4. Vi stod og så på det ________ to timer.
5. Hun har ikke vært på jobben ________ en uke.
6. I fjor sommer var vi i Norge ________ fem uker.
7. Han har ikke vært i Norge ________ fem år.

Oversett til norsk.

1. He has been on the farm for six months.
2. We have not visited him for six months.

Når bruker vi *i* og når bruker vi *på* med tid?____________________

VI ØVER OSS (1):

*** A: Hvor lenge har du vært student her på ____________?**
(*skolens navn*)

B: Jeg har vært her i tre år.
Når kom *du* hit?
A: Jeg kom hit for to år siden.
Jeg har vært student i to år.
B: Hva studerer du?
A: Jeg studerer biologi og kjemi.
Jeg skal bli lege.
B: Hvor lenge må du studere for å bli lege?
A: Jeg må studere i åtte år.
Jeg blir lege om seks år, håper jeg.

VI ØVER OSS (2):

* A: Nei men, god dag.
Jeg har ikke sett deg på lenge.
Hvordan har du hatt det?
B: Ikke så bra, dessverre.
Jeg ble syk og måtte reise hjem.
A: Hvor lenge var du hjemme?
B: Jeg var der i nesten to uker.
A: Føler du deg bedre nå, da?
B: Ja, jeg har blitt litt bedre, men det tar tid, vet du.
A: Ja, det gjør det. Jeg håper det går fort.
B: Det håper jeg også.
Det var hyggelig å se deg igjen.
Takk for nå.
A: Ha det bra, og god bedring!

Å BLI:

	blir		*Blir*			
Jeg	*ble*	gammel.	*Ble*	du		gammel?
	har blitt		*Har*		*blitt*	

Jeg liker *å bli* gammel. Liker du *å bli* gammel?

	blir	ikke	
Jeg	*ble*	ikke	gammel.
	har	ikke *blitt*	

Jeg liker ikke *å bli* gammel.

ØVELSE:

1. Hvor lenge har du vært student?
2. Når ble du student?
3. Når ble du født (for hvor mange år siden)?
4. Skal du bli lærer?
5. Vet du hva du vil bli?
6. Har du vært syk i år?

SVEIN KOMMER TIL TRIKKEHOLDEPLASSEN

Svein: Hei, Jorunn! Har du stått her lenge?
Jorunn: Nei, jeg kom for et minutt siden.
Svein: Vet du om trikken har gått?
Jorunn: Ja, jeg tror den gikk for et par minutter siden. 35
Svein: Søren også! Jeg kommer for seint i dag også.
Jorunn: For seint? Til hva da?
Svein: Til jobben.
Jorunn: Å? Jeg visste ikke at du hadde en jobb.
Hva slags jobb har du? 40
Svein: Jeg er trikkekonduktør. Jeg begynte for
et par uker siden.
Jorunn: Liker du deg på jobben?
Svein: Tja, vi begynner for tidlig om morgenen,
men jeg møter mange interessante mennesker. 45
Jeg så forresten Kari på trikken i går.
Du kjenner henne, ikke sant?
Jorunn: Jo, jeg kjenner henne. Hun er en gammel
venninne av meg.
Svein: Hvor lenge har du kjent henne? 50
Jorunn: Jeg har kjent henne i elleve år.
Vi gikk på barneskolen sammen.
Svein: Hvor bor hun?
Jorunn: Hvorfor vil du vite det? Du kjenner henne ikke.
Svein: Jeg vil gjerne bli kjent med henne. 55
Jorunn: Men du kan ikke besøke henne
uten å kjenne henne.
Svein: Jo, jeg kan alltid presentere meg som en venn av deg.
Her kommer trikken. Du kan vise meg hvor hun
bor i morgen. 60

Spørsmål:

1. Hvor lenge hadde Jorunn stått ved trikkeholdeplassen?
2. Når gikk trikken?
3. Var det første gang Svein skulle komme for seint til jobben?
4. Visste Jorunn at Svein hadde en jobb?
5. Hvor lenge hadde Svein hatt jobben?
6. Hvem hadde han sett på trikken dagen før?
7. Hvordan hadde Jorunn blitt kjent med Kari?
8. Hvor lenge hadde Jorunn kjent Kari?
9. Kjente Svein Kari?
10. Hvorfor ville han vite hvor hun bor?

Å VITE:

	vet		***Vet***			
Han	***visste***	**om det.**	***Visste***	**han**		**om det?**
	har visst		***Har***		***visst***	

Han pleier *å vite* om det. **Pleier han *å vite* om det?**

	vet	**ikke**		
Han	***visste***	**ikke**		**om det.**
	har	**ikke**	***visst***	

Han pleier ikke *å vite* om det.

ØVELSE: Sett inn den riktige formen av *å vite*.

1. Jeg _______ ikke før i fjor at han var norsk.
2. Det har hun _______ lenge.
3. Vil du _______ hva vi gjorde i går?
4. Jeg tror ikke han _______ hva han gjør.
5. Hun _______ ikke hva hun gjorde.
6. _______ du at han var norsk? Nei, hvordan kunne jeg _______ det?

VERBETS TIDER:

Sterke verb[12]

Vi har sett de sterke verbene:

infinitiv	presens	imperfektum	perfektum
å være	er	var	har vært
å se	________	________	________
å sove	________	________	________
å si	________	________	________
å ta	________	________	________
å komme	________	________	________
å gå	________	________	________
å stå	________	________	________
å forstå	________	________	________
å skrive	________	________	________
å bli	________	________	________

Har sterke verb noen ending i imperfektum?________

Svake verb[13]

Vi har sett de svake verbene:

infinitiv	presens	imperfektum	perfektum
å spise	spiser	spis*te*	har spis*t*
å besøke	besøker	besøk*te*	har besøk*t*
å bestille	bestiller	bestil*te*[14]	har bestil*t*
å kjenne	kjenner	kjen*te*	har kjen*t*

12. *Strong verbs* are those which add no ending in the past tense (*imperfektum*). They frequently exhibit a vowel change between tenses.

13. *Weak verbs* are those which add endings to form the past tense. There are four classes of weak verbs in Norwegian. We are dealing with only one of them here.

14. Those verbs having a double consonant before the *-e* in the infinitive form lose one of them when adding the *-te*, *-t*.

Mange andre norske verb er lik *å spise, å besøke, å bestille* og *å kjenne* i imperfektum og perfektum partisipp:

Imperfektum = stammen + -te
Partisipp = stammen + *-t*
(Stammen = infinitiv ÷ *-e*)

å spis|e
spis|er
spis|*te*
har spis|*t*

Eksempler:

(A)	å betale	betaler	betal*te*	har betal*t*
	å bruke	________	________	________
	å forsyne (seg)	________	________	________
	å føle (seg)	________	________	________
	å hilse	________	________	________
	å høre	________	________	________
	å kjøpe	________	________	________
	å lese	________	________	________
	å like	________	________	________
	å lære	________	________	________
	å låne	________	________	________
	å møte	________	________	________
	å presentere	________	________	________
	å reise	________	________	________
	å ringe	________	________	________
	å sende	________	________	________
	å servere	________	________	________
	å skynde (seg)	________	________	________
	å smake	________	________	________
	å smile	________	________	________
	å studere	________	________	________
	å svare	________	________	________
	å tenke	________	________	________
	å tjene	________	________	________
	å trenge	________	________	________
	å vise	________	________	________
	å vokse	________	________	________

(B)	å begynne	begynner	begyn*te*	har begyn*t*
	å glemme	________	________	________
	å kalle	________	________	________
	å skinne	________	________	________
	å spille	________	________	________
	å stelle	________	________	________

(C) Det er også noen *uregelmessige*[15] *svake* verb som ligner på *å spise*. De får *-te* i imperfektum og *-t* i partisipp:

å fortelle	forteller	fort*a*lte	har fort*a*lt
å telle	teller	t*a*lte	har t*a*lt
å selge	selger	s*o*lgte	har s*o*lgt
å sette	setter	s*a*tte	har s*a*tt
å spørre	*spør*	sp*u*rte	har sp*u*rt
å vite	*vet*	*visste*	har *visst*

Merk også:

å ha	har	hadde	har hatt
å gjøre	å gjør	gj*o*rde	har gj*o*rt

Har svake verb noen ending i imperfektum?________________

OPPGAVE: Fortell hva du gjorde i går.

ØVELSE: Lag setninger i presens, imperfektum og perfektum. (You may have to change the word order of some sentences as you change tenses.)

1. Turistene ________ middag. (**å bestille**)
2. Vi ________ ofte til Norge. (**å reise**)
3. De ________ ikke huset. (**å kjøpe**)

15. These verbs are considered *weak* because they add endings to form the past tense, and *irregular* because they exhibit a vowel change.

4. Han ________ meg byen. (å **vise**)
5. Noen av studentene ________ aldri leksene. (å **lese**)
6. Turistene ________ å se seg omkring i byen. (å **begynne**)
7. Jeg ________ av maten. (å **forsyne seg**)
8. Hun ________ ofte interessante historier. (å **fortelle**)
9. De ________ om han ________ i Norge. (å **spørre**/ å **være**)
10. Vi ________ ved bordet. (å **sette seg**)
11. Han ________ aldri regningen. (å **betale**)
12. Hun ________ ham ikke. (å **møte**)
13. Jeg ________ det ikke. (å **glemme**)
14. Vi ________ dem. (å **kjenne**)
15. De ________ hardingfela. (å **spille**)

Oppgave: Skriv om til perfektum.

Eksempel: Verten ringte til gjestene. *Verten har ringt til gjestene.*
1. Gjestene kom.
2. Verten tok dem i hånden og presenterte dem for kona si.
3. De hilste på henne og satte seg i stua.
4. En av gjestene begynte å fortelle en interessant historie.
5. Vertinnen kom inn og sa: "Vær så god."
6. Hun serverte middag.
7. Gjestene brukte lang tid på å spise den deilige maten.
8. De forsynte seg mange ganger og smakte på alt.
9. De glemte ikke å si: "Takk for maten" til vertinnen.
10. Vertinnen svarte: "Velbekomme."

ST. HANS KVELD: Midtsommer i Norge

*** Det regnet om morgenen, men om ettermiddagen skinte sola og Jan og Else kunne feire midtsommernatten ute allikevel. De ringte og inviterte noen venner på seiltur om kvelden. Så skyndte de seg i butikken. De trengte pølser og øl.**

De møtte Rolf og Marit på brygga klokka ni om kvelden, og snart var de på vei til ei lita øy ute i fjorden. Det var mange båter 65

å se — store og små, og de så mennesker rundt omkring på alle øyene. De seilte til Utholmen. Der likte de seg best. Det var langt ute i fjorden. De gikk i land og begynte å samle kvister til et bål. Da de var ferdige, tok Rolf fram gitaren og spilte litt. Alle sang[16] med. 70

Klokka tolv tente de bålet, og nå så de bål på alle øyene, og de hørte sang og latter. De tok fram pølsene og steikte dem på bålet. De spiste dem med brød og drakk[17] øl. Det var et godt måltid. 75

De koste seg ved bålet en stund til før de reiste tilbake til byen. De kom til brygga ved tre-tiden. Da var det allerede lyst. Den lengste dagen i året hadde allerede begynt.

Spørsmål:

1. Hvordan var været om morgenen?
2. Hvordan var været om ettermiddagen?
3. Hvorfor var det hyggelig at været ble bedre?
4. Hvordan skulle Jan og Else feire midtsommernatten?
5. Hvorfor skyndte de seg i butikken?
6. Når møtte de Rolf og Marit?
7. Hvor seilte de? Hvorfor seilte de dit?
8. Hva gjorde de da de gikk i land?
9. Hva gjorde Rolf da de var ferdige?
10. Når tente de bålet?
11. Hva så de da? Hva hørte de?
12. Hva gjorde de med pølsene?
13. Hva gjorde de før de reiste tilbake til byen?
14. Når kom de tilbake til brygga?
15. Hva er St. Hans kveld?

16. *Å SYNGE:* å synge — synger — sang — har sunget
Er det et *sterkt* eller et *svakt* verb? Hvordan vet du det?____________________

17. *Å DRIKKE:* å drikke — drikker — drakk — har drukket
Er det et *sterkt* eller et *svakt* verb? Hvordan vet du det?____________________

DA / / NÅR:

Både *da* og *når* betyr "when."

Nordmenn sier: **den gang — *da***
hver gang — *når*

Vi bruker *da* mest i *imperfektum*.
Vi bruker *når* mest i *presens* og *futurum*.
Som *spørreord* bruker vi alltid *når*.

Eksempler: ***Da* de var ferdige med å samle kvister, tok Rolf fram gitaren.**
***Når* vi skal lage bål, pleier vi å samle kvister.**

Hva gjorde dere *da* dere var i Norge i fjor?
Hva gjør dere *når* dere er i Norge?

***Når* reiste dere til Norge?**
***Når* reiser dere til Norge?**

Oversikt: *Da / / Når:*

da — en gang i fortiden	Da jeg var i Norge i fjor . . .
når — hver gang	Når jeg er i Norge . . .
— presens	Når vi er på skolen . . .
— futurum	Når vi kommer på skolen i morgen . . .
— spørreord	Når kommer du på skolen i morgen?

Oppgave: Sett inn *da* eller *når*.

1. Bestemoren min kom til Amerika ______ hun var sytten år gammel.
2. Det hadde allerede begynt å bli lyst ______ Rolf og Marit kom tilbake til brygga.
3. Hva vil du gjøre ______ du kommer til Norge?
4. Jeg vet ikke ______ de skal komme.
5. Hvordan var været i går ______ du tok bildene?
6. Klokka var tolv ______ de tente bålet.

Øvelse:

Læreren:	*Studentene:*
Jeg *kjøper* mange bøker *når* jeg *er* i butikken.	Vi *kjøpte* mange bøker *da* vi *var* i butikken.
Jeg *reiser* mye *når* jeg *er* i Norge.	Vi *reiste* mye *da* vi *var* i Norge.
Jeg betaler regningen når jeg er ferdig med måltidet.	Vi____________________
Jeg hilser alltid på henne når jeg ser henne.	Vi____________________
Jeg bruker kritt når jeg skriver på tavla.	Vi____________________
Jeg forsyner meg av maten når vertinnen sier: "Vær så god."	Vi____________________
Jeg leser avisen når jeg kommer hjem om kvelden.	Vi____________________
Jeg vil gjerne besøke slektningene mine når jeg kommer til Norge.	Vi____________________

DA:

Da kan bety både "when" og "then":

***Da* han var tre år gammel, lærte han å snakke norsk. ("When he was . . .")**

Familien hans bodde i Norge i fjor. *Da* lærte han mye norsk. ("Then he learned . . .")

Merk ordstillingen:

Da jeg gikk hjem . . . ("When I went home . . .")
Da gikk jeg hjem. ("Then I went home.")
(Når *da* betyr "when," bruker vi vanlig ordstilling; når *da* betyr "then," bruker vi inversjon.)

SÅ:

Så betyr også "then," og vi bruker inversjon når *så* betyr "then":

Jan og Else ringte til noen venner, og så skyndte de seg i butikken.
(". . . and *then* they hurried . . .")

Så kan også bety "so": vi bruker ikke inversjon når *så* betyr "so":

De hadde dårlig tid, så de skyndte seg.
(". . . *so* they hurried . . .")

OVERSIKT OVER ORDSTILLING MED DA OG SÅ[18]:

Verb – Subjekt — "then" (adverb)
/
SÅ \
Subjekt – Verb — "so" (konjunksjon)

Verb – Subjekt — "then" (adverb)
/
DA \
Subjekt – Verb — "when" (konjunksjon)

Øvelse: Oversett til engelsk.

. . . da han gikk på skolen . . . ______________________
. . . da gikk han på skolen . . . ______________________
. . . så gikk han på skolen . . . ______________________
. . . så han gikk på skolen . . . ______________________

18. Note that conjunctions do *not* cause inversion; adverbs *do* cause inversion.

SÅ / / DA:

Både *så* og *da* kan bety "then"; vi bruker *da* når to ting hender samtidig:

De kom til brygga ved tre-tiden.
Da begynte det allerede å bli lyst. (Det begynte å bli lyst ved tre-tiden.)

Været begynte å bli bedre klokka to.
Da ringte de til noen venner. (De ringte til noen venner klokka to.)

Vi bruker *så* når to ting ikke hender samtidig; når det går tid mellom to ting:

Jan og Else ringte til noen venner. (først)
***Så* skyndte de seg i butikken. (etterpå)**

De samlet kvister til et bål. (først)
***Så* tok Rolf fram gitaren og spilte litt. (etterpå)**

Øvelse: (Combine these sentences with *og så* to indicate that time has elapsed between the two occurrences. Begin the first sentence of each pair with the adverb *først*.)

Eksempel: Vi samlet kvister. Vi tente bålet.
Først samlet vi kvister, og så tente vi bålet.

1. Jeg skyndte meg hjem. Jeg ringte til noen venner.
2. Jeg stod opp. Jeg gikk på skolen.
3. Jeg hadde time klokka elleve. Jeg spiste med noen venner.
4. Jan og Else møtte Rolf og Marit på brygga.
   De seilte ut til Utholmen.
5. De koste seg ute på Utholmen. De reiste tilbake til byen.

Øvelse: (Begin the second sentence of each pair with the adverb *da* to indicate that the occurrences happened simultaneously.)

Eksempel: Jeg var i Norge i fjor. Jeg lærte mye norsk.
Jeg var i Norge i fjor. Da lærte jeg mye norsk.

1. Det var varmt i fjor sommer. Sola skinte nesten hver dag.
2. De våknet klokka seks. Det regnet.
3. Vi var hjemme hos dem i går kveld. Vi så bildene fra turen deres.
4. Jan og Else kom tilbake til brygga ved tre-tiden. Det var allerede lyst.
5. Jeg skrev brev til klokka var tolv. Jeg måtte legge meg.
6. Hun var syk i går. Hun kunne ikke gå på skole.

Oppgave: Sett inn *da* eller *så*.

1. Jeg spiste frokost, og ______ skyndte jeg meg til skolen.
2. Det ble bedre vær om ettermiddagen. ______ skinte sola.
3. Hun var i Norge i fjor. ______ hadde hun det svært hyggelig.
4. Jeg stod opp, og ______ spiste jeg frokost.
5. Vi samlet kvister, og ______ tente vi bålet.
6. Vi var hjemme hos ham i går kveld. ______ fortalte han mye om turen sin.
7. Vi gikk på kino i går kveld. Vi så filmen, og ______ drakk vi en kopp kaffe sammen.
8. Vi gikk på kino i går kveld. ______ så vi en riktig god film.

Oversett til norsk.

1. The weather got better, so I called some friends.
2. I saw that the weather was better, and then I called some friends.
3. I called some friends when I saw that the weather was better.
4. It's fun to be in Norway in the summer. Then the nights are light.
5. We can't visit them in the morning. They're at the office then.

6. We were in Norway last year. We visited all our relatives then.
7. We were in Oslo first, and then we traveled to Bergen.
8. They saw many interesting things when they were in Bergen.

STIL: Fortell om en typisk dag.

Fortell hva du gjør om morgenen, når du står opp, spiser frokost, vasker deg, pusser tennene osv.
Fortell når du har timer, når du spiser lunsj, hva du liker å gjøre (eller hva du må gjøre) om ettermiddagen og om kvelden.
Fortell når du legger deg om kvelden, og hva du gjør før du legger deg osv.

Morgenstund har gull i munn.

ORD
Fra 17. kapittel

Substantiver

en aften
en ettermiddag
en formiddag
en gitar
en kvist
(en) latter
en lege
en midtsommernatt
en natt (netter)
en prøve
en seiltur
en time
en trikk
en trikkeholdeplass
en trikkekonduktør
en venn
en venninne
ei pølse
(et) brød
et bål
et døgn
et minutt
et sekund
(et) øl

Navn

St. Hans (sankthans)

Verb

å begynne – begynner – begynte – har begynt
å bli – blir – ble – har blitt
å drikke – drikker – drakk – har drukket
å feire
å fortelle – forteller – fortalte – har fortalt
å invitere (-te, -t)
å kjenne – kjenner – kjente – har kjent
å kose seg (-te, -t)
å samle
å seile (-te, -t)
å selge – selger – solgte – har solgt
å sette – setter – satte – har satt
å skynde seg (-te, -t)
å spørre – spør – spurte – har spurt
å steike (-te, -t)
å synge – synger – sang – har sunget
å telle – teller – talte – har talt
å tenne – tenner – tente – har tent
å vite – vet – visste – har visst

Adjektiv
dårlig (--,-e)
ferdig (--,-e)
ledig (--,-e)
opptatt (--,--)
syk (-t,-e)
tidlig (--,-e)

Adverb
da
for
forresten
fort
fram
først
seint
så
tidsnok

Uttrykk
å stå opp
å bli kjent med
å bli syk
å gå i land
god bedring
å bli student
i alt
å ta fram
rundt omkring
en venn av (meg, deg osv.)

Tidsuttrykk
i morges
i morgen tidlig
i dag tidlig

om
i
på
for . . . siden
av og til

hele + (bestemt form)
  hele uken
neste + (ubestemt form)
  neste uke

om + (bestemt form)
  om kvelden
i + (ubestemt form)
  i kveld

å komme tidsnok
å komme for seint
å ha dårlig tid

ikke på lenge

UNIVERSITETET·I·OSLO

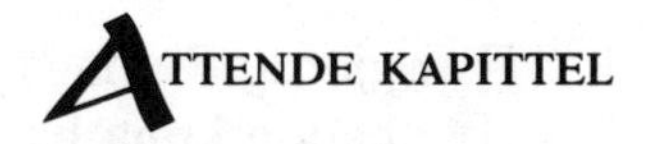

ATTENDE KAPITTEL

SKOLELIVET I NORGE

DA REIDAR VAR OPPE TIL EKSAMEN

* Reidar stod opp med det samme han våknet om morgenen. Det var eksamensdag. Han gikk på badet og vasket seg, laget kaffe og dekket frokostbordet. Så vekket han kona si. Hun hadde arbeidet på en restaurant til klokka ett om natten og var svært trøtt.

Reidar snakket mye mens de spiste. Han orket ikke å tenke på den lange eksamensdagen som ventet ham. Han gikk hjemmefra klokka åtte. Eksamenen skulle begynne klokka ti og vare til klokka sju om kvelden.

Oppgavene var vanskelige, som han hadde ventet, og det var mye å gjøre med dem. Han sukket og begynte å skrive. Han arbeidet til klokka halv to. Da åpnet han matpakken og spiste lunsj. Han ønsket at dagen var over.

Fem timer seinere samlet han sammen papirene og gav[1] dem til inspektøren. Han var svært trøtt. Nå gledet han seg virkelig til et stort glass øl og en sein middag med god rødvin.

1. *Å GI:* å gi — gir — gav — har gitt
Er det et sterkt eller et svakt verb? ____________________

Spørsmål:

1. Hva gjorde Reidar før han vekket kona si?
2. Hva hadde kona hans gjort kvelden før?
3. Hvorfor snakket Reidar så mye da de spiste frokost?
4. Hvor lenge skulle eksamenen vare?
5. Når spiste Reidar?
6. Hvor lenge hadde han arbeidet før han spiste?
7. Hva gjorde han fem timer seinere?
8. Hva gledet han seg til da?

Å GLEDE (SEG TIL):

å glede — gleder — gled*et* — har gled*et*
Er det et sterkt verb eller et svakt verb?____________________

Jeg		**meg**	
Du		**deg**	
Han	***gleder***	**seg**	***til å* komme.**
Hun		**seg**	

Vi		**oss**	
Dere		**dere**	
De	***gleder***	**seg**	***til* det.**
Svein og Jorunn		**seg**	

Spørsmål:

1. Hva gleder du deg til?
2. Har du gledet deg til det lenge?
3. Hva gleder du deg til å gjøre?
4. Hva gledet du deg til i fjor?

VERBETS TIDER (*fortsatt*)

Vi har sett at noen svake verb får *-te* i imperfektum og
-t i perfektum partisipp:

å spis|e
spis|er
spis|*te*
har spis|*t*

Andre svake verb får *-et* i imperfektum og
-et i perfektum partisipp:

å arbeid|e
arbeid|er
arbeid|*et*
har arbeid|*et*

Her er noen verb fra lesestykket om Reidar.
Alle verbene her får *-et* i imperfektum og *-et* i perfektum partisipp.

infinitiv	**presens**	**imperfektum**	**perfektum**
å dekke	dekker	dekk*et*	har dekk*et*
å lage	lager	lag*et*	har lag*et*
å orke	orker	ork*et*	har ork*et*
å snakke	snakker	snakk*et*	har snakk*et*
å samle	samler	saml*et*	har saml*et*
å sukke	sukker	sukk*et*	har sukk*et*
å vaske	vasker	vask*et*	har vask*et*
å vente	venter	vent*et*	har vent*et*
å ønske	ønsker	ønsk*et*	har ønsk*et*
å åpne	åpner	åpn*et*	har åpn*et*

Her er noen av de andre verbene vi har hatt.
De får også *-et* i imperfektum og *-et* i perfektum partisipp:

å arve	arver	arv*et*	har arv*et*
å banke	________	________	________
å behandle	________	________	________
å danse	________	________	________
å dyrke	________	________	________
å feire	________	________	________
å håpe	________	________	________
å koste	________	________	________
å lukke	________	________	________
å melke	________	________	________
å pusse	________	________	________
å regne	________	________	________
å samle	________	________	________
å sovne	________	________	________
å stave	________	________	________
å stoppe	________	________	________
å takke	________	________	________
å tulle	________	________	________

Øvelse: Lag setninger i presens, imperfektum og perfektum.

1. Han ________ til en tur til Norge. (*å glede seg*)
2. Hun ________ ikke vinduet. (*å åpne*)
3. Vi ________ ute på den lille øya. (*å feire*)
4. Jeg ________ ikke å skrive brev på norsk. (*å orke*)
5. De ________ oss ikke. (*å vekke*)
6. Bøndene ________ ikke hvete. (*å dyrke*)

Å VEKKE / / Å VÅKNE:

å vekke – vekker – vekk*et* – har vekk*et*
å våkne – våkner– våkn*et* – har våkn*et*

Reidar **våknet**.	**Å våkne** er *intransitivt*. Det tar *ikke objekt*.
Reidar **vekket** kona si.	**Å vekke** er *transitivt*. Det tar *objekt*.
Jeg pleier	**å våkne** klokka åtte.
Robert pleier	**å vekke** kona si klokka halv ni.

Oppgave: Sett inn den riktige formen av *å våkne* eller *å vekke*.

1. Når skal du ______ barna?
2. Barna pleier å ______ seint om morgenen.
3. Når ______ du i morges?
4. ______ du noen da du stod opp?
5. Har de ______ foreldrene sine ennå?

PLUSKVAMPERFEKTUM:

Reider *vekket* kona si. Hun *hadde arbeidet* på en restaurant til kl. ett.
(imperfektum) *(pluskvamperfektum)*

Vi bruker *pluskvamperfektum* for å fortelle om ting som skjedde *før* det som skjedde i imperfektum.

Andre eksempler:
Oppgavene *var* vanskelige, som han *hadde ventet*.
Vi *gikk* på kino, men Per *kom* ikke fordi han *hadde sett* filmen før.

Oppgave: Sett inn den riktige formen av verbet.

1. Alle ________ da jeg ______.
   (*had eaten*) (*came*)
2. Han ________ på døra mange ganger før hun ______
   (*had knocked*) (*opened*)
   den.
3. Jeg ________ at de ________ lenge.
   (*could see*) (*had waited*)
4. Sola ______ og vi ________ midtsommernatten ute
   (*shone*) (*could celebrate*)
   som vi ______.
   (*had hoped*)
5. Han ______ at bøkene ______ mange penger.
   (*said*) (*had cost*)
6. De ______ seint neste morgen.
   (*woke up*)
   De ________ til klokka to om natten.
   (*had danced*)

VI REPETERER: Da / / så — da / / når:

1. Reidar laget kaffe og ____________ kona si.
   (*then he woke*)
2. Hun var trøtt ________ fordi hun hadde arbeidet til seint
   (*then*)
   om natten.
3. Hun hadde arbeidet til klokka ett ____________ trøtt.
   (*so she was*)
4. Han skrev til klokka halv to. ____________________
   (*Then–at 1:30–he opened*)
   matpakken.
5. __________ han var ferdig med oppgavene, gav han
   (*When*)
   papirene til inspektøren.
6. Han tenkte: "Jeg skal ha et glass øl ________ jeg kom-
   (*when*)
   mer hjem."

Øvelse:

Læreren:	*Studentene:*
Jeg *lager* middag *når* jeg *kommer* hjem.	Vi *laget* middag *da* vi *kom* hjem i går.
Jeg lukker vinduet når jeg står opp.	Vi____________
Jeg sovner når klokka er tolv.	Vi____________
Jeg vekker barna mine når jeg våkner.	Vi____________
Jeg orker ikke å spise mer når jeg er mett.	Vi____________
Jeg danser mye når jeg feirer St. Hans kveld.	Vi____________
Jeg gleder meg til å reise når jeg er hjemme.	Vi____________
Jeg åpner døra når han banker på.	Vi____________
Jeg koser meg når jeg er i Norge.	Vi____________
Jeg samler kvister når jeg skal lage et bål.	Vi____________
Jeg forteller dem om alt når jeg ser dem.	Vi____________
Jeg vet at han er trøtt når han kommer hjem.	Vi____________
Jeg setter meg ved bordet når vertinnen sier: "Vær så god."	Vi____________
Jeg melker kuene når jeg arbeider på gården.	Vi____________

LITT OM UNIVERSITETENE I NORGE

Det er fire universiteter i Norge. Universitetet i Tromsø er i Nord-Norge, Universitetet i Bergen er på Vestlandet, Universitetet i Trondheim er i Trøndelag, og Universitetet i Oslo er på Østlandet. Universitetet i Oslo ligger egentlig på to steder i Oslo. 20 Det gamle universitetet fra 1811 ligger nede i sentrum, og det nye universitetet ligger på Blindern, et lite stykke utenfor sentrum. Nesten alle studenter er nå på Blindern.

Det er ikke dyrt å studere ved et universitet i Norge, og det er lett for norske studenter å få lån fra staten mens de studerer. 25

Spørsmål:

1. Hvor mange universiteter er det i Norge?
2. Hva heter de fire universitetene i Norge?
3. Hva heter landsdelene i Norge?
4. Hvor (i hvilken landsdel) ligger Oslo?
5. Hvor ligger Bergen?
6. Hvor ligger Kristiansand? (Se kartet.)
7. Hvor ligger Trondheim?
8. Hvor ligger Tromsø?
9. Er hele universitetet på ett sted i Oslo?
10. Er det dyrt å studere ved et universitet i Norge?
11. Hva får mange norske studenter mens de studerer?
12. Er det dyrt å studere ved et universitet i ditt land?

DE FEM LANDSDELENE

Østlandet
Vestlandet
Sørlandet
Trøndelag
Nord-Norge

Oslo ligger *på* Østlandet.
Bergen ligger *på* Vestlandet.
Kristiansand ligger *på* Sørlandet.
Trondheim ligger *i* Trøndelag.
Tromsø ligger *i* Nord-Norge.

Universitetet i Oslo
ligger på Østlandet.

Universitetet i Bergen
ligger på Vestlandet.

Universitetet i Trondheim
ligger i Trøndelag.

Universitetet i Tromsø
ligger i Nord-Norge.

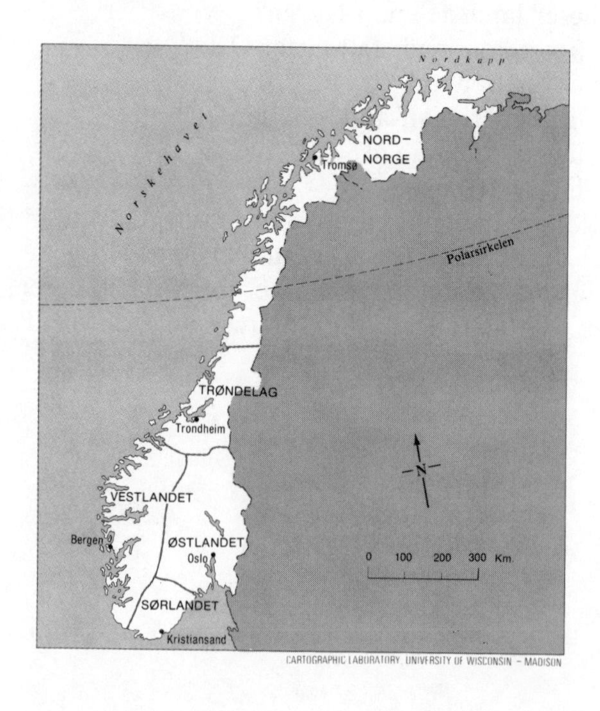

CARTOGRAPHIC LABORATORY, UNIVERSITY OF WISCONSIN – MADISON

UNIVERSITETET I OSLO

Det nye universitetet på Blindern er et stort og moderne sted. Det er nesten en liten by for studentene. Det er en enorm kafeteria der med en stor grill og en liten restaurant. Kafeteriaen, som heter Frederikke, er et populært sted.

Studentene kan kjøpe mat i kolonialen, de kan kjøpe bøker og papir i bokhandelen, og de kan klippe håret hos dame- og herrefrisøren. Studentene kan kjøpe aviser og blad, tobakk og sjokolade i kiosken, de kan kjøpe frimerker og sende brev på postkontoret, og de kan kjøpe billetter — togbilletter, båtbilletter og flybilletter — i reisebyrået. Studentene finner nesten alt de trenger på Blindern. Men de kan ikke bo der — studentbyene ligger et stykke fra universitetet. 30 35

Forelesningssalene er også på Blindern. De ligger i over tretti forskjellige bygninger på Blindern. Universitetet er stort. Det er over 20.000 studenter der. 40

Det er ikke ett stort bibliotek på Blindern, men mange lesesaler hvor studentene sitter og leser. Lesesalene er i de forskjellige bygningene. Det er én stor lesesal for tysk-, fransk-, norsk- og engelskstudenter, én lesesal for matematikkstudenter, én for psykologistudenter og én for sosiologistudenter og studenter fra andre samfunnsfag. Fagbøkene er på lesesalen, og studentene finner nesten alle bøkene de trenger der. De kan også dra[2] ned til sentrum til Universitetsbiblioteket (eller UB, som studentene pleier å kalle det) hvis de trenger andre bøker. 45

Spørsmål:

1. Hvor kan studentene spise på det nye universitetet?
2. Kan studentene kjøpe mat der også?
3. Hvor kjøper de bøker og papir?

2. Å DRA: å dra — drar — drog — har dratt

4. Kan de klippe håret også på Blindern?
5. Er det et sted hvor de kan kjøpe aviser og blad, tobakk og sjokolade?
6. Hva gjør de på postkontoret?
7. Hva slags billetter kjøper de i reisebyrået?
8. Er studentbyene også på Blindern?
9. Hvor leser studentene?
10. Hvor er det store biblioteket?

Merk:

et universitet	**universitet*er***
universitet*et*	**universitet*ene***

STIL: Skriv om universitetet hvor du studerer.

Å BO PÅ STUDENTBYEN ELLER PÅ HYBEL

Astrid bodde på Studentbyen på Sogn da hun var student. Hun bodde i en leilighet som hun delte med fire andre. Hun hadde sitt eget soveværelse, men hun delte kjøkkenet og badet med de andre. Hver uke måtte en av dem være "ordensmann." "Ordensmannen" vasket golvet og gjorde reint i leiligheten. Astrid likte godt å bo på studentbyen. "Det er et godt sted å bo, og det er nær universitetet," pleide hun å si når vennene spurte henne om det. Astrid kunne gå fra studentbyen til Blindern. Det tok henne bare femten minutter å gå dit. 50 55

Sverre studerte også ved Universitetet i Oslo, men han fikk ikke bo på en av studentbyene. Det var dessverre ikke plass da han var student. Han måtte bo på hybel. Han leide et værelse hos en familie i byen. Han fikk bruke familiens kjøkken, og han 60

laget ofte en liten frokost der, men han pleide å spise middag på universitetets kafeteria. Sverre kunne ikke gå til universitetet. Han måtte ta både buss og trikk for å komme dit, for han eide ikke bil da. Han ønsket ofte at han kunne bo på en av studentbyene, men hvert semester han prøvde å komme inn, var alle værelsene allerede opptatt. 65

Spørsmål:

1. Hvor bodde Astrid da hun var student?
2. Hvor mange andre delte hun leiligheten med?
3. Måtte hun dele soveværelset?
4. Hva gjorde hun da hun var "ordensmann"?
5. Hvorfor likte Astrid å bo på studentbyen?
6. Hvor lang tid tok det henne å gå til forelesningene på Blindern?
7. Hvor bodde Sverre da han var student?
8. Hvor pleide han å spise måltidene sine?
9. Kunne han gå til universitetet?
10. Hadde han ikke lyst til å bo på studentbyen?
11. Hvor bor du mens du studerer?
12. Hvor lang tid tar det deg å komme til forelesningene?

MERK[3]:

min *egen* stol **mitt *eget* værelse** **mine *egne* bøker**

Spørsmål:

1. Har du ditt eget værelse eller må du dele med andre?
2. Har du din egen bil?
3. Kjøper du dine egne bøker eller pleier du å låne de bøkene du trenger fra biblioteket?

3. When the adjective *egen* is used, the possessor must always precede the object owned. Note also that there is no definite form of *egen* that is used after possessive – cf. *mitt sultne barn*, but *mitt eget barn*.

MER OM VERBETS TIDER:

Svake verb som ender i en trykksterk vokal (f.eks. *å bo, å bety*) får *-dde* i imperfektum og *-dd* i perfektum partisipp:

å bo
bor
bo*dde*
har bo*dd*

Andre eksempler:

å bety	**betyr**	**bety*dde***	**har bety*dd*,**	"to mean, signify"
å kle	**kler**	**kle*dde***	**har kle*dd***	**(på seg),** *"to get dressed"*
				(av seg), *"to get undressed"*
å skje	**skjer**	**skje*dde***	**har skje*dd*,**	*"to happen"*
å tro	**tror**	**tro*dde***	**har tro*dd*,**	"to think, believe"

Oppgave: Sett inn den riktige formen av verbet.

1. Hvor lenge har du ________ i Oslo? (**å bo**)
2. Mens vi var i Norge, ________ vi på hotell. (**å bo**)
3. Jeg stod opp, ________ og ________. (**å vaske seg, å kle på seg**)
4. Han ________ vi var nordmenn da han så oss. (**å tro**)
5. Jeg visste ikke hva det ________. (**å bety**)
6. Nå vet jeg hva det ________. (**å bety**)
7. Hva ________ da han kom så seint? (**å skje**)
8. Det ville jeg aldri ha ________. (**å tro**)
9. Ingen visste at det hadde ________. (**å skje**)
10. De hadde allerede ________ og ________ da vi kom. (**å kle på seg, å spise**)

ENDA MER OM VERBETS TIDER:

Verb som ender i en *diftong* (f.eks. *å pleie*) eller
en -*v* (f.eks. *å prøve*) får -*de* i imperfektum og
-*d* i perfektum partisipp:

å plei|e	**å prøv|e**
plei|er	**prøv|er**
plei|*de*	**prøv|*de***
har plei|*d*	**har prøv|*d***

Andre eksempler:

å eie	**eier**	**ei*de***	**har ei*d***
å leie	**leier**	**lei*de***	**har lei*d***
å leve	**lever**	**lev*de***	**har lev*d***

Oppgave: Sett inn den riktige formen av verbet i parentes.

1. Jeg ________ å ringe til deg mange ganger i går kveld. (**å prøve**)
2. Morfar ________ fra 1835–1899. (**å leve**)
3. Jeg ________ å ta trikken da vi bodde i Oslo. (**å pleie**)
4. Hvem ________ huset før dere kjøpte det? (**å eie**)
5. Hvor lenge har dere ________huset? (**å eie**)

OVERSIKT: DET ER FIRE KLASSER AV SVAKE VERB.

I.	**(A)**	**å spise**	**spiser**	**spis*te***	**har spis*t***
	(B)	**å begynne**	**begynner**	**begyn*te***	**har begyn*t***
II.		**å snakke**	**snakker**	**snakk*et***	**har snakk*et***
III.		**å tro**	**tror**	**tro*dde***	**har tro*dd***
IV.		**å prøve**	**prøver**	**prøv*de***	**har prøv*d***
		å pleie	**pleier**	**plei*de***	**har plei*d***

Oppgave: Sett inn den riktige formen av verbet.

En svært hyggelig fest

Marit og Rolf skulle ha en fest om kvelden. Marit hadde _____ *(å stå)* på kjøkkenet hele dagen og _______ *(å lage)* mye deilig mat. Rolf hadde _______ *(å dekke)* bordet, og nå _______ *(å vente)* de på gjestene sine. Gjestene _________________ *(å begynne/å komme)* ved seks-tiden. Rolf og Marit __________ *(å ta)* dem i hånden og _______ *(å ønske)* dem velkommen da de ___________ *(å komme)*. Alle _________ *(å kjenne)* hverandre riktig godt, og de _______ *(å vite)* at de ville ______ *(å få)* det hyggelig — det _________ *(å gjøre)* de alltid når de _______ *(å være)* sammen. Etter en liten stund _______ *(å si)* Marit: "Vær så god," og alle ___________ *(å sette seg)* ved bordet. De _____________ *(å forsyne seg)* av den deilige maten som Marit hadde _______ *(å lage)* og de _______ *(å spise)* og _________ *(å drikke)* og _______ *(å ha)* det hyggelig. Etter måltidet _______ *(å gå)* de inn i stua. De ____________ *(å pleie/å sitte)* og ________ *(å snakke)* lenge, og det ________ *(å gjøre)* de da også. Men da klokka ________ *(å bli)* tolv, måtte gjestene ________ *(å gå)*. Da gjestene hadde ________ *(å gå)*, ___________ *(å begynne)* Rolf ___________ *(å vaske opp)*, og Marit _________ *(å prøve)* _________ *(å gjøre)* litt reint i leiligheten. De __________ *(å arbeide)* lenge. Til slutt _________ *(å gå)* de inn i soveværelset, _______ *(å kle)* av seg og _______ *(å sovne)*, trøtte men glade. Det hadde _______ *(å være)* en svært hyggelig fest.

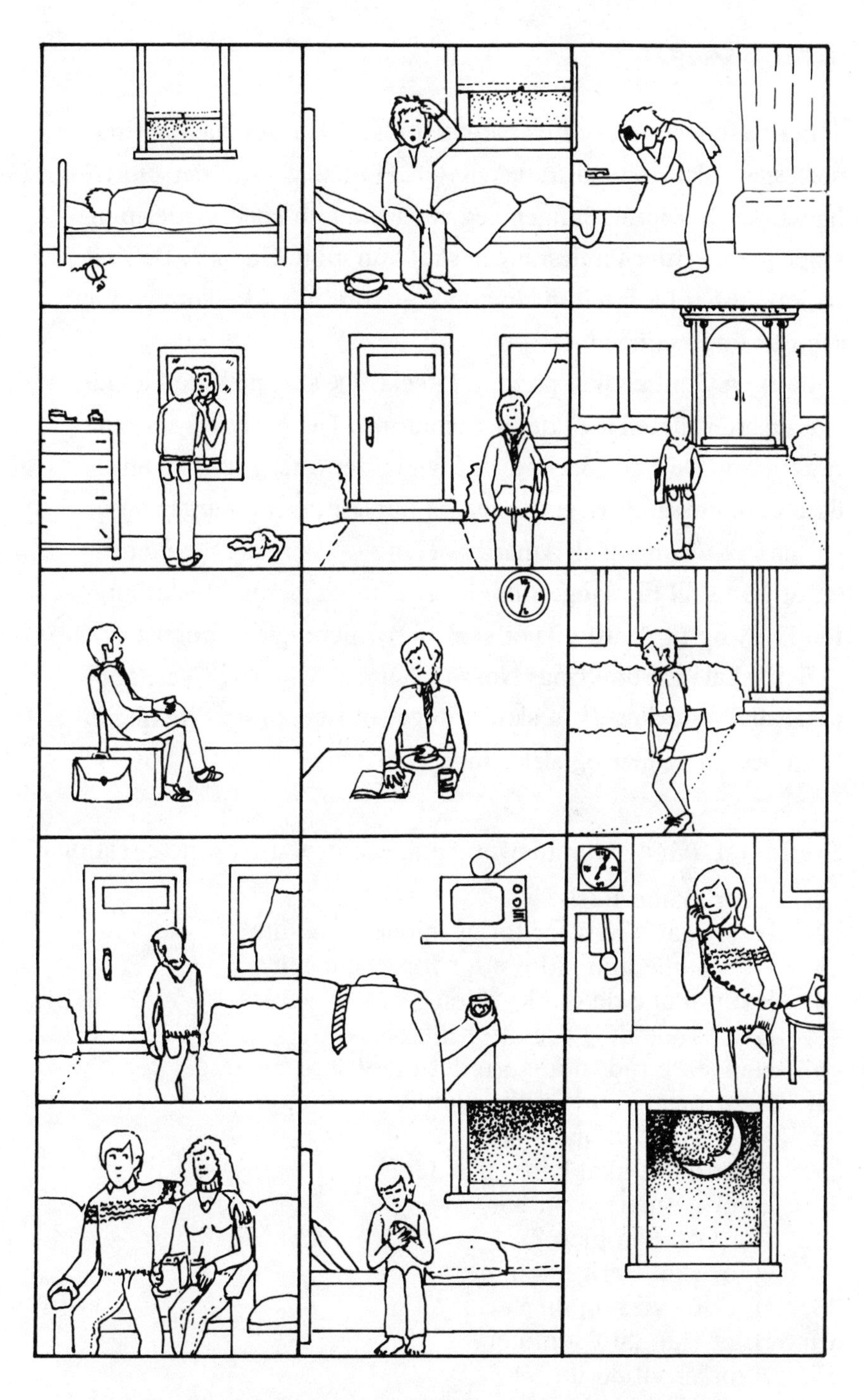

Lag en liten historie av bildene. Bruk imperfektum.

BERIT SKAL UT

* **Berit studerer ved universitetet i Oslo. Hun er hjemme nå, men snart skal hun til universitetet. Hun skal være der om en halv time. Før forelesningen begynner må hun i bokhandelen og kjøpe papir. Etter forelesningen skal hun møte Gunnar. De skal på kafé. Men nå må hun skynde seg. Hun må ikke komme for seint til forelesningen.** 70

Berit og Gunnar skal på kino i kveld. De skal på kino klokka sju, og etter filmen skal de på restaurant. Det er dyrt å spise på restaurant. De har ikke råd til å gjøre det ofte. I kveld kan de ikke være ute seint. Begge to må på forelesninger i morgen også. 75

I juni skal Gunnar til Amerika. Han skal være der i to måneder, og han skal til mange store byer. Han vil gjerne til Washington D.C. og til Seattle. Han skal ta fly hjem igjen i august. 80

Berit skal reise omkring i Norge i sommer. Hun vil til Vestlandet og til Trøndelag. Hun skal ta toget til Bergen og Trondheim for å besøke venner og slektninger.

Spørsmål: (Give your answers in the same tense as the questions.)

1. Hvor skulle Berit?
2. Hvor måtte hun før forelesningen begynte?
3. Hva skulle hun gjøre etter forelesningen?
4. Hvor skulle de om kvelden?
5. Hva skulle de gjøre etter filmen?
6. Hadde de råd til å gjøre det ofte?
7. Hvorfor måtte de tidlig hjem?
8. Hvor skal Gunnar i juni?
9. Hvor lenge skal han være der?
10. Hvor i Amerika vil han?
11. Når skal han hjem?
12. Hvor skal Berit i sommer?
13. Hvorfor vil hun dit?
14. Hvor skal du i sommer?
15. Hvorfor vil du dit?

MERK: *Utelatelse av bevegelsesverbet*

Berit *skal til universitetet*.
Hun *må i bokhandelen* før forelesningen begynner.
Gunnar og hun *vil på kino* i kveld.

På norsk kan vi utelate *bevegelsesverbet* hvis setningen har:
(1) et modalt hjelpeverb *og*
(2) et sted eller et tilstedsadverb.

Andre Eksempler:

		ut.[4]			på kino.
	skal	inn.		skal	på universitetet.
	vil	opp.		vil	i bokhandelen.
	må	ned.		må	på kafé.
Hun	skulle	hjem.	Han	skulle	på restaurant.
	ville	bort.		ville	til Amerika.
	måtte	hit.		måtte	til mange store byer.
		dit.			til Washington.
					til Vestlandet.
					til Trøndelag.

Oppgave: Ta ut bevegelsesverbet hvis det er mulig.

1. Han vil gå ut. Han ville gå til byen.
2. Han gikk ut. Han skulle gå ut.
3. Han går på skolen.
4. Skal dere gå på kino i kveld?
5. Når skal du gå til universitetet i dag?
6. De måtte gå hjem for en time siden.
7. Vi skulle reise til Norge.
8. Hver sommer reiser de til Norge.
9. Jeg kunne ikke komme hjem før klokka ti.
10. Nå må jeg gå hjem.

4. Note that the verb of motion may be omitted only when the modals *skal, vil,* or *må* are present (in any tense) and when a *destination* is indicated. Note that the destination may be replaced by *hvor* in a question: *Hvor skal du?*

Å HA RÅD TIL:

Vi *har* ikke *råd til å* reise til Norge.
Vi *har* ikke *råd til* en tur til Norge.
***Har* dere *råd* til den dyre turen til Norge?**

Han *hadde* ikke *råd til å* kjøpe en ny bil.
Han *hadde* ikke *råd til* en ny bil.
***Hadde* han *råd* til den nye bilen?**

Oppgave: Sett inn *har råd til* eller *har råd til å*.

1. ________du ________________________det nye huset?
2. De ______________________________spise på restaurant.
3. Hun ______________________________de nye klærne.
4. Jeg _______ ikke _______________kjøpe noen nye klær.

Spørsmål:

1. Hva har studenter råd til?
2. Hva har studenter ikke råd til?
3. Har du råd til å spise på restaurant ofte?
4. Har du råd til å reise til Norge i sommer?
5. Skal du til Norge i sommer?

VI ØVER OSS:

*** A. Morn. Hvor går du?**
B: Jeg må til reisebyrået for å hente noen billetter.
A: Å? Skal du ut og reise?
B: Ja, jeg skal til Norge neste måned.
A: Sier du det? Hvilke steder skal du besøke mens du er der?
B: Jeg vil til Oslo, Bergen og Trondheim for å se museene.
A: Men skal du ikke opp til Nord-Norge? Jeg har hørt at det er svært vakkert der oppe.
B: Jo, jeg skal kanskje dit, hvis jeg finner at jeg har råd til det.
A: Jeg håper du har en hyggelig tur.
B: Tusen takk for det. Ha det bra.

FOR SPESIELT INTERESSERTE:

LITT OM FAG OG STUDIER

Sverre studerer teologi. Han skal bli prest i den lutherske statskirken i Norge. Han må studere i omtrent sju år for å bli prest. 85

Berit studerer filologi. Hun studerer språk og historie. Hun skal bli lektor — lærer i den videregående skole. Hun må studere i omtrent sju år for å bli lektor. 90

Gunnar studerer realfag. Han studerer matematikk, fysikk og kjemi. Gunnar skal bli adjunkt — lærer i ungdomsskolen. Han må studere i omtrent fire år for å bli adjunkt.

Torhild studerer medisin. Hun skal bli lege. Mange medisinstudenter må studere i utlandet. Det er ikke plass til alle i Norge. 95 Torhild er heldig. Hun kan studere medisin i Oslo. Hun har alltid hatt meget gode karakterer på skolen. Hun må studere lenge for å bli lege. Hun må studere i omtrent åtte år.

Dagny studerer jus. Hun skal bli advokat. Hun har forelesninger ved det gamle universitetet i Oslo sentrum. Hun må studere i 100 omtrent seks år for å bli advokat.

Det er mange høgskoler i Norge også. Noen høgskoler er pedagogiske høgskoler (lærerskoler), og noen er handelshøgskoler. Det er mange nye distriktshøgskoler i Norge også. På distriktshøgskolene kan en studere mange forskjellige fag. 105

Studentene i Norge har ofte lange eksamener. Eksamenene kan vare opp til ti timer. Det er ofte en muntlig del i tillegg til den skriftlige delen av eksamenen.

HVA STUDERER DU?

NOEN FAG

amerikansk
astronomi
biologi
elektroniskdatabehandling
(EDB)
engelsk
farmasi
filologi
filosofi
fonetikk
forretningsadministrasjon
fransk
fysikk
geografi
geologi
gresk
gymnastikk og idrett
hebraisk
historie
jus
kjemi
kunsthistorie
matematikk
musikk
pedagogikk
psykologi
russisk
sosiologi
spansk
språkvitenskap
statsvitenskap
sykepleie
teatervitenskap
teologi
tysk
økonomi

HVA GJØR DU? (HVA SKAL DU BLI?)

NOEN YRKER[5]

Jeg er:	arkitekt	postbud
Jeg skal bli:	advokat	snekker
	bonde	urmaker
	lærer	sosialarbeider
	husmor	psykolog
	forretningsmann	bibliotekar
	kontordame	ingeniør
	sekretær	sjåfør
	selger	bankkasserer
	kjøpmann	vaktmester
	sykepleierske/ sykepleier	reingjøringsbetjent
	lege	veiarbeider
	tannlege	anleggsarbeider
	prest	fabrikkarbeider
	friserdame	pensjonist
	barber	

Jeg arbeider:	på en fabrikk
Jeg har lyst til å arbeide:	på en skole
Jeg vil gjerne arbeide:	på en restaurant
	på et hotell
	i en butikk
	på et kontor
	på en gård
	på et sykehus
	hjemme
	ute (i friluft)

5. We have seen that no article is used with professions (in constructions with *er* and *bli*). However, if an adjective modifying that profession is present, the article must be used:

Han er lærer. Han er en god lærer.
Hun er student. Hun er en dårlig student.
Hun har tenkt å bli lege.
Hun blir sikkert en berømt lege.

FRA HVERDAGSLIVET I NORGE: SKOLESYSTEMET

7–13 år gammel	14–16 år gammel	17–19 år gammel	over 19 år gammel
barneskole (elev) 1.–6. klasse	*ungdomsskole* (elev) 7.–9. klasse	*videregåendeskole*[6] (elev) 1.–3. klasse Examen artium	*universitet* (student) eller *høgskole* (student)
obligatorisk			

Barneskolen og ungdomsskolen:

Barna i Norge begynner på skolen når de er sju år gamle. De går på barneskolen de første seks årene og etterpå går de på ungdomsskolen som varer i tre år. Alle barn i Norge må avslutte ungdomsskolen.

Etter ungdomsskolen:

Etter ungdomsskolen går noen elever ut i arbeidslivet. Andre elever begynner på videregåendeskole. Der kan de velge mellom teoretiske og praktiske fag. Ved slutten av det tredje året tar elevene på videregåendeskole en lang og viktig offentlig eksamen. Resultatene av denne eksamenen bestemmer om de kan komme inn på universitetet. Noen elever går et år på folkehøgskole før de fortsetter sin skolegang eller går ut i arbeidslivet.

En folkehøgskole er nesten som et lite samfunn. Elevene bor og spiser på skolen, og lærerne er ofte der også. Elevene arrangerer møter og underholdning om kvelden. Elevene kommer fra forskjellige deler av landet, og noen folkehøgskoler har elever fra andre land. Det er omtrent 80 folkehøgskoler i Norge. Nesten alle ligger på landet. Det pleier ikke å være eksamener eller karakterer på folkehøgskolen. Elevene må være minst 17 år for å begynne på en folkehøgskole. De går på folkehøgskolen bare ett år, og de kan velge mellom svært mange fag.

Den som intet våger, intet vinner.

6. *Videregåendeskole* has replaced the former *gymnas* and *yrkeskole*.

ORD
Fra 18. kapittel

Substantiver

en bil
en billett
en bokhandel
  (bokhandler)
en eksamen
en forelesning
en frisør
en grill
en hybel (hybler)
en inspektør
en kafeteria
en kolonial

en landsdel
en leilighet
en lesesal
(en) matematikk
en matpakke
en oppgave
(en) plass
(en) psykologi
en slutt
(en) sosiologi
en stat
en tobakk

et bibliotek
et blad
et fag
et fly
et hår
et lån
et postkontor
et reisebyrå
et samfunn (samfunn)
et semester (semestre)

Verb

å bety (-dde, -dd)
å bo (-dde, -dd)
å dele (-te, -t)
å dra – drar
  – drog – har dratt
å eie (-de, -d)
å gi – gir
  – gav – har gitt
å glede (-et, -et)
å hente (-et, -et)
å kle (-dde, -dd)

å klippe (-et, -et)
å leie (-de, -d)
å leve (-de, -d)
å orke (-et, -et)
å pleie (-de, -d)
å prøve (-de, -d)
å skje (-dde, -dd)
å tro (-dde, -dd)
å vare (-te, -t)
å våkne (-et, -et)
å åpne (-et, -et)

Adjektiv

egen – eget – egne
enorm (-t, -e)
forskjellig (--, -e)
fransk (--, -e)
lett (--, -e)
sein (-t, -e)
vanskelig (--, -e)

Preposisjoner

hjemmefra
nær

Adverb

egentlig
virkelig

Landsdelene

(i) Nord-Norge
(på) Sørlandet
(i) Trøndelag
(på) Vestlandet
(på) Østlandet

Uttrykk

å klippe håret
med det samme
å glede seg til (noe, å gjøre noe)
å kle på seg
å kle av seg
å ha råd til (noe, å gjøre noe)
å gjøre reint
å bo på hybel
å være oppe til eksamen
å dekke bordet
begge to

Familien Norvik

NITTENDE KAPITTEL

"VI KOMMER SENT, MEN VI KOMMER GODT"[1]

EN TELEFONSAMTALE

(Klokka er sju om kvelden. Telefonen ringer hjemme hos Norviks. Finn, sønnen i huset, kommer og tar telefonen.)

* Finn:	Hallo, det er hos Norvik.	1
Bakke:	Hallo, Finn, dette er onkel Arne. Er din far hjemme?	
Finn:	Hallo, onkel Arne. Ja, han er inne. Et øyeblikk. Far! Det er til deg. Onkel Arne vil snakke med deg. Onkel Arne, far kommer om et øyeblikk.	 5
Norvik:	Hallo, er det deg, Arne?	
Bakke:	Ja, hallo, Johs, hvordan går det?	
Norvik:	Bare bra, takk. Og med deg?	
Bakke:	Takk, bra. Har dere mye å gjøre nå?	10
Norvik:	Vi har alltid litt å gjøre, vet du. Arbeider du på låven nå?	
Bakke:	Nei, jeg skal begynne på mandag. Golvet er dårlig og trenger reparasjon, men Ingeborg og jeg vil gjerne se dere her snart. Kan dere komme en tur på søndag?	 15
Norvik:	Søndag om tre dager? Ja, takk, vi kommer gjerne, vi. Skulle vi komme ved fem-tiden?	

1. The title is a well-known quotation from the nineteenth century novel *Skipper Worse* by Alexander Kielland (1849–1906) (sent = seint).

Bakke: **Så seint? Kan dere ikke komme ved fire-tiden?**
Vi kan sitte ute og drikke kaffe, hvis været er bra. 20
Norvik: **Takk for det, Arne. Vi kommer ved fire-tiden**
på søndag. Vi gleder oss til å komme.
Takk for innbydelsen.
Bakke: **Ingen årsak. Det var[2] hyggelig at dere kan komme.**
Morn da. 25
Norvik: **Morn da.**

Spørsmål: Bruk imperfektum i svarene.

1. Hvem ringte til Norvik?
2. Hvem tok telefonen?
3. Når skulle Norviks besøke familien Bakke?
4. Når på dagen skulle de komme?
5. Hva skulle de gjøre hvis været var bra?
6. Gledet de seg til å komme?

HVIS / / OM[3]:

Svein sa: "Vet du *om* trikken har gått?"
Bakke sa: "Vi kan sitte ute *hvis* været er bra."

Oppgave: Sett in *hvis* eller *om*.

1. Hva skal vi gjøre _______ det regner?
2. Han visste ikke _______ vi skulle komme.
3. Vi kommer bare _______ det blir pent vær.
4. De skal komme _______ været er pent eller ikke.
5. Vil du snakke med far? Et øyeblikk, jeg skal se _______ han er hjemme.
6. Du kan snakke med ham _______ han er hjemme.

2. Norwegian sometimes uses *var* instead of *er* in expressions such as this for extra emphasis. After the first bite of food they might say, "*Det var godt.*"

3. "If" may be translated by either *om* or *hvis*. *Om* must be used when "if" could be replaced by "whether": *Vet du om det skal regne i morgen?" Hvis* is usually used when stating conditions: *Vi kan ikke sitte ute hvis det regner i morgen*, but *om* may also be used instead of *hvis*. *Vi kan ikke sitte ute om det regner.*

VI LÆRER FAMILIEN NORVIK Å KJENNE

* Familien Norvik bor i Oslo. De kom til byen for ti år siden. Johs Norvik er broren til fru Bakke. Hans kone heter Bjørg. Ekteparet Norvik har vært gift i atten år. De har to barn, en sønn som heter Finn og en datter som heter Halldis. Både Johs og Bjørg jobber. Johs er formann på en stor fabrikk som lager fine møbler. Han begynner klokka åtte om morgenen og er hjemme kvart over fem om ettermiddagen. Han har lunsjpause midt på dagen fra klokka halv tolv til kvart over tolv. Han pleier å spise et par brødskiver på jobben. Johs arbeider ikke i helgen. 30 35

Bjørg arbeider i et stort ukeblad i byen. Hun arbeider heller ikke i helgen, men på hverdager begynner hun klokka ni og arbeider til klokka fire. Fru Norvik tjener godt, og hun liker jobben. Hun har hatt den i tre år.

Finn er sytten år gammel. Han er elev på den videregående skole. Han vil bli mekaniker. Han liker biler, men han kan ikke kjøre ennå. Han må vente til han er atten år. 40

Halldis er femten år gammel og er elev på ungdomsskolen. Når hun er seksten, skal hun begynne på den videregående skole. Hun vil bli urmaker. 45

Familien Norvik liker seg i Oslo. De liker leiligheten, og de har mange hyggelige venner. Leiligheten deres har tre soveværelser, ei stue, et bad og et kjøkken. Den er i sjette etasje og har også en liten veranda. Hele familien Norvik er glad i å sitte der ute når været er pent. 50

Spørsmål:

1. Hvor lenge har familien Norvik bodd i Oslo?
2. Hvor lenge har ekteparet Norvik vært gift?
3. Hvor mange barn har de?
4. Hva gjør Norvik?
5. Jobber han i helgen?
6. Hva gjør fru Norvik?
7. Jobber hun i helgen?
8. Tjener hun godt?
9. Hvor lenge har hun hatt jobben?
10. Hva gjør Finn?
11. Hva vil han bli?
12. Hvorfor kan han ikke kjøre ennå?
13. Hva gjør Halldis?
14. Hva vil hun bli?
15. Fortell om leiligheten til familien Norvik.

Å VÆRE GLAD I:

Han liker henne. → **Han *er glad i* henne.**
Hun liker ham. → **Hun *er glad i* ham.**

Han liker barn. → **Han *er glad i* barn.**
Hun liker å være ute. → **Hun *er glad i* å være ute.**

Vi liker mat. → **Vi *er glad i* mat.**
De liker å spise. → **De *er glad i* å spise.**

Spørsmål:

1. Hva er du glad i? ______________________________
2. Hva er du glad i å gjøre? ______________________________
3. Hvor er du glad i å være? ______________________________

(Det er søndag. Johs og Bjørg Norvik med Halldis og Finn kommer til gården Bakke.)

Bakke:	God dag! Velkommen til oss!	
	Ingeborg, Norviks har kommet! Du må koke kaffe!	
Ingeborg:	Kaffen er ferdig. Jeg kommer om et øyeblikk.	
Norvik:	God dag. Ja, her er vi endelig. Vi kommer	
	for seint, som vanlig.	55
Bakke:	"Bedre seint enn aldri," vet du.	
	Klokka er forresten bare ti på halv fem.	
Norvik:	Det skal smake med kaffe nå.	
Bjørg:	Jeg gleder meg til kakene også. Vi får alltid	
	så mye godt her. God dag, Ingeborg.	60
Ingeborg:	God dag, alle sammen! Velkommen skal dere	
	være! Skal vi sette oss? Kaffen er servert.	
Bakke:	Ja, vi setter oss. Du, Bjørg, du kan sitte ved	
	siden av meg.	
Ingeborg:	Bruker du fløte i kaffen, Bjørg?	65
Bjørg:	Nei, takk, men Johs vil kanskje ha fløte.	
Ingeborg:	Johs? Bruker du fløte? Jeg glemmer det fra	
	gang til gang, jeg. Vær så god.	
Norvik:	Takk. Jeg bruker ikke alltid fløte, men jeg	
	tar litt i dag, takk.	70
Bakke:	Skal Halldis og Finn ha kaffe?	
	De drikker kaffe nå, ikke sant?	
Bjørg:	Ikke ennå, nei.	
	De liker ikke smaken. Vi må alltid ha melk	
	i huset til dem.	75
Ingeborg:	Jeg har saft til dem. Vær så god, Finn.	
Finn:	Takk.	
Ingeborg:	Vær så god, Halldis.	
Halldis:	Takk.	
Ingeborg:	Nå må dere forsyne dere av kaka.	80
	Skal det være et stykke bløtkake, Bjørg?	

Bjørg: Ja, takk. Du må gi Johs to stykker, Ingeborg.
Han er så glad i bløtkake.
Johs: Ja, det er jeg, og det kan du se på meg også.
Bjørg: Kaka smakte riktig godt, Ingeborg! 85
Vil du gi meg oppskriften på bløtkaka di?
Ingeborg: Å nei, din bløtkake er bedre enn min.[4]
Du kan få oppskriften på bløtkaka mi, men
jeg må få oppskriften din, også.
Vil du ha et stykke til, Johs? 90
Norvik: Ja, takk! Så gjerne!
Bakke: Jeg skal ikke ha mer kake, takk.
Men kunne du være så snill å sende meg
sukkerbitene, Bjørg? Jeg tar gjerne en
sukkerbit til kaffen. 95
Bjørg: Vær så god.
Norvik: Dette var godt. Jeg er forsynt.
Takk for kaffen.
Bjørg: Ja, takk for kaffen.
Ingeborg: Vel bekomme. 100

Spørsmål:

1. Kom Norviks tidsnok?
2. Hvor mye for seint kom de?
3. Hva gledet Bjørg seg til?
4. Brukte hun sukker eller fløte i kaffen?
5. Hva hadde Ingeborg til dem?
6. Hvorfor måtte Ingeborg gi Johs to stykker bløtkake?
7. Hva ville Bjørg få av Ingeborg?
8. Hvordan smakte kaka?
9. Har du noen gang smakt på bløtkake?
10. Er du glad i kaffe?

4. Note that the possessive pronouns *min* and *din* are often used for both masculine *and* feminine nouns when the pronoun precedes the object possessed. Thus, while one would say *bløtkaka mi* (*di*), one is likely to say *min* (*din*) *bløtkake* (instead of *mi* (*di*) *bløtkake*).

Merk:

Vi *smaker på* bløtkaka.
Bløtkaka *smaker* godt.
Det *skal smake med* kaffe!

ADVERB[5]:

adjektiv	**adverb**
Fru Norvik har en *god* jobb.	Hun tjener *godt*.
Kaka var *god*.	Den smakte *godt*.
Jeg spiste en *sein* middag.	Jeg kom *seint*.
Eplet er *deilig*.	Det smaker *deilig*.
Det er en *god* stol.	Jeg liker den *godt*.
Det var ei *god* seng.	Jeg sov *godt*.
Sola er *varm*.	Den skinner *varmt*.
Vi gikk en *lang* tur.	Vi gikk *langt*.

Øvelse:

Var maten god?	Ja, den smakte godt.
Var grønnsakene gode?	Ja, de smakte godt.
Var skinka god?	Ja, den smakte godt.
Var ølet godt?	Ja, det smakte godt.
Var osten god?	Ja,________________
Var pæra________?	Ja,________________
Var syltetøyet________?	Ja,________________
Var frukten ________?	Ja, ________________
Var appelsinene________?	Ja, ________________
Var potetene ________?	Ja,________________

5. Adverbs are words denoting time, manner, and place. They answer the questions "when," "how," and "where." Their function is often to describe the action of a verb: *Maten smakte godt; Sola skinte varmt*. Unlike adjectives they do not change form: *Grønnsakene var gode; de smakte godt. Kaka var god; den smakte godt*. The *et* form of the corresponding adjective is often used as the adverb: *Hun er en god mor; jeg kjenner henne godt*. In addition to modifying verbs, adverbs may also modify adjectives and adverbs: *Det var litt dyrt. Han spiste for mye*.

Et adverb kan fortelle om:

(1) *et verb:* **Han gikk** ***langt.***

(2) *et adjektiv:* **Han gikk en** ***svært*** **lang tur.**

(3) *et annet adverb:* **Han gikk** ***svært*** **langt.**

Adverb svarer på spørsmålene: *Når?, Hvor? og Hvordan?*

Her er noen av adverbene vi har lært:

Adverb som forteller *når*:

ofte	etterpå
snart	lenge
seint	alltid
nå	aldri
da	tidlig
så	ennå
endelig	fremdeles

Adverb som forteller *hvor:*

hjemme	—	hjem
inne	—	inn
ute	—	ut
oppe	—	opp
nede	—	ned
borte	—	bort
her	—	hit
der	—	dit

Adverb som forteller *hvordan:*

ikke
bra
bedre
litt
gjerne
nesten
svært
for
fort

Oppgave:

1. Skriv en setning med *fort*. La adverbet fortelle om *et verb*:
____
2. Skriv en setning med *svært*. La adverbet fortelle om *et adjektiv*:
____
3. Skriv en setning med *for*. La adverbet fortelle om *et annet adverb*:
____
4. Skriv en setning med et adverb. La adverbet fortelle *når*:
____
5. Skriv en setning med et adverb. La adverbet fortelle *hvordan*:
____
6. Skriv en setning med et adverb. La adverbet fortelle *hvor*:
____

Oppgave: Sett inn den riktige formen av ordet i parentes og si om det er adjektiv eller adverb.

		adjektiv eller adverb?
1.	Hun er en ________ pike. (**pen**)	________
2.	Hun spiser ________. (**pen**)	________
3.	Vi svinger flagget vårt ________ på 17. mai. (**høy**)	________
4.	Flagget var på toppen av en ________ bygning. (**høy**)	________
5.	Den ________ bygningen var i Oslo. (**høy**)	________
6.	De var ________ mennesker. (**hyggelig**)	________
7.	Vi hadde det ________ hos dem. (**hyggelig**)	________
8.	Jeg liker norsk mat svært ________. (**god**)	________
9.	Jeg liker meg svært ________ her i Norge. (**god**)	________
10.	Han er et ________ barn. (**liten**)	________
11.	Han spiser så ________. (**liten**)	________

12. Det var ________ på natten. (**sein**) ________
13. Han kom ________ hjem. (**sein**) ________
14. Våkner du ________ om morgenen? (**tidlig**) ________
15. Liker du å stå opp ________ lørdag morgen? (**tidlig**) ________
16. Nei, jeg liker å stå opp ________ da. (**sein**) ________
17. Har du sovet ________? (**god**) ________
18. Hvordan har du det i dag? Takk, jeg har det svært ________. (**god**) ________
19. Ha det ________! (**hyggelig**) ________
20. Den ________ fisken smakte ________. (**god**) ________ ________
21. Den ________ sola skinte ________. (**varm**) ________ ________
22. Hvorfor sover du så ________? (**liten**) ________
23. Hvor ________ kjenner du henne? (**god**) ________
24. Vi er svært ________ venner. (**god**) ________

SVEIN MØTER JORUNN OG KARI PÅ KARL JOHAN

***Svein:**	**Hei, Jorunn! Ute og går?**	
Jorunn:	**Hei, Svein. Jeg snakker med deg seinere. Vi har dårlig tid.**	
Svein:	**Hva skal du gjøre i morgen?**	
Jorunn:	**Kari og jeg . . . dette er altså Kari og dette er Svein.**	**105**
Kari:	**Hei.**	
Svein:	**Hei, hei. Du Kari, . . .**	
Jorunn:	**. . . Kari og jeg skal på tur i Nordmarka i morgen.**	
Svein:	**En lang tur?**	
Jorunn:	**En *meget* lang tur.**	**110**

Svein:	Du kunne ta en lang tur, og Kari og jeg en kort tur.
Jorunn:	Både hun og jeg liker å være ute lenge.
Kari:	Vi pleier å gå langt. Du Jorunn, klokka er . . .
Jorunn:	Å ja! Svein, vi må gå.
	Vi kan ta en tur en annen gang. 115
Svein:	Lang eller kort?
Jorunn:	Med deg, Svein, er alle turer lange.

LANG // LANGT // LENGE:

lang (adjektiv):
en *lang* dag
ei *lang* bok
et *langt* bord
lange timer

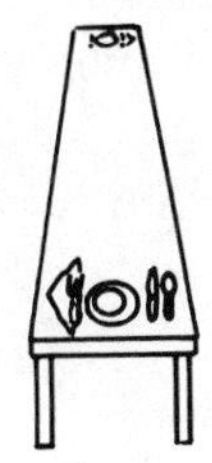

langt (adverb- *avstand*):
Vi gikk *langt*.
Han kaster ballen *langt*.
De hopper *langt* på ski.

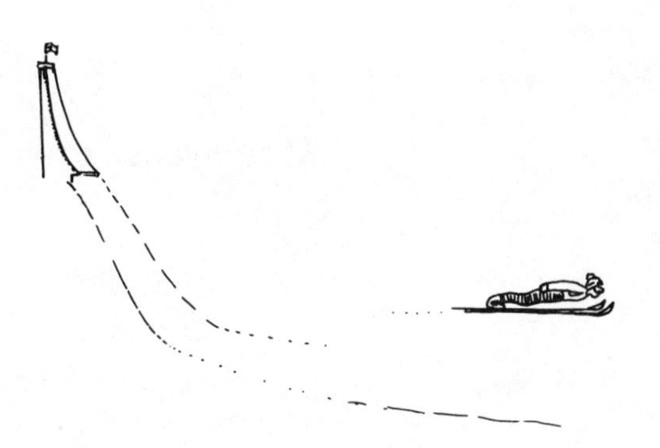

lenge (adverb- *tid*)
Sommeren varer ikke *lenge* nok.
Vi snakket *lenge*.
Hvor *lenge* har du vært i Amerika?

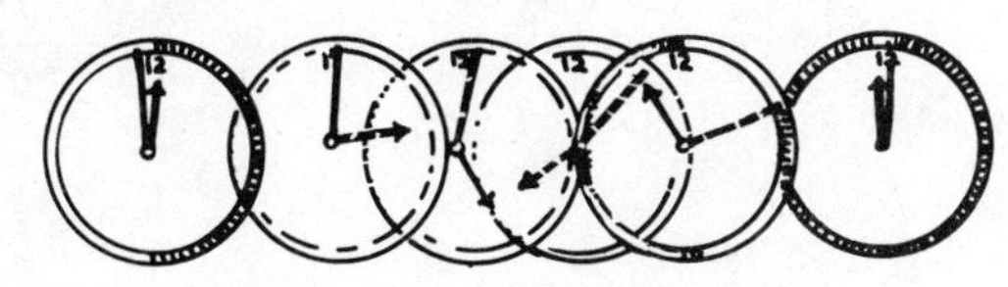

Oppgave: Sett inn *lenge, langt,* eller den riktige formen av *lang*.

1. Hvor _______ var du i Norge i fjor?
2. Kartet over Norge er _______.
3. Vinteren varer _______ i Norge.
4. Det har vært en _______ og vanskelig dag.
5. Vi har gått en _______ tur.
6. Vi gikk _____________.
   (*a long distance*)
7. Vi gikk _____________.
   (*a long time*)
8. Har du lest den _______ boka ennå?
9. Jeg skrev mange _______ brev i går.
10. Det er _______ siden jeg har skrevet til foreldrene mine.

Ingen roser uten torner.

ORD
Fra 19. kapittel

Substantiver
en formann
(formenn)
en helg
en hverdag
en innbydelse
en lunsj
en mekaniker
en oppskrift
en pause
en reparasjon
en samtale
en smak
en urmaker
en veranda
en årsak

et stykke
et ukeblad

Verb
å jobbe (-et, -et)
å kjøre (-te, -t)
å koke (te, -t)
å smake (-te, -t)

Adjektiv
kort (--,-e)
vanlig (--,-e)

Adverb
altså
endelig
meget

Uttrykk
å ta telefonen
hvordan går det med (deg)
å komme en tur
takk for innbydelsen
ingen årsak
morn da
midt på (dagen, natten osv.)
i helgen
å være glad i (noe,
å gjøre noe)
å koke kaffe
mye godt
som vanlig
det skal smake med (kaffe)
å lære (noen) å kjenne
et stykke kake
å like (noe) godt
å gå på tur

Dameklaer
Kaffe
KJØTT-
FORRETNING
HERREKLAER
Bakeri

TJUENDE KAPITTEL

SKAL VI I BUTIKKEN?

* Det er mange butikker og forretninger i de store byene i Norge. Folk liker å handle i sentrum, og det er mange folk i butikkene der. Butikkene pleier å åpne klokka ni om morgenen, og de pleier å stenge klokka fem om ettermiddagen. På lørdag stenger de klokka ett eller to, og de er stengt hele dagen på søndag. 1 5

I Norge handler folk bare om dagen. Butikkene er stengt om kvelden.

Noen av butikkene i Norge er selvbetjeningsbutikker. En selvbetjeningsbutikk i Norge er det samme som en selvbetjeningsbutikk i andre land. En trenger ikke å si et ord, men folk i Norge pleier å si: "Vær så god" når de betaler. Folk går ofte omkring og titter i butikkene. Ekspeditøren/ekspeditrisen kommer ofte og sier: "Vær så god" eller "Får du?" Folk svarer: "Jeg bare titter, takk" eller "Jeg skulle bare titte litt," og ekspeditøren sier ofte: "Vær så god" igjen. 10 15

BUTIKKER I NORGE

(Åpningstider)

mandag	kl.	10–17
tirsdag		9–17
onsdag		9–17
torsdag		9–18
fredag		9–17
lørdag		9–14 (13)
søndag		stengt

Spørsmål:

1. Hvor liker folk i Norge å handle?
2. Når pleier butikkene å åpne om morgenen?
3. Når pleier de å stenge på hverdagene?
4. Når pleier de å stenge på lørdag?
5. Når åpner de på søndag?
6. Handler folk om kvelden i Norge?

INGEN / / IKKE NOE:

Som pronomen:

Ingen betyr "nobody" eller "no one." Vi bruker *ingen* om *mennesker:*

Ingen spiller på det store pianoet til Grieg nå.
Jeg så _ingen_ der jeg kjente.

Ikke noe betyr "nothing." Vi bruker *ikke noe* om *ting:*

Folk i Amerika sier _ikke noe_ når de betaler.
Jeg kjøpte _ikke noe_ i butikken.

Oppgave: Sett inn *ingen* eller *ikke noe*.

1. ________ var hjemme da vi gikk.
2. Vi var sultne, men det var ________ i kjøleskapet.
3. Jeg så ________ jeg hadde lyst til å kjøpe.
4. ________ kom på forelesningene.
5. Det var ________ jeg hadde råd til å kjøpe.

Som adjektiv:

Både *ingen* og *ikke noe* betyr "no" eller "none."

Vi bruker dem slik:

uncountable (*en, ei* or *et*):	Det var *ikke noe øl* i huset.	(*et* øl)
	Det var *ikke noe mat* i kjøleskapet.	(*en* mat)
	De drakk *ikke noe saft*.	(*ei* saft)
countable et:	Vi hadde *ikke noe kart*.	
	Det var *ikke noe frimerke* på brevet.	
countable en and *ei*:	Han hadde *ingen penn*.	
	Det var *ingen tavle* i klasseværelset.	
	Tusen takk. *Ingen årsak*.	
all plurals:	Vi leste *ingen bøker* i fjor.	
	Det var *ingen blyanter* på skrivebordet.	
	Han hadde *ingen bilder* på veggene.	

Oppgave: Sett inn *ikke noe* eller *ingen*.

1. Det er _______ teppe på golvet i klasseværelset.
2. Det var _______ kolonial på universitetet.
3. Det var _______ reisebyrå i byen.
4. De hadde _______ penger med seg.
5. Norge er _______ stort land.
6. Jeg hadde _______ penn med meg.
7. Det er _______ kontor i bygningen.
8. Vi så _______ kart.

VI ØVER OSS: *I en kaffeforretning*

Ekspeditrisen:	Vær så god.
Kunden:	Jeg skulle ha et kvart kilo kaffe.
Ekspeditrisen:	Vær så god. Var det noe mer i dag?
Kunden:	Har dere te?
Ekspeditrisen:	Ja, det har vi.
Kunden:	Jeg skulle ha femti teposer, takk.
Ekspeditrisen:	Vær så god. Var det noe annet?
Kunden:	Nei takk, det var alt.
Ekspeditrisen:	Det blir nitten kroner og fem og tyve øre takk.
Kunden:	Vær så god.
Ekspeditrisen:	Takk.
Kunden:	Å, det er sant, har dere melk?
Ekspeditrisen:	Nei, dessverre, vi har ikke melk.
Kunden:	Hvor kan jeg få det?
Ekspeditrisen:	I melkebutikken ved siden av.
Kunden:	Takk for hjelpen.
Ekspeditrisen:	Ingen årsak.

	et kilo	
	et kvart kilo	kaffe, te, kjøtt.
	et halvt kilo	
Jeg skulle ha		
	en liter	
	to liter	
	en halv liter	melk, fløte.
	en kvart liter	

et kilo (kg) = 2.2 pounds
en liter (l) = 1.06 quarts
et gram (g) = .035 ounce

TALL: I Norge i dag er det to tellemåter.

Det nye systemet (siden 1959):		Det gamle systemet (mange bruker det ennå):
en	1	en
to	2	to
tre	3	tre
fire	4	fire
fem	5	fem
seks	6	seks
sju	7	**syv**
åtte	8	åtte
ni	9	ni
ti	10	ti
elleve	11	elleve
tolv	12	tolv
tretten	13	tretten
fjorten	14	fjorten
femten	15	femten
seksten	16	seksten
sytten	17	sytten
atten	18	atten
nitten	19	nitten
tjue	**20**	**tyve**
	•	
	•	
	•	
tretti	**30**	**tredve**
førti	40	førti
femti	50	femti
seksti	60	seksti
sytti	70	sytti
åtti	80	åtti
nitti	90	nitti
hundre	100	hundre

Merk:

tjueen	**21**	**en og tyve**
trettito	**32**	**to og tredve**
førtitre	**43**	**tre og førti**
femtifire	**54**	**fire og femti**
sekstifem	**65**	**fem og seksti**
syttiseks	**76**	**seks og sytti**
åttisju	**87**	**syv og åtti**
nittiåtte	**98**	**åtte og nitti**
hundre og tjuesju	**127**	**hundre og syv og tyve**

Øvelse: Bruk begge tellemåter.

	9,85	
	30,55	
	15,90	
Vær så god. Det blir	3,74,	takk.
	10,25	
	107,65	
	27,35	

FRU NORVIK SKAL UT OG HANDLE

Fru Norvik: **Halldis!**

Halldis: **Ja, mor?**

Fru Norvik: **Kan du være med meg i butikken?**
Du må hjelpe meg med å bære. 20

Halldis: **Javel. Skal du i kolonialen?**

Fru Norvik: **Ja, vi skal i bakeriet og kjøttforretningen også.**

(*De går inn i kolonialen.*)

Halldis: **Hva skal vi ha, mor?**

Fru Norvik: **Skal vi se . . . Vi trenger såpe, tannkrem, litt** 25 **hermetikk, melk, grønnsaker og pålegg. Kanskje du kunne hente syltetøy, ost og kjøttpålegg.**

(*Hun går, men roper snart til moren.*)

Halldis:	Mor, kan du komme hit? Kan vi kjøpe dette syltetøyet? Det er så deilig!	
Fru Norvik:	Nei da! Det syltetøyet er for dyrt. Ta heller dette syltetøyet her, det er mye billigere. Vi tar også litt av den osten der. Den er rimeligere enn vanlig i dag.	30
Halldis:	Men jeg liker denne geitosten bedre, og den koster ikke mer enn den osten du har.	35
Fru Norvik:	Javel, vi tar geitosten da.	

(*Fru Norvik ser på noen priser.*)

Fru Norvik:	Huff, disse prisene! De blir høyere og høyere for hver dag. Alt blir bare dyrere og dyrere, men vi må jo[1] spise.	

(*Halldis har gått etter såpen.*)

Halldis:	Her er såpen, og jeg tok også med dette vaske-pulveret. Det vasker "hvitere enn hvitt", vet du.	40
Fru Norvik:	(*sukker*) Javel.	

(*Fru Norvik og Halldis går bort til grønnsakene.*)

* Ekspeditøren:	God dag. Kan jeg hjelpe dere?	
Fru Norvik:	Ja takk. Jeg skulle ha noen grønnsaker. Er disse gulrøttene på tilbud?	45
Ekspeditøren:	Ja, de gulrøttene koster bare 3 kroner halv-kiloet i dag.	
Fru Norvik:	Javel, jeg tar et halvt kilo av dem.	
Halldis:	Mor, skulle vi ikke kjøpe noen av disse eplene også?	50
Fru Norvik:	Jo, du har rett. De ser svært bra ut. Vi tar et kilo av dem.	

1. Besides meaning "yes" in answer to a negative question, *jo* may also act as an adverb which changes the mood of a sentence (modal adverb). It has no one single translation, but is often translated "you know," "of course," and is used when the speaker is saying something that is already known to the listener. *Han snakker jo meget bra norsk. Prisene i Norge er jo høye nå.*

	Jeg tror vi tar noen appelsiner også.	
	Hvorfor er disse appelsinene så mye dyrere	
	enn de andre?	55
Ekspeditøren:	De appelsinene der er saftigere, så de	
	koster mer.	
Fru Norvik:	Javel. Saftige appelsiner smaker så mye	
	bedre, jeg tar et halvt kilo av dem, selv	
	om de er så mye dyrere.	60
Ekspeditøren:	Javel.	
Fru Norvik:	Skal vi se . . . Jeg skulle også ha poteter og	
	et kålhode. Jeg skal lage grønnsaksuppe.	
	Jeg tar et kilo av disse potetene og det	
	kålhodet der.	65
Ekspeditøren:	Vær så god. Kålen er forresten rimeligere	
	nå enn den var i forrige uke.	
Fru Norvik:	Sier du det? Det var bra. Jeg sa	
	nettopp at alt blir bare dyrere	
	og dyrere, så det er hyggelig å høre at	70
	noe blir billigere.	
Halldis:	Kan jeg kjøpe noen flasker Cola	
	eller Solo?	
Fru Norvik:	Ikke tale om! Det er altfor dyrt!	
	Det er billigere å drikke saft, og	75
	det er sunnere også.	
	Har du fått[2] melk og hermetikk?	
Halldis:	Ja, jeg tok to liter melk, en stor boks	
	fiskeboller og en liten boks kjøttkaker.	
Fru Norvik:	Det var bra. Nå har vi alt vi trenger.	80

(*De kommer til kassa.*)

Kassadamen:	God dag, fru Norvik. Deilig vær for	
	tiden, ikke sant?	
Fru Norvik:	Jo, det er flott.	

2. *Å FÅ*: å få – får – fikk – har fått

Kassadamen:	**Skal vi se . . . Det blir syv og åtti kroner og fem og femti øre til sammen.**	85
Fru Norvik:	**Vær så god.**	
Kassadamen:	**Takk, tolv kroner og fem og førti øre tilbake. Vær så god.**	
Fru Norvik:	**Mange takk. Morn da. Halldis, kan du bære[3] melken, grønnsakene og eplene? Jeg tar resten.**	90

(fortsettes)

Spørsmål:

1. Hvor skulle fru Norvik?
2. Hvorfor ville hun ha Halldis med?
3. Hvilke forretninger skulle de til?
4. Hva trengte de i kolonialen?
5. Hva slags grønnsaker var på tilbud den dagen?
6. Hva slags frukt kjøpte de?
7. Hvorfor kjøpte fru Norvik de dyre appelsinene?
8. Hva var rimeligere den dagen enn det hadde vært i forrige uke?
9. Hvorfor fikk ikke Halldis kjøpe Cola eller Solo?
10. Hva slags hermetikk kjøpte de?
11. Hvor mye måtte fru Norvik betale til sammen?
12. Hvor mange penger gav hun til kassadamen?

MERK: Vi bruker bestemt form med *priser* på norsk.

> **Gulrøtter koster bare tre kroner halv-kilo*et*.**
> **Vinen koster ni kroner glass*et*.**
> **Avisen koster ti kroner uk*en*.**
> **Værelset koster hundre og femti kroner døgn*et*.**

Spørsmål:

1. Hva koster et glass melk i kafeteriaen på skolen din?
2. Hva koster et værelse på det dyreste hotellet i din hjemby?
3. Hva kostet gulrøttene som var på tilbud i historien?

3. *Å BÆRE:* **å bære – bærer – bar – har båret**

PÅPEKENDE PRONOMENER[4]:

den **osten**	*den* **gata**	*det* **kjøttet**	*de* **grønnsakene**	*(der)*
denne **osten**	*denne* **gata**	*dette* **kjøttet**	*disse* **grønnsakene**	*(her)*

Merk: *Denne boka* er god. *Dette* er ei god bok.[5]
Dette huset er nytt. *Dette* er et nytt hus.
Denne butikken er fin. *Dette* er en fin butikk.
Den osten er god. *Det* er god ost.
Den klokka er pen. *Det* er ei pen klokke.
Disse værelsene er pene. *Dette* er pene værelser.
De barna er snille. *Det* er snille barn.

Øvelse: Sett inn det riktige påpekende pronomenet.

1. ________ gutten (*der*) snakker norsk.
2. ________ piken (*her*) snakker ikke norsk.
3. ________værelset (*her*) er ledig.
4. ________værelsene (*der*) er opptatt.
5. ________butikkene (*her*) er stengt.
6. ________butikken (*der*) er åpen.
7. Er ________ butikken (*her*) åpen på lørdag?
8. Hvor mye koster ________ grønnsakene (*der*)?

Oversett til norsk.

1. this soap
2. that grocery store
3. those stores
4. this bakery
5. this jam
6. those vegetables
7. these prices
8. that mountain
9. this university
10. these carrots

4. *Demonstrative pronouns:* Note that the noun following them is always in the *definite* form.

5. Note that, as is the case with "it," if the noun referred to is mentioned by name after *er*, the *et* form is used no matter whether the noun referred to is *en, ei, et,* or plural: *Dette er gode bøker. Er dette en god film*?; but: *De bøkene er gode. Den filmen var god.*

VI REPETERER: Adjektivets bestemte form

Den		**gården**
Den	**stor*e***	**klokka**
Det		**huset**
De		**husene**

Denne formen av adjektivet bruker vi:

1. *etter bestemt artikkel:*

den rød*e* bilen
den rød*e* boka
det rød*e* huset
de rød*e* bordene

2. *etter eieformer:*

min rød*e* bil	**(den rød*e* bilen min)**
min god*e* bok	**(den god*e* boka mi)**
mitt ny*e* hus	**(det ny*e* huset mitt)**
mine pen*e* stoler	**(de pen*e* stolene mine)**
Larsens ny*e* bil	**(den ny*e* bilen til Larsen)**

3. *etter påpekende pronomener:*

den rød*e* bilen (*der*)[6]
denne ny*e* boka (*her*)
det pen*e* huset (*der*)
dette gaml*e* huset (*her*)
de høy*e* fjellene (*der*)
disse åpn*e* vinduene (*her*)

6. The difference between "the red car" and "that red car" is in the amount of stress given to the word *den*: *den røde bilen*, "the red car"; ***den** røde bilen*, "that red car."

Oppgave: Oversett til norsk.

1. This tall mountain is in Bergen.
2. That expensive room is not as pretty as this cheap room.
3. His new car looks expensive.
4. The new teacher has come.
5. I like this old chair best.
6. He's my best friend.
7. Let's buy the expensive soap.
8. Did you buy the chairs?

GRADBØYING:

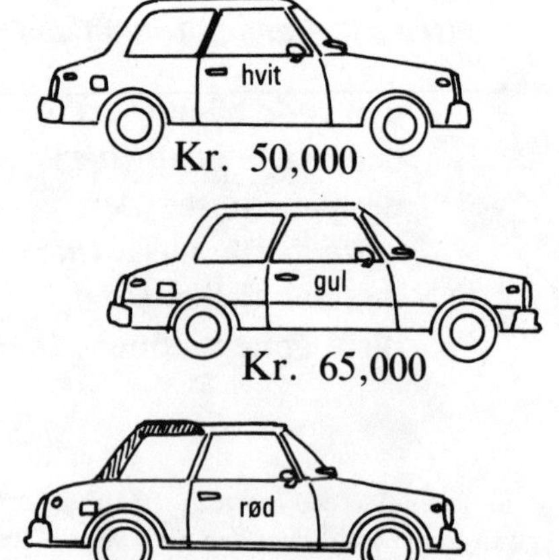

Den hvite bilen er __dyr.__
Den gule bilen er ________
Den røde bilen er ________

OVERSIKT: Adjektivets og adverbets former:

	positiv	komparativ	superlativ
Adjektiv:			
I.	**dyr** — dyrt–dyre	dyrere	dyrest
	pen — pent–pene	penere	penest
	høy — høyt–høye	høyere	høyest
	rein — reint–reine	________	________
	fin — fint–fine	________	________
	varm — varmt–varme	________	________
	kald — kaldt–kalde	________	________
	sterk — sterkt–sterke	________	________
	svak — svakt–svake	________	________
	ny — nytt–nye	________	________
	trøtt — trøtte	________	________
	lett — lette	________	________
	sunn — sunt–sunne	________	________
	hvit — hvitt–hvite	________	________
II.	**billig** — billige	billigere	billigst
	hyggelig — hyggelige	________	________
	vanskelig — vanskelige	________	________
	deilig — deilige	________	________
	saftig — saftige	________	________
	viktig — viktige	________	________
III.	**morsom** — morsomt–morsomme	morsommere	morsomst
	vakker — vakkert–vakre	vakrere	vakrest
	sulten — sultent–sultne	sultnere	sultnest
	god — godt–gode	bedre	best
	mye	mer	mest
Adverb:	**fort**	fortere	fortest
	ofte	oftere	oftest
	seint[7]	seinere	seinest
	pent	penere	penest
	varmt	varmere	varmest
	reint	reinere	reinest
	godt	bedre	best

7. Note that the comparative and superlative forms of adverbs formed from the *et* form of the corresponding adjective do not include the *t: Sola skinner varmt. Den skinner varmere i dag enn den skinte i går.*

Eksempler:

Det er *varmt* i dag.
Det var *varmere* i går.
Men lørdag den 17. juli var den *varmeste*[8] dagen vi har hatt i år.

Fløyen er et *høyt* fjell.
Ulriken er *høyere* enn Fløyen.
Men Ulriken er ikke det *høyeste* fjellet i Norge.

Han vil ha et *billig* værelse.
Værelset hennes er *billigere* enn værelset mitt.
Vi har det *billigste* værelset i hotellet.

Merk:

Adjektivets *positive* form må rette seg etter substantivet det står til i form og tall:

en	dyr bil	et	dyr*t* hus
ei	dyr klokke	mange	dyr*e* biler

I *komparativ* er det bare *én* form:

en		bil
ei	*dyrere*	klokke
et		hus
mange		biler

I *superlativ* er det både en bestemt og en ubestemt form:

Ubestemt:	*Bestemt:*
	1) *etter bestemte artikler:*
Denne bilen	Den dyrest*e* bilen
Denne klokka er *dyrest.*	Den dyrest*e* klokka
Dette huset	Dette dyrest*e* huset
Disse bilene	De dyrest*e* bilene
	2) *etter eieformer:*
Bilene hans er *dyrest.*	Min dyrest*e* bil
	Jorunns dyrest*e* klokke
	3) *etter påpekende pronomener:*
Disse blå bilene er *dyrest.*	Dette dyrest*e* huset

8. Note that an *-e* is added to the superlative form when the definite article precedes it: *Dette værelset er dyrest. Det er det dyreste værelset i hotellet. Hun er penest. Hun er den peneste piken.* An *-e* is also added to the superlative form when it follows a possessive form: *Jeg liker ham best. Han er min beste venn. Det værelset er dyrest. Det er hotellets dyreste værelse.*

Oppgave: Sett inn den riktige formen av ordet i parentes.

1. Denne osten er _______ enn det syltetøyet.
   (*dyr*)
2. Fjellene i Italia er _______ enn fjellene i Bergen.
   (*høy*)
3. Mange turister sier at været i Norge er _______ enn de
   (*varm*)
   trodde det ville være.
4. Det regner _______ på Vestlandet enn på Østlandet.
   (*mye*)
5. Men Østlandet får _______ snø enn Vestlandet, fordi det
   (*mye*)
   er _______ der om vinteren.
   (*kald*)
6. De _______ fjellene i Norge er i Jotunheimen.
   (*høy*)
7. Norges _______ fjell er Galdhøpiggen, som er 2,469 meter
   (*høy*)
   høy.
8. Oslo er en av de _______ byene i verden.
   (*dyr*)
9. Halldis vokser. Hun blir _______ for hver dag.
   (*høy*)
10. Det går ikke bra med mannen. Han blir bare _______ og
    (*syk*)
    _______.
    (*syk*)

MERK:

Liker du norsk mat? Ja, jeg liker den svært *godt*.
(Vi bruker ikke *mye* med *liker*.)
Jeg liker ost *bedre* enn syltetøy.
Jeg liker geitost *best*.

FRU NORVIK ER UTE OG HANDLER (*fortsatt*)

Halldis: Hvor skal vi nå, mor?
Fru Norvik: Vi skal i bakeriet.
(*De går inn i bakeriet.*)
Ekspeditøren: God dag, fru Norvik. God dag, Halldis.
Vi har deilig vær for tiden, ikke sant? 95
Fru Norvik: Jo, aldeles nydelig.
Ekspeditøren: Hva skal det være i dag?
Fru Norvik: Jeg skulle ha to brød og noen rundstykker.
Ekspeditøren: Javel. Hvor mange rundstykker?
Fru Norvik: Hvor mange skulle vi ta, Halldis? 100
Er seks rundstykker nok, tror du?
Halldis: Nei, Finn spiser tre alene, han.
Fru Norvik: Du har rett. Den gutten! Jo eldre han
blir, jo mer spiser han. Han er snart
større enn far. Vi må få åtte rundstykker, 105
takk.
Ekspeditøren: Vær så god. Var det noe mer i dag?
Fru Norvik: Nei, takk. Jo, forresten! Jeg har lyst
på napoleonskaker til kaffen i morgen.
Hva sier du til det, Halldis? 110
Halldis: Napoleonskaker er det beste jeg vet!
La oss ta de største vi kan få!
Fru Norvik: Vi kan sitte ute på verandaen og kose
oss i morgen ettermiddag.
(*Til ekspeditøren*) Jeg skulle ha fire 115
napoleonskaker også, takk.
Ekspeditøren: Vær så god. Var det noe annet da?
Fru Norvik: Nei takk.
Ekspeditøren: Det blir fem og tredve sytti, takk.
Fru Norvik: Vær så god. 120
Ekspeditøren: Takk, og fjorten tredve tilbake, vær så god.

Fru Norvik:	Mange takk.	
Halldis:	Skal vi også ha kjøtt, mor?	
Fru Norvik:	Ja, vi trenger kjøttdeig. Vi skal til kjøttforretningen nå.	125

(*De går inn i kjøttforretningen.*)

* Ekspeditøren:	Vær så god, fru Norvik. Hva skal det være i dag?	
Fru Norvik:	Jeg skulle ha et halvt kilo kjøttdeig, takk.	
Halldis:	Mor, disse pølsene er på tilbud. Jeg har lyst på pølser til middag i dag.	130
Fru Norvik:	Javel. Et kilo pølser, takk.	
Ekspeditøren:	Ja takk. Var det noe mer i dag?	
Fru Norvik:	Halldis, skal vi lage grønnsaksuppe eller får-i-kål i morgen? Jeg ser at dette fårekjøttet er på tilbud også. Vi har kål, vet du.	135
Halldis:	Vi har hatt får-i-kål så ofte. Jeg vil heller ha grønnsaksuppe.	
Fru Norvik:	Men far er svært glad i får-i-kål, vet du.	
Halldis:	Han liker grønnsaksuppe også.	140
Fru Norvik:	Du har rett, Halldis. Men vi kan kjøpe fårekjøttet og legge det i fryseboksen.	
Ekspeditøren:	Skulle det være to kilo fårekjøtt, fru Norvik?	
Fru Norvik:	Nei, ett kilo er nok.	
Ekspeditøren:	Ja takk. Var det noe mer i dag?	145
Fru Norvik:	Nei takk.	
Ekspeditøren:	Det blir ni og femti, fem og førti.	
Fru Norvik:	Vær så god.	
Ekspeditøren:	Mange takk.	

(*slutt*)

Spørsmål:

1. Hva kjøpte fru Norvik i bakeriet?
2. Hvorfor måtte hun kjøpe så mange rundstykker?
3. Hva skulle familien Norvik gjøre dagen etter?
4. Hvor mye måtte fru Norvik betale i bakeriet?
5. Hvor mange penger gav hun til ekspeditøren?
6. Hvor gikk de så?
7. Hva kjøpte de der?
8. Hvor mye betalte fru Norvik for kjøttet?
9. Liker du å kjøpe ting som er på tilbud?
10. Hva er det beste du vet?

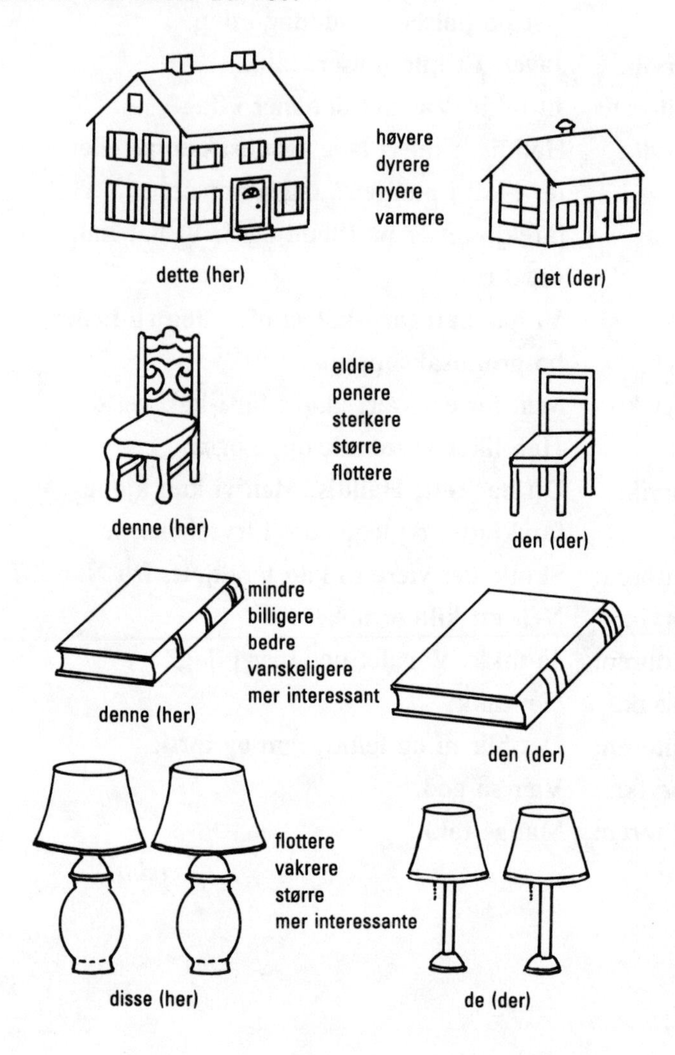

ADJEKTIV OG ADVERB MED UREGELMESSIGE KOMPARATIVE OG SUPERLATIVE FORMER:

	positiv	komparativ	superlativ
Adjektiv:			
	stor — stort–store	større	størst
	liten — lita–lite–små	mindre	minst
	gammel — gammelt–gamle	eldre	eldst
	ung — ungt–unge	yngre	yngst
	mange	flere	flest
Adverb:			
	nær	nærmere	nærmest
	gjerne	heller	helst

FLERE / / MER:

Han drakk *flere kopper* kaffe enn jeg.
Han drakk *mer kaffe* enn jeg.
Vær så god. Det er *flere småkaker* og *mer melk.*

Regel:* Hvis du kan *telle* det, bruk *flere.

Du kan *telle kopper.* Det er *flere* kopper til høyre.

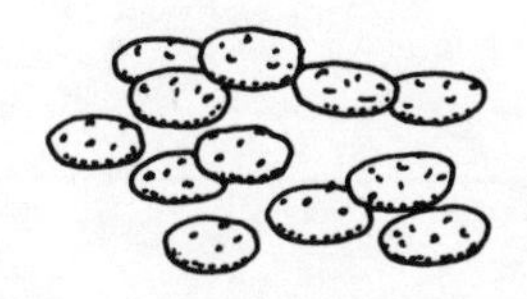

Du kan *telle* småkaker. Det er *flere* småkaker til venstre.

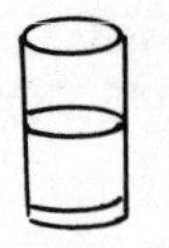 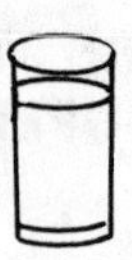

Du kan *ikke telle* melk. Det er *mer* melk i glasset til høyre.

Du kan *ikke telle* kaffe. Det er *mer* kaffe i koppen til venstre.

Oppgave: Sett inn *flere* eller *mer*.

1. Det var _______ mennesker der enn jeg trodde det ville være.
2. Har du lyst på _______ melk?
3. Vil du ha _______ vafler?
4. Han har lest _______ bøker enn jeg.
5. Fikk du _______ tannkrem?
6. Det er _______ biler i Amerika enn i Norge, men jeg tror at nordmenn drikker _______ kaffe.

FLEST / / MEST:

De fleste:

***De fleste bilene* i Norge er små.** "Most of the cars in Norway are small."

***De fleste nordmenn* snakker norsk.** "Most Norwegians speak Norwegian."

Mange studenter var der.

***De fleste* kunne snakke norsk.** "Most of them could speak Norwegian."

Mest:

Vi bruker *mest* om ting vi *ikke* kan telle og *flest* om ting vi *kan* telle:

Han spiste *de fleste vaflene*, men hvem drakk *den meste kaffen*?

Oppgave: Sett inn den riktige formen av *mest* eller *flest*.

1. Han har lest de ________ bøkene i biblioteket.
2. De ________ jeg kjenner liker å være her.
3. De ________ nordmenn leser avisen hver dag.
4. Hun har brukt ________ av tannkremen.
5. Han har tatt de ________ av bildene.
6. Gjestene spiste det ________ av kaka.

VI REPETERER:

		småkaker.	
	noen	appelsiner.	
Vi kjøpte	**ingen**	epler.	(Vi kan *telle* småkaker,
	mange	rundstykker.	epler osv.)
	flere	flasker vin.	
		bøker.	
		aviser.	

		mat.	
	noe	melk.	
Vi kjøpte	**ikke noe**	vin.	(Vi kan *ikke telle* mat,
	mye	kål.	vin osv.)
	mer	fisk.	
		ost.	
		syltetøy.	

GJERNE-HELLER-HELST:

Jeg vil *gjerne* reise til Canada.
(Jeg har lyst til å reise til Canada.)
Jeg vil *heller* reise til Europa.
(Jeg har *mer* lyst til å reise til Europa.)
Jeg vil *helst* reise til Norge.
(Jeg har *mest* lyst til å reise til Norge.)

Oppgave:

1. Hva vil du *gjerne* gjøre? ________________
2. Du kunne gå på kino eller du kunne bli hjemme.
   Hva vil du *heller* gjøre? ________________
3. Du kunne lese norske bøker, du kunne lese engelske bøker, eller du kunne se en film. Hva vil du *helst* gjøre?
   ____

KOMPARASJON MED MER[9]**:**

Boka er interessant.
Denne boka er *mer* interessant.
Den boka er *mest* interessant.
Det er *den mest*[10] interessant*e* boka
jeg har lest.

interessant	**mer interessant**	**mest interessant**
imponerende	**mer imponerende**	**mest imponerende**
moderne	**mer moderne**	**mest moderne**

Dette *ukebladet* er *interessant.*
Disse ***ukebladene*** er mer interessant***e***.

Oppgave: Sett inn den riktige formen av ordet i parentes.

1. Oslo er den ________ byen i Norge.
   (*stor*)
   Tønsberg er den ________.
   (*gammel*)
2. Bergen er ________ enn Oslo, men det er en ________
   (*liten*) (*gammel*)
   og ______________ by enn Oslo.
   (*interessant*)

9. Most words containing three or more syllables form their comparatives and superlatives with *mer* and *mest*. The adjective remains in the positive form and must agree in gender and number with the noun it modifies.

10. Note that *mest* gets no *-e* when coming after the definite article because it is acting as an adverb, not as an adjective.

3. Har du lyst til å gå på kino i kveld?
Nei, jeg vil ________ bli hjemme og lese.
(*gjerne*)
(Nei, jeg har ________ lyst til å bli hjemme og lese.)
(*mye*)
4. Danmark er det ________ landet i Norden.
(*liten*)
5. Min ________ bror arbeider i en kolonial.
(*gammel*)
6. Er du den ________ i din familie? Nei, jeg er den ________.
(*ung*) (*gammel*)
7. Drammen ligger ________ Oslo enn Bergen.
(*nær*)
8. Den bygningen er ________ enn denne.
(*stor*)
9. Den andre bygningen er ________ enn denne.
(*imponerende*)
10. Disse bøkene er ________ enn de andre.
(*interessant*)
11. Begge menn er gamle, men denne mannen er ________.
(*gammel*)
12. Er broren din ________ eller ________ enn deg?
(*ung*) (*gammel*)

JO . . . JO . . .[11]:

***Jo eldre* Finn blir, *jo mer* spiser han.**

Andre Eksempler:

***Jo mer* jeg kjøper, *jo større* blir regningen.**
***Jo større* barnet blir, *jo dyrere* er det å kjøpe klær til det.**

11. This is the equivalent of English "the . . . the . . .:" *Jo eldre Finn blir, jo mer spiser han.* "The older Finn gets, the more he eats." Notice that there is inversion in the second half of the Norwegian construction.

Oppgave: Complete these statements.

Jo eldre jeg blir, jo________________________________.
Jo mer jeg lærer om Norge, ________________________.
Jo mer jeg er ute i frilufta,_________________________.
Jo mer jeg leser, _______________________________.
Jo varmere sola skinner,___________________________.
Jo flere sider jeg må lese, _________________________.

Vi synger:

Jo mere vi er sammen, er sammen, er sammen,
Jo mere vi er sammen, jo gladere blir vi.
Og din venn er min venn, og min venn er din venn,
Jo mere vi er sammen, jo gladere blir vi.

En fugl i hånden er bedre enn ti på taket.

ORD
Fra 20. kapittel

Substantiver

en boks
en ekspeditrise
en forretning
en fryseboks
(en) geitost
(en) grønnsaksuppe
(en) hermetikk
en kaffeforretning
(en) kjøttdeig
en kjøttforretning

en kunde
en liter (liter)
en melkebutikk
en pose
en pris
(en) rest
(en) selvbetjening
(en) såpe
(en) tannkrem
en tepose

ei kasse

et bakeri
(et) fårekjøtt
et kilo (kilo)
et kålhode
et rundstykke
(et) vaskepulver

fiskeboller
kjøttkaker

Pronomener
ikke noe
ingen

Påpekende pronomener
den
denne
det
dette
de
disse

Verb
å bære – bærer
 – bar – har båret
å få – får
 – fikk – har fått
å handle (-et, -et)
å rope (-te, -t)
å stenge (-te, -t)
å titte (-et, -et)

Adverb
aldeles
altfor
nettopp

Modalt adverb
jo

Adjektiv
alene (--,--)
forrige (--,--)
ingen – ikke noe – ingen
kald (-t,-e)
nydelig (--, -e)
stengt (--, -e)
sunn – sunt – sunne
ung (-t, -e)
åpen – åpent – åpne

Konjunksjon
selv om

Uregelmessige komparativformer
god – bedre – best
gammel – eldre – eldst
liten – mindre – minst
mye – mer – mest
mange – flere – flest
nær – nærmere – nærmest
stor – større – størst
ung – yngre – yngst

Uttrykk
jeg bare titter, takk
jeg skulle bare titte litt
på tilbud
i forrige (uke, måned)
de fleste
folk flest
jo (mer) . . . jo (dyrere) . . .
(dyrere) for hver dag
til sammen
det samme
ikke tale om
får du?
for tiden

Andre ord
huff

Tall
syv
tyve
tredve

REISEBYRÅ
DAMEKLÆR
POSTKONTOR
HERREKLÆR

UTE OG HANDLER

VI ØVER OSS: *I banken*

* Ekspeditøren:	Vær så god?	1
Kunden:	Jeg skulle gjerne veksle denne reisesjekken.	
Ekspeditøren:	Ja ha. Har du legitimasjon?	
Kunden:	Ja, vær så god, her er passet mitt.	
Ekspeditøren:	Takk. Det er i orden.	5
	Du får pengene i kassa der borte.	
Kunden:	Takk skal du ha.	

VI ØVER OSS: *I reisebyrået*

(Kunden vil reise med tog til Bergen.)

Ekspeditøren:	Vær så god.	
Kunden:	Jeg skulle ha en billett til Bergen.	
Ekspeditøren:	En vei eller tur-retur?	10
Kunden:	Bare én vei, takk.	
Ekspeditøren:	Røyker eller ikke-røyker?	
Kunden:	Ikke-røyker, takk.	
Ekspeditøren:	Vindusplass?	
Kunden:	Ja, takk.	15

Ekspeditøren: Vær så god. Det blir hundre og ni kroner.
Kunden: Men jeg trenger ikke to billetter.
Jeg skal bare én vei.
Ekspeditøren: Dette er billetten, og dette er plassbilletten.
Du har sitteplass nummer 36 i vogn 20
443.
Kunden: Javel, jeg forstår. Det var hundre og
ni kroner?
Ekspeditøren: Ja, det stemmer.
Kunden: Vær så god. 25
Ekspeditøren: Takk. God tur!
Kunden: Takk.

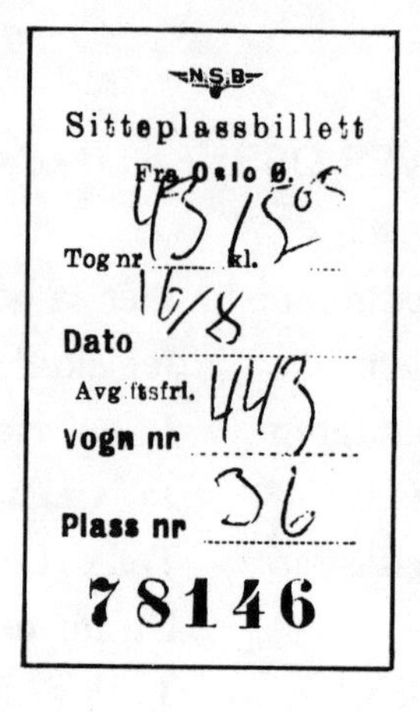

MERK:

En reiser *med* båt.
bil.
buss.
fly.
tog.

VI ØVER OSS: *På postkontoret*

* Ekspeditøren: Vær så god?
Kunden: Jeg skulle gjerne sende dette brevet til USA.
Ekspeditøren: Javel. Vil du sende det med luftpost eller 30
med vanlig post?
Kunden: Hva er billigst?

Ekspeditøren:	**Det er billigere med vanlig post, men det tar lengre tid å komme fram. Det tar nesten seks uker. Med luftpost kommer det fram om fem dager.**	35
Kunden:	**Javel. Dette brevet er viktig. Det må komme fram så fort som mulig, så jeg sender det med fly. Hvor mye koster det?**	
Ekspeditøren:	**To fem og åtti, takk.**	40
Kunden:	**Vær så god.**	

KOMPARASJON AV LANG / / LANGT / / LENGE:

	positiv	*komparativ*	*superlativ*
Adjektiv:	lang—langt—lange	lengre	lengst
Adverb:	langt	lenger	lengst
Adverb:	lenge	lenger	lengst

Eksempler:

Lang:	Turen var **lang.**	
	Den var **lengre** enn turen vi gikk i går.	
	Det var den **lengste** turen jeg har gått.	
Langt:	Han kjørte fra Oslo til Drammen.	Han kjørte **langt.**
	Hun kjørte fra Oslo til Bergen.	Hun kjørte **lenger.**
	De kjørte fra Oslo til Bodø.	De kjørte **lengst.**
Lenge:	Han bodde i Oslo i tre år.	Han bodde **lenge** i Oslo.
	Han bodde i Bergen i fire år.	Han bodde **lenger** i Bergen enn i Oslo.
	Han bodde i Trondheim i seks år.	Han bodde **lengst** i Trondheim.

Merk: Med *tar* må du bruke *lang tid:*

Det *tar lang tid* å kjøre fra Oslo til Bergen.
Det *tar lengre tid* å kjøre fra Oslo til Trondheim.
Det *tar lengst tid* å kjøre fra Oslo til Tromsø.

Oppgave: Sett inn den riktige formen av *lang, lenge* eller *lang tid*.

1. Gudbrandsdalen er svært ________.
2. Sognefjorden er den ________ fjorden i Norge.
3. Det tar ________ å reise med buss enn med tog.
4. Vi reiste ________. Vi reiste ________ på den turen enn jeg noen gang hadde reist før.
5. De har vært borte ________ enn de hadde tenkt.
6. Hvor ________ tok det å bli ferdig med boka?
7. Hvor ________ bodde dere i Norge?
8. Bodde dere i Norge ________ denne gangen enn noen gang før?

MERK: På norsk kan vi ofte utelate substantivet:

den hvite	**[bilen]**
det pene	**[huset]**
de høye	**[vinduene]**
disse dyre	**[grønnsakene]**

Jeg liker den røde bilen bedre enn *den hvite*.
("I like the red car better than *the white one*.")
Dette huset er dyrere enn *det* vi hadde før.
("This house is more expensive than *the one* we had before.")
Denne seilbåten er lengre enn *den* han hadde i fjor.
("This sailboat is longer than *the one* he had last year.")
Jeg liker disse bøkene bedre enn *de* jeg leste i fjor.
("I like these books better than *the ones* I read last year.")

Om mennesker i entall bruker vi *den*:

Er du *den yngste* i familien din?
("Are you *the youngest one* in your family?")

Oppgave: Oversett til norsk.

1. I like the expensive house better than the cheap one.
2. I'd rather have that large piece than this little one.
3. This blue car is much prettier than that other one.
4. This house is larger than the one we bought.
5. These skis are newer than the ones I had on yesterday.
6. This chair is more expensive than the green one over there.
7. Are you the youngest or the oldest one in your family?

SÅ . . . SOM MULIG:

Studentene ville snakke norsk *så* ofte *som mulig*.

Dette brevet må komme fram *så* fort *som mulig*.

Oppgave: Fortell om deg selv.

(Bruk *så . . . som mulig* og et passende adverb, f.eks. *ofte, fort, godt, lenge, lite, mye, seint.*)

1. Jeg liker å lese ____________________.
2. Jeg pleier å sove ____________________.
3. Jeg vil gjerne spise ____________________.
4. Jeg vil danse ____________________.
5. Jeg liker å være ute ____________________.

KLÆR (*se på bildene.*)

*

DAMEKLÆR

1. en kjole
2. en bluse
3. et skjørt
4. bukser
5. en buksedrakt
6. en genser
7. ei kofte
8. strømper } undertøy
9. en B.H. } undertøy
10. underbukser } undertøy
11. ei jakke
12. ei lue
13. et skjerf
14. hansker (en hanske)
15. sko (en sko)
16. støvler (en støvel)
17. olabukser
18. votter (en vott)

DAMEKLÆR

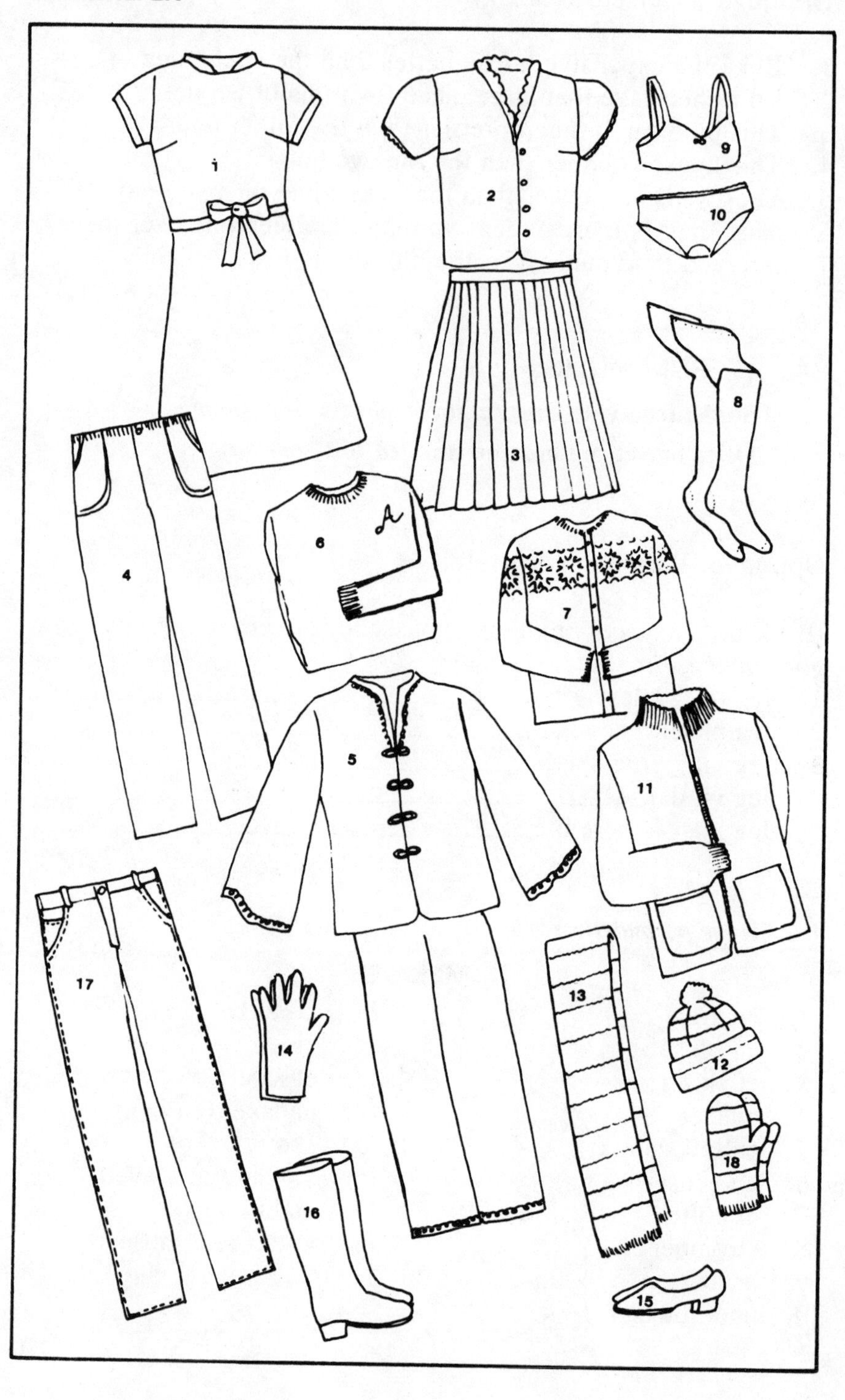

HERRAKLÆR

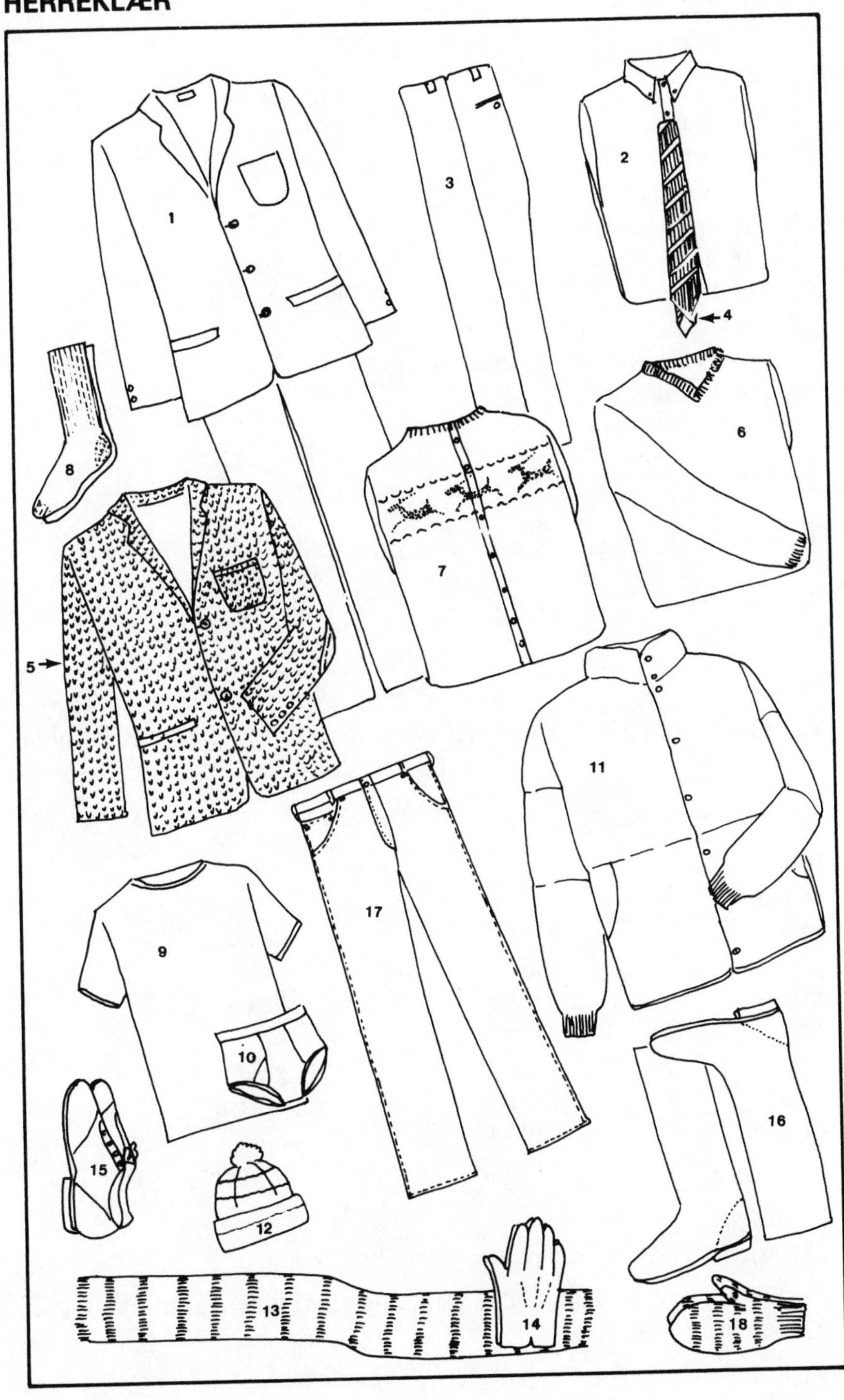

*

HERREKLÆR

1. en dress
2. ei skjorte
3. bukser
4. et slips
5. ei jakke
6. en genser
7. ei kofte
8. sokker
9. ei underskjorte
10. underbukser

(8–10: undertøy)

11. ei jakke
12. ei lue
13. et skjerf
14. hansker
15. sko
16. støvler
17. olabukser
18. votter

Stoffer:

Klær kan være laget av mange stoffer: ull, bomull, lær, lin, nylon

Farger:

Klær kommer i alle farger: (Husk at fargene er adjektiv. Formene deres må rette seg etter substantivet de står til.)

en/ei	*et*	*flertall*
rød	rødt	røde
grønn	grønt	grønne
hvit	hvitt	hvite
gul	gult	gule
brun	brunt	brune
blå	blått	blå
grå	grått	grå
svart	svart	svarte
lilla	lilla	lilla
oransje	oransje	oransje

Oppgave: Hva har du på deg i dag?

Fortell om hva du har på deg i dag, og glem ikke å si hvilke farger klærne har også.

VI ØVER OSS: *I klesforretningen (dameklær)*

Ekspeditrisen:	Vær så god. Kan jeg hjelpe Dem?	
Kunden:	Jeg skulle ha en bluse og et skjørt, takk.	
Ekspeditrisen:	Javel. Hvilken størrelse bruker De, og	
	hvilken farge skulle det være?	45
Kunden:	Jeg skulle ha et rutet skjørt i størrelse	
	38 og en ensfarget bluse i størrelse 38.	
Ekspeditrisen:	Her har vi et skjørt i Deres størrelse.	
	Det er siste mote.	
Kunden:	Jeg liker ikke moderne klær.	50
Ekspeditrisen:	Jaså?	
Kunden:	Jo, jeg liker moderne klær, men jeg liker	
	ikke prisene på moderne klær. Jeg har ikke	
	råd til å bruke så mange penger på klær.	
Ekspeditrisen:	Vi har skjørt på tilbud her borte.	55
Kunden:	Jeg liker dette skjørtet. Det er pent.	
	Får jeg prøve det?	
Ekspeditrisen:	Ja, vær så god, prøverommet er der borte.	

(*Etter en stund, når kunden kommer tilbake.*)

Ekspeditrisen:	Nå, hvordan passet det?	
Kunden:	Det passet bra, takk. Jeg tar både dette	60
	rødrutete skjørtet og denne grønne blusen.	
Ekspeditrisen:	Javel. Var det noe mer i dag?	
	Vi har buksedrakter også på tilbud nå.	
Kunden:	Nei takk. Hvor mye blir det?	
Ekspeditrisen:	Det blir to hundre og en og tredve kroner.	65
Kunden:	Vær så god.	
Ekspeditrisen:	Takk og det var nitten kroner tilbake.	
Kunden:	Takk skal De ha.	

DE — DEM — DERES:

Hvilken størrelse bruker *De*?
Kan jeg hjelpe *Dem*?
Her er et skjørt i *Deres* størrelse.

Vi bruker *De, Dem* og *Deres* istedenfor *du, deg* og *din* når vi snakker med folk vi ikke kjenner, som f. eks, i en butikk, restaurant, bank osv. Mange mennesker har sluttet å bruke disse former og sier bare du (deg, din) til alle. Det kan du også gjøre, men det er godt å være kjent med formene.

Oppgave: Sett inn *De, Dem* eller *Deres.*

1. Hvilken størrelse bruker _______?
2. Kan _______ hjelpe meg?
3. Kan jeg hjelpe _______?
4. Hva er _______ størrelse?
5. Passet dette skjørtet _______?
6. Jeg skulle gjerne snakke med _______.
7. Hva er telefonnummeret _______?
8. Har _______ noe legitimasjon?

VI ØVER OSS VIDERE: *I klesforretningen (herreklær)*

Ekspeditøren:	**Vær så god.**	
Kunden:	**Jeg skulle ha et par bukser, takk.**	70
Ekspeditøren:	**Javel. Buksene er her borte. Hvilken farge skulle De ha?**	
Kunden:	**Jeg skulle ha et par rutete bukser.**	
Ekspeditøren:	**Rutete bukser er siste mote. Hvilken størrelse bruker De?**	75
Kunden:	**Jeg er 81 centimeter rundt livet.**	
Ekspeditøren:	**Disse brunrutete buksene skulle passe.**	

Kunden:	Kan jeg prøve dem?	
Ekspeditøren:	Ja, vær så god. Prøverommet er der borte.	
(Seinere. Kunden kommer ut av prøverommet.)		
Kunden:	De passer bra. Jeg tar dem.	80
Ekspeditøren:	Takk for det. Var det noe mer i dag?	
Kunden:	Jeg tar en skjorte[1] også. Størrelse 40.	
	Den blårutete skjorta[1] der.	
Ekspeditøren:	Ja takk. Var det noe annet da?	
	Sokker? Slips? En jakke?[1]	85
Kunden:	Nei takk, det var alt. Hvor mye blir det?	
Ekspeditøren:	Det blir 218 kroner, takk.	
Kunden:	Vær så god.	
Ekspeditøren:	Åttito kroner tilbake. Vær så god.	
Kunden:	Takk.	90

HERR OG FRU JOHNSON OG DERES OPPLEVELSER I NORGE

* Johnson har mistet passet sitt. Han trenger passet sitt, for Johnson er turist. Men heldigvis fant[2] en nordmann passet hans. Passet hans lå[3] på golvet i reisebyrået.

"Vær så god," sier nordmannen. Han gir Johnson passet hans.

"Passet mitt! Å tusen takk! Takk skal De ha!" sier 95

1. A very common usage is to treat certain *ei* nouns as *en* nouns in the indefinite, while retaining the definite *-a* ending. This is particularly true of concrete nouns: *en* bok, bok*a*; *en* dør, dør*a*; *en* skjorte, skjort*a*.

2. *Å FINNE:* **å finne — finner — fant — har funnet**
Er det et sterkt eller et svakt verb? ______
Hvordan vet du det? ______

3. *Å LIGGE:* **å ligge — ligger — lå — har ligget**
Er det et sterkt eller et svakt verb? ______
Hvordan vet du det? ______

Johnson. "Æ . . . , unnskyld, men har De sett bagasjen vår også?"

Men bagasjen til herr og fru Johnson er og blir borte. Bagasjen deres var tung, for de hadde så mye i den. De hadde ikke bare alle klærne sine i bagasjen, men de hadde også skoene sine, ordboka si, skrivepapiret sitt og maten sin der. 100

"Henry!" sier fru Johnson. "Hva har du gjort med bagasjen vår?"

"Jeg har mistet den, kjære deg," sier Johnson unnskyldende. "Du vet hvor glemsom jeg er." 105

Spørsmål: Du må bruke *sin, si, sitt, sine*, eller *hans, hennes, deres* i svarene.

1. Hva har Johnson mistet?
2. Hvem fant passet til Johnson?
3. Hvor var passet hans?
4. Hvordan var bagasjen til herr og fru Johnson?
5. Hva hadde de i bagasjen?

(*Seinere. Ekteparet Johnson er i en klesforretning.*)

Ekspeditøren:	Vær så god, frue.
Fru Johnson:	Vi har mistet bagasjen vår. Vi trenger nye klær.
Ekspeditøren:	Javel, frue. Skal vi begynne med kjolene?
Fru Johnson:	Tenk, jeg husker ikke størrelsen på noe lenger. 110
Ekspeditøren:	Det skal vi nok[4] greie. Skal vi prøve denne kjolen?
Fru Johnson:	Tror De denne størrelsen passer? Jeg synes kjolen ser stor ut.

4. Besides meaning "enough," *nok* may act as a modal adverb and be translated "probably," "I suppose," "I guess."

Ekspeditøren:	Vi kan prøve en mindre størrelse.	115
	Hvilken farge liker De best?	
Fru Johnson:	Jeg synes den rødrutete kjolen er søt.	
	Men denne kjolen er liten — for liten, ikke sant?	
Ekspeditøren:	Jo, men denne passer helt sikkert. Vi har	120
	dessverre ikke denne kjolen i rødrutet stoff,	
	men den grønne og lilla kjolen passer kanskje.	
	Den er siste mote.	
Fru Johnson:	Nei, jeg synes ikke de fargene er pene sammen.	
	La meg se på den blå og hvite kjolen.	125
Ekspeditøren:	Vær så god.	
(*Seinere.*)		
Fru Johnson:	Henry! Jeg er her borte!	
	Jeg er nesten ferdig med å kjøpe klær.	
	Jeg skal bare ha et par selskapssko også.	
	Vi skal i selskap i morgen kveld, vet du.	130
	Hva synes du om denne lange kjolen? Er ikke denne gulfargen nydelig?	
Herr Johnson:	Jovisst. Trenger jeg en dress til selskapet, tror du?	
Fru Johnson:	Du må ha dress, vet du. Alle de andre	135
	kommer sikkert i dress. Hva synes du om disse skoene? Tror du de passer til den gule kjolen?	
Herr Johnson:	Ja, helt sikkert! De er fine. Er de dyre?	
Fru Johnson:	Nei da, disse koster bare 197 kroner. De	140
	andre kostet 245 kroner. Har du kjøpt mye?	
Herr Johnson:	Nei, *jeg* har ikke kjøpt så mye. Tre skjorter, undertøy, sokker . . .	
Fru Johnson:	Sokker! Gid! Jeg har ikke kjøpt strømper ennå!	145
Herr Johnson:	. . . to par bukser, to slips og to jakker.	

Fru Johnson: (*til ekspeditøren*) Jeg må ha strømper også.
Ekspeditøren: Javel.
Fru Johnson: Henry, du kan betale nå. Jeg tror jeg har alt nå. 150
Herr Johnson: Hvor mye blir det?
Ekspeditøren: Et lite øyeblikk . . . Det blir 389 kroner for undertøyet, 425 for skoene, 55 kroner for strømpene, 618 for kjolene, 219 for jakka, 172 for blusene, 189 for skjortene og 488 kroner 155 for hattene. Skal vi se, det blir to tusen fem hundre og fem og femti kroner.
Herr Johnson: To tusen fem hundre og femtifem kroner. Vær så god.
Ekspeditøren: Takk. 45 kroner tilbake. Takk for handelen. 160
Herr og fru J: Morn da.
Ekspeditøren: Morn da.

Oppgave: Skriv en liten fortelling om ekteparet Johnsons opplevelser. Fortell hva de kjøpte, hva det kostet, hvorfor de måtte kjøpe så mange nye klær, osv. (Bruk imperfektum.)

Man skal ikke kjøpe katten i sekken.

ORD
Fra 21. kapittel

Substantiver

(en) bagasje
en bank
en B.H.
en bluse
en buksedrakt
en dress
en farge
en frakk
en frue
en genser (gensere)
en hanske
en kjole
en klesforretning
en kåpe
(en) legitimasjon
(en) luftpost
en plassbillett
(en) post
en reisesjekk
en sitteplass

en sko (sko)
en sokk
en strømpe
en størrelse
en støvel
(støvler)
en vindusplass
en vott

(ei) bomull
ei jakke
ei lue
ei ordbok
(ordbøker)
ei skjorte
(ei) ull
ei underskjorte
ei vogn

(et) lin
et liv
(et) lær
et nummer
(numre)
(et) nylon
et pass
et prøverom
et selskap
et skjerf
et skjørt
et slips
(et) stoff
(et) undertøy

bukser
dameklær
herreklær
olabukser
underbukser

Pronomener
De – Dem – Deres

Adverb
her borte
heldigvis
unnskyldende

Modalt adverb
nok

Uttrykk
en vei / / tur–retur
røyker / / ikke–røyker
å reise med
(tog, båt osv.)
å komme fram
siste mote
får jeg prøve det?
det er i orden
å ta lang tid
så . . . som mulig
å gå i selskap
god tur
helt sikkert
rundt livet
å bruke penger på
å passe til
med luftpost

Andre ord
gid
jovisst

Verb
å finne–finner
–fant–har funnet
å greie (-de, -d)
å huske (-et, -et)
å ligge–ligger
–lå–har ligget
å miste (-et, -et)
å passe (-et, -et)
å røyke (-te, -t)
å synes
å veksle (-et, -et)

Adjektiv
brun (-t, -e)
ensfarget (--, --)
glemsom–glemsomt
–glemsomme
hel (-t, -e)
kjær (-t, -e)
lilla (--, --)
oransje (--, --)
sikker–sikkert
–sikre
sist (--, e)
søt (-t, -e)
svart (--, -e)
tung (-t, -e)

Hvilken årstid liker du best?

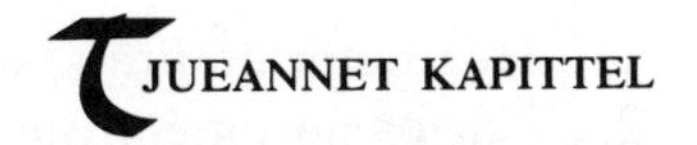

TJUEANNET KAPITTEL

DE FIRE ÅRSTIDENE

* De fire årstidene heter sommer, høst, vinter og vår. Hvordan er de fire årstidene i Norge?

SOMMER

Nordmenn er glad i naturen. De liker å være ute så mye som mulig, særlig om sommeren når været er varmt. De svømmer, seiler, sykler og går lange turer i marka eller i fjellet. De reiser ofte til andre land eller til andre deler av Norge og besøker venner og slektninger. Temperaturen varierer fra sted til sted og fra dag til dag, men det pleier å være omtrent 20 varmegrader i Oslo om sommeren. Folk går i lyse og lette sommerklær, men det er alltid en god idé å ha ei lita jakke med. Det kan også bli litt kjølig om sommeren i Norge, særlig om kvelden.

Kveldene og nettene er lyse i Norge om sommeren. Den berømte "midnattssola" skinner nord for Polarsirkelen fra begynnelsen av juni til midten av juli. Da kan en se sola døgnet rundt. Nettene og kveldene er også meget lyse sør for Polarsirkelen i Norge om sommeren.

ÅRSTIDENE

en høst	om høsten	i høst
en vinter	om vinteren	i vinter
en vår	om våren	i vår
en sommer	om sommeren	i sommer

Spørsmål:

1. Hva heter de fire årstidene på norsk?
2. Når er nordmenn særlig glad i å være ute?
3. Hvordan er temperaturen i Oslo om sommeren?
4. Hva slags klær går folk i om sommeren?
5. Når og hvor skinner den berømte midnattssola?
6. Er det lyst bare nord for Polarsirkelen da?
7. Hvordan er sommeren hvor du bor?
8. Hva liker du å gjøre om sommeren?
9. Hva gjorde du i fjor sommer?
10. Hva skal du gjøre i sommer?

FRA HVERDAGSLIVET I NORGE: TEMPERATUR

Verdt å vite:

Nordmenn bruker Celsiusgrader istedenfor Fahrenheit.
Vann fryser til is ved 0° Celsius.
Vann koker ved 100° Celsius.

Celsius	Fahrenheit
50	122
45	113
40	104
35	95
30	86
25	77
20	68
15	59
10	50
5	41
0	32
−5	23
−10	14
−15	5
−20	−4
−25	−13
−30	−22
−35	−31
−40	−40
−45	−49

varmegrader
kuldegrader
en gradestokk

Noen temperaturer:

Hva er temperaturen i °C når det er:
86°F ________
68°F ________
23°F ________
−22°F ________
−40°F ________

Det står i teksten at det pleier å være omtrent 20 varmegrader i Oslo om sommeren. Hva er det i °F? ________.

Hva er temperaturen i dag i °C? ________

HØST

Det er skjønt i Norge om høsten også. Himmelen er ofte blå og klar, og de grønne bladene på trærne blir røde, gule og brune. Det er en svært fargerik årstid. Været kan være mildt og fint om høsten, men det kan også være kaldt og surt med mye regn. Det varierer fra år til år og fra sted til sted. Temperaturen i Oslo pleier å være mellom 0° og 10° i oktober. 20

Nordmenn liker å være ute om høsten også. De tar lange turer i skogen og i fjellet, men skolebarna kan ikke være med på noen lange turer fordi skolen begynner allerede den tredje uken i august. 25

Det er svært livlig i byene om høsten. Teatrene åpner igjen, de nye bøkene kommer i bokhandlene, og det er ofte store fester for de nye studentene om høsten.

Spørsmål:

1. Hvorfor sier vi at høsten er en svært fargerik årstid?
2. Hvordan er temperaturen i Oslo i oktober?
3. Hva gjør nordmenn om høsten?
4. Når begynner skolen i Norge? Når begynner den hvor du bor?
5. Hvordan er høsten hvor du bor?
6. Hva pleier du å gjøre om høsten?

VINTER

Vinteren kan også være en vakker årstid i Norge. Det er ikke så kaldt der om vinteren som mange utlendinger tror. I Oslo varierer temperaturen mellom 10 kuldegrader og 5 varmegrader om vinteren. Men dette er ikke så varmt som det er i Bergen. Der kan det være så varmt som 10 varmegrader om vinteren. Det er fordi den varme Golfstrømmen går langs kysten. Det er ikke så mye snø i Bergen som i Oslo, men bergenserne kan alltid ta Fløybanen eller bussen til toppen av fjellene, når de vil gå på ski.

Nordmenn er svært glad i å gå på ski. Folk sier at "Nordmenn er født med ski på beina,"[1] og Norge er kjent som "Skisportens hjemland." Alle går på ski — unge og gamle, menn og kvinner, på landet og i byen. Nesten alle går på ski om vinteren i Norge.

Dagene er ikke lange i Norge om vinteren. I desember står sola opp ved 10-tiden, og den går ned allerede ved 3-tiden. Dagene er korte, nettene er lange, og det er nokså mørkt. Mange liker de mørke kveldene. De har kanskje peis hjemme. De sitter foran peisen og koser seg mens de ser på den kalde, sure kvelden utenfor. Det kan faktisk være svært koselig om vinteren i Norge.

Spørsmål:

1. Er det kaldt i Norge om vinteren?
2. Hvordan er temperaturen i Oslo om vinteren?
3. Hvordan er temperaturen i Bergen om vinteren?
4. Hvorfor er det så varmt i Bergen om vinteren?
5. Når står sola opp og når går den ned i Oslo om vinteren?
6. Hvordan er vinteren hvor du bor?
7. Hva liker du å gjøre om vinteren?
8. Er du glad i å gå på ski?

1. *Et bein*, like *et barn*, forms its definite plural form with *-a* rather than *-ene*:

et barn	barn	et bein	bein
barnet	barn*a*	beinet	bein*a*

ORDFORRÅD:

Hva heter det motsatte av:

kald	varm	å sovne	
lys		tidlig	
soloppgang		god tid	
lang		å komme tidsnok	
lenge	(to ord)	åpen	
lite		å glemme	
tung		lett	

Å SYNES / / Å TRO / / Å TENKE[2]:

Mange utlendinger **tror** at det er kaldt i Norge om vinteren.
Jeg er i Norge og det er vinter. Jeg **synes** ikke det er kaldt.
"Det er ikke så kaldt her," **tenker** jeg.

Jeg har ikke vært ute i dag, men jeg **tror** det er varmt ute.
Jeg er ute nå. Jeg **synes** ikke det er så varmt ute allikevel.
Jeg går og **tenker** på været. Jeg **tenker** ofte på været i Norge.

Jeg spiser på en restaurant. Jeg bestiller en stor middag med vin, men jeg ser ikke på prisene. Jeg **tror** dette skal bli dyrt!
Regningen kommer. Jeg ser på regningen. Jeg **synes** det er dyrt!
"Dette var dyrt!" **tenker** jeg. Jeg må **tenke** mer på pengene.

å tro	**tror**	**trodde**	**har trodd**
å tenke	**tenker**	**tenkte**	**har tenkt (på)**
å synes	**synes**	**syntes**	**har synes (om)**

2. All three of these words would be translated "think" in English, but they may not be used interchangeably. *Å tenke* describes the actual process of thinking, and is also used when quoting someone's thoughts; *å tro* means "to believe" and is used when the subject has no personal experience of the thing he is talking about; *å synes* is used when the subject does have personal experience on which to base his opinion of something.

Note that *synes* may only be used about matters of opinion. *Tror* is used about matters of fact. *Jeg tror han har skrevet ei bok.* (He either has or has not written the book, it is not a matter of opinion.) *Jeg tror boka er god.* (This could be said if the speaker had no personal knowledge on which to base the opinion, i.e., he has not read the book.) *Jeg synes boka er god.* (This would be used if the speaker has read the book.)

Oppgave: Sett inn riktig form av *tro*, *synes* eller *tenke*.

1. Jeg vet ikke, men jeg ______ det er dyrt å bo i Norge.
2. Jeg har vært i Norge mange ganger, og jeg ______ det er vakkert der.
3. Hva ______du om været i går?
4. Jeg ______ han kom fra Norge.
   (*thought*)
5. Han ________ bare på henne.
   (*thought*)
6. Vi hadde det hyggelig. Vi ______ det var en meget hyggelig kveld.
7. Jeg har alltid ______ det var kaldt i Norge om vinteren, men jeg har aldri vært der.
8. Jeg kjenner ham godt. Jeg har alltid ______ han var en snill mann.

Å tenke på // å synes om:

Jeg *tenker på* været. Jeg *tenker på* ham.
Hva *synes* du *om* været? Hva *synes* du *om* ham?

Oppgave: Sett inn *på* eller *om*.

1. Hva liker du å tenke ______?
2. Hva synes du ______ dette?
3. Hva var det du tenkte ______ da du gjorde det?
4. Han tenker bare ______ deg.
5. Vet du hva hun synes ______ ham?

VI ØVER OSS:

* Kari: Tror du du skal til Norge i sommer?
Kåre: Jeg har tenkt mye på en tur, men jeg vet ikke hvordan jeg kunne tjene nok penger til det.
Kari: Hva synes du om denne ideen? Du kunne ta en jobb på et skip som går til Norge.
Kåre: Tja, jeg synes det er en meget god idé, men jeg tror det er vanskelig å få slike jobber nå.
Kari: Da kunne du kanskje få en jobb på en gård når du kommer til Norge. Jeg har hørt at det er et kontor i Oslo som kan gi informasjon om disse jobbene.
Kåre: Ja, jeg synes det ville være interessant, men jeg vet ikke noe om gårdsarbeid.
Kari: Jeg tror ikke *det* spiller noen rolle. Bare prøv!
Kåre: Ja, jeg skal helt sikkert tenke mer på det. Kan du gi meg adressen til det kontoret i Oslo?

En kort samtale: Oversett til norsk.

A: What do you think of Aud?

____

B: I think she's nice, but I haven't known her long.

____

A: Do you know if she can speak Norwegian?

____

B: Yes, I think she can. I think she lived in Norway last year.

____

A: Really? What did she think of Norway?

____

B: I think she liked it there very much.

____

A: Are you thinking about a trip there soon?

____

B: I don't think about anything else!

____

VÅR

* Våren er en praktfull årstid i Norge. Det er vidunderlig å se den frosne jorda våkne til nytt liv etter den kalde, mørke vinteren. Nordmenn er svært glad i våren og særlig i den varme vårsola. En kan se dem stå på gata med ansiktet mot sola. De vil ikke gå glipp av en eneste stråle etter den lange vinteren. 50

Men de er ikke ferdige med å gå på ski ennå. Den store skiferien kommer ikke før påske. Nordmenn gleder seg svært til påskeferien. Mange reiser til fjells, og de går på ski så mye de kan. Påsken er en fin, lang ferie for nordmenn. De har fri fra onsdag før påske til tirsdag etter påske. Folk bruker den fine, lange ferien til å gå på ski og bli brune i den varme vårsola. Mange nordmenn har ei hytte på fjellet, og de pleier å reise dit i påsken og forberede den til sommeren. Etter ferien reiser de tilbake til byen, brune og glade, og de tenker på sommeren når de kan reise tilbake til hytta og være der riktig lenge. Det er *det* folk gleder seg til om våren i Norge. 55 60

MERK:

til fjells:	Mange nordmenn reiser *til fjells* i påsken.
til bords:	Verten sier ofte: "Velkommen *til bords*" når folk spiser sammen i et stort selskap.
til sengs:	Jeg tror det er på tide jeg går *til sengs*.

Spørsmål:

1. Hvorfor er våren slik en praktfull årstid i Norge?
2. Når kommer den store skiferien?
3. Er påsken en lang ferie i Norge?
4. Hva gjør nordmenn som har hytte i påsken?
5. Hva gleder de seg til om våren?

6. Hvordan er våren hvor du bor?
7. Hva gjør du i påsken?
8. Hva gleder du deg til om våren?
9. Hvilken årstid liker du best og hvorfor?

PREPOSISJON PLUSS INFINITIV:

På norsk sier vi:	På engelsk bruker vi "-ing":
Du kan ikke besøke henne *uten å kjenne* henne.	". . . without know*ing* her."
Jeg gleder meg *til å reise* til Norge.	". . . to travel*ing* to Norway."
Nordmenn er glad *i å være* ute i naturen.	". . . fond of be*ing* out in nature."
De er ikke ferdige *med å gå* på ski ennå.	". . . finished go*ing* skiing, yet."

Oppgave: Oversett til norsk.

1. He left without saying a word.
2. Are you finished doing the dishes yet?
3. We're looking forward to seeing them again.
4. She has always been fond of bicycling.

Å SE/Å HØRE (*NOEN*) GJØRE (*NOE*):

En kan se dem *stå*[3] på gata med ansiktet mot sola. (". . . see them stand*ing* . . .")

Naboene hans kunne ofte høre ham *spille*[3]. (". . . hear him play*ing*.")

3. Merk at på norsk er det infinitiv vi bruker her.

Oppgave: Oversett til norsk.

1. He said that he had heard them coming.
2. We saw them bicycling past.
3. Have you seen them dancing at the restaurant?
4. No, but we heard the fiddler playing the Hardanger Fiddle.

Man får ta det sure med det søte.

ORD
Fra 22. kapittel

Substantiver

en adresse
en begynnelse
en del
en ferie
en høst
en idé
(en) informasjon
en kuldegrad
en påske
en skog
(en) snø
en sport
en stråle
en temperatur
en utlending
en varmegrad
en vinter (vintrer)
en vår
en årstid
ei jord
ei mark

et ansikt
et bein
et blad
et hjemland
(et) regn

Verb

å forberede (-te, -t)
å svømme – svømmer
svømte – har svømt
å sykle (-et, -et)
å synes – synes
– syntes – har synes
å tenke (-te, -t)
å tro (-dde, -dd)
å variere (-te, -t)

Adjektiv
eneste (--,--)
fri – fritt – frie
frossen – frossent – frosne
glad (--, -e)
kjølig (--, -e)
koselig (--, -e)
lett (--, -e)
livlig (--, -e)
mild (-t, -e)
mørk (-t, -e)
praktfull (-t, -e)
skjønn – skjønt – skjønne
sur (-t, -e)
vidunderlig (--, -e)

Adverb
faktisk
langs
nokså
særlig

Navn
Golfstrømmen
midnattssola
Polarsirkelen

Uttrykk
å gå glipp av
å være ferdig med
(noe, å gjøre noe)
til fjells
til sengs
til bords
å ha fri
i fjellet
å være med på (noe)
å gå på ski
jeg går helst på ski

Tidsuttrykk
om høsten
om sommeren
om vinteren
om våren
i høst
i sommer
i vinter
i vår
døgnet rundt

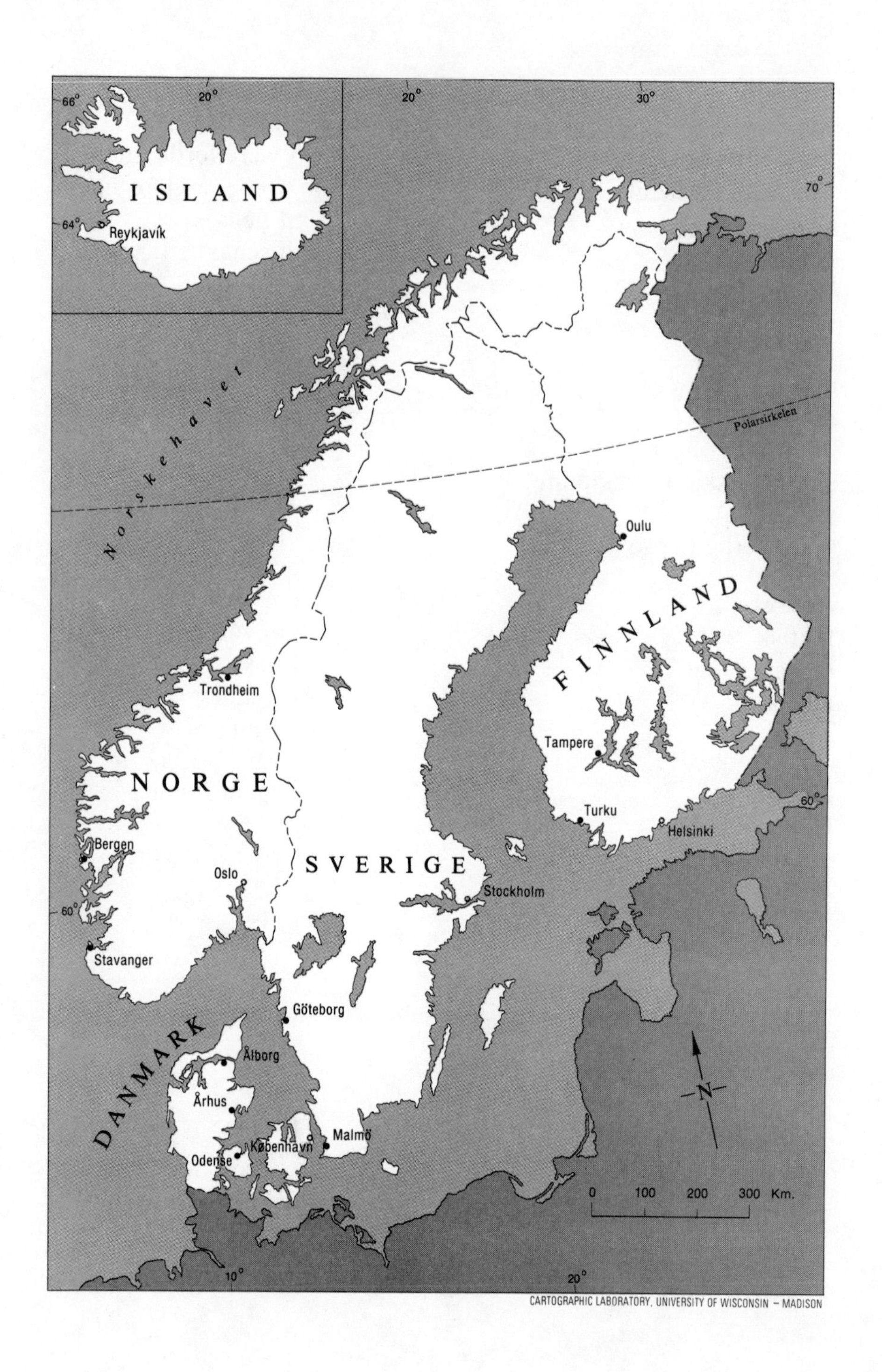

CARTOGRAPHIC LABORATORY, UNIVERSITY OF WISCONSIN – MADISON

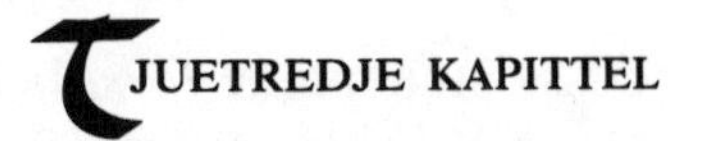

OM Å REISE I NORGE

EN KAN REISE MED BÅT, TOG, BUSS ELLER FLY

* Folk kan reise på mange måter i Norge. De fleste kjører bil. Noen tar toget. De som ikke blir sjøsyke, liker å ta båt. Mange må ta buss, men de fleste liker best å ta fly når de skal reise langt.

Skal du til Norge? La[1] bilen stå hjemme! Du kan reise fra Oslo til Bergen med tog eller fly. Du kan reise fra Trondheim til Bodø med tog eller båt. Du kan reise fra Bodø til Tromsø med båt eller fly. Og du kan reise til alle disse stedene med buss.

God tur!

ORDSTILLING: Plassering av *ikke* og *aldri* etter *som* og *at*[2]:

"De som *ikke blir* sjøsyke, liker å ta båten."
Han sa at han *aldri ble* sjøsyk.

Som:

De *blir ikke* sjøsyke.
De som *ikke blir* sjøsyke, liker å ta båten.

Mannen *smiler aldri*.
Det er mannen som *aldri smiler*.

1. Å LA: å la — lar — lot — har latt
2. Etter *som* og *at* kommer adverbene *ikke* og *aldri* foran verbet istedenfor etter det.

Denne damen *kjører ikke* bil.
Det er denne damen som _______ _______ bil.

Disse studentene *forstår ikke* tysk.
Der ser du studentene som _______ _______ tysk.

Noen turister *tar aldri* toget.
Der borte står turistene som _______ _______ toget.

At:

De *blir ikke* sjøsyke.
De sier at de *ikke blir* sjøsyke.
Den mannen *smiler aldri*.
Jeg vet at den mannen *aldri smiler*.
Denne damen kjører ikke bil.
Jeg håper at denne damen _______ _______ bil.
Studentene forstår ikke tysk.
Studentene sier at de _______ _______ tysk.
Turistene likte ikke å ta toget.
Turistene sa at de _______ _______ å ta toget.

Merk[3]:

Han sa det ikke.
Det var noe *som* han ikke sa. → **Det var noe han *ikke sa*.**

Hun kommer ikke.
Jeg vet *at* hun ikke kommer. → **Jeg vet hun *ikke kommer*.**

Du *har ikke* sett den filmen.
Er det den filmen du *ikke har* sett? Hvilket ord er underforstått? _______

Han *har aldri* sett den filmen.
Jeg tror han *aldri har* sett den filmen. Hvilket ord er underforstått? _______

3. Noen ganger utelater vi *at* og *som*, de er underforstått, men ordstillingen blir den samme som om de var der.

Oppgave: Sett *ikke* og *aldri* på riktig plass i den delen av setningen som har *strek* under.

1. (aldri): Jeg tror at de besøker slektningene sine.
2. (ikke): Det er en film han har sett.
3. (aldri): De spiser frokost klokka åtte.
4. (ikke): Jeg tror han har sett filmen.
5. (aldri): Jeg tror de spiser middag om sommeren.
6. (ikke): Han sa han kunne komme.
7. (aldri): Hennes familie har vært i Amerika.

Øvelse:

Læreren:	*Studentene:*
Studentene snakker ikke norsk.	Hvor er studentene som ikke snakker norsk?
Damen kjører ikke bil.	Hvor er damen som__________?
Mannen kunne ikke finne passet sitt.	Hvor er mannen__________?
Restauranten stenger aldri.	Hvor er restauranten__________?
Turistene har nettopp kommet fra Sverige.	Hvor er turistene__________?
Toget går bare til Bergen.	Hvor er toget__________?
Turistene vil gjerne til Oslo.	Hvor er turistene__________?
Buksene koster bare hundre kroner.	Hvor er buksene__________?
Den lille piken kan ikke huske adressen.	Hvor er den lille piken__________?
Turisten hadde ikke plassbillett.	Hvor er turisten__________?
Butikken er vanligvis åpen.	Hvor er butikken__________?
Mennene kom nesten for seint til toget.	Hvor er mennene__________?
Skrivebordet skulle egentlig stå ved vinduet.	Hvor er skrivebordet__________?

Oppgave: Sett adverbet til venstre på riktig plass i begge setninger til høyre. (Bruk den delen av setningen som har *strek* under.)

1. (ofte) De besøker Norge om sommeren.
   Jeg tror at de besøker Norge om sommeren.
2. (nettopp) Vi har kommet fra Sverige.
   De sa at de hadde kommet fra Sverige.
3. (gjerne) Jeg vil ha et par av de kakene der.
   Det er de kakene der jeg vil ha.
4. (bare) Han kan bli her en stund til.
   Jeg tror at han kommer hit.

ANDRE ADVERB SOM KOMMER FORAN VERBET I SETNINGER MED *SOM* ELLER *AT:*

alltid	**gjerne**	**også**
bare	**nesten**	**opprinnelig**
dessverre	**nettopp**	**snart**
egentlig	**noen gang**	**særlig**
endelig	**nå**	**vanligvis**
fremdeles	**ofte**	**virkelig**

Øvelse:

Læreren:	*Studentene:*
Han har nettopp kommet.	Jeg tror at *han nettopp har kommet.*
Hun glemte nesten billettene.	Jeg tror at ______________.
De drikker gjerne melk.	Jeg tror at ______________.
Han kommer snart.	Jeg tror at ______________.
De spiser ofte i byen.	Jeg tror at ______________.
Hun har alltid lyst på kaffe.	Jeg tror at ______________.
Han spiser bare grønnsaker og frukt.	Jeg vet at ______________.
Hun spiser ikke kjøtt.	Jeg vet at ______________.

De liker også fisk.	Jeg håper at ________.
Hun drikker aldri alkohol.	Jeg håper at ________.
Han kommer vanligvis for seint til timen.	Jeg liker ikke at ________.
De forstår endelig dette.	Jeg tror at ________.
Hun var opprinnelig lege.	Jeg tror at ________.

Oppgave: Sett adverbet på riktig plass i setningen.

1. (ofte): Jeg visste ikke at de spiste middag i byen.
2. (alltid): De kom for seint.
3. (alltid): Jeg likte ikke at de kom for seint.
4. (bare): Jeg tror han vil ha en kopp te.
5. (nesten): Jeg glemte å kjøpe billettene.
6. (snart): Jeg tror vi kan gå.
7. (noen gang): Det er den beste filmen jeg har sett.
8. (vanligvis): Han sa at han kom seint.
9. (vanligvis): Han kommer seint.
10. (gjerne): Det er noe jeg vil ha.
11. (gjerne): Det vil jeg ha.

PÅ EN MÅTE[4]:

Vi kan reise *på* mange *måter*.
Er dette en god *måte* å gjøre det *på*?

Oppgave: Oversett til norsk.

1. One can travel in many ways in Norway.
2. Do you like to travel by train? Yes, I think that's a good way to travel.
3. He said he didn't like to travel by boat.
4. That's a way I've never traveled.
5. She said that she had never tried to do it that way.
6. They say that this isn't a good way to do it.

4. "In a way": Note that *på* must accompany *måte* even when "in" would not be used in English: *Det var en rar måte å si det på.* "That was a strange way to say it."

LITT OM VEIENE I NORGE

* Veiene i Norge er både gode og dårlige. Som regel er de smale, med skarpe svinger og bratte bakker. På grunn av de mange 10 øyene og fjordene i Norge er det både dyrt og vanskelig å bygge veier der. De norske veiene må gå over fjell og gjennom daler, langs vann og strand, gjennom byer og bygder. Det er mange bruer langs veiene på grunn av de mange øyene og fjordene, men det er også mange ferjer. Veien stopper ofte ved vannkanten. Ei 15 bru burde ha gått over fjorden eller over vannet, men det er ikke noen bru der. Det er ei ferje som venter på bilene. Eller — som oftest — noen biler som venter på ferja. Særlig på Vestlandet og i Nord-Norge ser vi mange ferjer.

Folk i Norge kjører som regel ikke for fort. De bør ikke kjøre 20 fortere enn 80 km/t (kilometer i timen) utenfor byene og 50 km/t i byene. Det står mange skilt langs veiene. Noen skilt viser fartsgrensen, og noen skilt advarer mot skarpe svinger. Skiltene som viser fartsgrensen er runde. De er hvite og røde med svarte tall. Skiltene som advarer mot skarpe svinger er trekantede; de 25 er hvite og røde med svarte symboler.

De fleste bilene i Norge er små. En liten bil er bedre på smale veier enn en stor bil. Det er mange slags biler i landet. Alle bilene kommer fra utlandet, for nordmenn lager ikke biler selv. De fleste bilene kommer fra Europa; fra Tyskland, Frankrike, 30 Italia, England og Sverige. Mange biler kommer også fra Japan, men det er ikke mange amerikanske biler i Norge. De amerikanske bilene er for dyre og for store, og de bruker for mye bensin, som er svært dyr i Norge.

FRA HVERDAGSLIVET I NORGE: SKILT

Eksempler på noen av skiltene en kan se i Norge:

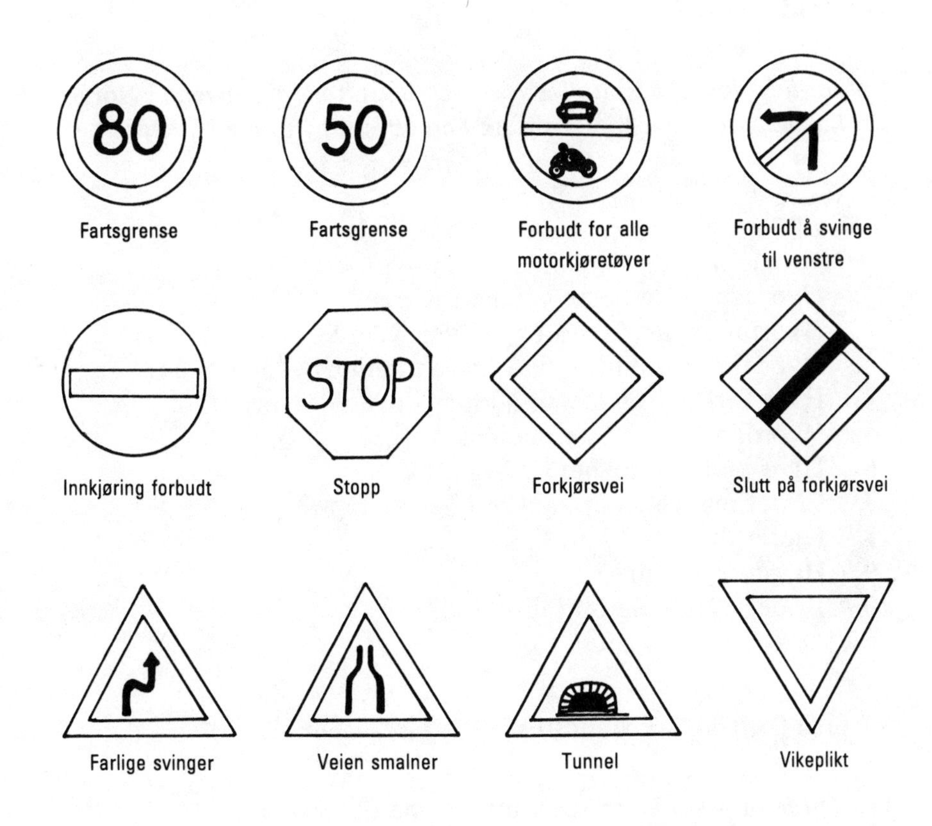

en kilometer	=	0.625	miles
1,6 kilometer	=	1	mile
1 (norsk) mil	=	10	kilometers
1 (norsk) mil	=	6.25	(English) miles

Å HA LOV TIL Å:

En *har ikke lov til å* kjøre fortere enn 80 km/t utenfor byene i Norge.
En *har ikke lov til å* kjøre fortere enn 50 km/t i byene i Norge.

Spørsmål:

1. Hvordan er de fleste veiene i Norge?
2. Hvorfor er det dyrt å bygge veier der?
3. Hvor fort har en lov til å kjøre utenfor byene i Norge?
4. Hvor fort har en lov til å kjøre i byene i Norge?
5. Hvordan er de fleste bilene i Norge?
6. Hvor kommer bilene i Norge fra?
7. Er det mange amerikanske biler i Norge?
8. Kjører du bil?
9. Har du egen bil?
10. Er det dyrt å eie bil i ditt land?

ET NYTT MODALT HJELPEVERB: *bør — burde*

Det *burde* ha vært ei bru der, men vi må ta ferja.
En *bør* ikke kjøre fortere enn 50 km/t i byene.
(Vi bruker infinitiv med både *bør* og *burde* siden de er modale hjelpeverb.)
(Begge ordene betyr "ought to," men *bør* er litt sterkere enn *burde*.)

Oppgave: Oversett til norsk.

1. We ought to speak to him since he doesn't know any of the others.
2. You ought not to drive so fast here in town.
3. They ought to know more about Norway.
4. You (pl.) ought to eat a good breakfast before you go to school.

PÅ GRUNN AV // FORDI[5]:

fordi *setning (subjekt + verb)*
på grunn av *objekt*

Det er mange bruer langs veiene *fordi* det *er* så mange øyer og fjorder.
Det er mange bruer langs veiene *på grunn av* de mange øyene og fjordene.

Oppgave: Sett inn *på grunn av* eller *fordi*.

1. Bergen har milde vintrer _______ Golfstrømmen går langs kysten.
2. På mange steder er det ferjer istedenfor bruer.
   Det er _______ det ville være for vanskelig eller for dyrt å bygge ei bru der.
3. _______ det dårlige været skal vi ikke til Lillehammer.
4. Vi kunne ikke reise til Lillehammer _______ været var dårlig.
5. Det er mildt i Bergen om vinteren _______ Golfstrømmen.
6. _______ Golfstrømmen er det mildt i Bergen om vinteren.

5. *På grunn av* means "because of." In order to use *fordi*, a verb must appear in the clause introduced by it. *På grunn av* is often abbreviated *p.g.a.*

HOVEDSETNINGER OG BISETNINGER[6]:

Konjunksjonene *at* og *som* er *underordnende* konjunksjoner, de innleder *bisetninger*.

En *bisetning* er en setning som *ikke gir full mening alene:*

Han sa *at han ville komme*.
Jeg tror *at vi skulle gjøre det*.

Her er kontoret *som skal være ditt*.
Jeg kjenner en mann *som har bodd der*.

Konjunksjonene *og, men, eller*, og *for* er *sideordnende* konjunksjoner, de innleder *hovedsetninger*.

En hovedsetning er en setning som *gir full mening alene*:

Noen skilt viser fartsgrensen, *og* noen skilt advarer mot skarpe svinger.
Det er mange bruer langs veiene, *men* det er også mange ferjer.
Det er ofte ei ferje som venter på bilene, *eller* bilene må vente på ferja.
Det er dyrt å bygge veier i Norge, *for* den norske naturen er så vill.

Siden disse konjunksjonene innleder *hovedsetninger*, er adverbets plassering *ikke* påvirket av dem:

Han reiser ikke, *og* han *vil ikke* reise.
Jeg kjenner henne, *men* jeg *kjenner ikke* ham.
Han kommer, *eller* han *kommer ikke*.
Han reiste ikke, *for* han *ville ikke* reise.

Men i en *bisetning*, som vi har sett, kommer *adverbet foran verbet*:

Jeg tror *at* han *ikke reiste*.
Han sa *at* han *ikke ville komme*.

Der er mannen *som ikke reiste*.
Det er mannen *som ikke ville* komme.

6. *Independent and dependent clauses*. Coordinating conjunctions (*sideordnende konjunksjoner*) introduce independent clauses (*hovedsetninger*). Subordinating conjunctions (*underordnende konjunksjoner*) introduce dependent clauses (*bisetninger*):
Sideordnende: Han reiste ikke — og — han vil ikke reise.
Underordnende: Han reiste ikke — fordi han ikke villle reise.

Oppgave: (Tell if the underlined portion of these sentences is an independent clause, *hovedsetning*, or a dependent clause, *bisetning*.)

1. Han er ikke her nå, men han kommer snart.
2. Jeg tror at han snart kommer.
3. Det er den beste filmen jeg noen gang har sett.
4. Jeg tror at de ofte er borte om kvelden.
5. Der står mannen jeg gjerne vil hilse på.
6. Jeg har lyst til å reise til Norge, og jeg vil gjerne besøke deg da.
7. Jeg håper han ikke er syk.
8. Han sa han gjerne ville komme.

Hvor plasserer vi adverbet i en hovedsetning?

____

Hvor plasserer vi adverbet i en bisetning?

____

Oppgave: Sett adverbet på riktig plass i den delen av setningen som har strek under.

1. (snart): Han er ikke her ennå, men han kommer.
2. (snart): Jeg tror at han kommer.
3. (bare): Fikk dere middag, eller fikk dere noen smørbrød?
4. (bare): Han sa at han fikk noen smørbrød.
5. (ikke): Jeg håper de reiser.
6. (ikke): Jeg kunne ikke reise for jeg hadde nok penger.
7. (nettopp): Der sitter gjestene som har kommet.
8. (endelig): Det er den filmen jeg skal se.
9. (dessverre): Han sa at han måtte reise snart.
10. (vanligvis): Hun er ofte borte om dagen, men hun er hjemme om kvelden.
11. (vanligvis): Jeg tror at de er borte om kvelden.
12. (dessverre): Han var borte, og hun var også borte.
13. (snart): Jeg håper at han kommer.
14. (gjerne): Der borte står en mann jeg vil hilse på.
15. (noen gang): Det er den beste filmen jeg har sett.
16. (noen gang): Har du vært i Norge?

MER OM VEIENE I NORGE

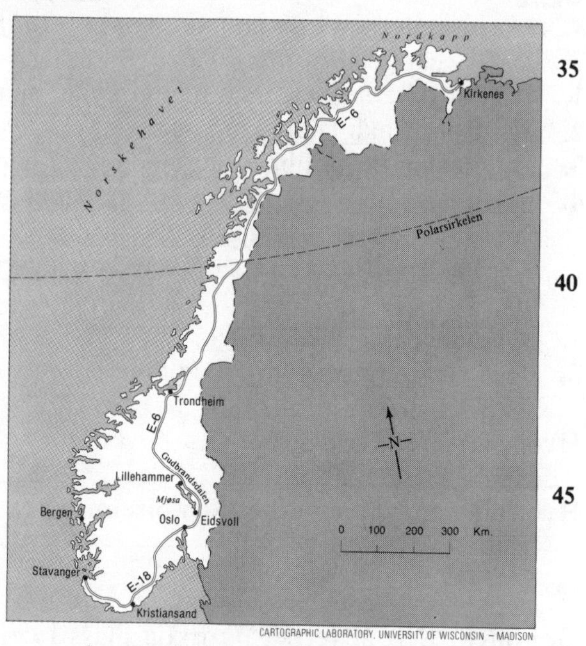

To av Norges viktigste veier, E–6 og E–18.

Norge samarbeider med andre land i Europa om skilt og veier. Skiltene, som er like over nesten hele Europa, bruker ikke ord. De bruker bilder og symboler. Hovedveiene gjennom Europa heter Europaveier. De går fra land til land, fra Norge gjennom Sverige, Danmark, Tyskland og Frankrike. Disse veiene har forskjellige numre, f.eks. E-18, som går fra Stavanger gjennom Kristiansand til Oslo, og E-6, som er den lengste veien i Norge og går hele veien fra Oslo til Kirkenes.Langs veien kan en stoppe og besøke mange interessante steder, bl.a. (blant annet) Eidsvoll hvor Norge fikk sin grunnlov i 1814; Mjøsa, Norges største innsjø; og Lillehammer, med sitt berømte friluftsmuseum, Maihaugen. En kjører gjennom den lange, vakre Gudbrandsdalen til Trondheim, berømt for sin skjønne katedral Nidarosdomen. Når en har kommet til Trondheim, har en allerede kjørt ganske langt, men en må kjøre nesten like langt igjen for å komme til Polarsirkelen, og så like langt igjen for å komme til Nordkapp. Norge er et utrolig langt land! Visste du at det er like langt fra Kirkenes (i Nord-Norge) til Oslo som fra Oslo til Italia?

HVA, HVORDAN, HVOR, HVORFOR OG *NÅR* SOM ADVERB OG KONJUNKSJONER[7]:

Adverb (spørreord):

Hvordan *sier vi* dette på norsk?
Hvor fort *har en* lov til å kjøre i Norge?
Hva *betyr dette skiltet*?
Hvorfor *kjører han* så fort?
Når *kommer ferja*?
Hvor *kjører vi*?

Konjunksjon:

Jeg vet ikke
- hvordan *vi sier* dette på norsk.
- hvor fort *en har* lov til å kjøre i Norge.
- hva *dette skiltet betyr*.
- hvorfor *han kjører* så fort.
- når *ferja kommer*.
- hvor *vi kjører*.

Konjunksjonene her innleder *bisetninger*.

Oppgave: Skriv om med adverbet som konjunksjon:

1. Hvordan staver vi det?
   Han vet ikke hvordan vi staver det ________.
2. Når reiste de til Norge?
   Vi visste ikke ________.
3. Hvorfor venter du på ferja her?
   Jeg forstår ikke ________.
4. Hvor går dette toget?
   Vet du ________?
5. Hva kan en se i Lillehammer?
   Har du skrevet om ________?

7. *Husk:* Når et adverb kommer først i en setning, får vi inversjon:
Adverb – Verb – Subjekt . . .
Når en konjunksjon kommer først i en setning, får vi ikke inversjon:
Konjunksjon – Subjekt – Verb . . .

Oppgave: Sett adverbet på riktig plass i den delen av setningen som har *strek* under.

1. (aldri): Jeg vet ikke hvorfor han kom.
2. (aldri): Vi ventet på ham, men han kom.
3. (ofte): Jeg visste ikke hvor han gikk om kvelden.
4. (ofte): Han var sjelden hjemme, for han gikk ut om kvelden.
5. (alltid): Vi forstod ikke hvordan han kunne være så hyggelig.
6. (ikke): Vi vet aldri hva vi skal gjøre når han kommer.
7. (endelig): Hva skal vi gjøre når vi kommer til Oslo?
8. (ikke): Jeg vet ikke hvor han har vært!

OVERSIKT: *Ord som innleder bisetninger*

(Husk at vi alltid setter adverbet *foran* verbet i bisetninger innledet med disse ordene.)

at	**mens**
da	**når**
fordi	**om**
hva	**selv om**
hvis	**siden**
hvor	**som**
hvordan	**så**
hvorfor	

EKSTRA OPPGAVE: Sett adverb på riktig plass i *bisetningen*.

(ofte): Jeg vet ikke hvorfor de gjorde det.
(ikke): Hva skal du gjøre hvis de kommer?
(bare): Jeg skal ikke lage middag siden han vil ha te.
(snart): Vi skal ha en fest fordi han reiser.
(alltid): Siden de var borte, så vi dem nesten aldri.
(endelig): Det har jeg lyst til å gjøre når jeg reiser til Norge.
(noen gang): De var de hyggeligste menneskene jeg har kjent.
(ikke): Jeg håper de reiser.

(snart):	Jeg tror de skal reise.
(ikke):	Da jeg så ham, gikk jeg hjem.
(aldri):	De spurte om jeg var syk.
(bare):	Vi lærte mye om Norge, selv om vi var der i tre uker.
(aldri):	Han visste mye om Norge, selv om han hadde vært der.
(snart):	Han er ikke her ennå, men vet du om han kommer?
(ikke):	Vi skal reise til byen hvis det regner.
(alltid):	Alle likte ham fordi han var snill.
(ikke/allerede):	Siden hun visste at han hadde gått hjem, ventet hun på ham på kontoret.

NORGE HAR STRENGE LOVER OM PROMILLEKJØRING

* **Det er om kvelden. Det er mørkt og kaldt. Svein er ute og kjører i den gamle bilen sin. Han kjører rundt en sving og ser** 65 **plutselig mange biler og mange politimenn foran seg.**

"Søren også!" sier Svein. "Politikontroll!"

En politimann vinker bilen til Svein inn til veikanten. Svein svinger inn til kanten, og politimannen kommer bort til bilen hans. 70

"God kveld," sier politimannen. "Dette er en rutinekontroll. Kan jeg få se førerkortet, takk?"

"Vær så god."

Politimannen ser på førerkortet til Svein. "Har du drukket alkohol i dag?" 75

Svein tenker et øyeblikk. "Nei, jeg tror ikke det," sier han til slutt.

"Det lukter litt alkohol i bilen."

"Jaså? Sier du det? Jeg lukter ikke noe."

Politimannen gir Svein en ballong. "Nei, det er meget mulig," 80 sier han. "Vil du blåse opp denne ballongen? Det er best å være sikker, vet du."

"Blåse den opp? Nå?"

"Nettopp."

Svein sukker. "Javel," sier han, tar ballongen og blåser den opp. Politimannen ser på ham hele tiden.

"Hmm," sier han, "den skifter farge. Du har kanskje drukket alkohol allikevel, du?"

"Å ja, det er sant," sier Svein. "Jeg husker det nå. Jeg drakk en flaske øl tidligere i dag."

"Bare en flaske øl?"

"Tja, la meg nå se . . . Det var helt sikkert ikke mer enn to flasker øl."

Politimannen ser tankefullt på ballongen. "Du får bli med til politistasjonen. Vi må ta en blodprøve. Bilen må stå her."

"Hvorfor det?"

"Du kan ikke kjøre med alkohol i blodet. Vi kjører deg til politistasjonen i en politibil."

"Hva blir straffen, tror du?"

"Du får antakelig tre uker i fengsel, og du mister førerkortet en stund."

Svein stønner. "Å bevare meg vel! Tre uker i fengsel for to flasker øl!"

"Du vet godt vi har strenge lover om promillekjøring her i landet. Vent i politibilen der borte."

Svein går langsomt bort til politibilen. "Jeg har alltid uflaks," tenker han. "Tre uker i fengsel! Ja, ja, men jeg slipper[8] i hvert fall å gå på skolen så lenge!"

8. *Å SLIPPE:* å slippe — slipper — slapp — har sloppet

Spørsmål:

1. Hvorfor vinket politimannen Sveins bil inn til veikanten?
2. Hva luktet han?
3. Hva måtte Svein gjøre?
4. Hva betydde det da ballongen skiftet farge?
5. Hva måtte Svein gjøre så?
6. Hvorfor kunne han ikke kjøre til stasjonen selv?
7. Hva er straffen for promillekjøring i Norge?
8. Hva synes du om å ha strenge lover om promillekjøring?

FLAKS / UFLAKS (*osv.*):

Svein sier at han alltid har *u*flaks. Det betyr at han *ikke* har *flaks*.
Noe som en *ikke* kan *tro* er *u*trolig.
Det er *ikke mulig* å gå fra Amerika til Norge. Det er *u*mulig.

Oppgave:

1. Jeg syntes at boka *ikke* var *interessant*. Jeg syntes den var _______.
2. Det er mange steder i verden som *ikke* er *kjente*. Noen av dem er _______.
3. Spørsmålet var så vanskelig at jeg *ikke* var *sikker* på svaret. Jeg var _______.
4. Det var *ikke populært* at han røykte på jobben. Det var _______.
5. Det er *ikke sunt* å spise for mye sukker. Det er _______.
6. Han hadde mange tanker som *ikke* var *rimelige*. De var _______.
7. Noen av ideene hans var *ikke klare*. De var _______.

(*Merk*: Det er ikke mulig å gjøre dette med alle adjektiv, men dette skal hjelpe deg med å kjenne igjen slike ord hvis du møter dem.)

Å SLIPPE Å:

Svein skulle egentlig gå på skolen hver dag, men hvis han får tre uker i fengsel, får han *slippe å* gå på skolen så lenge.
Vi skulle egentlig lese den boka, men vi *slipper å* lese den fordi vi ikke har nok tid.

Spørsmål:

1. Hva liker du å slippe å gjøre?
2. Har du sloppet å gjøre noe i dag?

Oversett til norsk:

1. We got out of doing the dishes.
2. Let me not have to say this again.

Å LA: Vi bruker alltid *infinitiv* med *å la.*

La bilen *stå* hjemme.
La oss *spise.*
La meg nå *se.*

Svein *lot* bilen *stå* ved veikanten.
Hun *lar* aldri barnet *spise* sukker.
Foreldrene hans *har* ikke *latt* ham *se* filmen.

Oversett til norsk:

1. They didn't let us talk with each other.
2. Have his parents let him buy the new car?
3. Let me go!
4. Have they let the guests come in yet?

FOR SPESIELT INTERESSERTE:

LITT OM ANDRE REISEMÅTER

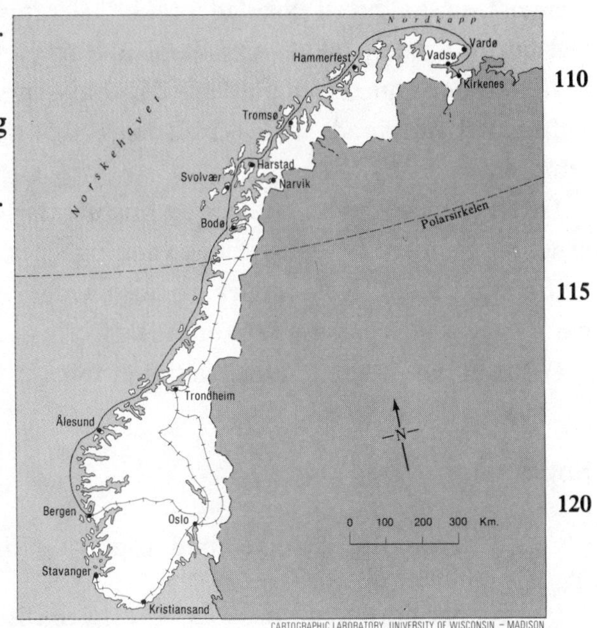

CARTOGRAPHIC LABORATORY UNIVERSITY OF WISCONSIN – MADISON

Folk i Norge liker å reise med tog. Toget er både hurtig og behagelig, og å reise med tog koster ikke så veldig mye. "Fra sentrum til sentrum," sier togreklamen. "Det går alltid et tog," sier den også. "La bilen stå hjemme og ta toget, ta toget, ta toget . . ."

Og mange nordmenn tar toget. De reiser fra Stavanger til Oslo, de reiser fra Oslo til Bergen og de reiser fra Trondheim til Bodø. Nordmenn kan ta toget til Sverige og Danmark og være turister i Stockholm og København. Norske turister trenger ikke pass for å reise til disse to landene.

Alle som tar toget i Norge reiser med NSB (Norges Statsbaner). De reiser med Nordlandsbanen, som går fra Bodø til Trondheim; Bergensbanen, som går fra Bergen til Oslo; eller Sørlandsbanen, som begynner i Oslo, slutter i Stavanger, og går langs kysten gjennom Kristiansand.

"Hurtigtog til Oslo er klar i spor 3," sier en stemme i høyttaleren på stasjonen. "Ta plass! Ta plass! Vær vennlig og lukk dørene!" Konduktøren blåser i fløyta og vinker med det grønne flagget. Og toget starter. Konduktøren går fra vogn til vogn og sier: "Billettene, takk!"

Det er spisevogn på noen tog, men ikke på alle. En dame går fra vogn til vogn med ei tralle, og hun selger mat og drikke. 140
"Kaffe, te, frukt, smørbrød!" roper hun. Ei lita jente stopper henne: "Jeg skal ha en sjokolade, takk," sier hun. "Vær så god. Det blir to kroner, takk," sier damen. Hun går videre. "Brus, kaffe!" roper hun. En mann legger ned avisen sin og sier: "En kaffe og et smørbrød, takk." Han må betale tretten kroner og 145 femti øre.

Det er trær og jorder, steiner og hus utenfor. Toget går over bruer og gjennom tunneler, langs vann og sjøer, oppe på fjellet og nede i dalen. Toget stopper på stasjonene. Noen passasjerer går av, og andre passasjerer kommer på. 150

Og toget går videre. Det går alltid et tog . . .

Spørsmål:

1. Er det mulig å reise med tog fra Norge til Sverige og Danmark?
2. Trenger nordmenn pass for å reise til disse to landene?
3. Hva er Stockholm og København?
4. Hvor går Bergensbanen?
5. Hvor går Nordlandsbanen?
6. Hvor går Sørlandsbanen?
7. Må en ta mat med seg hvis en vil spise på toget?
8. Hva skjer når toget kommer til en stasjon?
9. Har du noen gang reist med tog?
10. Synes du at det burde være lettere å reise med tog i USA?

FOR SPESIELT INTERESSERTE:

LITT OM ANDRE REISEMÅTER (*fortsatt*)

Hurtigruta er nødvendig i Norge. Det er et passasjerskip som går langs kysten fra Bergen i sør til Kirkenes i nord. Hurtigruta går fra Bergen kl. 23 om kvelden og kommer fram til Kirkenes kl. 6 om morgenen seks dager seinere. Det er en lang reise, men 155 som regel er den både behagelig og variert. Hurtigruta går til Ålesund og Trondheim, den går videre nordover forbi Polarsirkelen og inn i "Midnattssolens Land." Hurtigruta går til Bodø, Svolvær og Harstad. Passasjerene opplever nye steder, nye mennesker, nye inntrykk. De spiser godt og sover godt. De som er 160 sjøsyke, blir snart friske igjen.

Skipet går videre. Det kommer til Tromsø og Hammerfest, den nordligste byen i verden. Hurtigruta går til Vardø, Vadsø, og kommer til slutt til Kirkenes, som ligger på grensa til Sovjetunionen. 165

Turen med hurtigruta er både romantisk og behagelig, synes mange turister. "Kystens landevei," sier nordmennene. "Riksvei nummer én," sier reklamen.

*

"SAS rute 354 til Tromsø er klar til avgang. Utgang nummer fire. Vennligst gå ombord. Departure of SAS flight 354 for 170 Tromsø. Gate number four. All aboard, please."

Passasjerene til Tromsø reiser seg. Endelig. Mange av passasjerene skal besøke slektninger og venner i ferien. De synes det er både raskt og behagelig å ta fly. Om noen få timer er de i Tromsø. En tur som før tok mange dager med tog og båt, tar nå bare 175 noen timer med fly. Tid er penger, sier noen og tar fly. Vi lever bare én gang, sier andre og tar tog og båt for å kunne se på landskapet.

Spørsmål:

1. Hva er hurtigruta?
2. Hvor mange dager tar den å gå fra Bergen til Kirkenes?
3. Hva heter noen av byene den går til?
4. Hva er Hammerfest?
5. Hvor ligger Kirkenes?
6. Hvorfor liker noen mennesker å reise med tog eller båt istedenfor fly selv om det tar lengre tid?
7. Hvordan reiser du helst?
8. Hvorfor liker du best å reise på den måten?

ENDA MER OM MODALE HJELPEVERB:

Vi leste: "Mange tar toget for *å kunne* se landskapet."

På norsk har de modale hjelpeverb *alle* formene — ikke bare presens og imperfektum, men også infinitiv og perfektum:

å kunne	**kan**	**kunne**	**har kunnet**
å få	**får**	**fikk**	**har fått**
å ville	**vil**	**ville**	**har villet**
å skulle	**skal**	**skulle**	**har skullet**
å måtte	**må**	**måtte**	**har måttet**
å burde	**bør**	**burde**	**har burdet**

Flere eksempler:

Det **ville ha** vært interessant å snakke mer om det.
Det er godt **å kunne snakke** norsk når en er i Norge.
Han **har** alltid **villet reise** til Norge.
De **burde kunne komme** tidsnok til forelesningen.
Studentene **måtte kunne snakke** og **lese** norsk.
De **har** ofte **måttet vente** på oss.
Vi **har** aldri **kunnet snakke** om dette før.

Husk:

Bruk alltid *infinitiv uten "å"* med modale hjelpeverb.

Oppgave:

1. It's good to be able to speak many languages.
2. If he had wanted to go with us, we would have gladly taken him along.
3. The students had to be able to speak and write German.
4. They should be able to do that.
5. He ought to be able to come on time.
6. The students had to be able to understand the rules.
7. He didn't want to have to lose his license.
8. They should want to come. We have often wanted to come.
9. We have had to take the train many times.
10. Have you been able to talk with him about it yet?

VI ØVER OSS:

A: Har du noen gang reist i Europa?
B: Ja, hele familien min var der i fjor. Vi bodde i Norge, men vi reiste litt i andre land også.
A: Hvordan reiste dere?
B: Vi hadde ikke bil og vi hadde ikke råd til å reise med fly, så vi reiste som regel med tog eller buss.
A: Hvordan likte du best å reise?
B: Hvis jeg ikke skulle så altfor langt, likte jeg best å reise med buss.
A: Hvorfor det?
B: Jo, jeg syntes det var svært morsomt å reise på de smale norske fjellveiene. Jeg likte de skarpe svingene og de bratte bakkene når det ikke var *jeg* som måtte kjøre!
A: Ja, det forstår jeg godt, men jeg tror jeg reiser helst med tog. Fra toget kan en også se landskapet, men det tar ikke så lang tid, og en trenger ikke å stoppe og vente på ferjene.

Øst, vest — hjemme er best.

ORD
Fra 23. kapittel

Substantiver

(en) alkohol
en bakke
en ballong
(en) bensin
en dal
en fartsgrense
en grense
en innsjø
en kant
en kilometer (kilometer)

en lov
en måte
en politibil
en politimann
(en) promillekjøring
en regel (regler)
en rutinekontroll
en straff
en sving
(en) uflaks

ei bru
ei bygd
ei ferje
ei mil (mil)
ei strand (strender)

et blod
et fengsel (fengsler)
et friluftsmuseum (friluftsmuseer)
et førerkort
et politi
et skilt
et tall
et vann

Verb

å advare (-te, -t)
å blåse (-te, -t)
å bygge – bygde – har bygd
å la – lar – lot – har latt
å lukte (-et, -et)
å samarbeide (-et, -et)
å skifte (-et, -et)
å slippe – slipper – slapp – har sloppet
å stønne (-et, -et)
å vinke (-et, -et)

Modale hjelpeverb

å burde – bør – burde – har burdet
å få – får – fikk – har fått
å kunne – kan – kunne – har kunnet
å måtte – må – måtte – har måttet
å skulle – skal – skulle – har skullet
å ville – vil – ville – har villet

Adverb

antakelig
ganske
plutselig
vanligvis
veldig

Preposisjoner

blant
gjennom

Adjektiv
behagelig (--, -e)
bratt (--, -e)
hurtig (--, -e)
langsom – langsomt – langsomme
rund (-t, -e)
sjøsyk (-t, -e)
skarp (-t, -e)
smal (-t, -e)
streng (-t, -e)
tankefull (-t, -e)
utrolig (--, -e)

Navn
Europa
Japan

Uttrykk
som regel
på grunn av (p.g.a.)
å ha lov til (å gjøre noe)
å skifte farge
bevare meg vel
i hvert fall
her i landet
på en måte
blant annet (bl. a.)
jeg reiser helst med tog

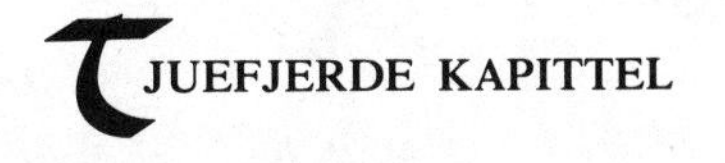

TJUEFJERDE KAPITTEL

SVEIN BLIR SYK

LITT OM SOSIALSYSTEMET I NORGE

Få land i verden tar bedre vare på innbyggerne sine enn Norge. Nordmennene bor i en velferdsstat. Hvis de blir syke, får de legehjelp. Når de blir gamle, får de pensjon. Hvis de ikke kan arbeide, får de trygd. Alle nordmenn og alle andre som bor i Norge, har rett til å få hjelp fordi de er medlemmer av Folketrygden.

ORDSTILLING: (med en bisetning som første element i setningen)

Vi repeterer:

Ordstilling i hovedsetninger:

Vannlig ordstilling:	*Subjekt* —	*Verbal* —	*Adverb* —	*Andre elementer*
	Han	likte	ikke	norske bøker.

Inversjon:	*Ikke subjekt* —	*Verbal* —	*Subjekt* —	*Adverb* —	*Andre el.*
	Norske bøker	likte	han	ikke.	

Ordstilling i bisetninger:

Konjunksjon —	*Subjekt* —	*Adverb* —	*Verbal* —	*Andre elementer*
fordi	han	ikke	forstod	norsk.

Ordstilling: hovedsetning + bisetning (vanlig ordstilling i hovedsetningen):

S.	*V.*	*Adv.*	*Andre elementer*	*Konj.*	*S.*	*Adv.*	*V.*	*Andre elementer*
Han	**likte**	**ikke**	**norske bøker**	**fordi**	**han**	**ikke**	**forstod**	**norsk.**

Ordstilling: bisetning + hovedsetning (inversjon i hovedsetningen):

Konj.	*S.*	*Adv.*	*V.*	*Andre,*	*V.*	*S.*	*Adv.*	*Andre elementer*
Fordi	**han**	**ikke**	**forstod**	**norsk,**	**likte**	**han**	**ikke**	**norske bøker.**

Andre eksempler:

De får pensjon når de blir gamle.
Når de blir gamle, *får de* pensjon.

De får legehjelp hvis de blir syke.
Hvis de blir syke, *får de* legehjelp.

De får trygd hvis de ikke kan arbeide.
Hvis de ikke kan arbeide, *får de* trygd.

Øvelse: Sett den delen som har strek under først.

Eksempel: Alle nordmenn har rett til å få hjelp fordi de bor i en velferdsstat.
Fordi de bor i en velferdsstat, har alle nordmenn rett til å få hjelp.

1. Jeg har lyst til å reise omkring i hele landet når jeg endelig kommer til Norge.
2. Hvis han ikke hadde blitt syk, ville vi ha reist i dag.
3. Vi hadde mange interessante opplevelser da vi var i Norge siste gang.
4. De fikk ikke se statuen siden de bare var i byen tre dager.
5. Han forstod det meste av det de sa selv om han ikke snakker så mye norsk.

Oppgave: Lag forskjellige setninger som begynner med de oppgitte ord.

Eksempel: Da jeg stod opp i morges, skinte sola.
Da jeg stod opp *i går, regnet det.*
Da jeg *reiste til Norge, hadde jeg det hyggelig.*
Da *han kom, gikk vi.*

1. Når jeg kommer til Norge, skal jeg se museene først.
Når jeg kommer til Norge, ______________________
Når jeg ______________________
2. Hvis det regner i morgen, kan jeg ikke spille tennis.
Hvis det regner i morgen, ______________________
Hvis ______________________
3. Siden det var dårlig vær, tok vi ikke ferja.
Siden det var dårlig vær, ______________________
Siden ______________________
4. Selv om vi ikke hadde vært i Norge, likte vi lysbildene hans.
Selv om vi ikke hadde vært i Norge, ______________________
Selv om ______________________
5. Da jeg kom til skolen i dag, var det ingen andre her.
Da jeg kom til skolen i dag, ______________________
Da ______________________

Oppgave: Sett adverbet på riktig plass i den delen av setningen som har strek under. Si om det er *bi-* eller *hovedsetning.*

(ikke)	1.	Jeg vet ikke hvorfor han ikke gjorde det.	bisetning
(aldri)	2.	Selv om jeg gjerne vil, kan jeg komme tidsnok til timen.	______
(ofte)	3.	Hun er sikker på at jeg kommer seint.	______
(noen gang)	4.	Hvis han ble syk, vet jeg ikke hva jeg ville gjøre.	______
(alltid)	5.	Når de besøkte oss, hadde vi det hyggelig.	______

Oppgave: Lag setninger som har hovedsetning og bisetning. La bisetningene begynne med *da, fordi, før, når* og *hvis*. La bisetningen komme først.

1. ______________________________
2. ______________________________
3. ______________________________
4. ______________________________
5. ______________________________

Oppgave: Lag setninger som begynner med bisetning og bruk adverbene *ikke, aldri, bare, nettopp* og *alltid* i bisetningene.

1. ______________________________
2. ______________________________
3. ______________________________
4. ______________________________
5. ______________________________

Oppgave: Skriv disse setningene ferdig:

1. Hvis jeg var hjemme nå, ____________________.
2. Når jeg kommer hjem i kveld, ____________________.
3. Siden det har vært så kaldt vær i vinter, ____________________.
4. Hvis jeg hadde mange penger, ____________________.
5. Når jeg blir ferdig med skolen, ____________________.

Oversett til norsk: Since we do not live in a welfare state, we don't get social insurance.

SVEIN BLIR SYK

* Svein er syk. Han ligger til sengs med høy feber og han har veldig vondt i hodet og magen. Han ligger og stønner. Ingen får glemme at Svein har smerter.

Det er midt på natten. Moren til Svein har ringt til legevakten og sendt bud etter en lege. Nå sitter hun og venter. Hun prøver å lese, men hun kan ikke glemme at sønnen hennes er syk. Plutselig ringer det på døra. Det er legen. Han kommer inn, håndhilser, og presenterer seg. 10

"Mitt navn er doktor Ruud. Hvor er pasienten?" 15

"Her inne. Han har 40,4."

"Hm. Ja, vi får undersøke ham." Legen går bort til Svein. "Nå, unge mann, du har altså vondt i magen?"

Svein bare nikker. Legen tar pulsen hans. "Vi får undersøke deg, ja," sier legen. "Du får ta av deg pyjamasjakka." 20

Svein gjør som legen sier. Legen tar fram stetoskopet og begynner å lytte på brystet og ryggen til Svein, som sitter og puster dypt. "Hold pusten," sier legen og lytter. "Pust dypt," sier legen og lytter videre. "Hm . . . Jaha," sier han. "Gjør det vondt her?" spør han og trykker på Sveins mage. Svein bare stønner høyt. "Og her?" 25

Legen reiser seg. "Det er nok blindtarmen, dette. Vi får legge deg inn på sykehuset med en gang. Du trenger ikke å være redd. Dette er en helt vanlig operasjon. Nå skal jeg ringe etter sykebil." 30

Svein nikker igjen og prøver å smile tappert. Han er blek, og han liker ikke situasjonen. Han er litt redd for leger, operasjoner og kniver — hvem er ikke det? Men alt er bedre enn de smertene han har nå.

(*fortsettes*)

Spørsmål:

1. Hvordan hadde Svein det?
2. Hvor gjorde det vondt?
3. Hvem ringte Sveins mor til?
4. Hva gjorde legen?
5. Hva var i veien med Svein?
6. Når skulle de legge ham inn på sykehuset?
7. Hva var Svein redd for?
8. Er du redd for leger og operasjoner?
9. Har du noen gang ligget på sykehus?
10. Hva er du redd for?

MERK:

På norsk slipper vi å bruke eiendomspronomen når vi snakker om kroppsdelene:

hod*et*.
Jeg *har vondt i* rygg*en*.
mag*en*.

Han pusser tenn*ene*.
Hun klippet hår*et*.

Merk at det er den *bestemte* formen av substantivet vi bruker her.

Spørsmål:

1. Blir du hjemme fra skolen når du har vondt i magen?
2. Hvor klipper du håret?
3. Får du ofte vondt i hodet?

Oppgang: Oversett til norsk:

1. Have you brushed your teeth yet?
2. The child got a stomach ache because it ate too much cake.
3. Her hair is very short.
4. She had a headache so she stayed home.

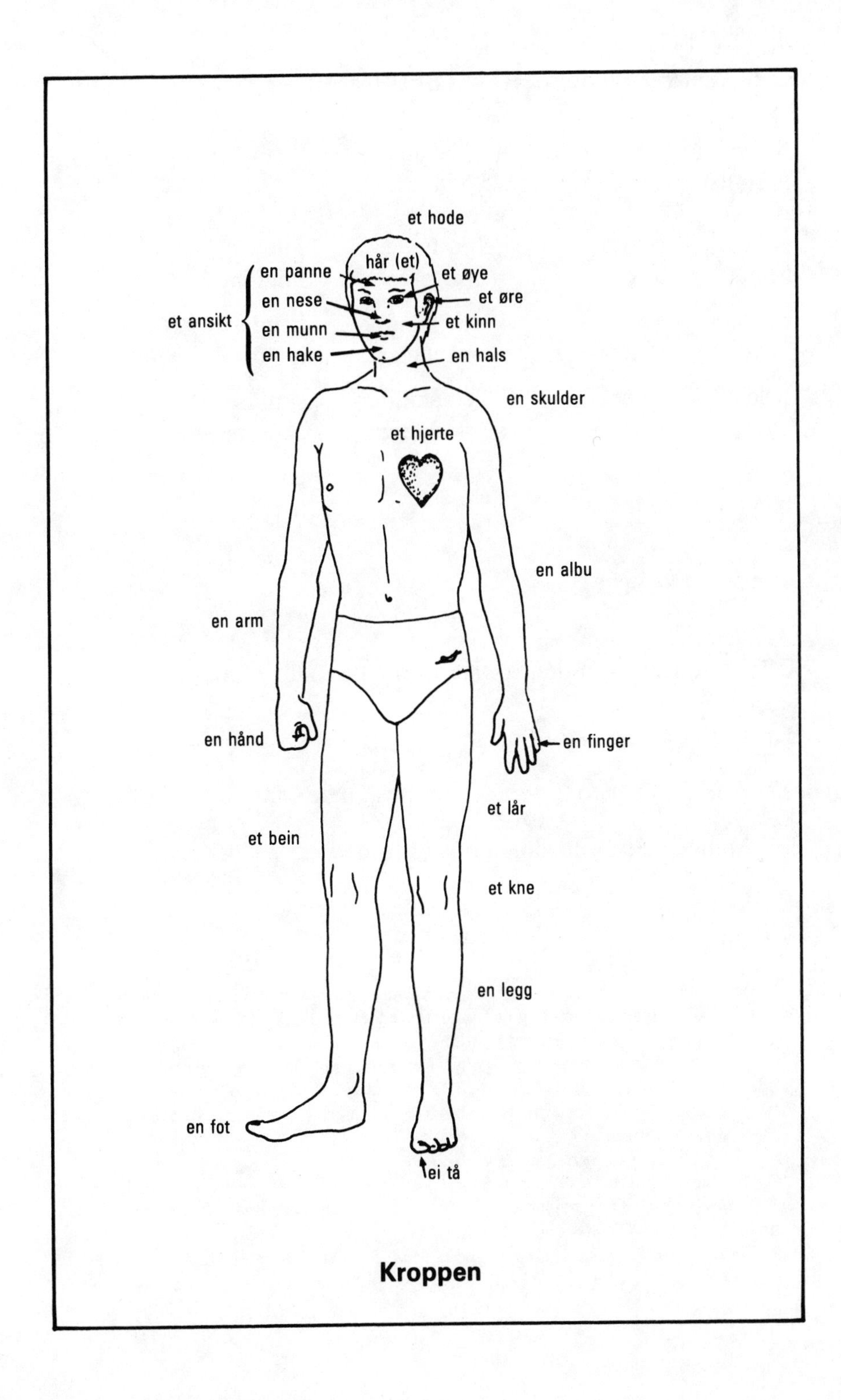
et hode
hår (et)
en panne
et øye
en nese
et øre
et ansikt
en munn
et kinn
en hake
en hals
en skulder
et hjerte
en albu
en arm
en hånd
en finger
et lår
et bein
et kne
en legg
en fot
ei tå

Kroppen

UREGELMESSIGE FLERTALLSFORMER:

Noen av navnene på kroppsdelene har uregelmessige flertallsformer:

et bein	**bein**[1]	**en finger**	**fingrer**[2]
beinet	**beina**	**fingeren**	**fingrene**
en fot	**føtter**[3]	**en hånd**	**hender**
foten	**føttene**	**hånden**	**hendene**
et kne	**knær**[4]	**en skulder**	**skuldrer**[2]
kneet	**knærne**	**skulderen**	**skuldrene**
ei tann	**tenner**[5]	**ei tå**	**tær**
tanna	**tennene**	**tåa**	**tærne**
et øye	**øyne**[6]		
øyet	**øynene**		

Oppgave: Sett inn den riktige formen av substantivet.

1. Det er mange store og små _______ (*øy*) i Oslofjorden.
2. Ansiktet har to _______ (*øye*), en nese og en munn.
3. Mange sier at nordmenn er født med ski på _______ (*bein*).
4. Den mannen har ikke _______ (*hånd*), han skriver med _______ (*fot*) sine.

1. Remember that *et barn* is like *et bein*: *Barna* is the plural definite form (the children).

2. It is typical for nouns ending in an unstressed *-er* or *-el* to lose the unstressed *e* in the plural. A double consonant preceding the *-er* or *-el* is also reduced to a single one in the plural: *en sommer - somrer; en gaffel-gafler*. Remember that nouns ending in *-er* that refer to people form their plurals in a different way: *en lærer-lærere-lærerne, en fisker-fiskere-fiskerne*. Similar in its plural form, though not referring to a person, is *en genser-gensere-genserne*.

3. Like *fot* is also *rot-røtter* (cf. *gulrøtter*).

4. Remember that *et tre* forms its plural like *et kne* (*et tre-trær-trærne*). We have also learned *klær-klærne*. The singular form of this word appears in compounds and is analogous: *et håndkle-håndklær-håndklærne* (towel).

5. Remember that *en natt-netter* is like *ei tann*. Similar, too, is *ei strand-strender*.

6. Do not confuse *et øye* with *ei øy* (island). *Ei øy* has regular plural forms.

5. Jeg var nede på ______ og vasket golvet da de kom.
(*kne*)

6. ______ har fem ______. ______ har fem ______.
(*Fot*) (*tå*) (*Hånd*) (*finger*)

SVEIN BLIR SYK (*fortsatt*)

* Det er to dager seinere. Operasjonen gikk bra, og Svein ligger på sykehuset. Han koser seg på rommet sitt sammen med tre andre pasienter. Jorunn kommer på besøk. Svein ligger i senga si med to bløte puter og ei bløt dyne. Dyna er hvit, lakenet er hvitt, putene er hvite, og Svein er også svært blek. Han har et brett på dyna, og på brettet er det et glass vann og noen tabletter. Han svelgjer tablettene og drikker vannet. Jorunn går bort til senga hans. 35 40

"Hei, Svein! Står til?[7] Har du vondt i magen ennå?"

"Hei, Jorunn! Har du sjokolade til meg?"

"Nei, du får ikke noe å spise av meg, nei. Jeg har tatt med meg noen fargerike blomster — du trenger farger her inne, ser jeg." 45

"Takk skal du ha, Jorunn. Er de ukebladene til meg?"

"Ja, det er de. Vær så god!"

"Tusen takk, Jorunn, men jeg ville jo heller ha hatt sjokolade." 50

"Du er bedre, skjønner jeg."

"Har du lyst til å se på arret mitt?"

"Nei, ellers takk! Du har ikke forandret deg, Svein. Jeg skal forresten hilse fra Hansen og ønske deg god bedring." 55

"Hansen?"

"Læreren."

7. Forkortelse av "Hvordan står det til?"

"Savner han meg?"

"Han lurte på hvor lenge du ble på sykehuset."

"Da savner han meg sikkert. Jeg blir her så lenge som mulig. En av søstrene her er meget søt, skjønner du. Jeg må bli kjent med henne. Er det ellers noe nytt?" 60

"Har du hørt siste nytt om meg?"

"Nei, hva da?"

"Jens-Petter og jeg har forlovet oss." 65

"Hva! Har dere forlovet dere?! Når da?"

"For to dager siden."

"Gratulerer!"

"Vi skal ha forlovelsesselskap på lørdag. Kan du komme?"

"Ja, det kan du være sikker på! Får jeg komme i bryllupet også?" 70

"Det vil tiden vise! Fortsatt god bedring!"

(*slutt*)

Spørsmål:

1. Hvordan så Svein ut etter operasjonen?
2. Hvem kom på besøk til ham?
3. Hva hadde hun tatt med seg til "pasienten"?
4. På hvilken måte kunne Jorunn skjønne at Svein følte seg bedre?
5. Hvem skulle hun hilse fra?
6. Tror du at Hansen savnet Svein?
7. Hvorfor hadde Svein lyst til å bli på sykehuset så lenge som mulig?
8. Hva var siste nytt Jorunn kunne fortelle?
9. Når hadde de forlovet seg?
10. Har du noen gang vært med i et bryllup?

Å VÆRE SIKKER PÅ:

Øvelse:

Han er syk. (Jeg er *sikker på det.*)	Jeg er *sikker på at* han er syk.
Han har sendt etter en lege.	Jeg er sikker på at han ______
Legen må undersøke deg.	______
Norge tar godt vare på innbyggerne sine.	______
De har ringt etter en sykebil.	______
Legen har undersøkt pasienten.	______

Legen har undersøkt pasienten.	Jeg *var* sikker på at legen *hadde* undersøkt pasienten.
Legen har kommet.	Jeg *var* sikker på ______
Legen må undersøke deg.	______
Han vil ha to stykker bløtkake.	______
Han skal ikke komme.	______
Du kan bare gå.	______

Å LURE PÅ:

Øvelse:

Kommer han? (Jeg *lurer på det.*)	Jeg *lurer på om* han kommer.
Er han syk?	Jeg lurer på om han ______
Har du vondt i halsen?	______
Skulle jeg ringe til legevakten?	______
Skal legen undersøke deg?	______

Hvor lenge blir du på sykehuset?	Jeg lurer på hvor lenge du blir på sykehuset.
Hvor har de vært?	______
Hvor lenge har de vært borte?	______

Hva så de?	Jeg lurer på hva de så.
Hva sa de?	________________
Hva gjør de?	________________
Hva har hun lyst på?	________________
Hva skal legen si om det?	________________
Hvorfor undersøkte du ham?	Jeg lurer på hvorfor du undersøkte ham.
Hvorfor undersøkte du ham ikke?	Jeg lurer på hvorfor du ikke undersøkte ham.
Hvorfor ringte du etter sykebil?	________________
Hvorfor ringte du ikke etter sykebil?	________________
Hvorfor gjorde du det?	________________
Hvorfor gjorde du det ikke?	________________
Hvorfor kommer legen?	________________
Hvorfor kommer ikke legen?	________________

Å VÆRE REDD FOR:

Øvelse:

Det er blindtarmen. (Jeg er *redd for det.*)	Jeg er *redd for at* det er blindtarmen.
Vi må legge deg inn på sykehuset.	Jeg er redd for at ________
Legen kommer aldri.	________________
De ringte ikke etter sykebil.	________________
Jeg kan ikke forstå dette.	________________
Vi skal aldri se ham igjen.	________________
Han har forandret seg.	________________
Han har ikke forandret seg.	________________
Han har vondt i magen.	________________
Han har fremdeles vondt i magen.	________________

SPØRSMÅL:

1. Hva er du sikker på?
2. Hva er du redd for?
3. Hva lurer du på?

OPPGAVE: Oversett til norsk.

1. I'm sure they got married yesterday.
2. He's afraid we haven't changed.
3. The patient wondered why the doctor hadn't visited him.
4. We were sure the doctor would never come.
5. I'm afraid we can't afford to go to Norway this year.

FOR SPESIELT INTERESSERTE:

FOLKETRYGDEN

Stortinget har vedtatt loven om Folketrygden. Tanken er at alle i landet har rett til å beholde en rimelig levestandard selv om de blir gamle, selv om de mister evnen eller muligheten til å (75) arbeide, selv om forsørgeren dør. Folk skal ikke miste den levestandarden som de har fått gjennom eget arbeid og egen innsats, selv om de mister arbeidet.

Folketrygden har flere sider. De to viktigste sidene for folk flest er nok folkepensjonen og syketrygden. Pensjonsalderen i (80) Norge er nå 67–70 år, og alle har rett til å få pensjon. Denne pensjonen er delvis avhengig av hvor høy inntekt man har hatt og hvor lenge man har arbeidet. Mange får en privat pensjon i tillegg til folkepensjonen.

Syketrygden inkluderer alle. Det er rimelig å gå til legen, og (85) en kan ligge på sykehuset gratis. Alle viktige medisiner og all behandling på sykehuset er også gratis. Noen leger kommer fremdeles hjem til pasientene på sykebesøk, og pasientene betaler bare en liten sum for denne tjenesten. Folketrygden betaler resten. 90

Arbeidet med folkehelsen er også viktig. Forsøk på å forebygge sykdommer begynner allerede i barnets første leveår med gratis barnekontroll hos lege og helsesøster. Vaksinasjoner og sunne skoleforhold for barna er også viktige. Alle skolebarn har også rett til gratis behandling hos skoletannlegen, men når 95 de er ferdige med skolen, må de betale tannlegen selv.

Folketrygden hjelper folk på andre måter også. De kan få arbeidsløshetstrygd, enkepensjon, uførhetstrygd og arbeidsskadetrygd. Folketrygden omfatter også andre trygder.

Folketrygden er selvsagt ikke gratis. Men alle i Norge er 100 medlemmer, og alle må betale. Derfor er skattene høye i Norge; velferdsstaten er dyr. Men folk flest er fornøyd med systemet, og de vil ikke forandre det. Nordmenn liker den tryggheten som velferdsstaten gir, men de liker også å klage over de høye skattene! 105

FORSTAVELSER OG ENDINGER:

(A) **Forstavelser**

u-:	umulig, utrolig, uhyggelig	(*not*)
	uflaks, uvenn, ugras	
gjen-:	gjenta, gjenfortelling	(*again*)
sam-:	samarbeide, samtidig	(*together*)
mis-:	misforstå, misbruke	(*wrongly*)

(B) **Endinger**

-het: forms abstract *en* nouns from adjectives and adverbs:
nærhet, godhet, virkelighet,
skjønnhet, storhet, frihet, vennlighet, nyhet

-ing: forms *en* and *ei* nouns from verbs:
ending, åpning, røyking, bedring, plassering

-else: forms *en* nouns from verbs:
innbydelse, opplevelse, begynnelse,
stavelse, øvelse
(*unntak: et* værelse)

-vis: forms adverbs:
vanligvis, heldigvis, tusenvis, hundrevis,
årevis, ukevis, månedsvis

-som: forms adjectives:
glemsom, langsom, morsom

-dom: forms *en* nouns:
ungdom, sykdom, kristendom

-lig: forms adjectives and adverbs:
endelig, hyggelig, lykkelig, tidlig,
utrolig, koselig, forskjellig

-skap: forms abstract *en* and *et* nouns:
et vennskap, en vitenskap, et bekjentskap

-ne: forms verbs of beginning action from other verbs:
å våkne, sovne (å smalne - å bli smal)
(å lysne - å bli lys)

-løs: forms adjectives:
venneløs, arbeidsløs

Oppgave: Hva heter disse ordene på engelsk?

en misforståelse________	å mislike________
en betaling________	en mulighet________
en barndom________	vennlig________
å gjenoppleve________	en følelse________
(en) uvennlighet________	en vanskelighet________
en fortsettelse________	ensom________
arbeidsom________	øyeblikkelig________
en bestilling________	et samliv________
en forlovelse________	en forståelse________
å klarne________	en oversettelse________
en betydning________	et slektskap________
å mørkne________	å gjenvinne________
en fortelling________	en kunnskap________

Tiden leger alle sår.

ORD
Fra 24. kapittel

Substantiver

en albu
en arm
en blindtarm
en feber
en finger (fingrer)
en forlovelse
en fot (føtter)
en hake
en hals
en hånd (hender)
en kropp
en legevakt
en legg
en mage
en munn
en nese
en operasjon
en panne
en pasient

en pensjon
en puls
en pust
en pyjamas
en rett
en rygg
en situasjon
en skulder (skuldrer)
en smerte
en sykebil
en tablett
en trygd
(Folketrygden)
en velferdsstat

ei dyne
ei pute
ei tann (tenner)
ei tå (tær)

et arr
et bein
et brett
et bryllup
et bryst
et hjerte
et kinn
et kne (knær)
et laken
et lår
et medlem
(medlemmer)
et steteskop
et sykehus
et øye (øyne)

Verb

å forandre (seg) (-et, -et)
å forlove seg (-et, -et)
å håndhilse (-te, -t)
å lure (-te, -t)
å lytte (-et, -et)
å nikke (-et, -et)
å puste (-et, -et)
å savne (-et, -et)
å skjønne - skjønte - har skjønt
å svelgje (-et, -et)
å trykke - trykte - har trykt

Adjektiv

blek (-t, -e)
bløt (-t, -e)
dyp (-t, -e)
få (--, --)
redd (--, -e)
tapper - tappert - tapre

Uttrykk

å ta vare på
å ha rett til
å ligge til sengs
å ha vondt i (hodet,
magen, halsen osv.)
å gjøre vondt
å sende bud etter
å ringe etter
det ringer på døra
å legge (noen) inn
på sykehuset
å være redd for
hvordan står det til
å være sikker på
å lure på
er det noe nytt
siste nytt
med en gang
det vil tiden vise
å holde pusten
ellers takk
midt på natten
å ha smerter
å lytte til

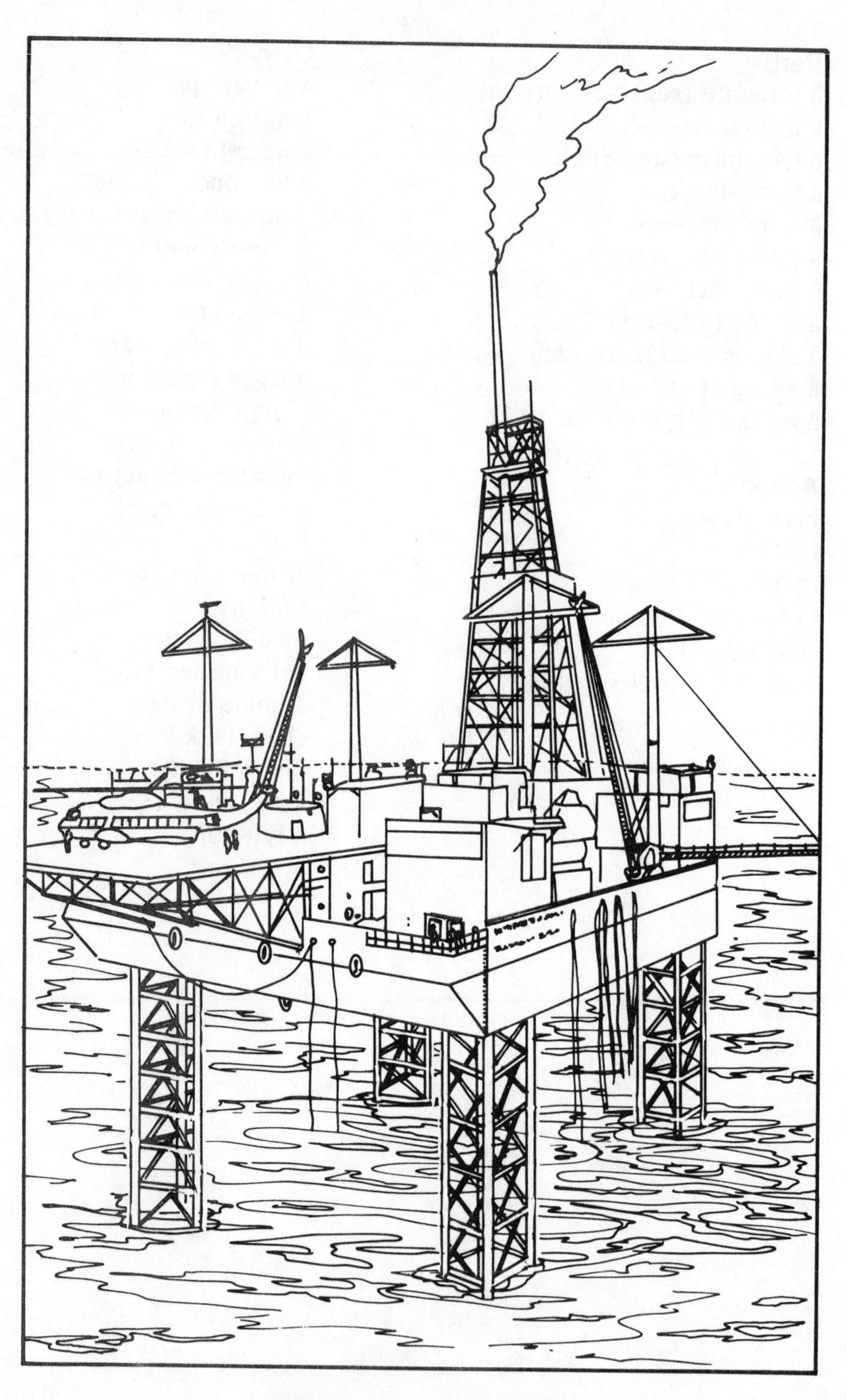

Oljeeventyret i Nordsjøen

TJUEFEMTE KAPITTEL

NORGE I STØPESKJEEN[1]

Norge er i dag et moderne industriland. Det er en del av den rike del[2] av verden. Levestandarden er meget høy. Landet er også en del av den vestlige verden, politisk, økonomisk og geografisk sett.

Mange nordmenn kritiserer landets politikk og sier at Norge er et kapitalistisk samfunn som "er seg selv nok,"[1] uten tanke for en rettferdig ordning i verden.

Norge ligger i et hjørne av Europa. Landet har 4 millioner innbyggere. Det har et lite areal og liten militær eller politisk innflytelse. Det er ingen stormakt, men kanskje nettopp derfor er det også et fredelig sted å bo.

1. *I støpeskjeen* and *å være seg selv nok* are both expressions from Ibsen's play *Peer Gynt. I støpeskjeen* usually means that something/somebody is in a state of transition and the result should be an improvement. *Å være seg selv nok* indicates that the person or country is self-satisfied and has little concern for those outside him/itself.

2. *Den rike del av verden:* In Norwegian it is possible to say both *den rike del* and *den rike delen.* The main difference between these is stylistic. The double definite form is more informal and oral than the other. It is most often used when referring to something definite or concrete, while the one using the indefinite form of the noun is more often used in more elevated or formal style and when speaking figuratively.

"BLOW-OUT" I NORDSJØEN

* Den 22. april 1977 skjedde det: Ukontrollert utblåsning ("blow-out", som det heter på "olje-norsk") av olje og gass fra Bravo-plattformen på Ekofisk-feltet i Nordsjøen. Oljespruten stod høyt til værs, og oljen la[3] seg som et teppe på vannet. 15
Amerikanske og norske eksperter kjempet i én uke mot oljen langt under havbunnen før de greide å stoppe utblåsningen. En ny side ved oljeeventyret hadde vist seg for nordmennene. De fleste nordmenn, miljøvern-grupper, politikere og vanlige mennesker begynte å se på oljeindustrien med litt mer skepsis: Oljen 20
var ikke lenger bare en økonomisk redning for landet.

Og folk stilte mange spørsmål: Hva ville skje om oljen kom inn til land? Ville den ødelegge[3] kysten og strendene? Ville den skade dyrelivet og fuglelivet? Og — kanskje det viktigste av alt — ville oljen synke[4] og skade fisket på de store fiskebankene i 25
Nordsjøen?

Heldigvis har ekspertene hittil ikke funnet noen store skadevirkninger etter utblåsningen. Men spørsmålene har ennå ikke fått svar, og ingen vet hva som vil skje hvis det kommer en ny "blow-out." 30

Spørsmål:

1. Hvordan er levestandarden i Norge i dag?
2. Mange nordmenn kritiserer landets politikk. Hva sier de?
3. Hvor mange innbyggere har Norge?
4. Hvor mange innbyggere har landet du bor i?

3. *Å LEGGE:* å legge — legger — la — har lagt
Å ØDELEGGE: å ødelegge — ødelegger — ødela — har ødelagt
4. *Å SYNKE:* å synke — synker — sank — har sunket

5. Hva skjedde den 22. april 1977?
6. Hvor lenge måtte ekspertene kjempe mot oljen før de greide å stoppe utblåsningen?
7. Hva slags spørsmål begynte folk å stille etter utblåsningen?
8. Har ekspertene funnet noen store skadevirkninger etter utblåsningen?
9. Betyr det at en kan være sikker på at det ikke var noen store skadevirkninger?
10. Hvordan ser du på Norges olje? Er det en redning eller et problem?

HVA / / HVA SOM — HVEM / / HVEM SOM[5]:

"Ingen vet *hva som* vil skje hvis det kommer en ny 'blow out'."

Jeg vet ikke *hva han* sa.
Jeg vet ikke *hva som* skjedde.

Jeg så ikke *hva hun* gjorde.
Jeg vet ikke *hva som* er best.

Så du *hvem hun* snakket med?
Så du *hvem som* kom?

Vet du *hvem vi* besøkte i fjor?
Vet du *hvem som* besøkte oss i fjor?

Oppgave: Sett inn *hvem/hvem som* eller *hva/hva som*.

1. _______ var det?
2. Så du _______ det var?
3. Jeg vet ikke _______ det var.
4. Ingen visste _______ eide huset.
5. _______ skjedde?
6. Si meg _______ skjedde!
7. Vet du _______ skjedde?
8. Vet du _______ de gjorde så?
9. Vet du _______ eier huset?
10. Ingen visste _______ hadde besøkt oss.

5. When *hva* or *hvem* is the subject of a dependent clause, it must be followed by *som: Hva skjedde? Vet du hva som skjedde?*

Oversett til norsk:

1. I don't know what is best.
2. Do you know who is coming this evening?
3. Did you hear what he said?
4. Did you know the man who owned the house?
5. Do you know who owns the house?
6. Did you see who came?
7. What did he manage to do?
8. Did you see what happened?

OLJE-LANDET NORGE

* Det norske oljeeventyret begynte mot slutten av 60-årene. I den norske delen av Nordsjøen er det mye olje, og mange oljeselskaper investerte penger i utviklingen av en ny, stor industri. Det var krise i skipsfarten, Norges tradisjonelle storindustri, og oljeindustrien kom som en velkommen hjelp. Oljeplattformer 35 ble bygd istedenfor skip, og den norske sjømann ble "off-shore"-arbeider.

Det kostet mange penger å bygge opp oljeindustrien. Norge har tatt opp enorme lån i utlandet for å betale for alt det nye. Som resultat lever Norge i dag på lån. Mange mener at landet vil 40 tjene svært godt i 80-årene og greie å betale tilbake lånene. Andre mener at landet ikke greier det. De sier at Norge bruker for mange penger på én industri, en industri som ikke vil vare fordi oljen snart forsvinner.[6]

Staten kontrollerer det meste av norsk oljeindustri gjennom 45 skattene og gjennom selskapet "Statoil." Staten eier også en stor del av "Norol," som har mange bensinstasjoner rundt omkring i landet og selger norske oljeprodukter.

6. *Å FORSVINNE:* **å forsvinne — forsvinner — forsvant — har forsvunnet**

PASSIV MED *BLI*[7]:

Oljeplattformer *ble bygd* istedenfor skip. (passiv)
Nordmenn *bygde* oljeplattformer istedenfor skip. (aktiv)

PÅ NORSK DANNER VI PASSIV MED *BLI* OG *PARTISIPPET.*

Aktiv:	*Passiv:*
Svein *vasker* bilen.	**Bilen *blir vasket* (av Svein).**
Svein *vasket* bilen.	**Bilen *ble vasket* (av Svein).**
Svein *har vasket* bilen.	**Bilen *har blitt vasket* (av Svein).**
Svein *skal vaske* bilen.	**Bilen *skal bli vasket* (av Svein).**

7. In a passive sentence the subject is the receiver rather than the performer of the action. In English the passive is formed with tenses of the verb "to be" and the past participle: "Svein is selling his car." (active); "Svein's car is being sold." (passive). The past participle is also used in forming the Norwegian passive, but here it is combined with the appropriate tense of the verb *å bli: Svein selger bilen sin. (aktiv); Bilen til Svein blir solgt. (passiv).*

Øvelse: Si om setningen er aktiv eller passiv.

1.	Pasienten *ble undersøkt* av legen.	Passiv
2.	Ingen trodde oss da vi fortalte om vår opplevelse.	______
3.	Døra ble åpnet.	______
4.	Norges politikk blir kritisert av mange.	______
5.	Norge er en del av den rike del av verden.	______
6.	Landet har liten politisk innflytelse.	______
7.	Mye olje har blitt funnet i den norske delen av Nordsjøen.	______
8.	Ekspertene greide å stoppe utblåsningen.	______
9.	Utblåsningen ble stoppet av ekspertene.	______
10.	Staten kontrollerer det meste av norsk oljeindustri.	______
11.	Norske oljeprodukter blir solgt av Norol.	______
12.	Han skal bli lærer.	______

Oppgave: Bøy i passiv: *å bli funnet, å bli fortalt, å bli ødelagt.*

infinitiv	**presens**	**imperfektum**	**perfektum**
å bli funnet	blir funnet	ble funnet	har blitt funnet
______	______	______	______
______	______	______	______

Oppgave:

Aktiv:	**Passiv:**
Else skriver brevene.	Brevene blir skrevet av Else.
Mor lager middag.	Middag ______ av mor.
Kari vasket klærne.	Klærne ______ av Kari.
Studentene har tatt bildene.	Bildene ______ av studentene.
Svein skal fortelle historien.	Historien ______ av Svein.

subjekt	verbal	objekt	preposisjonsledd	
Else	skriver	brevene.		(aktiv)
Brevene	blir skrevet		av Else.	(passiv)
Jan	tok	bildene.		(aktiv)
______	________	_______	_________	(passiv)

Fyll ut:

Når vi gjør en aktiv setning om til en passiv,
blir objektet i aktiv-setningen ______ i passiv-setningen.

Oppgave: Skriv om til *aktiv*. Bruk ordet i parentes som subjekt.

Eksempel: Mange penger ble investert i oljeindustrien. (nordmenn)
Nordmenn investerte mange penger i oljeindustrien.

1. Passet til herr Johnson ble funnet på golvet i reisebyrået. (en nordmann)
2. Bilen til Svein har blitt vinket inn til veikanten. (en politimann)
3. Alt arbeidet skal bli gjort. (studentene)
4. Regningen har blitt betalt. (kunden)
5. En ny, stor industri ble utviklet. (nordmenn)
6. Enorme lån har blitt tatt opp i utlandet. (nordmenn)
7. Pengene må bli betalt tilbake. (de)
8. En ny plattform skal bli bygget der snart. (arbeiderne)

Spørsmål:

Les om olje-landet Norge igjen og svar på spørsmålene.

1. Når begynte Norges oljeindustri å bli bygget opp?
2. På hvilken måte kom oljen som en redning for landets økonomiske situasjon?
3. Hvordan har Norge greid å betale for oppbygging av oljeindustrien?
4. Hva blir sagt om disse lånene av dem som kritiserer oljeindustrien?
5. Hvem kontrollerer det meste av norsk oljeindustri?

Øvelse:

Per *skrev* brevene.	Når *ble* brevene *skrevet?*
Far vasket golvet.	Når ble golvet vasket?
Hans tok bildene.	Når____________________
Larsen bygde huset.	____________________
Rolf tente bålet.	____________________
Øystein hentet posten.	____________________
Aud åpnet butikken.	____________________
Johnson mistet passet sitt.	____________________
En nordmann fant passet hans.	____________________
Per skal *skrive* brevene nå.	Har ikke brevene *blitt skrevet* ennå?
Far skal vaske golvet nå.	Har ikke golvet blitt vasket ennå?
Hans skal ta bildene nå.	____________________
Larsen skal bygge huset snart.	____________________
Rolf skal tenne bålet nå.	____________________
Øystein skal hente posten nå.	____________________
Aud skal åpne butikken snart.	____________________
En nordmann skal finne passet snart.	____________________

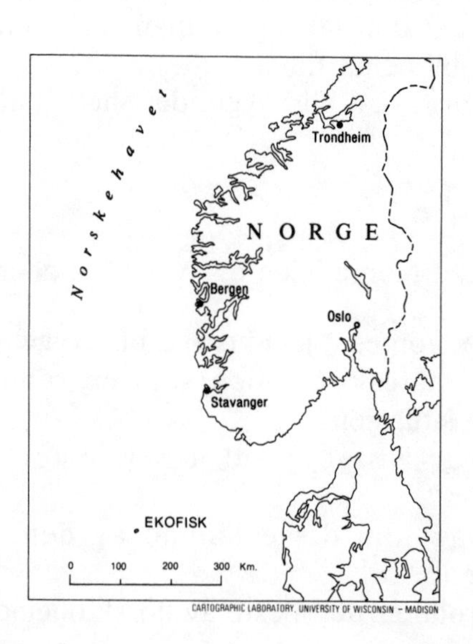

DAGENS NORGE

Velferdsstaten vokste fram etter 1945. Ett parti og én mann får ofte hovedæren for at velferdsstaten ble en realitet. Partiet heter Arbeiderpartiet og mannen heter Einar Gerhardsen (1897–). Arbeiderpartiet, som er et sosialdemokratisk parti, hadde flertall i Stortinget fra 1945 til 1965, og Gerhardsen var partiets statsminister fra 1945 til 1951 og fra 1955 til 1965. Han ledet gjenoppbyggingen av Norge etter den annen verdenskrig, og han betraktes av de fleste som Norges største statsmann i det 20. århundre. 50 55

Stortinget er Norges parlament. Mange partier er representert der. Det holdes stortingsvalg hvert fjerde år, og da velges[8] de 155 stortingsrepresentantene. Det største partiet i Stortinget pleier å danne regjering, men det hender også at ikke noe parti får flertall alene. Da kan flere partier sammen danne en koalisjonsregjering, slik som de ikke-sosialistiske partiene gjorde i 1965. Arbeiderpartiet har nå (1978) regjeringsmakten i Norge. Partiene på Stortinget etter valget i 1977 er: 60 65

sosialistiske partier		
Arbeiderpartiet (A)	76	representanter
Sosialistisk Venstreparti (SV)	2	"
ikke-sosialistiske partier		
Høyre (H)	41	"
Kristelig Folkeparti (Kr F)	22	"
Senterpartiet (S)	12	"
Venstre (V)	2	"
	155	

(*fortsettes*)

8. *Å VELGE:* å velge — velger — valgte — har valgt

PASSIV MED *-S*[9]:

Gerhardsen *betraktes* av de fleste som Norges største statsmann i det 20. århundre.
Det *holdes* stortingsvalg hvert fjerde år.
De 155 stortingsrepresentantene *velges* hvert fjerde år.

s-passiv = *infinitiv* pluss *-s*
Håret må *bli klippet*. → Håret må *klippes*.
Håret *blir klippet* nå. → Håret *klippes* nå.

Merk: Denne formen er både *presens-* og *infinitivs*formen.

Oppgave: Oversett til engelsk.

1. Klærne må vaskes nå.
2. Mat kan kjøpes i den butikken der borte.
3. Filmen vises både i kveld og i morgen kveld.
4. Billettene selges i alle reisebyråer.
5. Engelsk snakkes i mange land.

Oppgave: Skriv om med *s-passiv*. (Bruk ikke subjektet.)

Eksempel: Vi vasker golvene på lørdag.
Golvene vaskes på lørdag.

1. De klipper hår der.
2. De leser den boka hvert år.
3. Mange sier[10] at nordmenn er født med ski på beina.
4. De snakker engelsk i butikken der borte.
5. De selger brukte biler i den forretningen.
6. Vi skriver og sender mange brev hvert år.

9. The s-passive is especially used for customary general activities and may often be seen on signs, e.g., *Klær vaskes og renses her; Hår klippes her; Biler kjøpes og selges her*. It is also often used with modal auxiliaries: *Golvet må vaskes hver dag; Jeg vet ikke om det kan gjøres så lett.*

10. *Å si* and *å se* are slightly irregular in the passive. Both add *-es* instead of just *-s* to the infinitive: *Det sies . . .* , "It is said . . ."; *Det kan ikke sees . . .* , "It can't been seen. . . ."

Oppgave: Skriv setningene om til aktiv.

Passiv:	**Aktiv:**
Middag lages av mor.	Mor lager middag.
Klærne vaskes av far.	______
Golvene må vaskes av barna.	______
Maten serveres av kelneren.	______
Kaffen kan drikkes nå.	Vi ______
Regningen skal betales nå.	Han ______
Hjemmeleksene gjøres om kvelden.	Studentene ______

Spørsmål:

1. Når vokste velferdsstaten fram i Norge?
2. Hvilken mann og hvilket parti får ofte hovedæren for velferdsstaten?
3. Hvor ofte holdes det stortingsvalg?
4. Når var siste stortingsvalg?
5. Hvor mange representanter er det i alt på Stortinget?
6. Hvor mange partier er nå representert i Stortinget?
7. Hva heter partiene som nå er representert i Stortinget?
8. Hvem pleier å danne regjering?
9. Hva slags regjering dannes hvis ingen av partiene får flertall i Stortinget?
10. Hvilket parti har regjeringsmakten i Norge nå?

Øvelse:

Vinduet blir lukket.	Hvorfor må det lukkes?
Bilen blir solgt.	Hvorfor må den selges?
Døra blir åpnet.	______
Bøkene blir lest.	______
Det blir gjort.	______
Bilen blir stoppet.	______
Passene blir funnet.	______
Historien blir fortalt.	______
Håret blir klippet.	______
Barna blir vekket.	______

DAGENS NORGE (*fortsatt*)

* **Miljøvernspørsmål har i det siste fått større og større betydning. Det er ennå lite forurensning i Norge, sammenlignet med andre industriland. Men det blir stadig mer.**

Ett miljøvernspørsmål som folk er veldig opptatt av, er hvor mange fosser som skal utbygges og brukes i 70 **vannkraftproduksjonen. Vannkraft er billig, men mange mener at landet mister uerstattelige verdier hvis flere fosser forsvinner.**

For noen år siden ble det dannet et miljøverndepartement. Det viser tydelig at miljøvernspørsmål er politiske realiteter i dagens Norge. 75

Oppgave: Sett strek under de setningene som er *passive* i avsnittet ovenfor.
Prøv å forklare hvorfor *passiv med bli* eller *passiv med -s* brukes i de eksemplene du finner.
Er alle setningene med *bli* passive?

Oppgave: Sett inn den riktige formen av *å være* eller *å bli.*[11]

1. Dette _______ snakket om i fjor.
2. Han _______ ikke ofte her.
3. Dette bildet _______ tatt av min far i går.
4. Norge _______ rikere og rikere.
5. Alt arbeidet har allerede _______ gjort.
6. Det _______ ennå lite forurensning i Norge.
7. Men det _______ stadig mer forurensning der.
8. Folk _______ veldig opptatt av miljøvernspørsmål nå.
9. Gerhardsen _______ statsminister i 1945.
10. Han _______ statsminister i mange år.

11. In English the verb "to be" is used in both active and passive sentences. In Norwegian, as we have seen, *å være* is used in active sentences and *å bli* is used in passive ones. Keep in mind that *å bli* also has the active meanings "to remain" and "to become."

FOR SPESIELT INTERESSERTE:

NORGE OG UTLANDET: NATO OG EF[12]

Før den 2. verdenskrig var Norge nøytralt, men etter den tyske okkupasjon følte de fleste at landet trengte militær støtte fra andre vestlige land, og i 1949 ble Norge medlem av NATO. Spørsmålet om norsk medlemskap i NATO blir tatt opp ved hvert valg, men de store partiene mener ennå at landet bør være medlem. 80

Den bitre EF-striden i begynnelsen av 1970-årene satte det politiske liv nesten på hodet. Spørsmålet var om Norge skulle bli medlem av Det europeiske fellesskap — EF — om Norge skulle si "Ja til Europa" eller "Nei til salg av Norge." En folkeavstemning i 1972 gav svaret: nei til medlemskap i EF. 85

Få partier sa klart "ja" eller "nei." Ett parti, Venstre, delte seg i to mindre partier over spørsmålet. Også i mange partier var medlemmene uenige. Politiske motstandere så til sin forbauselse at de nå var enige: Konservative lutheranere stemte "nei" sammen med liberale sosialister. Bønder og fiskere ønsket ikke medlemskap, mens forretningsfolk, industrifolk, og det "etablerte" Norge ønsket det. 53,5% stemte "nei" i 1972. 90

I dag er de politiske motstanderne igjen motstandere. Men ingen vet ennå hvilke konsekvenser denne striden vil få i det lange løp. 95

Spørsmål:

1. Når og hvorfor ble Norge medlem av NATO?
2. Er alle enige om at landet skal fortsette med å være medlem?
3. Hva er EF?
4. Er Norge medlem av EF?
5. Hvem var mot medlemskap?
6. Hvem var for medlemskap?
7. Hvilken prosent stemte mot medlemskap i folkeavstemningen i 1972?
8. Ville du ha stemt for eller mot medlemskap i EF?

12. Det europeiske fellesskap (The European Common Market).

EKSTRA OPPGAVER MED PASSIV:

Oppgave: Si om setningene er *aktive* eller *passive*.

1. Norge har blitt et rikere land på grunn av oljen.
2. Mange spørsmål måtte bli stilt av ekspertene.
3. Kysten og strendene kan ødelegges av oljen.
4. Oljen kan skade dyrelivet og fuglelivet.
5. Oljen var en velkommen redning for landet.
6. Oljeplattformer ble bygd istedenfor skip.
7. Norske sjømenn ble "off-shore" arbeidere.
8. Einar Gerhardsen betraktes av mange som Norges største statsmann i det 20. århundre.
9. Det blir stadig mer forurensning i Norge.
10. Norge ble medlem av NATO i 1949.
11. Spørsmålet om norsk medlemskap i NATO blir tatt opp ved hvert valg.
12. Norge er ikke medlem av EF.

Oppgave: Skriv følgende setninger om til *passiv med bli*.

1. Mange nordmenn kritiserer Norges politikk.
2. EF-striden delte Norges Venstre-parti i to.
3. Nordmenn valgte stortingsrepresentanter i 1977.
4. For noen år siden dannet nordmenn et miljøverndepartement.
5. Nordmenn investerte mange penger i utviklingen av oljeindustrien.

Oppgave: Skriv følgende setninger om til *passiv med -s*.

1. Mange nordmenn er redde for at oljen vil skade de store fiskebankene i Nordsjøen.
2. Nordmenn velger stortingsrepresentanter hvert fjerde år.
3. Vi mister uerstattelige verdier hvis flere fosser forsvinner.
4. Mange sier at Norge bruker for mange penger på oljeindustrien.
5. Den norske stat kontrollerer det meste av norsk oljeindustri.

Oppgave: Skriv følgende setninger om til *aktiv*.

1. Utblåsningen ble stoppet av oljeekspertene.
2. Oljeindustrien begynte å bli sett på med mer skepsis av de fleste nordmenn.
3. Mange spørsmål om oljeindustriens forurensning har blitt stilt av miljøvern-gruppene.
4. Det har heldigvis ikke blitt funnet noen store skadevirkninger etter utblåsningen. (Bruk *man* som subjekt i den aktive setningen.)
5. Oljeplattformene blir bygget av arbeiderne.

Oppgave: Oversett til norsk.

1. These pictures were taken last year.
2. A new house is being built over there.
3. The patient has been examined by the doctor.
4. Norwegians began to build oil platforms instead of ships.
5. Those cars are going to be driven by Norwegians.
6. An environmental protection agency has now been formed in Norway.
7. The oil industry is often criticized.
8. The second World War will never be forgotten.
9. The prime minister is chosen by the people.
10. I don't know what can be done about it.
11. Norway is becoming a rich land because of the oil.
12. The taxes are high in Norway.
13. They must be paid every year.
14. The high taxes are often complained about.
15. Some Norwegians are conservative, others are liberal.

Det er ikke gull alt som glimrer.

ORD
Fra 25. kapittel

Substantiver

en arbeider
en betydning
en bunn
en ekspert
en fiskebanke
(en) forurensning
en foss
en fugl
(en) gass
en industri
en innflytelse
en kraft
en krig
en krise
en levestandard
en million
(en) olje
en ordning
en plattform
en politiker (politikere)
en politikk
(en) produksjon
en realitet
en redning
en regjering
en representant
en sjømann
en skatt
en skepsis
(en) skipsfart
en statsminister
en tanke
en utblåsning
en utvikling
en vannkraft
en verdenskrig
en verdi
en virkning
et areal
et departement
et eventyr
(et) fiske
et flertall
et hjørne
et industriland
(et) miljøvern
et parti
et produkt
et resultat
et selskap
et valg
et århundre

Pronomen

man

Navn

Arbeiderpartiet
Nordsjøen

Verb

å betrakte (-et, -et)
å bli – ble – har blitt
å danne (-et, -et)
å forsvinne – forsvant – har forsvunnet
å hende (-te, -t)
å investere (-te, -t)
å kjempe (-et, -et)
å kontrollere (-te, -t)
å kritisere (-te, -t)
å lede (-et, -et)
å legge – la – har lagt
å mene (-te, -t)
å sammenligne (-et, -et)
å skade (-et, -et)
å stille – stilte – har stilt
å synke – sank – har sunket
å utbygge – utbygde – har utbygd
å velge – valgte – har valgt
å ødelegge – ødela – har ødelagt

Adverb
derfor
hittil

Adjektiv
demokratisk (--, -e)
elektrisk (--, -e)
fredelig (--, -e)
geografisk (--, -e)
kapitalistisk (--, -e)
militær (-t, -e)
politisk (--, -e)
rettferdig (--, -e)
rik (-t, -e)
sosialdemokratisk (--, -e)
sosialistisk (--, -e)
stadig (--, -e)
tradisjonell – tradisjonelt – tradisjonelle
tydelig (--, -e)
økonomisk (--, -e)

Uttrykk
å stille et spørsmål
å vokse fram
som resultat
den annen verdenskrig
sammenlignet med
hvert (fjerde) år
til værs
i det siste
økonomisk sett
politisk sett
uerstattelige verdier
det (20.) århundre
elektrisk kraft

TJUESJETTE KAPITTEL

JORUNN OG JENS-PETTER GIFTER SEG

*** Endelig.** **1**

Nå har Jorunn og Jens-Petter bestemt seg. De vil gifte seg. De bestemte seg veldig fort, for Jens-Petter fikk plutselig et tilbud om å kjøpe en leilighet i byen. Det var et svært godt tilbud som han fikk gjennom noen venner. De har blitt enige om å gifte seg **5** **lørdag før St. Hans.**

Etter vielsen vil Jorunn gjerne beholde sitt eget etternavn. Jens-Petter er enig med henne i det. "Det er *ditt* navn, og du bør beholde[1] det," sier han.

Foreldrene til Jorunn vil gjerne at hun og Jens-Petter skal **10** **gifte seg i kirken istedenfor i rådhuset, og det går de med på.**

"Går alt som det skal, blir vi mann og kone om to uker," sier Jens-Petter til en lykkelig Jorunn.

Spørsmål:

1. Hvorfor bestemte Jorunn og Jens-Petter seg så fort for å gifte seg?
2. Når ble de enige om å gifte seg?
3. Hva ville Jorunn beholde etter vielsen?
4. Var Jens-Petter enig med henne i det?
5. Hva ville foreldrene til Jorunn at hun og Jens-Petter skulle gjøre?

1. *Å BEHOLDE:* **å beholde — beholder — beholdt — har beholdt**

X VIL AT Y SKAL (GJØRE NOE)[2]:

Presens:

Jorunns foreldre *vil* at hun og Jens-Petter *skal* gifte seg i kirken.
Læreren *vil* at studentene *skal* forstå dette.

Imperfektum:

Moren *ville* at barnet *skulle* sove.
Vi *ville* at de *skulle* besøke oss.

Oppgave: Oversett til norsk.

1. My relatives want me to visit them in Norway.
2. His grandmother wants him to learn Norwegian.
3. They want us to take the boat out to Bygdøy.
4. He wanted me to close the window.
5. I wanted them to find us a good hotel.
6. She wanted him to find her passport.

ORDSTILLING: *Utelatelse av "hvis"*[3]

Går alt som det skal, blir vi mann og kone om to uker.
(Hvis alt går som det skal, blir vi mann og kone om to uker.)
Får jeg et godt tilbud, kan jeg kjøpe leiligheten.
(Hvis jeg får et godt tilbud, kan jeg kjøpe leiligheten.)

2. *X vil at Y skal:* This is the equivalent of "X wants Y to" in English: *Han vil at vi skal gjøre det.* "He wants us to do it." Note that the tenses of the two verbs *vil* and *skal* must agree: *Han ville at vi skulle gjøre det.* "He wanted us to do it."

3. *Utelatelse av "hvis":* A condition may be expressed in Norwegian by placing the verb first (inversion). The word order in such conditions resembles that of a question, but the intonation is different; a consequence of the condition follows in the conditional sentence:
Skal vi til byen i morgen?
Skal vi til byen i morgen, må vi legge oss tidlig i kveld.

Oppgave: Skriv om *med* "hvis."

Eksempel: Tjener han nok penger, kan han reise til Norge.
Hvis han tjener nok penger, kan han reise til Norge.

1. Blir han syk igjen, kan vi ikke gå på kino i kveld.
2. Regner det ikke i morgen, skal vi gå tur.
3. Kommer hun ikke, kan vi ikke spille.

Oppgave: Skriv om *uten* "hvis."

Eksempel: Hvis det koster mer enn tre hundre kroner, har jeg ikke råd til det.
Koster det mer enn 300 kroner, har jeg ikke råd til det.

1. Hvis det er noe du ikke forsår, kan du bare spørre meg.
2. Hvis han ikke kommer snart, skal vi gå uten ham.
3. Hvis det ikke snør, kan vi ikke gå på ski.

Å BESTEMME SEG FOR:

Jorunn og Jens-Petter *har bestemt seg for å* gifte seg.
Jorunn og Jens-Petter *har bestemt seg for* en liten bryllupsfest.

Øvelse:

Skal de gifte seg?	(Ja, de *har bestemt seg for det.*)	Ja, de *har bestemt seg for å* gifte seg.
Skal de reise til Norge?		Ja, de har bestemt seg for å reise til Norge.
Skal de lære norsk?		Ja,________________
Skal hun beholde sitt eget etternavn?		Ja,________________
Skal hun gifte seg snart?		Ja,________________
Skal han kjøpe en leilighet i byen?		Ja,________________
Skal du gå på kino i kveld?		Ja, jeg______________
Skal dere gifte dere i kirken?		Ja, vi______________
Skal du beholde ditt eget etternavn?		Ja,________________
Skal dere gifte dere snart?		Ja,________________

Å VÆRE ENIG:

	noe
Å være enige om	å gjøre noe
	at . . .

Jorunn og Jens-Petter har blitt *enige om* lørdag før St. Hans.
De har blitt *enige om å* gifte seg lørdag før St. Hans.
De har blitt *enige om at* de skal gifte seg lørdag før St. Hans.

Øvelse:

Det er dyrt å bo i Norge.	(Vi er *enige om det.)*	Vi er *enige om at* det er dyrt å bo i Norge.
Det er hyggelig å være her om sommeren.		Vi er enige om at ______
Dette er ikke vanskelig.		______
Vi vil gjerne lære dette.		______
Ferien kommer aldri snart nok.		______
Det er alltid morsomt å lære noe nytt.		______

	med noen
Å være enig	i noe
	i at . . .

Jorunn ville beholde sitt eget etternavn.
Jens-Petter var *enig med* henne *i* det.
Jens-Petter var *enig med* henne *i at* hun skulle beholde sitt eget etternavn.

Øvelse:

Han synes det er dyrt.	(Jeg er *enig med ham i det.*)	Jeg er *enig med ham i at* det er dyrt.
Han synes det er kaldt i dag.		Jeg er enig med ham i ______
De synes at huset er koselig.		______

Jeg synes at grønnsakene er rimelige i dag.	Jeg er enig med deg ________
Vi synes at værelset ikke er billig.	Jeg er enig med dere ________
De synes at Oslo er en pen by.	________________
Hun syntes at været var varmt.	Jeg var enig med henne________
Han syntes at vi ikke burde gjøre det.	________________
De syntes at vi burde spise noe.	________________

Oppgave: Sett inn *enig med, enig i* eller *enige om*.

1. Jorunn og Jens-Petter var ________ dagen de skulle gifte seg.
2. Jorunn var ________ Jens-Petter ________ at de skulle kjøpe leiligheten.
3. Alle er ________ at det er den beste forretningen i byen.
4. Svein var ________ Jorunn ________ at de skulle ha en fest.
5. Er du ________ meg ________ det?
6. Jorunn ville beholde sitt eget etternavn, og Jens-Petter var ________ det.

Oppgave: Oversett til norsk.

1. They decided to get married.
2. We agree that it is expensive to buy an apartment in Norway.
3. Have you decided to go to Norway?
4. I agree with you that it would be fun to go to Norway.
5. I'm just afraid that I don't have enough money now.

VIELSEN

Lørdagen før St. Hans er endelig kommet.[4] Det har vært en travel tid for alle — særlig for Jorunn og hennes familie. Jorunn har selv sydd brudekjolen sin, og moren hennes har sydd og brodert en bunad til seg selv. Moren til Jorunn kommer fra Nordland, og derfor har hun sydd en nordlandsbunad. Den grønne fargen kler henne veldig godt. 15

Jorunn har bedt[5] en av venninnene sine, Solveig, om å være forlover. Svein skal være forloveren til Jens-Petter. Nå sitter de tre foran alteret og venter på bruden. Jens-Petter og Svein sitter på den ene siden, Solveig sitter på den andre. De sitter der oppe i tjue minutter mens gjestene kommer inn i kirken. Brudgommen og forloveren hans er kledd i kjole og hvitt, og Solveig har på seg bunaden sin fra Telemark. 20 25

Så kommer bruden. Alle som er i kirken reiser seg. Jorunn kommer oppover midtgangen sammen med sin far mens de mektige orgeltonene fyller kirken. Oppe ved alteret venter Jens-Petter. Jorunn tar armen hans, og sammen står de foran alteret. Vielsen kan begynne. 30

Svein hører bare deler av det som presten sier. ". . . elske og ære . . ." Svein tenker på den talen han må holde seinere under middagen. ". . . i gode og onde dager til døden skiller dere ad?" Jens-Petter svarer "Ja!" høyt og tydelig, og Jorunn sier også "Ja" når presten spør henne. Nå er de visst gift, for presten sier noe om "rette ektefolk." Jorunn og Jens-Petter går ut av kirken til tonene av brudemarsjen. 35

4. With *å bli* and verbs of motion, *er* is sometimes used as the auxiliary verb in forming the present perfect tense. In the pluperfect tense *var* may be used correspondingly:
De er gått. "They have gone."
Gjestene var kommet. "The guests had come."
5. *Å BE:* **å be — ber — bad — har bedt**

Spørsmål:

1. Hadde Jorunn og hennes familie hatt mye å gjøre før bryllupet?
2. Hva hadde hun gjort?
3. Hva hadde hennes mor gjort?
4. Hvem skulle være Jens-Petters forlover?
5. Hvem hadde Jorunn bedt om å være forloveren hennes?
6. Hva gjorde Svein, Jens-Petter og Solveig foran alteret?
7. Hva gjorde alle da bruden kom?
8. Hva satt Svein og tenkte på under vielsen?

Å BE / / Å SPØRRE / / Å STILLE:

å be – ber – bad – har bedt (to ask — invite, pray, request)
å spørre – spør – spurte – har spurt (to ask — inquire, interrogate)
å stille – stiller – stilte – har stilt (to ask — with *spørsmål*, to pose a question)

Eksempler:

Be **dem** ***om å*** **komme.**
Vi ***bad*** **dem** ***om å*** **gjøre det for oss.**
Har du ***spurt*** **læreren om det du ikke forstod?**
De ***spurte om*** **hvorfor du gjorde det.**
En lærer mye av å ***stille spørsmål.***

Oppgave: Sett inn riktig form av *å stille, å be* eller *å spørre.*

1. Læreren _______ klassen: "Har dere noe å _______ om?"
2. Jeg har _______ noen gjester til kaffe.
3. Hun _______ om jeg også kunne komme.
4. Studentene _______ mange spørsmål.
5. Har du _______ ham om det ennå?
6. Har han noen gang _______ henne ut?
7. Jeg _______ henne _______ sy en kjole til meg.
8. Det er noe jeg aldri har blitt _______ om å gjøre før.

Oppgave: Oversett til norsk.

1. Ask him to come in.
2. Ask him if he wants to come in.
3. Ask him to make dinner.
4. Ask him many questions.
5. Ask him why he did that.

Øvelse:

"Hvor går du?" spør Svein.	(Svein *spør om det.*)	Svein *spør om hvor* du går.
"Hva gjør du?" spør Svein.		Svein spør om hva du gjør.
"Når kommer du hjem i kveld?" spør Svein.		________________
"Hvorfor gjorde du det?" spør Svein.		________________
"Hvordan lager en bløtkake?" spør Svein.		________________
"Hvor mye koster det?" spør Svein.		________________

Å VENTE PÅ:

Bruden skal komme.	(Vi *venter på det.*)	Vi *venter på at* bruden skal komme.
Legen skal undersøke pasienten.		Vi venter på at legen skal undersøke pasienten.
Jorunn og Jens-Petter skal gifte seg.		Vi venter på at________
Dette skal skje.		________________
Han skal bestille middag.		________________
Hun skal bestemme seg.		________________
De skal spørre om det.		________________
Bruden skal komme.	(Vi vent*et* på det.)	Vi vent*et* på at bruden *skulle* komme.
Legen skal undersøke pasienten.		Vi ventet på________
Jorunn og Jens-Petter skal gifte seg.		________________
De skal be oss om å gjøre dette.		________________
Han skal holde en tale.		________________
De skal forlove seg.		________________

BRYLLUPSMIDDAGEN

* Både Jorunns familie og Jens-Petters familie har kommet til bryllupsmiddagen. Det er til sammen 55 gjester der — beste- 40
foreldre, tanter, onkler og foreldre. De er ferdige med å spise forretten, og nå holder de på med hovedretten — lammesteik med grønnsaker. Praten går livlig.

"Er ikke kjolen til Jorunn aldeles nydelig?" sier en av tantene til en annen. 45

"Jo," sier den andre, "og så kjekk Jens-Petter er i kjole og hvitt."

Svein ser nøyere på brudgommen. "Han er i hvert fall kjekkere enn vanlig," tenker han.

"Var det ikke et nydelig brullup?" spør en av bestemødrene. 50

"Jovisst, nydelig," svarer mannen og spiser videre. Han er svært glad i lammesteik. "Det er en kjekk kar, han Jens-Petter," sier han og svelgjer. "Og en god stilling har han også."

Nå skal visst talene begynne. Brudens far taler først. Så er det Jens-Petters tur. Han skal "takke for bruden" som det ennå 55
heter. Og det greier han fint. Han takker for at svigerforeldrene tok så godt i mot ham, og han lover å bli en god ektemann. Etter brudgommen taler Solveig. Hun taler for Jorunn, og talen hennes er både morsom og underholdende. Folk ler[6], ser på hverandre, og nikker. Og så er det Sveins tur. Han reiser seg og ser et 60
øyeblikk på alle de menneskene som skal høre på ham — bare på ham. Han tar fram manuskriptet.

"Kjære Jens-Petter," begynner han. "Det er så mye å fortelle om deg at jeg måtte lage ei liste. Den er lang — kanskje altfor lang. Men sannheten skal fram. Som dere vet, er det i Norge i 65
dag to viktige grunner til at et ungt par gifter seg. Den ene er at

6. *Å LE:* å le — ler — lo — har ledd

de *må* gifte seg. Den andre — og kanskje viktigste — er at de finner et sted å bo."

De fleste gjestene ler, og Svein føler seg sikrere. Han fortsetter med å fortelle om noen opplevelser han og Jens-Petter har hatt sammen. 70

"Og så til slutt vil jeg få ønske dere begge et langt og lykkelig liv sammen. Brudeparets skål!"

Endelig er det over. Det er siste gangen Svein sier ja til å være forlover. "Jeg kommer aldri til å gifte meg," sier han til sin 75 borddame. "Jeg orker ikke å holde[7] en tale til!"

Spørsmål:

1. Hvem hadde kommet til bryllupsmiddagen?
2. Hva sa Jens-Petter i talen sin?
3. Hvem talte Solveig for?
4. Hvordan var talen hennes?
5. Var Svein redd for å holde tale?
6. Hva fortalte han om i talen sin?
7. Hvorfor sa han at han aldri kom til å gifte seg?
8. Har du noen gang holdt en tale?
9. Blir det vanligvis holdt taler ved bryllupsmiddager i ditt land?

7. *Å HOLDE:* **å holde — holder — holdt — har holdt**

FRA DIREKTE TALE TIL INDIREKTE TALE:

"Kjolen til Jorunn *er* nydelig," sa hun. (direkte tale)
Hun sa at kjolen til Jorunn *var* nydelig. (indirekte tale)

"Jeg *må* gå nå," sa han.
Han sa at han *måtte* gå.

"*Er* Jorunn der?" spurte han.
Han spurte om Jorunn *var* der.

"Jeg *vil* ikke gifte meg," sa hun.
Hun sa at hun ikke *ville* gifte seg.

Oppgave: Bruk indirekte tale.

1. "Jens-Petter er kjekk i kjole og hvitt," sa hun.
2. "Det er to viktige grunner til at et ungt par gifter seg," sa Svein.
3. "Han har en god stilling," sa hun.
4. "Grønt kler henne veldig godt," sa Jorunn.
5. "Sannheten skal fram," sa Svein.
6. "Jeg vil vite alt om dette," sa hun.
7. "Vi skal reise til Norge i sommer," sa de.
8. "Skal dere reise til Norge snart?" spurte han.
9. "Når skal dere gifte dere?" spurte han.
10. "Jeg orker ikke å holde en tale til," sa Svein.
11. "Vi har nettopp forlovet oss," sa Jens-Petter og Jorunn.
12. "Hvorfor har min kone ikke kommet?" spurte mannen.
13. "Jeg kommer aldri til å gifte meg," bestemte han seg for.
14. "Du har ikke forandret deg," sa Jorunn til Svein.

VI SER INN I FRAMTIDEN:

PÅ NORSK KAN VI UTTRYKKE FRAMTID PÅ MINST TRE MÅTER:

(1) presens:	Han *reiser* til Norge i sommer. Når *kommer* du i morgen? Vi *begynner* om femten minutter.
(2) skal og vil:	Jeg *skal* tenke på det. Når *skal* dere gifte dere? Hun *skal* bli lege. Jeg håper at det *vil* regne i morgen. *Vil* dette gjøre vondt?
(3) kommer til å:	"Jeg *kommer* aldri *til å* gifte meg," sa Svein. Vi *kommer til å* tenke på deg ofte. *Kommer* du *til å* få bedre grønnsaker seinere i uken? Hun *kommer til å* bli lege.

Oppgave: Oversett til norsk, bruk *kommer til å*:

1. I'll never forget you.
2. Will you be traveling to Norway this summer?
3. Will we ever see her again?
4. We'll think about this trip often.
5. I won't forget this day.

Å SITTE OG VENTE (*osv.*): *For å utvide handlingen i tid*[8]

Jeg ***ligger / sitter / står / går*** ***og tenker*** **på deg.**

Svein *sitter og tenker* på den talen han må holde.
Vi *sitter og ser* ut av vinduet.
De *ligger og leser* bøker.
Han *går og snakker* med seg selv.

8. Combining one verb (e.g., *å tenke*) with another expressing an appropriate accompanying activity (e.g., *å sitte*) expands the length of time during which the activity is felt to be taking place. *Jeg sitter og tenker på deg* may be translated "I am thinking about you."

Vi repeterer:

å ligge	**ligger**	**lå**	**har ligget**
å sitte	**sitter**	**satt**	**har sittet**
å stå	**står**	**stod**	**har stått**
å gå	**går**	**gikk**	**har gått**

	lå		
Jeg	**satt**	og	**tenkte** på deg.
	stod		
	gikk		

	ligget		
Jeg **har**	**sittet**	og	**tenkt** på deg.
	stått		
	gått		

Oppgave: Skriv disse setningene om slik at handlingen utvides i tid. Bruk verbene i parentes.

Eksempel: Jeg skriver et brev. (å sitte)
Jeg *sitter og skriver* et brev.

1. Hva leser du? (å sitte)
2. Han ser i taket. (å ligge)
3. Vi så oss omkring i byen. (å gå)
4. Han har tenkt på det hele dagen. (å sitte)
5. Har du ventet lenge? (å stå)
6. Hun så på bildet. (å ligge)
7. Vi snakket lenge. (å stå)
8. Han har hilst på alle han har sett i dag. (å gå)
9. Hun leste på senga. (å ligge)
10. Arbeidet du hele dagen? (å sitte)

Å HOLDE PÅ MED Å[9]:

Vi *sitter og spiser* middag. ↔ Vi *holder på med å spise* middag.
Vi *satt og spiste* middag. ↔ Vi *holdt på med å spise* middag.
Vi *har sittet og spist* middag. ↔ Vi *har holdt på med å spise* middag.

Oppgave: Skriv om med *å holde på med å.*

1. Vi snakker norsk nå.
2. De vasket bilen sin da telefonen ringte.
3. Han har lest brevet.
4. Hun spiser frokost.
5. Læreren skrev på tavla.
6. Vi bygger et nytt hus.

Oppgave: Oversett til norsk. Bruk *å holde på med å.*

1. What are you doing?
2. What have you been doing all afternoon?
3. I'm reading that book now.
4. What were they doing when you came home?
5. We were eating breakfast when the telephone rang.
6. She has been making dinner all afternoon.
7. I've been writing that letter for a long time.
8. Are you telephoning all your relatives?

9. *Å holde på med å* may be used in all tenses to indicate that an activity goes on over an extended period of time.

FOR SPESIELT INTERESSERTE:

KIRKEN OG KIRKELIGE HØYTIDER

Norges grunnlov sier at den "evangelisk-lutherske" religion er "statens religion." Dette betyr at Norge har en luthersk statskirke. Den heter offisielt Den norske kirke. Folk flest tilhører statskirken; ca. 95% av befolkningen er medlemmer av kirken. 80
Men det er ikke mange som går i kirken.

De store kirkelige høytidene heter jul, påske og pinse. På disse høytidsdagene kommer det flere mennesker i kirken enn ellers i året. Fordi så mange nordmenn reiser til fjells i påsken, holder prestene mange gudstjenester i fjellkirkene. 85

Folk flest er i kontakt med kirken ved fire anledninger: dåp, konfirmasjon, vielse og begravelse. Folk flest døper ennå barna sine, og konfirmasjonen er fremdeles en sentral begivenhet i familien. De fleste vier seg i kirken — i hvert fall første gangen — og presten forretter ved de fleste begravelser. 90

Det er full religionsfrihet i Norge. Mange mennesker tilhører andre kirker og trossamfunn, og mange tilhører ikke noe trossamfunn i det hele tatt. De største frikirkene heter Pinsevennene, Den evangelisk-lutherske frikirke, Metodistkirken og Baptistkirken. Omtrent 8000 nordmenn er medlemmer av 95
Den katolske kirke.

Den mest berømte kirken i Norge ligger i Trondheim, og den heter Nidarosdomen. Kirken står på det første gravstedet til Olav den hellige — Norges mest kjente helgen, som døde i år 1030. 100

Enhver er sin egen lykkes smed.

ORD
Fra 26. kapittel

Substantiver

en borddame
en brud
en brudekjole
en brudgom
(brudgommer)
en død
en ektemann
(ektemenn)
en forlover
(forlovere)
en forrett
en framtid
en hovedrett

en kar
en lammesteik
en marsj
en midtgang
en prat
en prest
en sannhet
en stilling
en tale
en tone
en tur
en vielse

et alter
et brudepar
et etternavn
et manuskript
et orgel (orgler)

ektefolk
svigerforeldre

Verb

å be – ber – bad – har bedt
å beholde – beholder – beholdt – har beholdt
å bestemme – bestemmer – bestemte – har bestemt
å brodere (-te, -t)
å elske (-et, -et)
å fylle – fyller – fylte – har fylt
å gifte (seg) (-et, -et)
å holde – holder – holdt– har holdt
å kle – kler – kledde – har kledd
å le – ler – lo – har ledd
å ligge – ligger – lå – har ligget
å love (-te, -t)
å sitte – sitter – satt – har sittet
å skille – skiller – skilte – har skilt
å sy (-dde, -dd)
å tale (-te, -t)
å ære (-te, -t)

Adverb

nøye
oppover
visst

Adjektiv
enig (--,-e)
kjekk – kjekt – kjekke
lykkelig (--,-e)
mektig (--,-e)
ond (-t,-e)
travel – travelt – travle
underholdende (--,--)

Uttrykk
å være enige om (noe)
å være enig i (noe)
å være enig med (noen)
å gå med på (noe)
å bestemme seg
  for (noe, å gjore noe)
kjole og hvitt
å holde en tale
å ta i mot
å komme til å
å holde på med (noe,
  å gjøre noe)
det kler (noen)
(noen) vil at (noen) skal
  (gjøre noe)
å be (noen) om å (gjøre noe)
hvis alt går som det skal
sannheten skal fram
å gifte seg med (noen)

Andre ord
skål

Folk flest liker å gå tur i naturen.

TJUESJUENDE KAPITTEL

NORGES NATUR

* Nordmennene er glad i naturen. Folk flest liker å gå tur i naturen så de kommer bort fra byen, bilene og bråket. Både sommer og vinter, høst og vår går folk lange turer. Det er alltid noe nytt å se.

Om sommeren går folk fottur; om vinteren går de på ski. Skisporten kommer — som alle gode nordmenn vet — fra Norge, og "den moderne skisports vogge" stod i Morgedal i Telemark. Og *det* er i Norge.

Å gå tur — til fots eller på ski — er en viktig folkesport i Norge. Folk flest har ski, og de går på ski mange ganger i løpet av vinteren.

VI ØVER OSS:

* A: Er du glad i å gå tur?
B: Ja, jeg liker å komme bort fra alt bråket i byen, og dessuten er det alltid noe nytt å se.
A: Pleier du å gå lange turer?
B: Ja, jeg er nok ofte ute ganske lenge.
A: Går du på beina eller på ski?
B: Det kommer jo an på årstiden og på været. Om sommeren går jeg på beina, men om vinteren går jeg helst på ski.
A: Er du flink til å gå på ski?
B: Nei, jeg er kanskje ikke så flink til det, men jeg er ivrig. Jeg er ute og går på ski minst tjue-tretti[1] ganger i løpet av vinteren.
A: Jaså? Det var nå mange ganger, det. Kanskje vi kan gå sammen en gang.
B: Ja, det synes jeg ville være hyggelig.

Å VÆRE FLINK TIL Å:

De fleste nordmenn *er flinke til å* gå på ski.
Er du *flink til å* gå på ski?
Hva *er* du *flink til å* gjøre?

Oppgave: Oversett til norsk.

1. Some of the students were very good at speaking Norwegian.
2. Are you good at swimming?
3. He has always been good at making speeches.
4. Olav was good at skiing.

1. *tjue-tretti* = twenty or thirty

Å FÅ / / Å KOMME / / Å BLI:

Jeg liker *å få* mange brev.	". . . *to get* many letters."
Hun liker *å komme* bort fra byen.	". . . *to get* away from town."
Ingen liker *å bli* syk.	". . . *to get* sick."

Oppgave: Oversett til norsk.

1. When did you get home yesterday?
2. Did you get a good grade on the test?
3. He says he is getting old.
4. Has Svein gotten better yet?
5. When are we going to get to Oslo?

PÅSKETUREN I FJELLET

Familien Norvik skal feire påsken i ei hytte på fjellet. De skal reise til fjells onsdag etter palmesøndag og komme tilbake 2. påskedag.

Hele familien har vært ute og gjort innkjøp. De måtte 15 planlegge[2] hele ferien nøye, for det er langt fra hytta til butikken. Før de reiser, må de kjøpe mat og drikke. De må huske skiutstyret, klær og smøring, og de må pakke bøker, blad og spill til kveldene på hytta.

Hytta ligger like ved et fjellvann. Alt er hvitt. Isen og snøen 20 ligger ennå på vannet. Snøen ligger tykt rundt hytta, og det dekker fjellet så langt øyet rekker[3]. Bilveien går ikke helt fram til hytta, og alle sammen må gå flere ganger mellom bilen og hytta. De bærer all maten og alt utstyret i ryggsekker og går fram og tilbake på ski. Alle i familien er trøtte når bilen er tom 25

2. *Å PLANLEGGE:* å planlegge — planlegger — planla — har planlagt
3. *Å REKKE:* å rekke — rekker — rakk — har rukket

og hytta er full. De setter seg foran peisen og ser inn i flammene. Peiskos er en naturlig del av livet på hytta.

(*Neste dag.*)

"Her stopper vi!" sier Johs. "Nå trenger vi både mat og hvile. Jeg trenger i hvert fall å sette meg litt."

Familien er på dagstur, og de er inne på selve høyfjellet. De er helt omgitt[4] av en hvit eventyrverden. Overalt ser de bare den blå himmelen og fjellet og den hvite snøen. Sola sender sine stråler ned til dem, og de vender ansiktene opp mot sola og mottar[5] dens livgivende varme. De kjenner at varmen trenger inn i kroppen, de kjenner hvordan vinteren og kulda og mørketiden forsvinner. Det er vår, det er nytt liv. . . . Ansiktene får farge, den påskebrune fargen som forteller om sol og varme og lysere dager. 30 35

"Det er deilig med påskeferie," sukker Johs, mett og tilfreds.

"Vi burde kanskje ha reist til Kanariøyene, far," sier Halldis. "Jeg har lyst til å bade." 40

"Å nei, du, det er mye bedre i Norge i påsken!" sier Johs bestemt.

Men Halldis er ikke enig. Neste påske vil hun til Kanariøyene.

Dagen etter ligger tåka tett og tungt over fjellet. Ingen våger å gå på tur i fjellet. Det er altfor lett å gå seg vill — fjellet er farlig i dårlig vær. I radioen hører de at tåka ligger tett over det meste av fjellheimen, og de hører også om folk som har gått seg vill. 45

"At folk ikke kan holde seg inne i styggvær!" sier Bjørg. "Det er godt vi ikke er inne på fjellet. Skal vi spille kort?" 50

Seinere på dagen hører de at det har gått et snøskred, og at tre mennesker ble drept. Fjellet krever alltid menneskeliv i påsken.

Men værmeldingen bringer også gode nyheter: Det vil bli sol og godt vær det meste av påsken.

4. *Å OMGI:* å omgi — omgir — omgav — har omgitt
5. *Å MOTTA:* å motta — mottar — mottok — har mottatt

DAGENE I PÅSKEN

palmesøndag
skjærtorsdag
langfredag
påskeaften
1. påskedag
2. påskedag

PRESENS PARTISIPP:

Solveig holdt en underhold*ende* tale.	(*å underholde*)
Familien Norvik mottar solas livgiv*ende* varme.	(*å gi*)
Han så mange imponer*ende* ting i byen.	(*å imponere*)

Presens partisipp = verbets stamme + <u>ende</u>

Merk: På norsk kan presens partisippet bare brukes som *adverb* eller *adjektiv*:

Adjektiv:	**Jeg så** ***et smilende barn.***	(. . . *a smiling child*)
	Men: **Barnet** ***smiler.***	(*The child is smiling.*)
Adverb:	**Han kom** ***gående*** **nedover gata.**	(. . . *walking down the street.*)
	Men: **Han** ***gikk*** **nedover gata.**	(*He was walking down the street.*)

Hva heter disse ordene på engelsk?

trykkende	________________	tenkende	________________
kokende	________________	advarende	________________
passende	________________	stønnende	________________
vekslende	________________	vinkende	________________
forberedende	________________	nikkende	________________

FRA HVERDAGSLIVET I NORGE:

SKJÆRTORSDAGENS VÆRMELDING

* Dette er værmeldinga for fjelltraktene på Østlandet. Skiftende skydekke, stort sett pent vær i dag.
Tilskyende ut på kvelden og fare for enkelte snøbyger sent i kveld og i natt.
Frisk bris i fjellet med enkelte stormkast.
Temperaturen i morgen blir omtrent som i dag.
Snøskredfaren er fremdeles meget stor, spesielt i sørlige fjellstrøk.

FJELLREGLENE

1. Legg ikke ut på langtur uten trening.
2. Meld fra hvor du går.
3. Vis respekt for været og værmeldingene.
4. Lytt til erfarne fjellfolk.
5. Vær rustet mot uvær selv på korte turer.
6. Husk kart og kompass.
7. Gå aldri alene.
8. Vend i tide, det er ingen skam å snu.
9. Spar på kreftene og grav deg inn i snøen om nødvendig.

VI ØVER OSS:

* A: Hvor drog dere i påsken?
B: Vi drog til vår hytte. Den er på Geilo, vet du.
A: Fikk dere fri lenge da?
B: Ja, vi tok noen ekstra dager. Vi reiste til fjells allerede lørdag før palmesøndag og kom ikke tilbake før tirsdag etter annen påskedag.
B: Hva gjorde dere hele den tiden der oppe?
Været var vel ikke så godt at dere kunne være ute og gå på ski *alle* dagene?
A: Nei, det var det nok ikke. Noen av dagene måtte vi riktignok holde oss inne. Da spilte vi kort eller leste bøker.
B: Dere ble da glade for alle de bøkene og spillene dere hadde kjøpt, kan jeg tenke meg.

A: Ja, det skal jeg si. Men du kan tro vi hadde det hyggelig allikevel. Det er også en fornøyelse å ta det bare med ro hele dagen og kose seg foran peisen.
B: Helt enig. Særlig når det er stygt vær ute.

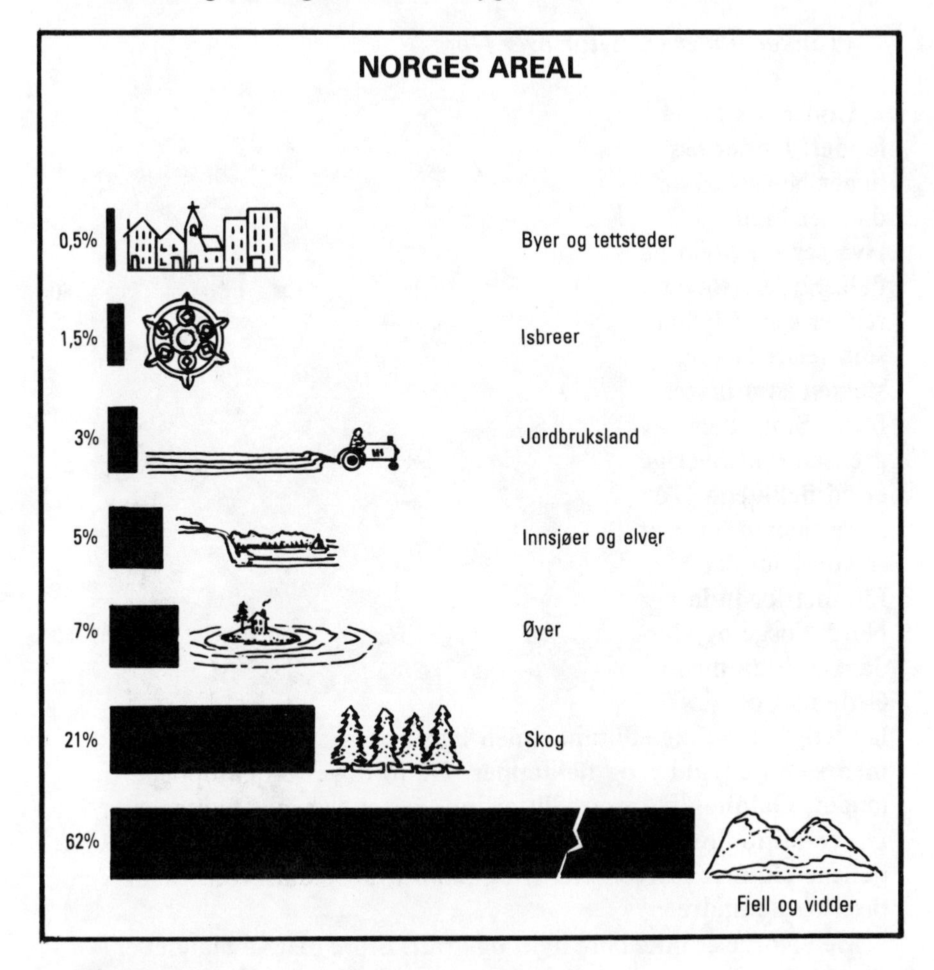

MERK: *å bestå*[6] *av* betyr "to consist of."

SPØRSMÅL:

1. Hva består den største delen av Norges areal av?
2. Hvilken prosent av Norges areal består av jordbruksland?
3. Hvor mye av Norges areal er dekket av skog?
4. Består mye av Norges areal av byer og tettsteder?

6. *Å BESTÅ:* å bestå — består — bestod — har bestått

FOR SPESIELT INTERESSERTE:

ET OVERBLIKK OVER LANDET

(Tanker under en flytur over Norge)

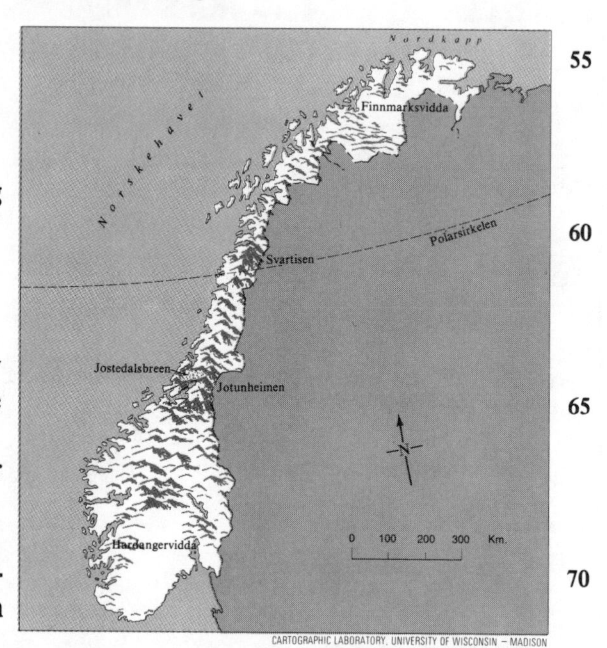

CARTOGRAPHIC LABORATORY, UNIVERSITY OF WISCONSIN – MADISON

Under oss ligger landet. Under oss ligger Norge. Hvordan ser landet ut? Hva ser vi? Stein og fjell. Så langt øyet rekker ser vi fjellet som reiser seg og steinen som bryter fram. Store deler av grensen mot Sverige er en fjellkjede. To store fjellvidder brer seg over landet, Finnmarksvidda i Nord-Norge og Hardangervidda mellom Østlandet og Vestlandet. Den veldige Jotunheimen ligger som et tak over landet med sine fjellvidder og fjelltopper. De to høyeste fjelltoppene i landet, Galdhøpiggen og Glittertind, reiser seg mot himmelen. De er alltid hvite og alltid vakre, dekket av evig snø. Blant fjellene skinner isbreene hvitt og blankt, Jostedalsbreen, Svartisen og de andre.

Men Norge er ikke bare hvitt og grått. Store deler av landet er skogkledd. Skogen dekker åssidene og farger landet grønt. Det er en del løvtrær, men det er også mye gran og furu, bartrær som beholder sin grønne farge hele året.

Og skogen har sitt eget liv. Elgen er skogens største dyr, den er skogens konge. Bjørnen — han Bamsefar — er nesten forsvunnet, og det er gaupa også. Men reven — han Mikkel rev — trives ennå og stjeler høns fra bondegårdene. Rådyret og grevlingen bor ennå i skogen, men ulven — gråbein — er borte. Den lever nå på vidda hvor reinsdyrene også holder til.

Langs hele kysten stikker havet fingrene sine inn i landet. Det er fjordene. Tusenvis av fjorder — store og små — leder havet inn i landet. Og de fryser sjelden. Den varme Golfstrømmen holder vannet varmt og den norske kysten isfri. Den lengste fjorden heter Sognefjorden og ligger på Vestlandet. 90

I havet er det også liv. Torsken og seien er viktig matfisk, og det samme er silda og makrellen, mens lodda brukes til dyremat. 95

Landet har en beskyttelse mot havet. Som en kjede ligger skjærgården der utenfor kysten. Det er tusenvis av små øyer, holmer og skjær som tar imot bølgenes farligste angrep på landet. Skjærgården er også et ferieparadis om sommeren, men en farlig sjøvei i styggvær og mørke. 100

Ned fra fjellene renner elvene. Mange steder er det så bratt at vannet ikke renner men faller. Her ligger fossene, for eksempel, De syv søstre, sju fosser som faller ned en fjellside, side om side. Elvene og fossene binder sammen vannene og innsjøene. De små fjellvannene er ofte dype og alltid kalde. I elvene og vannene finner vi laksen og ørreten. Innsjøene ligger som glitrende speil i den grønne skogen. 105

Men hvor bor folk? Mellom de høye fjellene ligger de dype dalene. På bunnen av dalen renner elva, og her, på begge sider av elva, bor folk. Her ligger bondegårdene, noen i dalbunnen og andre på fjellsiden. Oppe på fjellet ligger den gamle "sommergården," setra, som nå er hytte på fjellet for folk fra byen. 110

Men folk flest bor langs kysten. Like ved vannet, like ved havet eller like ved fjorden bor folk i byer og tettsteder. Nesten alle de store byene ligger langs kysten. 115

Her bor de, de fire millioner nordmenn. Og slik er landet — langt og smalt, med mange fjorder, høye fjell og dype daler.

NORGES NATUR:

et fjell	en skog	en kyst	en foss
en fjellkjede	et løvtre	en fjord	et vann
ei (fjell)vidde	et bartre	et hav	en innsjø
en fjelltopp	ei gran	en skjærgård	en dal
en bre	ei furu	ei elv	en ås

NORGES DYR:

i skogen

en elg
en bjørn
ei gaup
en rev
et rådyr
en grevling

på vidda

en ulv
et reinsdyr

i sjøen og i fjordene

en torsk
ei sild
en makrell
ei lodde

i elvene

en laks
en ørret

MER FOR SPESIELT INTERESSERTE:

NORSK NATUR: *Sommeridyll*

Det er sommer i skjærgården. Bølgene slår rytmisk mot svaberg og brygger, og ruller inn mot stranda. Motorbåten til Bakke gynger lett på bølgene. Den er brun og nylakkert. Det er en god sjøbåt med fine linjer som ligner på de gamle vikingskipene. Den båten kan nok klare litt styggvær, ja, mener Bakke. 120

I dag skal herr og fru Bakke på dagstur til en av øyene ute i skjærgården. Det synes Bakke er virkelig ferie. Ikke noe stress for meg, takk, pleier han å si. Jeg foretrekker nå å slappe av på sjøen. 125

Og hva kan vel være bedre enn sjøen en varm sommerdag? Kanskje fiske litt, kanskje bade litt, og så litt kaffe etterpå — det er livet, det. La ungdommen reise til fremmede land, la andre reise til et varmere klima og bo på store hoteller, la byfolk ligge som sild i tønne på stranda i utlandet — "Ja, har du sett hvordan folk slåss om plassen nede ved Middelhavet?" sier Bakke forundret til sin kone. "Det er jo trangere og verre enn 130 135

midt nede i byen!" Nei, han, Bakke, vet bedre enn å reise til sånne steder. Det er god plass ute på sjøen, og der er det fredelig og rolig.

En passbåt raser forbi. Bakke rister på hodet. "Ungdommen!" sier han halvhøyt. "Ingen respekt for tradisjoner. Alt de tenker på er fart og vannski." 140

Den elegante glassfiberbåten svinger så vannspruten står. Den snur på en femøring og raser tilbake samme vei den kom.

Motorbåten til Bakke er langsomt på vei utover fjorden. Bakke selv styrer båten. De ru arbeidshendene hans holder roret følsomt og forsiktig. Han er en god sjømann, Bakke. Den store skikkelsen er rolig. Det værbitte ansiktet med de blå øynene er avslappet. Øynene speider ut mot horisonten. Han er på vei ut mot havet, den siste viking . . . 145

MODALE ADVERB OG ANDRE STILTREKK I NORSK:

I. Modale adverb[7]:

nok: Den båten kan *nok* klare litt styggvær.
Det skal vi *nok* greie (sa ekspeditrisen til fru J.).
De to viktigste sidene for folk flest er *nok* folkepensjonen og syketrygden.

vel: Hva kan *vel* være bedre enn å være ute på sjøen en varm sommerdag?
Alt er så dyrt nå. Prisene kan *vel* ikke bli noe høyere.

da: Jeg vet *da* bedre enn å reise til sånne steder.

jo: Det er *jo* trangere og verre enn midt nede i byen!
Takk for ukebladene, men jeg hadde *jo* mer lyst på sjokolade.

nå: Har du *nå* sett hvordan folk slåss om plassen nede ved Middelhavet?
Jeg foretrekker *nå* å slappe av på sjøen.

(related:)

visst: Nå skal *visst* talene begynne.
Nå er de *visst* gift, for presten sier noe om "rette ektefolk."

II. Gjentakelse av subjektet for å framheve det:

Det er livet, *det.*
Nei, han, *Bakke*, vet bedre enn å reise . . .
Han er en god sjømann, *Bakke.*

III. "Ja" eller "nei" etter setningen:

Den båten kan nok klare litt styggvær, *ja.*
Vi skal ikke gjøre det, *nei.*

Som man reder, så ligger man.

ORD
Fra 27. kapittel

Substantiver

fjellhjeimen
en flamme
en fornøyelse
en fottur
en hvile
(en) is
en isbre
en mørketid
(en) natur
en nyhet
en prosent
en radio

en respekt
en ryggsekk
(en) skisport
(en) smøring
(en) varme
en værmelding

ei elv
(ei) kulde
ei tåke
ei vidde
ei vogge

et bråk
et høyfjell
et innkjøp
(et) jordbruksland
et kort
et snøskred
et spill
(et) styggvær
(et) utstyr

7. When unstressed and immediately following the verb these words have the function of changing the mood of the sentence. They have no one single translation, but here are some guidelines: *nok*, "all right, probably, to be sure"; *vel*, "I suppose, no doubt, of course" (more emphatic than *nok*); *da*, used for emphasis, "certainly"; *jo*, "you know"; *nå*, "after all, really"; *visst*, "surely, I believe."

Pronomen
selve

Verb
å bade (-et, -et)
å bestå – bestod – har bestått
å drepe (-te, -t)
å kjenne – kjente – har kjent
å motta – mottok – har motatt
å omgi – omgav – har omgitt
å pakke (-et, -et)
å planlegge – planla – har planlagt
å rekke – rakk – har rukket
å vende (-te, -t)
å våge (-et, -et)

Adjektiv
bestemt (--, -e)
ekstra (--, --)
farlig (--, -e)
flink (-t, -e)
ivrig (--, -e)
livgivende (--, --)
naturlig (--, -e)
stygg - stygt - stygge
tett (--, -e)
tilfreds (--, -e)
tom - tomt - tomme
tykk - tykt - tykke
vill - vilt - ville

Adverb
dessuten
overalt
riktignok

Modale adverb
da
jo
nok
nå
vel

Navn
Kanariøyene

Dagene i påsken
palmesøndag
skjærtorsdag
langfredag
påskeaften
1. påskedag
2. påskedag

Uttrykk
å spille kort
å høre(noe) i radio
helt enig
du kan tro
å tenke seg
å trenge inn
å komme bort fra
det kommer an på
i løpet av
å bestå av
folk flest
å gå fottur
å gå på beina
til fots
å være flink til å
å gjøre innkjøp
så langt øyet rekker
fram og tilbake
å gå seg vill
å holde seg inne
å pakke ut
tjue-tretti

ET KORT HISTORISK OVERSIKT:

ca. **800–1066**	Vikingtiden
872	Slaget ved Hafrsfjord; Norge samlet til ett rike av Harald Hårfagre; Norsk utvandring til Island
1000	Kristendommen innført i Norge av Olav Tryggvasson; Amerika oppdaget av Leiv Eriksson
1015–1029	Kristendommen ført videre av Olav (den hellige) Haraldson
1030	Olav Haraldson drept på Stiklestad
1066	Det siste virkelige vikingtokt fra Norge; Harald Hårdråde drept i England ved Stamford Bridge
1217–1263	Norgesveldet: kongemakten konsolidert av Håkon Håkonsson, og en storhetsperiode innledet av ham. Store deler av det nåværende Sverige, Island, Grønland, Færøyene og øyene nord for Skottland under den norske trone
1349–50	Svartedauden — halvparten av befolkningen døde.
1380	Union med Danmark
1537	Den lutherske reformasjonen
1700–21	Den store nordiske krig (Tordenskiold)
1814	Slutt på den firehundreårige unionen med Danmark; 17. mai — grunnloven undertegnet på Eidsvoll; Union med Sverige
1884	Parlamentarismen innføres.
1905	Union med Sverige oppløst — Norge helt fritt og selvstendig; Haakon VII valgt til norsk konge
1914–1917	Norge nøytralt under første verdenskrig
1930årene	"De harde trettiårene" — arbeidsløshet og depresjon
1940	9. april — Norge overfalt av Tyskland; Kongen, Regjeringen og Stortinget til England; Hjemmefronten (undergrunnsbevegelsen)
1945	8. mai — Frigjøringen
1949	Norge inn i NATO
1957	Olav V til tronen
1972	EF-striden — Det norske folket bestemte seg for å ikke forene seg med de andre EF-landene.

TJUEÅTTENDE KAPITTEL

GLIMT FRA NORGES HISTORIE

Spørsmål:

1. Når ble Norge samlet til ett rike?
2. Når ble kristendommen innført i Norge?
3. Når kom Svartedauden til Norge?
4. Hva skjedde i 1814?
5. Ble Norge helt fritt og selvstendig i 1814?
6. Nevn alle kongene Norge har hatt siden det ble selvstendig i 1905.
7. Var Norge nøytralt under første verdenskrig?
8. Var Norge nøytralt under annen verdenskrig?
9. Når kom frigjøringen?
10. Er Norge medlem av EF?

SVEIN LÆRER KLASSEN LITT OM NORGES HISTORIE

* **Fem år har gått siden Jorunn og Jens-Petter giftet seg. Svein har ikke giftet seg — ennå — men han har i mellomtiden utdannet seg til lærer — til stor forundring for mange. "Jeg forstår elevene godt når de ikke liker seg på skolen," forklarer Svein, "derfor er jeg også en god lærer. En alle tiders lærer, faktisk!" Han er nå klasseforstander for en sjetteklasse, og han underviser i de fleste fag.**

"I dag skal vi gjøre noe spennende!" sier Svein entusiastisk tidlig en morgen når han kommer inn i klasseværelset.

"Vi skal se film!" roper Erik begeistret og danser krigsdans rundt pulten sin.

"Erik, sitt ned! Nei, i dag skal vi lage en oversikt over Norges historie. Bare noen navn og årstall."

Elevene stønner over Sveins forslag. "Historie er vel ikke noe spennende, vel!" sier Knut ergerlig. Han vet hva som er spennende, for han ser på alle detektivprogrammene på fjernsynet.

"Stille! Inger, kan du huske noe fra Norges historie?"

"Jeg husker at det var masse mennesker som døde."

"Jaha, du tenker sikkert på Svartedauden[1] du. Den var i 1349–50, og kom fra utlandet. Halvparten av Norges befolkning døde, og mesteparten av adelen og geistligheten døde fordi . . ."

"Prestene og munkene døde også, lærer!" Hans-Kristian husker et bilde fra historieboka. "Og vikingene sloss i svære vikingskip!"

"Ja, nettopp. Norge ble samlet til ett rike etter slaget ved Hafrsfjord i 870 eller 900. Kong Harald hadde lovet at han skulle la hår og skjegg vokse til han hadde samlet Norge til ett rike, og derfor ble han kalt . . ."

"Harald Hårfagre!"

"Det var fint, Hege. Hvem husker noe mer fra vikingtiden?"

Kåre har alltid noe å fortelle. "Lærer! Olav den hellige drepte alle som ikke ville bli kristne."

"Ikke alle, nei. Kristendommen kom til Norge ca. år 1000 med en stor vikingkonge som het Olav Tryggvasson, omtrent samtidig med at Leiv Eriksson oppdaget Amerika . . ."

"Er det Norge som eier Amerika da, lærer?"

"Nei, dessverre, Bård. Altså: Kristendommen var kommet til Norge for å bli, og den viktigste begivenheten var nok slaget på Stiklestad i år 1030, der Olav den hellige ble drept. Seinere ble han den viktigste helgenen i hele Skandinavia. Vet noen av dere hvor kirken til Olav den hellige er?"

"Den er i Trondheim, lærer! Nidarosdomen. Jeg har vært der." Cecilie har vært veldig mange steder i Norge, for faren hennes er jernbanemann.

"Olav ble Norges skytshelgen," fortsetter Svein og hever stemmen litt, "og Snorre forteller i sagaen sin om Olavs hellighet. Det var en søndag at Olav satt i dype tanker. Han tok fram kniven sin og begynte å skjære på et trestykke. Ingen torde

1. *dauden* = døden

forstyrre kongen, men til slutt gikk en gutt, en av sveinene til Olav, bort til kongen og sa:'I morgen er det mandag, herre.' Da forstod kongen at han hadde arbeidet på en søndag. Han samlet alle flisene og brente dem opp i hånden sin for å vise at han angret." 55

Erik grøsser. "Det ville ikke jeg ha gjort. Jeg ville ha lagt dem i peisen."

"Norge var en gang en stormakt også. Vet dere når det var?"

Oddvar rekker hånden i været. "Var det da vi sloss[2] mot svenskene?" spør han. 60

"Jo, vi sloss vel litt mot svenskene da også, tenker jeg. Har noen av dere hørt om Norgesveldet? Det var lenge borgerkrig i landet, men til slutt kom en stor og mektig konge på tronen, Håkon Håkonsson. Grønland og Island var den gangen en del av Norge, og det var en kulturell blomstringstid. Blant annet skrev 65 islendingen Snorre Sturlasson historien om Norges konger. Den heter *Heimskringla* eller *Snorres kongesagaer*."

"Lærer, den boka har vi hjemme! Det er masse tegninger av vikinger i den!"

"Ja, boka er rikt illustrert. Vikingene reiste mye omkring, vet 70 dere, og det var mange som fryktet vikingtoktene fra Norge, Sverige og Danmark. Det siste virkelige vikingtokt fra Norge var i 1066; Harald Hårdråde ville bli konge i England også, men han ble drept der borte. Er det noen som husker noe annet?"

"Tordenskiold! Lærer, ikke sant at Tordenskiold sloss mot 75 svenskene?" Oddvar fikk en bok til jul om Tordenskiold.

"Jo, han gjorde nok det. Det var under Den store nordiske krig fra 1700–1721. Han ble admiral i den dansk-norske marine da han var 28 år gammel. Han var en dristig eventyrer og en tapper soldat som det fortelles mange historier om. Det var en 80 gang da Tordenskiold beleiret den svenske festningen i Marstrand. Den svenske kommandanten sendte en utsending for å forhandle med Tordenskiold. Tordenskiold mottok svensken vennlig og gav ham mye vin før de begge to tok en tur rundt i byen hvor Tordenskiolds soldater var. I hver eneste gate stod et 85 kompani soldater oppstilt, og svensken trodde at Tordenskiold hadde tusenvis av soldater i byen. Men Tordenskiold hadde bare ett kompani soldater. Når Tordenskiold og den svenske

2. *Å SLASS:* å slåss — slåss — sloss — har sloss

utsending gikk fra gate til gate, løp[3] soldatene rundt kvartalet og stilte seg opp i neste gate. Svensken visste ikke at det var de samme soldatene han så hele tiden. Slik lurte Tordenskiold svenskene." 90

"Overgav[4] svenskene seg, lærer?"

"Visst gjorde de det. Men historien om Tordenskiolds soldater er visst ikke sann. Hvem husker noe om unionen mellom Norge og Danmark? Ingen av dere? Nei, vi nordmenn vil jo helst glemme den. Kjersti, hvor lenge varte denne unionen, husker du det?" 95

"I fire hundre år, lærer."

"Det er riktig, ja. Fra 1380 til 1814, altså over 400 år; 'firehundreårsnatten' som Henrik Ibsen kalte det. Under disse årene ble Norge mindre selvstendig, og landet var en stund bare en dansk provins. Men så kom 1814. Hva skjedde i det året?" 100

"Norge ble fritt, lærer, akkurat som i 1945. Det sier i hvert fall bestefaren min, for han husker det." 105

"Ja, han husker nok 1945 godt. I 1814 ble Norge igjen et selvstendig land, men samme år kom unionen med Sverige som varte helt til 1905. Hvorfor kaller vi 17. mai for grunnlovsdagen?"

"Fordi grunnloven ble undertegnet på Eidsvoll på 17. mai! Jeg og far og mor var på Eidsvoll i fjor og da så vi på Eidsvollsbygningen. Det var masse turister der også." 110

"Ja, Eidsvoll er et fint sted, Erik. Som sagt, i 1814 ble grunnloven undertegnet. Dere skjønner, danskene måtte gi Norge til svenskene, men det ville ikke nordmennene gå med på. Så kom en grunnlovgivende forsamling sammen, og eidsvollsmennene laget grunnloven og valgte en dansk prins til konge i Norge. Men i juli-august ble det krig mellom landene. Den nye kongen gav fra seg tronen, og det første norske storting gikk med på at Norge og Sverige skulle være i union." 115 120

"Tapte vi krigen, lærer?"

"Både ja og nei. Konflikten i Skandinavia hadde sammenheng med Napoleonskrigene ute i Europa, så de nordiske land måtte ta hensyn til mange interesser. Men nå til Norges moderne historie. I 1905 ble Norge endelig helt fritt og selvstendig, og folket bestemte at Norge skulle ha en konge. Hva het kongen som ble valgt i 1905?" 125

3. *Å LØPE:* å løpe — løper — løp — har løpt
4. *Å OVERGI:* å overgi — overgir — overgav — har overgitt

"Haakon VII. Han var dansk prins, lærer, og nå heter kongen
Olav V. Og sønnen hans heter kronprins Harald! Og Haralds
sønn heter arveprins Haakon Magnus!" 130

"Det var fint, Trine. Vi må også fortelle at det i 1898 ble
alminnelig stemmerett for menn og at kvinnene fikk stemmerett
i 1913. Var Norge med i første verdenskrig?"

"Ja, for da dyrket de poteter i Slottsparken!"

"Jo, de dyrket poteter der, men Norge var nøytralt under den 135
krigen. Det var stor matmangel, og mange norske handelsskip
ble senket, så vi merket krigen her hjemme også. I 'de harde
tretti-årene' var det stor arbeidsløshet og depresjon, og mange
konflikter mellom arbeidere og arbeidsgivere. Det er ennå mange
i Norge som husker disse harde og vanskelige årene. Hva 140
skjedde 9. april 1940?"

"Tyskerne overfalt[5] Norge! De kom i fly og krigskip og skjøt[6]
og bombet, og Norge hadde nesten ikke soldater og bare noen få
geværer, men nordmennene sloss tappert og tyskerne måtte
nesten gi seg . . ." 145

"Nei, Knut, nå må du ikke overdrive[7]! Det der høres ut som
en dårlig film fra Hollywood! Det er riktig at Norge var dårlig
forberedt på krig, og nordmennene gjorde bra motstand, men
tyskerne var for sterke. Kongen, Regjeringen og Stortinget
måtte reise til England for å fortsette kampen derfra og fra 150
Sverige. Tyskerne okkuperte Norge fra 1940 til 1945."

"Faren min sloss mot tyskerne! Han var med i
undergrunnsbevegelsen og sprengte Rjukan i lufta!"

"Undergrunnsbevegelsen sprengte ikke *Rjukan* i lufta, de
sprengte den fabrikken som laget tungtvann i lufta, så tyskerne 155
ikke skulle lage en atombombe."

"Jeg har sett filmen, lærer! De hoppet ut i fallskjerm og gikk
på ski over vidda og . . ."

"Det var sikkert en fin film, Erik. Er det noen som vet hva
NATO er? Ikke det? Både kulturelt, økonomisk og militært er 160
Norge en del av den vestlige verden, og vi . . ."

"Nå ringer det, lærer! Har vi lekse til i morgen?"

"Dere skal lese om de store utvandringsbølgene til Amerika,
både den mellom 1866 og 1873 og den mellom 1900 og 1910.
Takk for i dag." 165

5. *Å OVERFALLE:* å overfalle — overfaller — overfalt — har overfalt
6. *Å SKYTE:* å skyte — skyter — skjøt — har skutt
7. *Å OVERDRIVE:* å overdrive — overdriver — overdrev — har overdrevet

NOEN NASJONALBETEGNELSER:

land	*adjektiv*	*folk*
Norge	norsk	en nordmann
Danmark	dansk	en danske
Sverige	svensk	en svenske
Island	islandsk	en islending
Norden	nordisk	en nordbo
Skandinavia	skandinavisk	en skandinav

Spørsmål:

1. Hva hadde Svein gjort i de årene som hadde gått siden Jens-Petter og Jorunn giftet seg?
2. Hadde vennene hans ventet at han skulle gjøre det?
3. Er han en god lærer? Hvorfor?
4. Hva skjedde da Svartedauden kom til Norge?
5. Hvem er den viktigste helgenen i hele Skandinavia?
6. Hvem var Snorre Sturlasson og hvorfor husker vi ham?
7. Hvem var Tordenskiold?
8. Hvor lenge varte unionen mellom Norge og Danmark?

FOR SPESIELT INTERESSERTE:

SYTTENDE MAI I HISTORISK PERSPEKTIV

17. mai kalles for Norges grunnlovsdag. Navnet kommer av det som skjedde på Eidsvoll på denne dagen i 1814. En grunnlovgivende forsamling hadde kommet sammen, og denne forsamlingen undertegnet på denne maidagen den nye grunnloven, som var basert på prinsipper fra den amerikanske unavhengighetserklæring og den franske revolusjon. Dessuten valgte de samtidig den danske prinsen Christian Fredrik til Norges nye konge. Denne forsamlingen kalles nå eidsvollsmennene. 170

Seinere på året frasa seg imidlertid Christian Fredrik den norske tronen, og Norge ble forenet med Sverige. Den svenske kongen Karl Johan, som også var konge i Norge fra 1818 til 1844, likte ikke at det norske folk feiret minnet om eidsvollsverket. Han trodde at folk feiret valget av Christian Fredrik til konge og således kritiserte ham selv. Feiringen begynte i private former i Trondheim få år etter 1814, men feiringen vokste, og allerede tiårsdagen fikk et halvoffisielt preg, særlig i hovedstaden som den gang het Christiania. Myndighetenes motstand mot feiringen kulminerte i det såkalte "Torvslaget"[8] i Christiania i 1829. Den 17. mai dette året hilste en jublende folkemengde Norges første dampskip "Constitutionen" velkommen. Etterpå samlet folkemengden seg på Stortorvet, og myndighetene, som fryktet demonstrasjoner og oppløp, sendte soldater mot folkemengden. Forbitrelsen over dette ble så stor at kongen måtte oppgi all motstand mot feiringen av dagen.

175

180

185

Det første store navn som er knyttet til 17. maifeiringen er dikteren Henrik Wergeland (1808–1845). For folk flest i Norge står han som innstifter og inspirator for dagen, og ropet,

190

"Hurra for han
som innstifta da'n"[9]

gjelder Wergeland. Hans far var eidsvollsmann, og Wergeland var selv en glødende patriot, og, siden han kom fra Eidsvoll, betraktet han grunnloven som sin 6 år yngre bror.

195

Feiringen av dagen startet med at noen eidsvollsmenn møttes privat, men den fikk snart et mer offisielt preg gjennom taler og borgertog, dikt og sanger. På grunnlovens 50-årsdag, den 17. mai 1864, ble "Ja, vi elsker dette landet" av Bjørnstjerne Bjørnson og Richard Nordraak innviet som fedrelandssang. Den ble sunget offentlig første gang på Eidsvoll, og seinere på dagen ble den presentert på Universitetsplassen i Christiania.

200

Bjørnstjerne Bjørnson (1832–1910), dikter og folketaler, har mer av æren for feiringen av 17. mai enn folk flest er klar over. Ikke nok med at han skrev fedrelandssangen, han var også den utretteligste[10] og største 17. mai-taler Norge har hatt. Men hans bidrag er faktisk enda større: Det er han som har æren for at

205

8. *torv*=torg (jf. have=hage, farve=farge, mave=mage)
9. *innstifta da'n=innstiftet dagen*
10. *trett*=trøtt

dagen feires på sin spesielt norske måte. I 1870 organiserte han det første barnetoget, og dermed hadde dagen fått det spesielle preg som nordmenn ser på som den egentlige feiring. Han gjorde denne frihetens og vårens festdag om til en feiring av de byggende og framtidige krefter i samfunnet: 17. mai ble en frihetens og vårens og barnas og ungdommens festdag. Barnetoget er dagens sentrale begivenhet, og helt siden 1906 har kongefamilien hilst barnetoget fra slottsbalkongen i Oslo. Hver skole har sitt musikk-korps, flaggene vaier i vinden, hurra-ropene runger, og rødt, hvitt og blått er å se overalt. Alle er kledd til fest, og nordmennene, som vanligvis er så tilbakeholdne, slipper seg litt løs i gleden over våren og fridagen og friheten. 210 215 220

Et tredje navn må nevnes i forbindelse med 17. mai: Fridtjov Nansen (1861–1930), vitenskapsmann, oppdagelsesreisende, humanist og politiker. I 1905 holdt han 17. mai-talen i Christiania, og hans ord var en gjenklang av den nasjonale stemning da han oppfordret folket til å vise "mot og handling," bare tre uker før unionsoppløsningen med Sverige var et faktum. Om Nansen sa Bjørnson: "Jeg har skrevet 'ja, vi elsker,' men han har levet[11] den." 17. mai 1930 ble Nansen begravet. 225

Under den tyske okkupasjonen var det forbudt å feire 17. mai, og derfor ble 17. mai 1945, bare ni dager etter frigjøringen, en festdag uten like. Feiringen hadde fått nytt innhold fordi landet hadde gjenvunnet sin frihet. 230

Hvert år feires 17. mai i Norge. Gløden og interessen er nok mindre enn like etter krigen, men ideene er de samme. 17. mai er fremdeles Norges festdag nummer én. 235

11. *levet*=levd

MER OM FORSTAVELSER OG ENDINGER (*forstatt fra 24. kappittel*):

I. Forstavelser

mot-
motstand=mot + stand
å motarbeide
u-
utretteligst=u + å trette + lig + st
uavhengig
under-
å undertegne=under + å tegne
å underskrive
undervannsbåt
sam-
samtidig=sam + tid + ig
samtale
å samarbeide
gjen-
gjenklang=gjen + klang
å gjenvinne
gjenoppbygging
om-
å omgi=om + å gi
omvisning
etter-
etternavn=etter + navn
ettermiddag
for-
formiddag=for + middag
fornavn
forrett
fri-
frigjøring=fri + å gjøre + ing
fridag
frihet
friluft
å frifinne

II. Endinger

-het
arbeidsløshet=arbeid + s + løs + het
hellighet
avhengighet
uavhengighet
myndighet
frihet
nyhet
sannhet
-else
opplevelse=å oppleve + else
fornøyelse
forbitrelse
oppdagelse
vielse
-lig
utrettelig=u + å trette + lig
vennlig
offentlig
farlig
naturlig
lykkelig
-ig
framtidig=fram + tid + ig
samtidig
ivrig
enig
-vis
vanligvis=vanlig + vis
delvis
-løs
arbeidsløs=arbeid + s + løs
sorgløs

-ing
feiring=å feire + ing
samling
forsamling
erklaring
ending
værmelding
oppløsning
handling
frigjøring
smøring
-dom
kristendom=kristen + dom
ungdom
sykdom
barndom
fridom

"Alt har en ende, Gud gi jeg ingen hadde," sa gutten, han skulle ha ris.

ORD
Fra 28. kapittel

Substantiver

(en) adel
(en) arbeidsløshet
en fallskjerm
en festning
en forundring
(en) geistlighet
en helgen
(en) hellighet
en herre
en jernbane
en kamp
en klasseforstander
en kommandant
en konflikt

(en) kristendom
en mangel
en masse
en munk
en oversikt
en saga
en sammenheng
en skjegg
en stemmerett
en svein
en tegning
en undergrunnsbevegelse
en utvandringsbølge

ei flis
(ei) luft

et forslag
et gevær
et handelskip
et hensyn
et kvartal
et rike
et slag
et vikingtokt
et årstall

Navn
Island
Norden

Verb
å angre (-et, -et)
å bombe (-et, -et)
å brenne – brente – har brent
å dø – døde – har dødd
å forklare (-te, -t)
å forhandle (-et, -et)
å grøsse (-et, -et)
å heve (-de, -d)
å hoppe (-et, -et)
å innføre (-te, -t)
å lure (-te, -t)
å lære (-te, -t)
å løpe – løp – har løpt
å okkupere (-te, -t)
å oppdage (-et, -et)
å oppløse (-te, -t)
å overdrive – overdrev
  – har overdrevet
å overfalle – overfalt
  – har overfalt
å overgi – overgav
  – har overgitt
å senke (-et, -et)
å skyte – skjøt – har skutt
å slåss – sloss – har slåss
å sprenge (-te, -t)
å tape (-te, -t)
å undervise (-te, -t)
å utdanne (-et, -et)

Adjektiv
alle tiders (--, --)
alminnelig (--, -e)
begeistret (--, -e)
dristig (--, -e)
entusiastisk (--, -e)
ergerlig (--, -e)
forberedt (--, -e)
hard (-t, -e)
illustrert (--, -e)
kristen – kristent – kristne
kulturell – kulturelt
  – kulturelle
nordisk (--, -e)
nøytral (-t, -e)
selvstendig (--, -e)
spennende (--, --)

Faste uttrykk
rundt kvartalet
å heve stemmen
å overgi seg
å sprenge (noe) i lufta
å utdanne seg til
å forene seg med
å stille seg opp
det høres (interessant) ut /
  det høres ut som
å ta hensyn til
å være forberedt på (noe)
alminnelig stemmerett
det finnes
i mellomtiden
å gi seg
å gi fra seg

TILLEGG

MORFAR: *Bilde av en utvandrer*

Morfar lever ikke nå, dessverre. Han døde i fjor, 92 år gammel, men han er allikevel levende for meg ennå. Jeg skal aldri glemme ham.

Morfar skrev dagbok. Jeg har dagboka hans her, og på en måte møter jeg ham igjen i den. Du kjenner ham ikke, men dagboka forteller deg litt om ham. Den forteller om livet til en utvandrer. Den er ikke bare *om* familien, den er *for* familien. Og den er for alle.

Her er et utdrag av dagboka:

Den *3. august 1891*. I dag kom jeg til Amerika. Jeg er alene. Familien er ennå i Norge. Hvordan går det med dem uten meg? Har de det bra?

Den *10. oktober 1891*. Jeg arbeider på en båt på Superior, arbeider dag og natt. Jeg trenger penger til en gård.

Den *5. mars 1892*. Jeg ser på en gård nå. Den koster kanskje ikke så mye, men det er mange penger for meg. Penger er et problem: Kona trenger penger til barna i Norge, og jeg trenger penger til en gård her . . .

Den *11. april 1892*. Brev fra Norge i dag! Alle har det bra. Arne er ett år i dag, han går kanskje allerede. Broren min hjelper dem for meg. Han var kanskje der i dag.

Den *2. mai 1892*. Jeg har kjøpt en gård! Den er i Wisconsin og har et fjøs, en låve og et våningshus. Våningshuset har ett rom i første etasje og to rom i andre. Gården koster mange penger, men nå er den min. 135 "acres." Familien kommer snart, kona og alle barna.

Den *27. juli 1892*. Hveten vokser. Potetene også. Jeg har snart mat nok til familien. Det er stille på gården.

Den *30. september 1892*. Snart kommer familien. Om kvelden går jeg omkring i huset og venter. Vi har bare to senger til fem barn. En stol og ett bord i første etasje. En langbenk langs hele vestveggen. Jeg har mat og hus til familien.

Den *3. oktober 1892*. De har ikke kommet ennå.

Den *10. oktober 1892*. Nå er de her. De kom i går. Huset lever, gården lever. Barna føler seg hjemme allerede. De ser på huset, på kuene i fjøset, på hveten, på potetene. Kona og jeg går omkring på gården. Vi er sammen igjen.

Den *17. oktober 1892*. Finn hjelper meg på gården. Han er fjorten år gammel nå. En bonde trenger barn; de hjelper ham på gården. Anne melker kuene, og Ingrid steller også dyrene. Barna sover nå. De liker seg her. Det gjør kona mi også.

Den *15. januar 1894*. Vi har nesten ikke mat og vi har ingen penger. Det står bare ei ku på fjøset. Den gir nesten ikke melk. Vi lever, men vi trenger hjelp.

Den *1. februar 1894*. Det er sorg i huset. Liv døde i går. Hun var bare fire år gammel.

Den *7. februar 1894*. Det kom hjelp. Den var velkommen.

Den *24. mai 1895*. Vi har nok senger nå. Dessuten har vi to stoler til og fire bøker. En familie har nettopp kommet fra Norge, de bor i nærheten. Vi besøker dem ofte. De har mye å fortelle hjemmefra. Barna er ofte hos vennene sine der.

Den *13. oktober 1895*. Finn, Anne og Ingrid er på skolen nå. Der lærer de engelsk. Kona og jeg snakker bare norsk. Barna bruker engelsk i timene, men de snakker norsk sammen ute. Vi snakker bare norsk her hjemme hos oss.

Den *17. oktober 1895*. Finn liker seg ikke på skolen. Han liker ikke engelsk, han forstår bare litt av det. Men vi er ikke i Norge nå.

Den *7. juni 1896.* Vi har mange dyr nå: fem kuer, én hest og fire griser. Vi dyrker høy og hvete og litt havre. Det går bra for oss her på farmen.

Den *6. juli 1896.* Familien drikker kaffe. Barna drikker melk, kona og jeg drikker kaffe. Finn liker også kaffe. Han er nesten en mann allerede.

Den *3. september 1896.* Vi har smør til brødet nå. Vi selger kanskje gården og flytter lenger vest. Det er bra land å få der . . .

Den *24. mars 1897.* Vi venter et barn til. Kona sitter mye inne. Barnet er her snart. Guttene ønsker seg en bror, jentene ønsker seg en søster.

Den *4. april 1897.* Det kom brev fra Norge i dag. Broren min har foreldregården alene nå, far døde i vinter. Kona skal arve gården etter foreldrene sine. Kanskje reiser vi til Norge når hun arver gården. Eller kanskje reiser Finn.

Den *7. april 1897.* Det kom en datter i natt. Vi kaller henne Vesla. Det er i orden med ei jente, sier guttene.

Den *6. november 1897.* Gården i Norge venter på oss. Vi liker oss her, men vi er fra Norge. Barna har venner her, de snakker bra engelsk nå, de liker seg. Men en gård i Norge . . .?

Den *10. desember 1897.* Vesla er døpt nå. Hun heter Karen.

Den *24. desember 1897.* Finn reiser ikke til Norge. Ikke vi heller. Vi bor i Amerika nå—for godt.

JUL I NORGE

Den hvite snøen faller. Den legger seg på den harde marka og dekker veier, gater, jorder, hus og trær. Det er jul, hvit jul i Norge. 1

Klokka er fem på julaften. Kirkeklokkene ringer julen inn over hele landet. Mange har allerede vært i kirken og hørt juleevangeliet. Julen er en høytid for barna og familien. 5

Klokka er seks. Familien er sammen i stua. De har spist risengrynsgrauten allerede. Nå går de rundt juletreet. De holder hverandre i hendene og synger julesanger. De begynner alltid med å synge "Du grønne, glitrende tre, god dag . . ." Alle synger. De fortsetter med "Glade jul, hellige jul." 10

Under juletreet ligger gavene. Alle skal snart få gaver. Barna har nesten ikke spist på grunn av spenningen og ventingen. De kan nesten ikke vente lenger. De vil gjerne åpne gavene med en gang. Men familien synger flere sanger, og de fortsetter å gå rundt juletreet. De synger "O jul med din glede": 15

Vi klapper i hendene,
vi synger og vi ler,
så glad' er vi, så glad' er vi,
vi svinger oss i kretsen 20
og neier og bukker.

Og de klapper i hendene, og de neier og de bukker. Men øynene venter, og tankene går til gavene. "Får jeg nye ski i år, tro?" tenker en. "Jeg får sikkert bare undertøy av foreldrene mine," tenker en annen. "Far blir sikkert glad for slipset fra meg. Han ønsket seg et nytt slips til jul." 25

Og familien synger "Et barn er født i Bethlehem."

Til slutt setter foreldrene seg. Eldste-barnet deler ut gavene og leser høyt: "Til mor fra far."

Alle har fått gaver. De begynner å åpne dem. "Se de flotte skiene! Takk skal dere ha, mor og far!" "Se hva jeg fikk! Nye hansker!" "Takk for slipset, gutten min. Akkurat det jeg ønsket meg!" 30

Alle er glade og fornøyde.

Stillheten senker seg over stua. Noen leker med en ny og 35

fargerik lek, noen leser ei ny og spennende bok, og noen prater sammen.

Det har vært en god julekveld.

NOEN DATOER I JULEN OG HVA DE HETER:

den 23. desember—**lille julaften**
den 24. desember—**julaften**
den 25. desember—**første juledag**
den 26. desember—**annen juledag**
dagene mellom 27. og 31. desember — **romjul.**
den 31. desember—**nyttårsaften**
den 1. januar—**nyttårsdag**

FOLK SIER: GOD JUL (eller GLEDELIG JUL)
og
GODT NYTT ÅR!

VI LAGER MAT TIL JUL:

Risengrynsgraut

2 liter melk
375 gram risengryn
3 ts. smør
salt
sukker

Hell kokende vann over grynene et par ganger.
Dryss grynene i når melken koker.
Kok ca. 3/4 time.

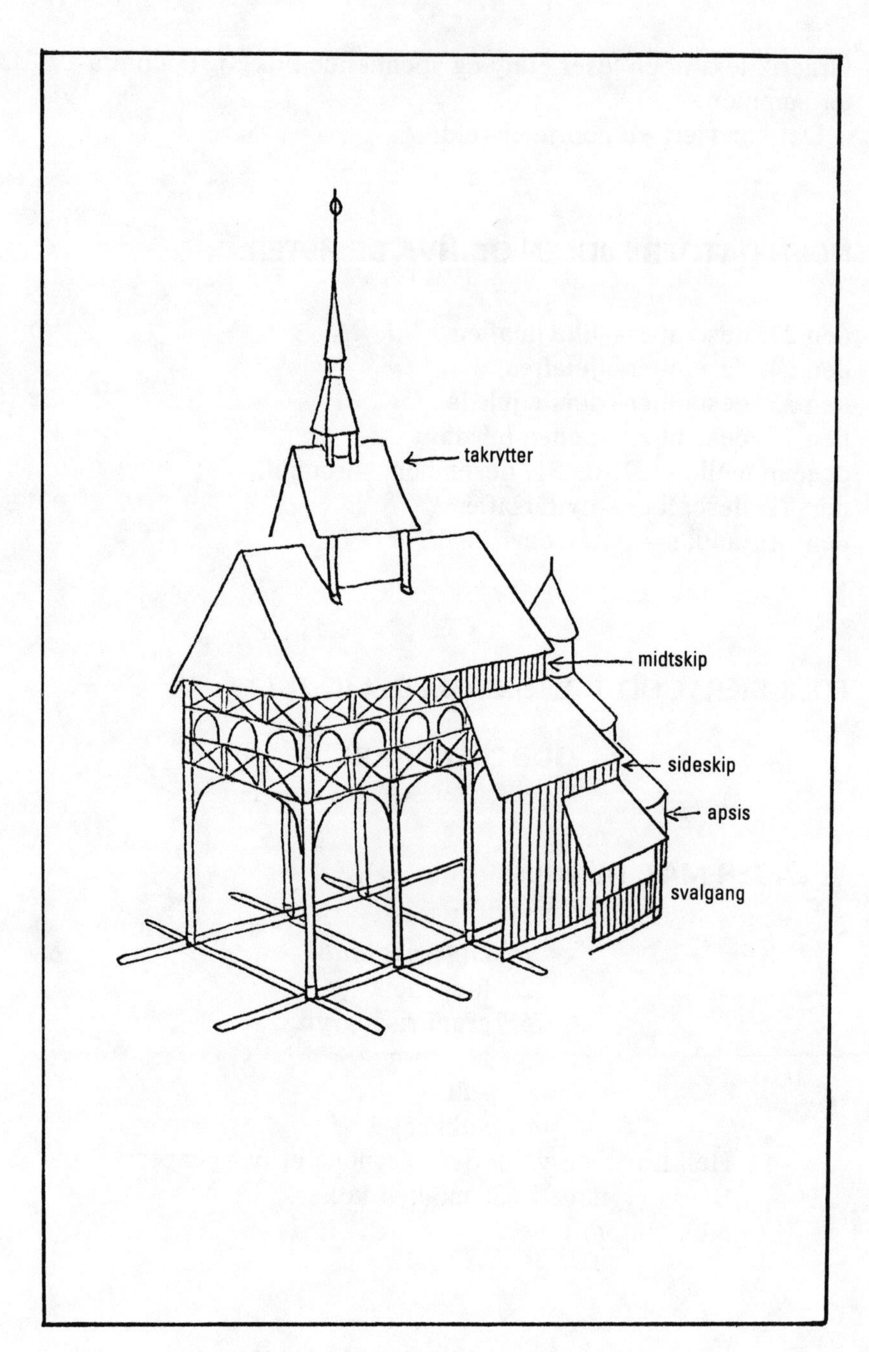

Stavkirkenes konstruksjon

KUNST OG BRUKSKUNST I NORGE:

STAVKIRKENE

Da kristendommen kom til Norge i det ellevte århundre, kom også behovet for en ny og monumental kunst. I begynnelsen var innflytelsen fra europeiske steinkirker stor, men etter hvert begynte nordmennene å utnytte sitt eget materiale — tre. Resultatet av dette ble det viktigste minnesmerket fra norsk middelalderkunst — stavkirkene. I det tolvte og trettende århundre ble det bygget nærmere 800 stavkirker i Norge. I dag er det bare ca. 25 av dem igjen, og de fleste av dem er ombygget.

Stavkirken kan virke som et overdådig kunstverk med alle takene, men formen er et resultat av dens spesielle konstruksjon. Kirkenes bærende element er tresøylene som bærer midtskipet og deler midtskip og sideskip, i tillegg til de mektige hjørnestavene i sideskipene.

Det er i alt fire tak i forskjellige høyder på stavkirken. Ytterst er det et tak som dekker svalgangen, en halvåpen gangvei rundt kirken. Så kommer taket på sideskipene. Deretter taket på midtskipet. Og øverst er det en liten bygning som kalles takrytteren. Den er bare til pynt, ikke et klokketårn som en kunne tro. Klokketårnet var en bygning for seg selv et lite stykke fra kirken. Hele bygningen er av tre.

Stavkirkene ble ofte bygget der de hedenske hov hadde stått da disse ble fjernet ved innføringen av kristendommen. Og i kirkenes utsmykning ser man en underlig blanding av hedenske og kristne motiver.

Det hedenske symbolet — dragen — ble overført til kristen symbolikk, og hver gavl ble pyntet med et dragehode for å verne kirken mot onde makter. Vi kan også finne portaler med dyrekampmotiv som har lite å gjøre med kristen symbolikk.

Inne i den mørke kirken finner vi også utsmykning. Søylene har fint utskårne kapiteler, i noen kirker finnes innrissede tegninger, og en kan også regne med at det har vært skulpturer og vevde veggtepper.

ROSEMALING

Fra Europa kom barokken til Norge på slutten av
1600-tallet. Det nye dekorative motivet, akantusranken, viste 35
seg først som dekor i kirker og rike borgerhjem i handelsbyene
der kontakten med Europa var størst. Men denne impulsen slo
rot i bondekunsten og har preget den helt fram til våre dager.

Rosemalingen som folkekunst ble først utbredt i Telemark
og Hallingdal. Siden spredte den seg utover det meste av 40
Sør-Norge. Stilen er ikke den samme overalt. Hvert område
har sin egen variant i utføring, emnevalg og farger. Spesielt
varierer bunnfargen fra sted til sted.

Det var lokale malere i hver bygd som mer eller mindre
livnærte seg av å male. De har også til en viss grad reist rundt, 45
noe vi kan se på utbredelsen av de forskjellige typer dekor.

Til å begynne med ble rosemalingen brukt til å dekorere
kirkene rundt om på landsbygda. Men snart begynte man å
dekorere bruksgjenstander på gårdene, som f. eks. ølboller,
skjenkekar, fat, esker o.l. — ting som ble tatt fram når det 50
kom gjester.

Spesielt var ølbollen viktig ved festlige sammenkomster.
Den ble fylt til randen av hjemmelaget øl, så gikk den rundt
bordet fra mann til mann og alle tok en slurk, og når den ble
tom, fylte verten den igjen. Ølbollen er fremdeles i bruk noen 55
steder på landsbygda, særlig ved store fester.

Ølbollen er dekorert på innsiden og har vanligvis en
inskripsjon langs kanten — ofte et sitat fra Bibelen. På bollen
er det ofte en dato og eierens initialer.

Etter gjenstandene kom turen til møblene. Den hvitskurte 60
kista og skapet ble malt, og noen ganger ble senga dekorert
også. Mest vanlig var det kanskje å rosemale kister, noe som
fantes i hvert hjem. De unge jentene fikk tidlig en kiste der de
samlet utstyr til ekteskapet, og når de forlot hjemmet, tok de
kista med seg og gav den ofte hedersplassen i sin egen stue. 65

De fleste kistene hadde bare plantemotiv, men noen hadde
figur-scener som ble populært på 1800-tallet. Felles for alle var
eierens navn, initialer eller dato, vanligvis på forsiden av
kista.

Noen hus ble også dekorert innvendig med rosemalte 70

vegger og tak, men det var bare de aller rikeste som hadde råd til å gjøre det. Veggene kunne ha blomsterdekor eller figur-scener — ofte portrett av bonden selv og kona.

EDVARD MUNCH (1863–1944)

I moderne tid er det særlig én norsk kunstner som er verdenskjent. Det er maleren Edvard Munch. Han ble født i 1863 og vokste opp i Christiania. Han begynte på tekniske studier der, men sluttet etter en stund og begynte på tegneskolen. 75

En av Munchs første lærere var maleren Christian Krohg, en meget kjent naturalist, og Munchs første bilder er naturlig nok preget av dette bekjentskapet. Munch ble imidlertid mindre og mindre tilfreds med naturalismens objektive gjengivelse av virkeligheten. Han mente at kunsten skulle være noe mer enn det. 80

Etter noen besøk i Paris gikk han over til en impresjonistisk stil influert av fransk malerkunst. Men selv om impresjonismen skiller seg svært fra naturalismen, var den likevel en gjengivelse av ytre synsinntrykk. Men Munch ville skildre følelseslivet ved hjelp av form og farge, og det var her han brøt vei for en ny kunstretning — ekspresjonismen. Han skrev i sin dagbok: "Jeg maler ikke det jeg ser — men det jeg så"; og "Det skal ikke males interiører og folk som leser og kvinner som strikker. Det skal være levende mennesker som puster og føler, lider og elsker. Jeg skal male en rekke slike bilder. Folk skal forstå det hellige ved det, og de skal ta hatten av som i en kirke." Han forlot dagslyset og gikk over til mørkere farger og større fargeflater, men enda viktigere var linjen som ble det følelsesbærende element i kunsten hans. Et godt eksempel er det kjente maleriet "Skriket" der de urolige, bølgende linjene bidrar til å understreke angsten som dette bildet uttrykker. 85 90 95 100

Edvard Munch var særlig opptatt av død og erotikk, og disse motivene har han skildret gang på gang. En samling malerier fra 90-årene med disse temaene kalte han "Livsfrisen." Det er 22 bilder i alt. 105

Mot slutten av hans liv ble Munchs kunst mer monumental, og et fint eksempel kan sees i Universitetets aula i Oslo. Munch vant konkurransen om utsmykningen i 1914 og laget de første moderne veggdekorasjonene i Norge. Han brukte ideen om livsfrisen også her og skildret på en dekorativ måte livet 110 fra fødsel til død.

Munch var en svært energisk kunstner. I tillegg til alle maleriene laget han utallige grafiske arbeider. Spesielt passet tresnittet utmerket godt til den enkle stilen han utviklet. Mange beundrer Munchs grafikk mer enn maleriene hans. 115

GUSTAV VIGELAND (1869–1943)

Gustav Vigeland er det store norske navn blant billedhoggerne. Han gjennomgikk den samme utviklingen som Munch for å finne sin personlige uttrykksform. Han ville skildre det indre menneske i portrettene sine, og derfor varierer uttrykksformen fra klassisk enkelhet til 120 impresjonistisk røffhet avhengig av hvilken sinnsstemning han skildret. Og som Munch var Vigeland opptatt av ideer som liv og død, og de fleste verkene behandler disse temaene.

Vigelands produksjon var stor, og han trengte stor arbeidsplass. I 1906 la han fram et forslag for Oslo kommune 125 som gikk ut på at hvis de gav ham et stort atelier, ville han forære kommunen alt han kom til å lage i årene framover. Resultatet ble Vigelandsparken — et kjempestort parkanlegg i Oslo fylt med skulpturer. Noen av skulpturene er i granitt, andre er i bronse. Dette verket er på en måte Vigelands 130 livsfrise, en fortelling om livet fra begynnelse til slutt.

Vigelandsparken er naturlig nok en av severdighetene i Oslo, men de vakreste eksempler på hans kunst finner vi kanskje i museet som ligger like ved parken og som er vel verdt å besøke. 135

GRAMMATISK OVERSIKT
(SHORT GRAMMAR SUMMARY)

The following attempts to summarize some of the key points of grammar presented in the text. Readers desiring a more thorough treatment are referred to Bjarne Berulfsen, *Norwegian Grammar*. Oslo: Aschehoug, 1971, or Åse-Berit og Rolf Strandskogen, *Norsk grammatikk for utlendinger*. Oslo: Gyldendal, 1980.

I. NOUNS (*SUBSTANTIVER*)

A. Gender

There are three genders in Norwegian:

Masculine (**en** nouns)
Feminine (**ei** nouns)
Neuter (**et** nouns)

B. Articles and endings

The *singular indefinite* articles ("a," "an") are **en, ei**, and **et**.
The *singular definite* article is formed by suffixing **-en, -a** and **-et** respectively, to masculine, feminine, and neuter nouns. These are referred to as *post-positive* definite articles.
The *plural indefinite* ending of most nouns is **-er**.
The *plural definite* ending is **-ene**:

	singular **(entall)**	*plural* **(flertall)**
indefinite **(ubestemt)**	**en gutt** (a boy)	**gutter** (boys)
definite **(bestemt)**	**gutten** (the boy)	**guttene** (the boys)
	ei dør (a door)	**dører** (doors)
	døra (the door)	**dørene** (the doors)
	et bilde (a picture)	**bilder** (pictures)
	bildet (the picture)	**bildene** (the pictures)

C. Some modifications of the general rules

1. Most *one syllable* **et** nouns and their compounds take no ending in the plural indefinite form; they *do* take the usual definite plural ending:

et bord (a table)	**bord** (tables)
bordet (the table)	**bordene** (the tables)
et skrivebord (a desk)	**skrivebord** (desks)
skrivebordet (the desk)	**skrivebordene** (the desks)

2. Nouns ending in an *unaccented* **-el** or **-er** drop the **e** in the plural indefinite and definite forms. A double consonant preceding the **-er** or **-el** is reduced to a single one when this happens:

en onkel	**onkler**	**en gaffel**	**gafler**
onkelen	**onklene**	**gaffelen**	**gaflene**
en vinter	**vintrer**	**en sommer**	**somrer**
vinteren	**vintrene**	**sommeren**	**somrene**

3. Nouns ending in an unstressed **-er** denoting *profession* or *nationality* form the indefinite plural by adding **-e** and the definite plural by adding **-ne**:

en lærer	**lærere**	**en bergenser**	**bergensere**
læreren	**lærerne**	**bergenseren**	**bergenserne**

4. Neuter nouns ending in **-ium** or **-eum** in the indefinite singular often lose the **-um** before adding the usual endings in the remainder of the forms:

et museum	**museer**	**et akvarium**	**akvarier**
museet	**museene**	**akvariet**	**akvariene**

5. Words ending in a single *-m* preceded by a short vowel double the *-m* when an ending beginning with a vowel is added:

et program	**programmer**	**et medlem**	**medlemmer**
programmet	**programmene**	**medlemmet**	**medlemmene**

But:

et system	**systemer**	**et problem**	**problemer**
systemet	**systemene**	**problemet**	**problemene**

D. Some nouns with irregular plural forms

singular		plural	
indefinite	*definite*	*indefinite*	*definite*
ei bok	boka	bøker	bøkene
en fot	foten	føtter	føttene
en bonde	bonden	bønder	bøndene
en mann	mannen	menn	mennene
en nordmann	nordmannen	nordmenn	nordmennene
--	--	klær	klærne
et kne	kneet	knær	knærne
ei tå	tåa	tær	tærne
en mor	moren	mødre	mødrene
en bror	broren	brødre	brødrene
en far	faren	fedre	fedrene
en datter	datteren	døtre	døtrene
en søster	søsteren	søstre	søstrene
et teater	teatret	teatre	teatrene
et barn	barnet	barn	barna
et bein	beinet	bein	beina
en natt	natten	netter	nettene
ei strand	stranda	strender	strendene
en hånd	hånden	hender	hendene
en kraft	kraften	krefter	kreftene
en sko	skoen	sko	skoene
en ting	tingen	ting	tingene
ei ski	skia	ski	skiene
et sted	stedet	steder	stedene
et øye	øyet	øyne	øynene
en genser	genseren	gensere	genserne

E. The possessive form of nouns and names

The possessive of nouns and proper names may be formed in two ways:

(1) by adding **-s** (but no apostrophe) to the noun or name and following it with the *indefinite* form of the object possessed:

guttens værelse	(the boy's room)
Sveins bok	(Svein's book)
lærerens stol	(the teacher's chair)
studentenes bøker	(the students' books)

(2) by following the *definite* form of the object owned with a prepositional phrase, usually **til** plus the owner:

værelset til gutten	(the boy's room)
boka til Svein	(Svein's book)
stolen til læreren	(the teacher's chair)
bøkene til studentene	(the students' books)

F. Omission of the indefinite article

1. The indefinite article is omitted with *occupations* and *nationalities* in phrases of the type: He/She is a ________:

Han er lærer.	**Hun er journalist.**
(He is a teacher.)	(She is a journalist.)

Er du nordmann? (Are you a Norwegian?)

If an adjective is present, however, the article is used:

Han er en god lærer.	**Hun er en berømt journalist.**
(He is a good teacher.)	(She is a famous journalist.)

2. The indefinite article is frequently omitted when the stress is on the *general action* rather than on a particular noun:

Kjører du bil?	**Vi spiser ofte på restaurant.**
(Do you drive a car?)	(We often eat at a restaurant.)

Jeg skriver brev til ham nå.
(I'm writing a letter to him now.)

II. PERSONAL PRONOUNS (*PERSONLIGE PRONOMENER*)

A. Subject and object forms (*Subjekt og objekt*)

Singular

	subject	*object*
1st person:	**jeg** (I)	**meg** (me)
2nd person:	**du** (you)	**deg** (you)
	De (you, formal)	**Dem** (you, formal)
3rd person:	**han** (he)	**ham** (him)
	hun (she)	**henne** (her)
	den / det (it)	**den / det** (it)

Plural

subject	*object*
vi (we)	**oss** (us)
dere (you)	**dere** (you)
de (they)	**dem** (them)

1. *You:* Note that **du** may be used only when singular "you" is the *subject* of the sentence. **Deg** is the object form. **Dere** is used when addressing more than one person. The form **De/Dem** is rapidly disappearing from the language.
2. *It:* **Det** is used for all genders in both singular and plural when the noun is mentioned by name in the clause in which the word "it" appears. **Den** is used when referring to an **en** or **ei** noun that is not mentioned in the clause in which it occurs:

Vi så filmen.
(We saw the film.)

Den var om Norge.
(It was about Norway.)

Det var en god film.
(It was a good film.)

Jeg ligger på senga. (I am lying on the bed.)	**Den står ved vinduet.** (It stands by the window.) **Det er senga til Svein.** (It is Svein's bed.)
Han skriver brevet. (He is writing the letter.)	**Det er på norsk.** (It is in Norwegian.) **Det er et norsk brev.** (It is a Norwegian letter.)
Han skriver brevene. (He is writing the letters.)	**De er på norsk.** (They are in Norwegian.) **Det er norske brev.** (They are Norwegian letters.)

3. In addition to meaning "it is," **det er** may mean:

"that is" (when **det** is stressed):	**Det** er et vindu. (That is a window.)
"there is":	**Det er et vindu i klasseværelset.** (There is a window in the class room.)
"there are":	**Det er fire vinduer i klasseværelset.** (There are four windows in the class room.)

B. Reflexive pronouns (*Refleksive pronomener*)

	singular	*plural*
1st person	**Jeg vasker meg.** (I wash myself.)	**Vi vasker oss.** (We wash ourselves.)
2nd person	**Du vasker deg.** **De vasker Dem.**—formal (You wash yourself.)	**Dere vasker dere.** (You wash yourselves.)
3rd person	**Han vasker seg.** (He washes himself.) **Hun vasker seg.** (She washes herself.) **Den/Det vasker seg.** (It washes itself.)	**De vasker seg.** (They wash themselves.)

1. Note that the object and reflexive forms are identical for all except the 3rd person where **seg** may mean "himself," "herself," "itself," or "themselves" depending on the subject of the clause in which it appears.

2. There are many verbs that are reflexive in Norwegian but not necessarily in English. Some examples are as follows:
   å vaske seg — to wash
   å like seg — to like it, enjoy oneself
   å legge seg — to lie down; go to bed
   å reise seg — to stand up
   å forsyne seg — to help oneself (to food)
   å føle seg — to feel
   å sette seg — to sit down
   å glede seg — to look forward to
   å kose seg — to enjoy oneself, feel delight
   å skynde seg — to hurry
   å gifte seg — to get married

C. Possessive pronouns (*Eiendomspronomener*)

1. *Forms*

Singular		*en*	*ei*	*et*	*plural*
1st person	(my)	**min**	**mi**	**mitt**	**mine**
2nd person	(your)	**din**	**di**	**ditt**	**dine**
	(your—formal)	**Deres**	**Deres**	**Deres**	**Deres**
3rd person	(his)	**hans**	**hans**	**hans**	**hans**
	(her)	**hennes**	**hennes**	**hennes**	**hennes**
	(its)	**dens/dets**	**dens/dets**	**dens/dets**	**dens/dets**
Plural					
1st person	(our)	**vår**	**vår**	**vårt**	**våre**
2nd person	(your)	**deres**	**deres**	**deres**	**deres**
3rd person	(their)	**deres**	**deres**	**deres**	**deres**

2. *Formation of the possessive construction*
   The possessive construction may be formed in two ways:
   (1) By following the *definite* form of the object owned with the possessive pronoun:

værelset mitt	(my room)
boka hans	(his book)
stolen min	(my chair)
brevene våre	(our letters)

   This is the most commoly used form.
   (2) By placing the possessive pronoun before the *indefinite* form of the object owned:

mitt værelse	(my room)
hans bok	(his book)
min stol	(my chair)
våre brev	(our letters)

This form tends to be used when stressing ownership and when dealing with abstract concepts:
Dette er ikke *din* stol, den er *min*.
(This is not your chair, it is mine.)
Vi lærte om byen og dens historie.
(We learned about the town and its history.)

D. Reflexive possessive

The reflexive possessive form is used when the subject owns the object(s):

Jeg har pennen min, boka mi, kartet mitt og pengene mine her.
Du har pennen din, boka di, kartet ditt og pengene dine her.
De har pennen Deres, boka Deres, kartet Deres og pengene Deres her.

Han har pennen sin, boka si, kartet sitt og pengene sine her.
Hun har pennen sin, boka si, kartet sitt og pengene sine her.

Vi har pennen vår, boka vår, kartet vårt og pengene våre her.
Dere har pennen deres, boka deres, kartet deres, og pengene deres her.
De har pennen sin, boka si, kartet sitt og pengene sine her.

Note that the reflexive possessive is identical with the regular possessive in all except the 3rd person. Thus **sin — si — sitt — sine** may mean "his," "her," "its," or "their" depending on the subject of the clause in which it occurs. The form used is determined by the gender and number of the object owned:

Hun
Han sitter i stua si med barna sine og snakker om huset sitt.
De

Depending on the subject chosen, this sentence means one of the following:

She is sitting in her living room with her children talking about her house.
He is sitting in his living room with his children talking about his house.
They are sitting in their living room with their children talking about their house.

III. OTHER PRONOUNS

A. Demonstrative pronouns (*Påpekende pronomener*)

	en nouns	et nouns
Singular:	**den** (that)	**det** (that)
	denne (this)	**dette** (this)
Plural:	**de** (those)	**de** (those)
	disse (these)	**disse** (these)

1. The noun immediately following a demonstrative is in the definite form:

den stolen	(that chair)	**denne stolen**	(this chair)
det bildet	(that picture)	**dette bildet**	(this picture)
de stolene	(those chairs)	**disse bildene**	(these pictures)

2. When demonstratives are being used to indicate objects immediately following a form of the verb **å være**, the **et** form of the demonstrative is used regardless of the gender or number of the noun:

Dette er en fin bil.	(This is a fine car.)
Det er vår datter.	(That is our daughter.)
Det er gode barn.	(Those are good children.)

B. The relative pronoun "som"

Som may mean "who," "whom," "which," "that," or "as" (conjunction):
Jeg har en bror som bor i USA.
(I have a brother who lives in the U.S.)
Det er mannen (som) jeg så i går.
(That is the man (whom) I saw yesterday.)
Fløybanen er et lite tog som går til toppen av fjellet.
(Fløybanen is a little train which goes to the top of the mountain.)
Det er noe (som) han har gjort.
(That is something that he has done.)
Dette fjellet er ikke så høyt som det andre. (*conjunction*)
(This mountain is not as tall as the other one.)

1. Note that *som* may be omitted when it is not the subject of its clause (as in the second and fourth examples.)

2. Do not confuse the relative pronoun *som* (that) with the conjunction *at* (that):
   Jeg tror *at* dette er toget *som* går til toppen av fjellet.
   (I think *that* this is the train *that* goes to the top of the mountain.)
   Rule of thumb: *Som* will usually follow a noun or pronoun; *at* will usually follow a verb.

C. Indefinite pronouns (*Ubestemte pronomener*)

man, en — one, a person
  Man **vet aldri hvordan det skal gå.**
  (One never knows how it will go.)
  En **kan reise på mange måter i Norge.**
  (One can travel in many ways in Norway.)
noen — someone, anyone, (somebody, anybody)
  Kjenner du ***noen*** **som kommer fra Norge?**
  (Do you know anyone who comes from Norway?)
  Noen **har vært her.**
  (Someone has been here.)

noe — something, anything

Har du lyst på *noe* å spise?
(Do you want something to eat?)

ingen — nobody, no one

Det var *ingen* der jeg kjente.
(There was no one there I knew.)

ikke noe — nothing

Han sa *ikke noe* før han gikk.
(He said nothing before he left.)

mange — many

***Mange* liker å studere norsk.**
(Many like to study Norwegian.)

andre — others

***Andre* liker ikke å gjøre det.**
(Others don't like to do it.)

alle — everyone, everybody

***Alle* hadde det hyggelig.**
(Everybody had a good time.)

alt — everything

Gjestene spiste *alt*.
(The guests ate everything.)

IV. ADJECTIVES (*ADJEKTIV*)

Adjectives are words that modify nouns and pronouns.

A. The indefinite form

1. *General rules for formation and use:*
The indefinite form of the adjective must agree in gender and number with the noun or pronoun it modifies. The dictionary form is used with **en** and **ei** nouns, a **-t** is normally added to that form when the adjective is modifying a singular **et** noun, and **-e** is added to the dictionary form when the adjective is modifying plural nouns of all genders:

en stor gutt	**ei stor klokke**	**et stort hus**	**store byer**
(a big boy)	(a big clock)	(a big house)	(big cities)

The indefinite form of the adjective is used when the adjective:

(1) stands alone before a noun: **store gutter.**

(2) is preceded by an indefinite article: **en stor gutt.**

(3) is used predicatively: **Gutten er stor.**

2. *Some adjectives whose form varies from the norm*

(1) Adjectives ending in a *double consonant* reduce it to a single one when adding the **-t** for the **et** form:

en grønn stol **ei grønn dør** **et grønt hus** **grønne stoler**

(2) Adjectives ending in a *stressed vowel* add a double **-t** in the neuter form:

en ny stol **ei ny dør** **et nytt hus** **nye stoler**

(3) Adjectives ending in **-ig** do not add **-t** in the neuter form:

en hyggelig dag **ei hyggelig stue** **et hyggelig hus** **hyggelige dager**

(4) Adjectives ending in **-sk** which have *more than one syllable* or which refer to *nationality* add no **-t** in the neuter form:

en fantastisk dag **ei fantastisk stue** **et fantastisk hus** **fantastiske dager**
en norsk stol **ei norsk klokke** **et norsk hus** **norske stoler**

(5) Adjectives ending in **-t** *preceded by another consonant* do not add **-t** in the neuter form:

en trøtt mann **ei trøtt kone** **et trøtt barn** **trøtte menn**
en kjent mann **ei kjent kone** **et kjent barn** **kjente menn**

(6) Adjectives ending in **-el, -er,** and **-en** lose the **e** in the plural form, and a double consonant preceding that **e** is reduced to a single one:

en sulten mann **ei sulten kone** **et sultent barn** **sultne menn**
en gammel mann **ei gammel kone** **et gammelt barn** **gamle menn**
en vakker dame **ei vakker kone** **et vakkert barn** **vakre mennesker**

(7) Adjectives ending in an *unstressed* **-e** remain unchanged in all forms:

en stille dag **ei stille stue** **et stille sted** **stille steder**

(**Bra** follows this same pattern.)

(8) The present participle may be used as an adjective. It is formed by suffixing **-ende** to the stem of the verb:

imponerende (impressive) **smilende** (smiling)

(9) The past participle may also be used as an adjective. In the predicate position it does not change form regardless of the number or gender of the noun modified:

Butikken er *stengt*.	**Butikkene er *stengt*.**
(The store is closed.)	(The stores are closed.)

When used attributively the participle adds the usual **-e** ending in the plural and definite forms:

stengte butikker	**den stengte butikken**
(closed stores)	(the closed store)

3. *Irregular adjectives:*

en annen dag	**ei anna gate**	**et annet hus**	**andre bøker**
en liten gutt	**ei lita bok**	**et lite hus**	**små bøker**
hvilken gutt	**hvilken gate**	**hvilket hus**	**hvilke bøker**
vår egen stol	**vår egen bok**	**vårt eget hus**	**våre egne bøker**
en blå stol	**ei blå dør**	**et blått hus**	**blå stoler**
en grå stol	**ei grå dør**	**et grått hus**	**grå stoler**

B. The definite form

1. *Formation*

The definite form of the adjective is identical with the indefinite plural form:

store byer	**den store byen**
(large cities)	(the large city)

The only exception is the adjective **liten,** which has the special definite singular form **lille**:

en liten gutt	**ei lita stue**	**et lite hus**	**små byer**
den lille gutten	**den lille stua**	**det lille huset**	**de små byene**

2. *Use*

The definite form of the adjective is used:

(1) *after the definite article:*

den store byen	(the large city)
den store klokka	(the large clock)
det store huset	(the large house)
de store byene	(the large cities)

Note that there is in this construction an extra definite article for the adjective (**den, det** or **de** depending on the gender and number of the noun) as well as the usual post-positive definite article suffixed to the noun. The construction is often referred to as the "double definite."

(2) *after demonstrative pronouns:*

denne store byen (this large town)
den store byen (that large town)
dette store huset (this large house)
det store huset (that large house)

(3) *after possessives:*

Sveins store værelse (Svein's large room)
min store familie (my large family)

(4) *in expressions where the adjective's definite article has been omitted:*

hele dagen (all day)
neste dagen (the next day)
første gang (the first time)

(5) *in names and forms of address:*

Lillebror (Little brother)
Kjære mor (Dear mother; letter salutation)
gamle Bergen (old Bergen)

V. VERBS (*VERB*)

A. Principal parts and tenses

1. The *infinitive* (**infinitiv**) is a tenseless form of the verb. It is the form listed in dictionaries and wordlists. It ends in an unstressed *-e* or a stressed vowel. The infinitive is used:
   (1) with the infinitive marker **å** ("to"): **å spise** (to eat)
   å gå (to go)
   (2) with modal auxiliaries: **Jeg vil spise.** (I want to eat.)
   Jeg må gå. (I have to go.)
   (3) with *la* + *object:* **La meg spise.** (Let me eat.)
   La oss gå. (Let's go.)

2. The *present tense* (**presens**) is formed by adding **-r** to the infinitive:
   Jeg spiser. (I eat.)
   Han går. (He goes.)
   Exceptions: **vet** is the present tense of **å vite** (to know)
   sier is the present of **å si** (to say)
   spør is the present of **å spørre** (to ask)
   gjør is the present of **å gjøre** (to do)
   A present tense Norwegian verb may be translated three ways into English:
   Jeg spiser (I eat.)
   (I do eat.)
   (I am eating.)

3. The *imperative* (**imperativ**) or command form is made by dropping the unstressed **-e** (if there is one) from the infinitive:
   Spis! (Eat!) **Gå!** (Go!)
   This form (infinitive minus **-e**) is also known as the *stem* of the verb.

Imperative of reflexive verbs: Since the subject of a command is understood to be 'you', the reflexive pronoun **deg** or **dere** is included in the command form of reflexive verbs:

Skynd deg! (Hurry!) (addressing one person)	**Sett dere!** (Sit down!) (addressing more than one)

4. *The 4 principal parts* of a verb are as follows:

infinitive	*present tense*	*imperfect tense*
å spise (to eat)	**spiser** (eat, eats)	**spiste** (ate)
å gå (to go)	**går** (go, goes)	**gikk** (went)

past participle
spist (eaten)
gått (gone)

5. *The present perfect tense* (**perfektum**) is formed by combining **har** (the present tense of **å ha**) with the past participle (**partisipp**):

   Jeg har spist. (I have eaten.)
   Han har gått. (He has gone.)

6. *The imperfect tense* (**imperfektum**) may, like the present tense, be translated three ways into English:

   Jeg spiste. (I ate.) (I did eat.) (I was eating.)

7. *The past perfect tense* (**pluskvamperfektum**) is formed by combining **hadde** (the past tense of **å ha**) with the past participle:

   Jeg hadde spist. (I had eaten.)
   Han hadde gått. (He had gone.)

8. *Future time* may be expressed three different ways in Norwegian:

   (1) **skal** or **vil** plus the infinitive:
   Jeg skal spise seinere. (I am going to eat later.)
   Tror du det vil regne i morgen? (Do you think it will rain tomorrow?)

(2) Present tense (when future meaning is clear from the context):
Hun reiser til Norge i morgen. (She is traveling to Norway tomorrow.)

(3) **Kommer til** + infinitive:
Kommer vi til å se deg igjen? (will we see you again?)
Jeg kommer aldri til å glemme dette. (I'll never forget this.)

B. Weak verbs (*Svake verb*)

Weak verbs are those which add endings in order to form the past (imperfect) tense, e.g., "to walk," "walk*ed*." There are four classes of weak verbs in Norwegian, determined by which ending is added to the stem of the verb when forming the past tense. Verbs may add:

(1) **-te** to form the imperfect and **-t** to form the participle:
å spise – spiste – spist (to eat)

Verbs of this type having a double consonant before the final **-e** reduce the double consonant to a single one when adding the endings:
å bestille – bestilte – bestilt (to order)
Related verbs:
å spørre – spurte – spurt (to ask)
å gjøre – gjorde – gjort (to do)
å fortelle – fortalte – fortalt (to tell)
å telle – talte – talt (to count)
å vite – visste – visst (to know)
å selge – solgte – solgt (to sell)
å ha – hadde – hatt (to have)

(2) **-et** to form the imperfect and **-et** to form the participle:
å snakke – snakket – snakket (to speak)

(3) **-dde** to form the imperfect and **-dd** to form the participle:
å bo – bodde – bodd (to live)
å sy – sydde – sydd (to sew)

Verbs whose infinitives end in a stressed vowel normally form their tenses this way.

(4) **-de** to form the imperfect and **-d** to form the participle:
å eie – eide – eid (to own)
å prøve – prøvde – prøvd (to try)
å bygge – bygde – bygd (to build)
Verbs whose infinitives end in a diphthong, *-v*, or *-g*, normally form their tenses this way.

C. Strong verbs (*Sterke verb*)

Strong verbs are those which do not add an ending to form the imperfect tense. They often exhibit a vowel change between tenses, e.g., "to sing," "sang." The following is a list of strong verbs arranged according to the pattern of their vowel change. (Note that compound verbs follow the same pattern as their root verb.)

(1) *x – y – z*

å drikke	**drakk**	**drukket**
å finne	**fant**	**funnet**
å forsvinne	**forsvant**	**forsvunnet**
å vinne	**vant**	**vunnet**
å binde	**bandt**	**bundet**
å stikke	**stakk**	**stukket**
å synge	**sang**	**sunget**
å skjære	**skar**	**skåret**
å bære	**bar**	**båret**
å stjele	**stjal**	**stjålet**
å slippe	**slapp**	**sloppet**
å fryse	**frøs**	**frosset**
å bryte	**brøt**	**brutt**
å hjelpe	**hjalp**	**hjulpet**

(2) *x – y – x*

å stå	stod	stått
å forstå	forstod	forstått
å slå	slo	slått
å gå	gikk	gått
å få	fikk	fått
å ligge	lå	ligget
å sitte	satt	sittet
å bli	ble	blitt
å gi	gav	gitt
å omgi	omgav	omgitt
å se	så	sett
å være	var	vært
å be	bad	bedt
å renne	rant	rent
å brenne	brant	brent
å le	lo	ledd
å dra	drog	dratt
å ta	tok	tatt
å la	lot	latt

(3) *x – y – y*

å skrive	skrev	skrevet
å si	sa	sagt
å legge	la	lagt

(4) *x – x – x*

å komme	kom	kommet
å sove	sov	sovet
å løpe	løp	løpt
å falle	falt	falt
å holde	holdt	holdt
å beholde	beholdt	beholdt

D. Modal auxiliaries (*Modale hjelpeverb*)

1. *Usage, tenses, and meaning*

Modal auxiliaries are verbs that change the mood or mode of the action in a sentence. The verb with which they appear is always in the infinitive.

(a)

å kunne	**kan**	**kunne**
(to be able to)	(can)	(could)
	(is able to)	(was able to)

har kunnet

(has been able to)

(b)

å skulle	**skal**	**skulle**
(to be going to)	(is going to)	(was going to)
(to be supposed to)	(shall)	(should)
	(is supposed to)	(was supposed to)

har skullet
(has been going to)
(has been supposed to)

(c)

å ville	**vil**	**ville**
	(will)	(would)
(to be willing to)	(is willing to)	(was willing to)
(to want to)	(wants to)	(wanted to)

har villet

(has been willing to)
(has wanted to)

(d)

å måtte	**må**	**måtte**
	(must)	
(to have to)	(has to)	(had to)

har måttet

(has had to)

(e)

å burde	**bør**	**burde**	**har burdet**
	(ought to)	(ought to)	

Note: **Bør** expresses a somewhat stronger compulsion than **burde.**

(f) **å få**	**får**	**fikk**
	(may)	(might)
(to be permitted to)	(is permitted to)	(was permitted to)

har fått
(has been permitted to)

2. *Omission of the verb of motion* often occurs when the modal auxiliaries **å skulle, å ville**, and **å matte** (in any tense) are combined with a destination:
   Jeg vil til Norge. (I want to go to Norway.)
   Han måtte hjem. (He had to go home.)
   In a question the interrogative **hvor** may serve the function of a destination, allowing the following construction:
   Hvor skal dere i kveld?
   (Where are you going this evening?)

E. Passive Voice (*Passiv*)

In a passive sentence, the subject is the recipient of the action rather than the performer of it:
Jens washes the floor. (active)
The floor is washed by Jens. (passive)
In Norwegian the passive may be formed in two ways:
(1) **"å bli"** + *the past participle:*
Golvet blir vasket av Jens. (present)
Note that the tense of **blir** determines the tense of the sentence, and that this construction may be used in all tenses:

Golvet ble vasket. (past)
(The floor was washed.)
Golvet har blitt vasket. (perfect)
(The floor has been washed.)
Golvet må bli vasket. (infinitive)
(The floor must be washed.)

(2) *infinitive* + **-s:**
Golvet vaskes av Jens.
(The floor *is washed* by Jens.)
Golvet må vaskes hver dag.
(The floor must *be washed* every day.)
Note that this form is both the present tense and infinitive form.
The *s*-passive tends to be used for general or repetitive acts, while the passive with **bli** is more often used for specific events:
Golvet vaskes ikke ofte, men i dag blir det vasket godt.
(The floor isn't washed often, but today it is being washed well.)

VI. ADVERBS (*ADVERB*)

A. Function

Adverbs are words that denote time, manner, or place. They may modify:

1. *verbs:* **Jeg besøker ham ofte.** (I visit him *often*.)
2. *adjectives:* **Han er svært snill.** (He is *very* kind.)
3. *other adverbs:* **De snakker for fort.** (They speak *too* fast.)

B. Formation

Some adverbs are formed from the corresponding adjective using the neuter (**et**) form:
Han er en god venn. Jeg kjenner ham godt.
(He is a good friend. I know him *well*.)
Vi gikk en lang tur. Vi gikk langt.
(We took a long hike. We walked *far*.)

C. Adverbs of location and motion (Påsteds- og tilsteds-adverb)

Some adverbs have two forms; one indicates *location at* a place, the other indicates *motion to* that place:

	opp.		**oppe.**	(up)
	ned.		**nede.**	(down)
	ut.		**ute.**	(out)
Han går	**inn.**	**Hun er allerede**	**inne.**	(in)
	hjem.		**hjemme.**	(home)
	bort.		**borte.**	(away)
	hit.		**her.**	(here)
	dit.		**der.**	(there)

The first six adverbs in the above list may be combined with **hit/her** or **dit/der** to form a compound adverb:

Han går dit ut. (out there) **Hun er her oppe.** (up here)

Note that both adverbs in the compound must be in the same form (either location or motion) and that the word order in the Norwegian construction is the reverse of the word order in its English counterpart.

D. Modal adverbs (*Modale adverb*)

When not stressed, the words **da**, **nok**, **jo**, **vel**, **visst**, and **nå** serve to express various modifications of a statement. Approximate translations of these adverbs when used this way are as follows:

nok — "all right," "probably," "to be sure"
vel — "I suppose," "no doubt," "of course" (more emphatic than **nok**)
da — "certainly"
jo — "you know," "of course"
nå — "after all," "really"
visst — "surely"

VII. COMPARISON OF ADJECTIVES AND ADVERBS (*GRADBØYING*)

A. Formation

1. The comparative form is made by adding **-ere**, and the superlative form by adding **-est** to the dictionary or positive form:

positive	*comparative*	*superlative*
(positiv)	***(komparativ)***	***(superlativ)***
høy	**høyere**	**høyest**
(high)	(higher)	(highest)

2. Adjectives and adverbs ending in **-ig** add only **-st** in the superlative form:

billig	**billigere**	**billigst**
(cheap)	(cheaper)	(cheapest)

3. An *-e* is added to the superlative form when it appears:
   (1) *after a definite article:*
   den billigste bilen (the cheapest car) — **det høyeste fjellet** (the tallest mountain)
   (2) *after a possessive:*
   min beste venn (my best friend) — **Larsens høyeste sønn** (Larsen's tallest son)
   (3) *after a demonstrative:*
   dette høyeste fjellet (this highest mountain) — **denne billigste stolen** (this cheapest chair)

4. Adjectives ending in **-el**, **-er**, and **-en** drop the **e** in both the comparative and superlative forms; if a double consonant precedes the **e**, it is reduced to a single one in these forms:

travel	**travlere**	**travlest**
vakker	**vakrere**	**vakrest**
sulten	**sultnere**	**sultnest**

5. Most words of three or more syllables form their comparative and superlative forms with **mer** and **mest**:

imponerende	**mer imponerende**	**mest imponerende**
moderne	**mer moderne**	**mest moderne**
interessant	**mer interessant**	**mest interessant**

B. Adjectives and adverbs with irregular comparative and superlative forms

stor	**større**	**størst**	(large)
liten	**mindre**	**minst**	(small)
god	**bedre**	**best**	(good)
vond	**verre**	**verst**	(bad)
ung	**yngre**	**yngst**	(young)
gammel	**eldre**	**eldst**	(old)
tung	**tyngre**	**tyngst**	(heavy)
nær	**nærmere**	**nærmest**	(near)
få	**færre**	**færrest**	(few)
mye	**mer**	**mest**	(much)
mange	**flere**	**flest**	(many)
lang	**lengre**	**lengst**	(long)
langt	**lenger**	**lengst**	(long — distance)
lenge	**lenger**	**lengst**	(long — time)

C. *Flere/ /mer — flest/ /mest*

Flere and **mer** both mean "more," **flest** and **mest** both mean "most," but they may not be used interchangeably. **Flere/flest** is used about countable entities, **mer/ mest** is used about that which is not countable:

Han tok flere småkaker og mer kaffe.

(He took more cookies and more coffee.)

De fleste bilene i Norge er små.

(Most of the cars in Norway are small.)

Hvem spiste den meste maten?

(Who ate the most food?)

D. "One" and its omission in Norwegian

"One" is used frequently in English to replace a noun that has been mentioned already. In Norwegian the adjective may be used alone, and the noun or word "one" is understood:

Vi har to biler, en rød og en gul.
(We have two cars, a red *one* and a yellow *one*.)
Jeg liker den røde best.
(I like the red *one* best.)
Det er mange værelser i hotellet. De store er dyrest.
(There are many rooms in the hotel. The largest *ones* are most expensive.)

When a definite article is present, its form is determined by the gender of the noun that is understood and then the definite form of the adjective is used.

When referring to people, the definite article den is used (in the singular):

Er du den yngste eller den eldste i familien?
(Are you the youngest (*one*) or the oldest (*one*) in the family?)

VIII. TYPES OF CLAUSES, CONJUNCTIONS, AND WORD ORDER

A. Independent and dependent clauses

An *independent* clause (**hovedsetning**) gives full meaning by itself.

A *dependent* clause (**bisetning**) depends on another clause to complete its meaning.

Vi skal besøke museene **når vi kommer til Oslo.**
(hovedsetning) **(bisetning)**

B. Coordinating and subordinating conjunctions

Coordinating conjunctions join independent clauses.

The following are coordinating conjunctions (**sideordnende konjunksjoner**):

og	(and)
men	(but)
for	(for)
eller	(or)

Subordinating conjunctions introduce dependent clauses. The following are subordinating conjunctions (**underordnende konjunksjoner**):

da	(when)	**om**	(if)
når	(when)	**selv om**	(even though)
før	(before)	**enn**	(than)
mens	(while)	**jo . . . jo**	(the . . . the)
til	(until)	**at**	(that)
som	(as)	**etter at**	(after)
fordi	(because)		
siden	(since)		
hvis	(if)		

C. Word order (*Ordstilling*)

1. *Normal word order (***Vanlig ordstilling***)*

   Subject — verb — other elements.

Jeg	**ser**	**ham hver dag klokka elleve.**
(I	see	him everyday at eleven o'clock.)

2. *Inversion (***Inversjon***)*

   a. If an element other than the subject begins an independent clause, the verb remains as the second element and is followed immediately by the subject:

   Non-subject — verb — subject — other elements

Hver dag	**ser**	**jeg**	**ham klokka elleve.**
Klokka elleve	**ser**	**jeg**	**ham hver dag.**
Ham	**ser**	**jeg**	**hver dag klokka elleve.**

   b. In compound tenses the above rule is applied to the main (conjugated) verb:

   Jeg har aldri sett ham før. (I have never seen him before.)
   Ham har jeg aldri sett før.

   c. A dependent clause may constitute the first element

of the sentence. When this occurs, the subject and verb of the independent clause are inverted and a comma is placed after the dependent clause:

Han hilste på meg da jeg kom. (He greeted me when I came.)

Da jeg kom, hilste han på meg.

Note that the word order in the dependent clause is as follows:

Conjunction — subject — verb — other elements.

3. *Other uses of inversion*

   a. *Question formation.* A question (which does not begin with an interrogative) is formed by placing the conjugated verb first in the sentence:

   Han spiser her hver dag. (He eats here everyday.) — **Spiser han her hver dag?** (Does he eat here everyday?)

   Golvet må vaskes nå. (The floor must be washed now.) — **Må golvet vaskes nå?** (Must the floor be washed now?)

   De har allerede gått. (They have already gone.) — **Har de allerede gått?** (Have they already gone?)

   b. *Expressing conditions.* Conditions may be expressed with hvis or by placing the conjugated verb first in the sentence:

   Hvis det regner i morgen, skal vi ikke til byen.

   Regner det i morgen, skal vi ikke til byen.

   (If it rains tomorrow, we won't go to town.)

4. *Negation and the placement of "ikke"*

   a. In an *independent* clause, **ikke** comes immediately *after* the conjugated verb:

   Han kommer ikke hit hver dag. (He doesn't come here everyday.) — **Vi har ikke spist ennå.** (We haven't eaten yet.)

   Han vil ikke komme hit hver dag.

   (He doesn't want to come here everyday.)

   b. When a **pronoun** is present, it normally intrudes between the verb and **ikke**:

   Jeg kjenner ikke Svein. (I don't know Svein.) — **Jeg kjenner ham ikke.** (I don't know him.)

   In compound tenses, however, the adverb remains

"locked" between the two parts of the verb whether or not a pronoun is present:

Jeg har ikke sett Svein. (I haven't seen Svein.) **Jeg har ikke sett ham.** (I haven't seen him.)

If the pronoun is to receive special emphasis, **ikke** is placed before it:

Jeg kjenner henne, men jeg kjenner ikke ham.
(I know her, but I don't know him.)

The above rules apply to questions as well:

Kjenner ikke Svein deg? (ikke immediately following the verb)

Kjenner du ikke Svein? (pronoun between verb and **ikke**.)

c. In a *dependent* clause, **ikke** comes immediately *before* the verb:

Jeg gikk hjem da han ikke kom til kontoret.
(I went home when he didn't come to the office.)

The model of word order in a dependent clause expanded to include adverbs is as follows:

Conjunction — subject — adverb — verb — other elements.

5. *Placement of other adverbs of time and degree*

What has been said about the placement of **ikke** applies also to the following adverbs:

alltid	(always)
ofte	(often)
gjerne	(gladly)
aldri	(never)
dessverre	(unfortunately)
særlig	(especially)
snart	(soon)
bare	(only, just)
noen gang	(ever)
nesten	(almost)
nettopp	(just now, just)
også	(also)
vanligvis	(usually)
nå	(now)
endelig	(finally)

IX. WAYS OF EXPRESSING "-ING" IN NORWEGIAN

A. Å holde på med å may be used to express that an action takes place over an extended period of time:

Jeg holder på med å skrive brev.
(I am writing letters.)

B. Two conjugated verbs joined by og may also be used to express extended time:

Jeg sitter og skriver brev.
(I am writing letters.)

C. The present participle (formed by adding -ende to the verb stem) may be used as an adjective or adverb, but never as a verb:

Den smilende gutten kom løpende bort til meg.
(The smiling boy came running over to me.)

D. A preposition plus an infinitive:

Han gikk uten å si et ord. (He left *without* saying a word.)
Vis at du forstår historien ved å svare på noen spørsmål.
(Show that you understand the story *by* answering some questions.)
Er du glad i å reise? (Are you *fond of* traveling?)
Hun gleder seg til å se ham igjen.
(She is *looking forward to* seeing him again.)
Er du trøtt av å lese nå?
(Are you *tired of* reading/studying now?)
De er alltid interessert i å høre nytt om Norge.
(They are always *interested in* hearing news about Norway.)

E. Infinitive alone:

Å reise interesserer meg.	(Traveling interests me.)
Å danse er gøy.	(Dancing is fun.)

F. Present tense and past tense:

Jeg spiser.	(I am eating.)
Han spiste.	(He was eating.)

X. MISCELLANEOUS

A. Numbers (*Tall*)

1. Cardinal numbers (**Grunntall**)

a. *The new counting system:*

1 **en (ei, ett)**	13 **tretten**	30 **tretti**
2 **to**	14 **fjorten**	40 **førti**
3 **tre**	15 **femten**	50 **femti**
4 **fire**	16 **seksten**	60 **seksti**
5 **fem**	17 **sytten**	70 **sytti**
6 **seks**	18 **atten**	80 **åtti**
7 **sju**	19 **nitten**	90 **nitti**
8 **åtte**	20 **tjue**	100 **hundre**
9 **ni**	21 **tjueen**	127 **hundre og tjuesju**
10 **ti**	22 **tjueto**	200 **to hundre**
11 **elleve**		1000 **tusen**
12 **tolv**		0 **null**

b. *The old counting system.* Numbers in the old counting system are identical with the ones above except for:

7 **syv**	20 **tyve**	30 **tredve**

The method of combining numbers above 20 also differs in the older system:

21 **en og tyve**	33 **tre og tredve**
22 **to og tyve**	44 **fire og førti**
	(etc.)

2. Ordinal numbers **(Ordenstall)**

1.	**første**	13.	**trettende**	30.	**trettiende**
2.	**annen / annet / andre**	14.	**fjortende**	40.	**førtiende**
3.	**tredje**	15.	**femtende**	50.	**femtiende**
4.	**fjerde**	16.	**sekstende**	60.	**sekstiende**
5.	**femte**	17.	**syttende**	70.	**syttiende**
6.	**sjette**	18.	**attende**	80.	**åttiende**
7.	**sjuende**	19.	**nittende**	90.	**nittiende**
8.	**åttende**	20.	**tjuende**	100.	**hundrede**
9.	**niende**	21.	**tjueførste**	105.	**hundre og femte**
10.	**tiende**		:	200.	**to hundrede**
11.	**ellevte**	25.	**tjuefemte**	1000.	**tusende**
12.	**tolvte**		:		

a. The ordinal numbers are formed by suffixing **-ende** to most of the numbers. (**-de** is added to numbers already ending in **-en.**) This is also true in the old system:

	syvende	7.
	tyvende	20.
but:	**tredevte**	30.

b. In the old system numbers above twenty are formed as follows:

en og tyvende	21.
tre og tredevte	33.
fem og førtiende	45.

c. A *period* after a number denotes that it is an ordinal number.

B. Dates (*Datoer*)

In Norwegian the day always precedes the month:
den første mars den 1. mars den 1/3

Months **(Månedene)**

januar	**juli**
februar	**august**
mars	**september**
april	**oktober**
mai	**november**
juni	**desember**

Days of the week (**Ukedagene**)

mandag
tirsdag
onsdag
torsdag
fredag
lørdag
søndag

Note that the names of neither the months nor the days are capitalized in Norwegian.

C. Time expressions (*Tidsuttrykk*)

1. *For how long* : **i** ; **på**
   i en time — "for an hour"
   i ti år — "for ten years"
   i ni måneder — "for nine months"
   i tre uker — "for three weeks"

   ikke på en time — "not for an hour"
   ikke på ti år — "not for ten years"
   ikke på ni måneder — "not for 9 months"
   ikke på tre uker — "not for 3 weeks"

2. *How long ago:* **for . . . siden**
   for en uke siden — "a week ago"
   for lenge siden — "a long time ago"
   for en time siden — "an hour ago"
   for to år siden — "two years ago"

3. *How soon:* **om**
   om en uke — "in a week"
   om et par timer — "in a couple of hours"
   om en måned — "in a month"

4. *Present or near present time (specific time):* **i** + *indefinite form*
   i dag —"today," "this day"
   i kveld — "this evening," "tonight,"
   i år — "this year"

i går — "yesterday"
i morges — "this morning"
i morgen — "tomorrow"
i sommer — "this summer," "last summer"
i ettermiddag — "this afternoon"
i natt — "tonight," "last night" (referring to hours after midnight)
i fjor — "last year"

5. *During what time (general time):* **om** + *definite form*
om dagen "during the day," "in the daytime"
om kvelden — "during the evening," "in the evening"
om ettermiddagen — "in the afternoon"
om morgenen — "in the morning"
om sommeren — "during the summer," "in the summer"
om natten — "at night," "during the night"
om året — "during the year"

6. *Telling time:* **Hvor mange er klokka?** (What time is it?)
Hva er klokka?

1.00 **Klokka er ett.**
1.10 **Klokka er ti over ett.**
1.15 **Klokka er kvart over ett.**
1.20 **Klokka er ti på halv to.**
1.30 **Klokka er halv to.**
1.40 **Klokka er ti over halv to.**
1.45 **Klokka er kvart på to.**
1.50 **Klokka er ti på to.**

a. *The 24-hour clock.* "AM" and "PM" are not used in Norwegian. If a "PM" time is to be indicated on schedules or in contexts where there might be confusion, 12 hours is added to the time:
5:00 PM = 17.00
8:00 PM = 20.00
11:30 PM = 23.30

b. *Exact versus approximate time*
Han kommer klokka åtte. "He is coming *at 8 o'clock.*"
(*note:* no word for "at")

Han kommer ved åtte-tiden "He is coming *around 8 o'clock.*"

D. Special problems for speakers of English

1. *To know* — **å vite / / å kjenne**
   å vite – vet – visste – har visst
   (used about knowing facts)
   å kjenne – kjenner – kjente – har kjent
   (used about being acquainted with a person or place)
   Jeg vet han kommer fra Norge, men jeg kjenner ham ikke.
   (I know that he comes from Norway, but I don't know him.)

2. *To think* — **å tro / / å synes / / å tenke**
   When translating the verb "think," first decide if what is being described is (a) the subject's belief about a matter of fact, (b) the subject's opinion or taste based on personal experience, or (c) the subject's actual thought process.

   If it is (a), use **å tro – tror – trodde – har trodd**:
   Jeg tror han har skrevet ei bok.
   (I think he has written a book.)

   If it is (b), use **å synes – synes – syntes – har synes**:
   Jeg synes boka er god.
   (I think the book is good.)
   (Note that **Jeg tror boka er god** is also possible. This sentence indicates that the subject has no personal experience on which to form an opinion, i.e., has not read the book.)

   If it is (c), use **å tenke – tenker – tenkte – har tenkt**:
   Jeg tenker ofte på boka.
   (I often think about the book.)

3. *Then* — **da / / så**

Da is used about events that occur simultaneously:
Jeg var i Norge i fjor. Da lærte jeg mye norsk.
(I was in Norway last year. Then I learned a lot of Norwegian.)
Så is used about successive events:
Jeg var i Oslo først. Så reiste jeg til Bergen.
(I was in Oslo first. Then I traveled to Bergen.)

a. Note that when da and så act as adverbs, they cause inversion if they come as the first element of an independent clause.
b. **Så** and **da** may also act as conjunctions. Acting as conjunctions, they do not cause inversion. When acting as a conjunction **så** is best translated "so" and **da** "when":
Jeg likte meg ikke i Oslo, så jeg reiste til Bergen.
(I didn't like it in Oslo, so I went to Bergen.)
Jeg så mange interessante ting da jeg var i Oslo.
(I saw many interesting things when I was in Oslo.)

4. *When* — **da / / når**

Da is used when referring to a single event in the past:
Da jeg var tre år gammel, reiste familien min til Norge.
(When I was three years old, my family traveled to Norway.)
Når is used when referring to repetitive events in the past (in the meaning of "whenever") and for all present and future events:
Når jeg er i Norge, har jeg det alltid hyggelig.
(When I am in Norway, I always have a good time.)
Når de var i Norge, hadde de det alltid hyggelig.
(When/whenever they were in Norway, they always had a good time.)
Når jeg kommer til Norge, skal jeg besøke slektningene mine.
(When I get to Norway, I am going to visit my relatives.)

a. When **da** and **når** are conjunctions they cause no inversion.
b. **Når** may also act as an interrogative adverb in which case it does cause inversion:
Når reiser du til Norge?
(When are you traveling to Norway?)

5. *Both* — **både / / begge**
Begge is a pronoun, standing for a noun or pronoun.
Både is a conjunction. It joins two things together.

Jeg hilser på både Solveig og Liv. (I greet both Solveig and Liv.)
Jeg hilser på begge pikene. (I greet both the girls.)

6. *Long* — **lang / / langt / / lenge**
Lang (adjective) describes the physical length of something:
Hvor lang er denne gata? (How long is this street?)
Langt (adverb) tells how far:
Hvor langt reiste dere? (How far did you travel?)
Lenge (adverb) tells how long a time:
Vi satt og ventet lenge. (We sat and waited a long time.)
Hvor lenge var dere borte? (How long were you away?)

7. *Ask* — **å be / / å spørre / / å stille**
å be – ber – bad – har bedt — to ask, invite, request
Vertinnen bad gjestene til bords.
(The hostess asked the guests to the table.)
Har han noen gang bedt henne ut?
(Has he ever asked her out?)
De bad meg om å komme.
(They asked me to come.)
å spørre – spør – spurte – har spurt — to ask, inquire, interrogate
Verten spurte om gjesten brukte sukker i kaffen.
(The host asked if the guest used sugar in his coffee.)
De har spurt om jeg kan komme.
(They have asked if I can come.)
Vertinnen spurte om alle var forsynt.
(The hostess asked if everyone had had enough to eat.)

å stille - stiller - stilte - har stilt — to ask, pose a question
Gjestene stilte verten mange spørsmål om turen hans.
(The guests asked the host many questions about his trip.)

8. *If* — **hvis / / om**
Hvis is normally used when stating conditions:
Hvis jeg hadde mange penger, ville jeg reise til Norge.
(If I had a lot of money, I would go to Norway.)
Om must be used when "if" could be replaced by "whether":
Vet du om de er i Norge ennå?
(Do you know if they are in Norway yet?)
De spurte om han hadde vært i Norge før.
(They asked if he had been in Norway before.)

9. *Get* — **å få / / å bli / / å komme**
When *get* means "receive," use **få**:
Han får mange brev.
(He gets a lot of letters.)
When *get* means "become," use **bli**:
Jeg håper vi ikke blir syk.
(I hope we don't get sick.)
When *get* means "come," use **komme**:
Når kom du hjem i går kveld?
(When did you get home last night?)

10. *Transitive and intransitive verbs*
   a. *to grow* — **å dyrke / / å vokse**
   Bonden dyrker hvete. Hveten vokser bra.
   (The farmer is growing wheat. The wheat is growing well.)
   b. *to wake up* — **å vekke / / å våkne**
   Reidar våkner først og så vekker han kona si.
   (Reidar wakes up first and then he wakes up his wife.)
   c. *to sit down / / to sit* — **å sette seg / / å sitte**
   Du kan sette deg her. Vi sitter der borte.
   (You can sit down here. We are sitting over there.)
   Because the expression "to sit down" is reflexive

in Norwegian, the transitive verb **å sette** is used (taking the object **seg**) rather than the intransitive **å sitte**.)

d. *to lie down / / to lie* — **å legge seg / / å ligge**
Jorunn legger seg på senga. Hun ligger på senga nå.
(Jorunn lies down on the bed. She is lying on the bed now.)
As is the case with "to sit down," "to lie down" is a reflexive construction in Norwegian and uses the transitive verb **å legge.**

11. *To* — **til / / å / / for å**
Til is a preposition:

Han reiser til Norge.	**Hun skriver til meg.**
(He is going to Norway.)	(She writes to me.)

Å is the infinitive marker; it is used with the infinitive form of the verb:

Han liker å reise til Norge.	**Hun lærer å snakke norsk.**
(He likes to go to Norway.)	(She is learning to speak Norwegian.

Note that when a modal auxiliary is present, the meaning "to" is contained within the modal and thus **å** is not used:

Han må reise til Norge.	(He has to go to Norway.)
Han vil reise til Norge.	(He wants to go to Norway.)
Hun skal lære norsk.	(She is going to learn Norwegian.)
Hun kan snakke norsk.	(She is able to speak Norwegian.)

For å is used when the meaning "in order to" is implied:
Han reiste til Norge for å lære norsk.
(He went to Norway to learn Norwegian.)
Hun lærer norsk for å kunne lese Ibsen.
(She is learning Norwegian to be able to read Ibsen.)

12. *A little* — **litt / / en liten – ei lita – et lite**
Litt means "a small quantity of," "some," or "a little bit."
Jeg snakker litt norsk.
(I speak a little Norwegian.)
Mat er litt dyr i Norge.
(Food is a little expensive in Norway.)

Liten – lita – lite mean "little" or "small"; they describe the size of an object.

Han har en liten familie. De bor i et lite hus med ei lita stue.

(He has a little family. They live in a little house with a little living room.)

En liten pike spiser litt sjokolade.

(A little girl is eating a little chocolate.)

Note **lille** and **små** also mean "little." **Lille** is the definite singular form and **små** is used in all plural forms:

Mange små barn bor i det lille huset der borte.

(Many little children live in the little house over there.)

Ordliste
(Glossary)

The glossary includes all words used in the text. The part of speech for each word is indicated together with its meaning, the number of the chapter in which it first occurs, and necessary grammatical information about the word. For all nouns the indefinite and definite singular forms are given. If no plural forms are indicated, it may be assumed that the noun takes the normal *-er* and *-ene* endings. Nouns having irregular plural forms are accompanied by those forms. For all verbs the infinitive as well as the present, imperfect, and present perfect tenses are given. In the case of adjectives the three forms given are the *en-ei, et*, and plural forms, respectively. When only two adjective forms are indicated, the first is the singular for all genders and the second the plural form. Under the subject form of each pronoun, the object form for that pronoun is also given. Expressions incorporating a given word are listed under that word in the order of their appearance in the text.

The number following each entry indicates the chapter in which the word first occurs (with T referring to the *Tillegg* or supplementary readings). The bold-face numbers indicate that the word appears in the summary word list at the end of that chapter (and is to become part of the student's active vocabulary). Words accompanied by numbers in *italic* type have occurred in optional reading sections, grammar explanations, exercise directions, etc. In the case of words that have first occurred in optional readings and then become part of the student's active vocabulary, it is the latter appearance that has taken precedence.

In organizing the material for this glossary the guiding principle has been to aid the student to the greatest possible extent, and this has sometimes meant deviating slightly from normal lexicographical practices. We hope that we have succeeded in making the material easy to find and self-explanatory.

Two books which have been heavily relied on in the preparation of this glossary are Einar Haugen's *Norwegian-English Dictionary* and *Tanums store rettskrivningsordbok.* The glossary was compiled and given its final form by Elizabeth Andress, a Scandinavian Studies major at Luther College.

Abbreviations:

adj — adjective
adv — adverb
art — article
comp — comparative
gram — grammatical term
I — interjection
n — noun
num — number
pf — prefix
pl — plural
pn — pronoun
prep — preposition

A

ad (adv) — cf skille (*26*)
adel (n) — nobility (28)
en adel - adelen
adjektiv (n) — adjective (*13*)
et adjektiv - adjektivet - adjektiv - adjektivene
adjunkt (n) — secondary school teacher (*18*)
en adjunkt - adjunkten
admiral (n) — admiral (*28*)
en admiral - admiralen
adresse (n) — address (22)
en adresse - adressen
advare (v) — warn (23)
å advare - advarer - advarte - har advart
advarende (adj) — warning (*27*)
adverb (n) — adverb (*19*)
et adverb - adverbet - adverb - adverbene
advokat (n) — lawyer (*18*)
en advokat - advokaten
aften (n) — evening (17)
en aften - aftenen
aftens (n) — supper, evening meal (8)
en aftens
varm aftens — warm evening meal (*15*)
akantusranke (n) — ornamentation based on acanthus vine (T)
en akantusranke - akantusranken
Akershus — fortress in Oslo (*13*)
akkurat (adj) — accurate, exact (T)
aktiv (adj) — active (*25*)
aktiv - aktivt - aktive
akvarium (n) — aquarium (16)
et akvarium - akvariet - akvarier - akvariene
albu (n) — elbow (24)
en albu - albuen
aldeles (adv) — completely (20)
aldri (adv) — never (10)
alene (adj) — alone (20)
alfabet (n) — alphabet (*2*)
et alfabet - alfabetet
alkohol (n) — alcohol (23)
en alkohol - alkoholen
all (adj) — all
all - alt - alle (15)
det er alt for i dag — that's all for today (2)
alt dette — all this (4)
alle sammen (pn) — everyone, all of them (11)
e.g., *De ligner på foreldrene alle sammen* — They all resemble their parents
alt (pn) — everything (15)
alt sammen (pn) — everything (*15*)
alle (pn) — everyone, everybody (15)
i alt — in sum, altogether (17)
alle (adj) — all (7) cf **all**
alle (pn) — everyone, everybody (15)
aller (adv) — by far, very (T)
allerede (adv) — already (6)
allikevel (adv) — anyway (6)
alltid (adv) — always (5)
som alltid — as always (7)
allting (pn) — everything (*13*)
Når enden er god er allting godt — All's well that ends well (*13*)
alminnelig (adj) — common; universal (28)
alminnelig - alminnelige
alminnelig stemmerett — universal suffrage (28)
alt (adj) — all (*2*) cf **all**
alt (pn) — everything (15)
alter (n) — altar (26)
et alter - alteret - altre - altrene
altfor (adv) — too, much too (20)
altså (adv) — so, thus, anyway (19)
Amerika — America (1)
amerikansk (adj) — American (14)
amerikansk - amerikanske
andre (adj) — other (5) cf **annen**
andre (pn) — others
angre (v) — repent, be sorry for (28)
å angre - angrer - angret - har angret
angrep (n) — attack, assault (*27*)

et angrep – angrepet – angrep – angrepene
angst (n) — anxiety, fear (T)
en angst – angsten
anledning (n) — event, occasion (*26*)
en anledning – anledningen
anleggsarbeider (n) — construction worker (*18*)
en anleggsarbeider – anleggsarbeideren – anleggsarbeidere – anleggsarbeiderne
annen (adj) — second; other
annen – anna – annet – andre (**14**)
annet (adj) — second; other (**14**) cf **annen**
noe annet enn — something else besides, something other than (**16**)
ansikt (n) — face (**22**)
et ansikt – ansiktet
antakelig (adv) — probably, I suppose (**23**)
appelsin (n) — orange (**13**)
en appelsin – appelsinen
appetitt (n) — appetite (*15*)
en appetitt – appetitten
god appetitt — enjoy the food (*15*)
april (n) — April (**12**)
arbeid (n) — work, labor (*11*)
et arbeid – arbeidet
arbeide (v) — work (**3**)
å arbeide – arbeider – arbeidet – har arbeidet
arbeider (n) — worker, laborer (**25**)
en arbeider – arbeideren – arbeidere – arbeiderne
Arbeiderpartiet — the Labor Party (**25**)
arbeidsgiver (n) — employer (*28*)
en arbeidsgiver – arbeidsgiveren – arbeidsgivere – arbeidsgiverne
arbeidsliv (n) — economic life (*18*)
et arbeidsliv – arbeidslivet
gå ut i arbeidslivet — take a job (*18*)
arbeidsløs (adj) — unemployed (*24*)
arbeidsløs – arbeidsløst – arbeidsløse
arbeidsløshet (n) — unemployment (**28**)
en arbeidsløshet – arbeidsløsheten
arbeidsløshetstrygd (n) — unemployment benefits (*24*)
en arbeidsløshetstrygd – arbeidsløshetstrygden
arbeidsom (adj) — hard-working, industrious (*24*)
arbeidsom – arbeidsomt – arbeidsomme
arbeidsplass (n) — work place (T)
en arbeidsplass – arbeidsplassen
arbeidsskadetrygd (n) — occupational injury insurance (*24*)
en arbeidsskadetrygd – arbeidsskadetrygden
areal (n) — area (**25**)
et areal – arealet
arkitekt (n) — architect (*18*)
en arkitekt – arkitekten
arm (n) — arm (**24**)
en arm – armen
arr (n) — scar (**24**)
et arr – arret – arr – arrene
arrangere (v) — arrange (*18*)
å arrangere – arrangerer – arrangerte – har arrangert
artikkel (n) — article (*16*)
en artikkel – artikkelen – artikler – artiklene
artium (n) — degree conferred on students who pass university entrance examination (*18*)
en artium
examen artium — final examination in the Norwegian secondary school, which serves also as entrance exam to the University (*18*)
arve (v) — inherit (**10**)
å arve – arver – arvet – har arvet
arveprins (n) — heir presumptive to the throne (*28*)
en arveprins – arveprinsen
astronomi (n) — astronomy (*18*)
en astronomi – astronomien
at (conj) — that (**17**)
atelier (n) — artist's studio (T)
et atelier – atelieret

Atlanterhavet — the Atlantic Ocean (14)
atombombe (n) — atom bomb (*29*)
en atombombe – atombomben
atten (num) — eighteen (3)
attende (num) — eighteenth (12)
august (n) — August (12)
aula (n) — auditorium (T)
en aula – aulaen
av (prep) — of (6); by (11); from; with
ett av dem — one of them (*6*)
av Dag Krogstad — by Dag Krogstad (*11*)
få hjelp av (noen) — get help from (someone) (*12*)
av og til — now and then (17)
opptatt av — occupied with (*25*)
avgang (n) — departure (*23*)
en avgang – avgangen
avhengig (adj) — dependent (*24*)
avhengig – avhengige
være avhengig av — be dependent on (*24*)
avis (n) — newspaper (4)
en avis – avisen
avslappet (adj) — relaxed (*27*)
avslappet – avslappede
avslutte (v) — complete (*18*)
å avslutte – avslutter – avsluttet – har avsluttet
avsnitt (n) — paragraph, section (*25*)
et avsnitt – avsnittet – avsnitt – avsnittene
avstand (n) — distance (*19*)
en avstand – avstanden

B

bad[1] (n) — bathroom, bath (7)
et bad – badet – bad – badene
bad[2] (v) — asked cf **be** (26)
bade (v) — go swimming (27)
å bade – bader – badet – har badet
badekar (n) — bathtub (9)
et badekar – badekaret – badekar – badekarene
bagasje (n) — baggage (21)
en bagasje – bagasjen
bak (prep) — behind, in back of (11)
bakepulver (n) — baking powder (15)
et bakepulver – bakepulveret
bakeri (n) — bakery (20)
et bakeri – bakeriet
bakke (n) — hill (23)
en bakke – bakken
balkong (n) — balcony (*28*)
en balkong – balkongen
ballong (n) — balloon (23)
en ballong – ballongen
bamsefar (n) — father bear (*27*)
en bamsefar – bamsefaren
banan (n) — banana (15)
en banan – bananen
bank (n) — bank (21)
en bank – banken
banke (v) — knock (6)
å banke – banker – banket – har banket
bankkasserer (n) — bank cashier, teller (*18*)
en bankkasserer – bankkassereren – bankkasserere – bankkassererne
baptist (n) — Baptist (*26*)
en baptist – baptisten
barber (n) — barber (*18*)
en barber – barberen
bare (adv) — just; only (1)
bare bra, takk — just fine, thanks (1)
barn (n) — child (10)
et barn – barnet – barn – barna
barndom (n) — childhood (*24*)
en barndom – barndommen
barnebarn (n) — grandchild (10)
et barnebarn – barnebarnet – barnebarn – barnebarna
barnekontroll (n) — children's checkup (*24*)
en barnekontroll – barnekontrollen
barneskole (n) — elementary school (*17*)
en barneskole – barneskolen
barnetog (n) — children's procession (*28*)

et barnetog – barnetoget – barnetog – barnetogene
barokk (n) — baroque style or period (T)
en barokk – barokken
bartre (n) — evergreen (*27*)
et bartre – bartreet – bartrær – bartrærne
bartrær (n) — cf **bartre** (*27*)
basere (v) — base (**28**)
å basere – baserer – baserte – har basert
å være basert på — be based upon (*28*)
be (v) — ask, invite, request; pray (**26**)
å be – ber – bad – har bedt
be (noen) om å (gjøre noe) — ask, tell (somebody) to (do something) (**26**)
bedre (adj) — better (**7**) cf **god**
bedring (n) — betterment, improvement (*17*)
en bedring – bedringen
god bedring — get well soon (**17**)
bedt (v) — asked cf **be** (**26**)
befolkning (n) — population (*28*)
en befolkning – befolkningen
begeistret (adj) — enthusiastic (**28**)
begeistret – begeistrede
begge (pn) — both (**12**)
begge to — both (of them, of us, etc.) (**18**)
begivenhet (n) — event, occurrence (*28*)
en begivenhet – begivenheten
begrave (v) — bury (*28*)
å begrave – begraver – begravde – har begravd
begravelse (n) — funeral (*26*)
en begravelse – begravelsen
begravet (adj) — buried (*16*)
ligge begravet — be buried (**16**)
begynne (v) — begin (**14**)
å begynne – begynner – begynte – har begynt (**17**)
til å begynne med — to begin with, at the start (T)
begynnelse (n) — beginning, start (**22**)
en begynnelse – begynnelsen
behagelig (adj) — comfortable (**23**)
behagelig – behagelige
behandle (v) — handle, treat (**10**)
å behandle – behandler – behandlet – har behandlet
behandling (n) — treatment, handling (*24*)
en behandling – behandlingen
beholde (v) — keep, retain (**26**)
å beholde – beholder – beholdt – har beholdt
behov (n) — need, necessity (T)
et behov – behovet
bein (n) — foot; leg (**22**)
et bein – beinet – bein – beina
gå på beina — walk (**27**)
bekjentskap (n) — acquaintance (*24*)
et bekjentskap – bekjentskapet – bekjentskap – bekjentskapene
bekomme (v): **vel bekomme** — you're welcome (only in reply to ''Takk for maten'') (**8**)
beleire (v) — besiege (*28*)
å beleire – beleirer – beleiret – har beleiret
bensin (n) — gasoline (**23**)
en bensin – bensinen
Bergen — major city in western Norway
bergenser (n) — person from Bergen (**16**)
en bergenser – bergenseren – bergensere – bergenserne
berømt (adj) — famous (**14**)
berømt – berømte
beskyttelse (n) — protection (*27*)
en beskyttelse – beskyttelsen
best (adj) — best (**5**) cf **god**
det beste (jeg) vet — (my) favorite thing (**15**)
bestefar (n) — grandfather (**10**)
en bestefar – bestefaren – bestefedre – bestefedrene
besteforeldre (n, pl) — grandparents (**10**)
besteforeldre – besteforeldrene

bestemme (v) — decide (**26**)
å bestemme – bestemmer – bestemte – har bestemt
bestemme seg for (å gjøre noe) — decide (to do something) (**26**)
bestemor (n) — grandmother (**10**)
en bestemor – bestemoren – bestemødre – bestemødrene
bestemt (adj) — definite (**4**); firm (**27**)
bestemt – bestemte
bestemt artikkel — definite article (4)
bestemødre (n) — cf **bestemor (10)**
bestille (v) — order (**15**)
å bestille – bestiller – bestilte – har bestilt
bestilling (n) — order (*24*)
en bestilling – bestillingen
bestå (v): **bestå av** — consist of (**27**)
å bestå – består – bestod – har bestått
besøk (n) — visit (**12**)
et besøk – besøket
være på besøk hos (noen) — be visiting (someone) (**12**)
komme på besøk — come visiting (*13*)
få besøk av (noen) — be visited by (someone) (*16*)
besøke (v) — visit (**7**)
å besøke – besøker – besøkte – har besøkt
betale (v) — pay (**15**)
å betale – betaler – betalte – har betalt
betaling (n) — payment (*24*)
en betaling – betalingen
betegnelse (n) — designation (*28*)
en betegnelse – betegnelsen
betrakte (v) — regard, look at (**25**)
å betrakte – betrakter – betraktet – har betraktet
bety (v) — mean (**4**)
å bety – betyr – betydde – har betydd (**18**)
hva betyr det — what does it mean (**4**)
betydning (n) — meaning (**25**)
en betydning – betydningen
beundre (v) — admire (**T**)
å beundre – beundrer – beundret – har beundret
bevare (v) — keep, save
å bevare – bevarer – bevarte – har bevart
bevare meg vel — good grief! (**23**)
bevegelsesverb (n) (gram) — verb denoting motion (*18*)
et bevegelsesverb – bevegelsesverbet – bevegelsesverb – bevegelsesverbene
B. H. (n): **brysteholder** — brassiere (**21**)
en B. H. – B. H.'en
Bibelen — the Bible (**T**)
bibliotek (n) — library (**18**)
et bibliotek – biblioteket
bidra (v) — contribute (**T**)
å bidra – bidrar – bidrog – har bidratt
bidrag (n) — contribution (*28*)
et bidrag – bidraget – bidrag – bidragene
biff (n) — beef (*15*)
en biff – biffen
bil (n) — car (**18**)
en bil – bilen
bilde (n) — picture (**5**)
et bilde – bildet
billedhogger (n) — sculptor (**T**)
en billedhogger – billedhoggeren – billedhoggere – billedhoggerne
billett (n) — ticket (**18**)
en billett – billetten
billig (adj) — cheap (**13**)
billig – billige
binde (v) — tie, chain (*27*)
å binde – binder – bandt – har bundet
biologi (n) — biology (**3**)
en biologi – biologien
bisetning (n) — dependent clause (**23**)
en bisetning – bisetningen
bit (n) — piece, bit
en bit – biten
bitter (adj) — bitter (*25*)
bitter – bittert – bitre
bjørn (n) — bear (*27*)

en bjørn – bjørnen
Bjørnson, Bjørnstjerne (1832–1910) — Norwegian poet, dramatist, and patriot (*13*)
bl. a.: **blant annet** — among other things (23)
blad (n) — newspaper, periodical (18); leaf (22)
et blad – bladet – blad – bladene
blande (v) — blend, mix (*15*)
å blande – blander – blandet – har blandet
blanding (n) — mixture (T)
en blanding – blandingen
blank (adj) — shiny, bright (*27*)
blank – blankt – blanke
blant (prep) — among (23)
blant annet — among other things (23)
ble (v) — became cf **bli** (17)
ble født — was born (12)
blek (adj) — pale (24)
blek – blekt – bleke
bli (v) — will be (*4*); become, get (*14*); stay (15); be (passive) (25)
å bli – blir – ble – har blitt (17)
bli med — come along
det blir (22 kroner) — that comes to (22 crowns) (4)
hvor mye blir det — how much will that be (4)
bli født — be born (*12*)
bli trøtt — get tired (*14*)
bli hjemme — stay at home (15)
bli + (partisipp) — be + (past participle) (*25*)
e.g., *bli funnet* — be found
Blindern — university site in Oslo (*18*)
blindtarm (n) — appendix (24)
en blindtarm – blindtarmen
blitt (v) — become cf **bli** (17)
blod (n) — blood (23)
et blod – blodet
blodprøve (n) — blood test (*23*)
en blodprøve – blodprøven
blomkål (n) — cauliflower (11)
en blomkål – blomkålen
blomst (n) — flower (13)
en blomst – blomsten
blomsterdekor (n) — flower decoration (T)
en blomsterdekor – blomsterdekoren
blomstertorg (n) — flower market (*13*)
et blomstertorg – blomstertorget – blomstertorg – blomstertorgene
blomstringstid (n) — flourishing time (*28*)
en blomstringstid – blomstringstiden
bluse (n) — blouse (21)
en bluse – blusen
blyant (n) — pencil (4)
en blyant – blyanten
bløt (adj) — soft (24)
bløt – bløtt – bløte
bløtkake (n) — cream layer cake (15)
ei bløtkake – bløtkaka
blå (adj) — blue (16)
blå – blått – blå
blårutet (adj) — blue plaid or checked (*21*)
blårutet – blårutete
blåse (v) — blow (23)
å blåse – blåser – blåste – har blåst
blåse opp en ballong — blow up a balloon (*23*)
bo (v) — live, dwell (6)
å bo – bor – bodde – har bodd (18)
bok (n) — book (5)
ei bok – boka – bøker – bøkene (6)
bokhandel (n) — bookstore (18)
en bokhandel – bokhandelen – bokhandler – bokhandlene
boks (n) — tin can (20)
en boks – boksen
bokstav (n) — letter of the alphabet (*2*)
en bokstav – bokstaven
bolle (n) — bowl
en bolle – bollen
bombe (v) — bomb (28)
å bombe – bomber – bombet – har bombet
bomull (n) — cotton (21)
ei bomull – bomulla
bonde (n) — farmer (11)

en bonde – bonden – bønder – bøndene
bondegård (n) — farm (*27*)
en bondegård – bondegården
bondekunst (n) — rural art (T)
en bondekunst – bondekunsten
bord (n) — table (**6**)
et bord – bordet – bord – bordene
dekke bordet — set the table (**18**)
gå til bords — sit down to a meal (**22**)
borddame (n) — female dinner partner (**26**)
en borddame – borddamen
borger (n) — citizen (**28**)
en borger – borgeren – borgere – borgerne
borgerhjem (n) — middle-class home (T)
et borgerhjem – borgerhjemmet – borgerhjem – borgerhjemmene
borgerkrig (n) — civil war (**28**)
en borgerkrig – borgerkrigen
borgertog (n) — May 17th civic parade (*28*)
et borgertog – borgertoget – borgertog – borgertogene
bort (adv) — away, off, over (motion) (**14**)
gå bort til — go over to (*14*)
komme bort fra — get away from (**27**)
borte (adv) — gone, away, off (location) (**6**)
der borte — over there (**6**)
bra (adj) — good, well (**1**)
bare bra — just fine (**1**)
ha det bra — take care of yourself (**2**)
det var bra — that's good (**5**)
å ha det bra — to be fine (**6**)
bratt (adj) — steep (**23**)
bratt – bratte
bre[1] (v) — spread (*27*)
å bre – brer –bredde – har bredd
bre seg — spread (*27*)
bre[2] (n) — glacier (*27*)
en bre – breen
brenne (v) — burn (**28**)
å brenne – brenner – brente – har brent
brett (n) — tray (**24**)
et brett – brettet – brett – brettene
brev (n) — letter (**6**)
et brev – brevet – brev – brevene
bringe (v) — bring (*25*)
å bringe – bringer – brakte – har brakt
bris (n) — breeze (*27*)
en bris – brisen
brodere (v) — embroider (**26**)
å brodere – broderer – broderte – har brodert
bronse (n) — bronze (T)
en bronse – bronsen
bror (n) — brother (**10**)
en bror – broren – brødre – brødrene
bru (n) — bridge (**23**)
ei bru – brua
brud (n) — bride (**26**)
en brud – bruden
brudekjole (n) — bridal gown (**26**)
en brudekjole – brudekjolen
brudemarsj (n) — wedding march (*26*)
en brudemarsj – brudemarsjen
brudepar (n) — bridal couple (**26**)
et brudepar – brudeparet – brudepar – brudeparene
brudgom (n) — bridegroom (**26**)
en brudgom – brudgommen – brudgommer – brudgommene
bruke (v) — use (**9**)
å bruke – bruker – brukte – har brukt
bruke lang tid — spend a long time (**14**)
bruke penger — spend money (**21**)
bruksgjenstand (n) — article for everyday use (T)
en bruksgjenstand – bruksgjenstanden
brukskunst (n) — arts and crafts, applied art (T)
en brukskunst – brukskunsten
brun (adj) — brown (**21**)
brun – brunt – brune
brunrutet (adj) — brown plaid or checked (*21*)
brunrutet – brunrutete
brus (n) — pop, soda (*23*)
en brus – brusen

brygge (n) — wharf, pier (**14**)
ei brygge – brygga
bryllup (n) — wedding (**24**)
et bryllup – bryllupet – bryllup – bryllupene
bryst (n) — chest (**24**)
et bryst – brystet – bryst – brystene
bryte (v) — break (*27*); clear (**T**)
å bryte – bryter – brøt – har brutt
brød (n) — (loaf of) bread (**17**)
et brød – brødet – brød – brødene
brødre (n) — cf **bror** (**10**)
brødskive (n) — slice of bread (**8**)
ei brødskive – brødskiva
brøt (v) — broke cf **bryte** (**T**)
bråk (n) — noise (**27**)
et bråk – bråket
bu (n) — storage house
ei bu – bua
bud (n) — message (*24*)
et bud – budet – bud – budene
sende bud etter (noen) — send for (somebody) (**24**)
bukke (v) — bow, bend (**T**)
å bukke – bukker – bukket – har bukket
buksedrakt (n) — pants suit (**21**)
en buksedrakt – buksedrakten
bukser (n, pl) — trousers, pants (**21**)
bukser – buksene
bunad (n) — national costume (**14**)
en bunad – bunaden
bunn (n) — bottom (**25**)
en bunn – bunnen
bunnfarge (n) — ground color (**T**)
en bunnfarge – bunnfargen
burde (v) — ought to, should (**23**)
å burde – bør – burde – har burdet
buss (n) — bus (**12**)
en buss – bussen
med buss — by bus (**14**)
butikk (n) — shop, store (**4**)
en butikk – butikken
i butikken — at the store (**4**)
by (n) — city (**7**)
en by – byen
i byen — in town (**7**)
midt i byen — in the middle of the city
bygd (n) — country settlement, township (**23**)
ei bygd – bygda
Bygdøy — peninsula in Oslo with many museums (*14*)
bygge (v) — build (**23**)
å bygge – bygger – bygde – har bygd
bygning (n) — building (**13**)
en bygning – bygningen
bæ (I) — baa
bære (v) — carry, bear (**20**)
å bære – bærer – bar – har båret
bærende (adj) — supporting (**T**)
bø (I) — boo
bøker (n) cf **bok** (**6**)
bølge (n) — wave (*27*)
en bølge – bølgen
bølgende (adj) — flowing, undulating (**T**)
bønder (n) — cf **bonde** (**11**)
bør (v) — ought to (**23**) cf **burde**
bøye (v) — conjugate, decline (*25*)
å bøye – bøyer – bøyde – har bøyd
både (conj) — both (**11**)
bål (n) — bonfire (**17**)
et bål – bålet – bål – bålene
båt (n) — boat (**14**); wedge (*15*)
en båt – båten
båtbillett (n) — boat ticket (*18*)
en båtbillett – båtbilletten

C

ca.: **circa** — approximately (*26*)
celsius (n) — centigrade (*22*)
cent (n) — cent (*4*)
en cent – centen – cent – centene
centimeter (n) — centimeter, .3937 inches (*21*)
en centimeter – centimeteren – centimeter – centimeterne
Christiania — former name of Oslo, used from 1624 to 1925 (*28*)
circa (adv) — approximately (*26*)
cola (n) — cola-flavored beverage (*7*)
en cola

D

da[1] (adv) — then, at that time (**8**); indeed (*13*); certainly (**27**)
nei da — no indeed (**13**)
da var jeg i Norge — then I was in Norway (*17*)
da[2] (conj) — when (at one time in the past) (**17**)
da jeg var i Norge — when I was in Norway (*17*)
dag (n) — day (**1**)
en dag – dagen
god dag — hello (**1**)
i dag — today (**2**)
i dag tidlig — this morning (**17**)
midt på dagen — in the middle of the day, noon (**19**)
dagbok (n) — diary (**13**)
ei dagbok – dagboka – dagbøker – dagbøkene
dagslys (n) — daylight (**T**)
et dagslys – dagslyset
dagstur (n) — day-long journey (*27*)
en dagstur – dagsturen
dal (n) — valley (**23**)
en dal – dalen
dame (n) — lady (**6**)
en dame – damen
damefrisør (n) ladies' hairdresser (*18*)
en damefrisør – damefrisøren
dameklær (n, pl) — women's clothing (**21**)
dameklær – dameklærne
dampskip (n) — steamship (*28*)
et dampskip – dampskipet – dampskip – dampskipene
Danmark — Denmark (**11**)
danne (v) — form (**25**)
å danne – danner – dannet – har dannet
dans (n) — dance (**14**)
en dans – dansen
danse (v) — dance (**14**)
å danse – danser – danset – har danset
danser (n) — dancer (**14**)
en danser – danseren – dansere – danserne
dansk (adj) — Danish (*28*)
dansk – danske
danske (n) — Dane (*28*)
en danske – dansken
dato (n) — date (**12**)
en dato – datoen
hvilken dato er det — what's the date (**12**)
datter (n) — daughter (**10**)
en datter – datteren – døtre – døtrene
daude (n) — cf **død** (*28*)
de (pn) — they (**5**); those (**20**)
de – dem
De (pn) — you (formal) (**21**)
De – Dem
deg (pn) — you (**6**); yourself (7) cf **du**
deilig (adj) — delicious; beautiful (**13**)
deilig – deilige
dekke (v) — cover (**18**)
å dekke – dekker – dekket – har dekket
dekke bordet — set the table (**18**)
dekor (n) — decor (**T**)
en dekor – dekoren
dekorativ (adj) — decorative (**T**)
dekorativ – dekorativt – dekorative
dekorere (v) — decorate (**T**)
å dekorere – dekorerer – dekorerte – har dekorert
del (n) — part, section (**22**)
en del – delen
dele (v) — divide (**18**)
å dele – deler – delte – har delt
delvis (adv) — partly, to some extent (*24*)
dem (pn) — them (**5**) cf **de**
Dem (pn) — you (formal) (**21**) cf **De**
demokratisk (adj) — democratic (**25**)
demokratisk – demokratiske
demonstrasjon (n) — demonstration (*28*)
en demonstrasjon – demonstrasjonen
den (pn) — it (**7**); that (**20**)
den – det – de
denne (pn) — this (**20**)

denne – dette – disse
dens (pn) — its (T)
departement (n) — department (**25**)
et departement – departementet
depresjon (n) — depression (*28*)
en depresjon – depresjonen
der (adv) — there (location) (**3**)
der borte — over there (**6**)
der inne, der nede, osv. — in there, down there, etc. (**14**)
dere (pn) — you (pl) (**6**); yourselves (**7**)
dere – dere
deres (pn) — your, yours (pl); their, theirs (**9**)
Deres (pn) — your, yours (formal) (**21**)
deretter (adv) — then, after that (T)
derfor (adv) — therefore, for that reason (**25**); why (**28**)
det er derfor — that's why (*28*)
dermed (adv) — with that, so (*28*)
desember (n) — December (**12**)
dessert (n) — dessert (**8**)
en dessert – desserten
dessuten (adv) — besides, moreover (**27**)
dessverre (adv) — unfortunately (**12**)
det (pn) — it; that (**1**) cf **den**
det var bra — that's good (**5**)
det er — it is, that is, there is, there are (**5**)
e.g.: *det er et skrivebord* — it/that is a desk
det er et skrivebord i klasseværelset — there is a desk in the classroom
det er mange pulter i klasseværelset — there are many desks in the classroom
det var det — that's that (**6**)
detektiv (n) — detective (*28*)
en detektiv – detektiven
dets (pn) — its
dette (pn) this (**4**) cf **denne**
di (pn) — cf **din** (**9**)
dialog (n) — dialogue (*14*)
en dialog – dialogen
diftong (n) — diphthong (*6*)
en diftong – diftongen
dikt (n) — poem, poetry (*28*)
et dikt – diktet – dikt – diktene
diktat (n) — dictation
en diktat – diktaten
dikter (n) — poet; writer (*28*)
en dikter – dikteren – diktere – dikterne
din (pn) — your, yours (*1*)
din – di – ditt – dine (**9**)
dine (pn) — cf **din** (**9**)
direkte (adj) — direct (*26*)
disse (pn) — these cf **denne** (**20**)
distriktshøgskole (n) — district "high school" similar to American liberal arts college cf **høgskole** (*18*)
en distriktshøgskole – distriktshøgskolen
dit (adv) — (to) there (motion) (**13**)
dit opp — up there (motion) (**14**)
ditt (pn) — cf **din** (**9**)
doktor (n) — doctor, physician (*24*)
en doktor – doktoren
dollar (n) — dollar (*4*)
en dollar – dollaren – dollar – dollarene
domkirke (n) — cathedral (**13**)
en domkirke – domkirken
dra (v) — go; leave (**18**)
å dra – drar – drog – har dratt
drage (n) — dragon (T)
en drage – dragen
dragehode (n) — dragon head (**14**)
et dragehode – dragehodet
drakk (v) — drank cf **drikke** (**17**)
drakt (n) — suit (*21*)
en drakt – drakten
drepe (v) — kill (**27**)
å drepe – dreper – drepte – har drept
dress (n) — suit of clothes (**21**)
en dress – dressen
drikke[1] (v) — drink (**7**)
å drikke – drikker – drakk – har drukket (**17**)
drikke[2] (n) — drink (*23*)
mat og drikke — food and drink (*23*)
drikkevare (n) — beverage (*8*)

en drikkevare – drikkevaren
dristig (adj) — bold, daring (**28**)
dristig – dristige
drog (v) — went; left cf **dra** (**18**)
drukket (v) — drunk cf **drikke** (**17**)
drysse (v) — sprinkle, scatter (**T**)
å drysse – drysser – drysset – har drysset
du (pn) — you (**1**)
du – deg
dukke (n) — doll (**13**)
en dukke – dukken
dyne (n) — feather quilt (**24**)
ei dyne – dyna
dynke (v) — sprinkle, spray (*15*)
å dynke – dynker – dynket – har dynket
dyp (adj) — deep (**24**)
dyp – dypt – dype
pust dypt — breathe deeply (**24**)
dyr[1] (n) — animal (**11**)
et dyr – dyret – dyr – dyrene
dyr[2] (adj) — expensive (**13**)
dyr – dyrt – dyre
dyrart (n) — animal species (*27*)
en dyrart – dyrarten
dyrekampmotiv (n) — motif of animal fighting (**T**)
et dyrekampmotiv – dyrekampmotivet
dyreliv (n) — animal life, wildlife (*25*)
et dyreliv – dyrelivet
dyremat (n) — animal food (*27*)
en dyremat – dyrematen
dyrke (v) — grow, cultivate (**11**)
å dyrke – dyrker – dyrket – har dyrket
dø (v) — die (**28**)
å dø – dør – døde – har dødd
død (n) — death (**26**)
en død – døden
døde (v) — died cf **dø** (**28**)
døgn (n) — 24 hours, day and night (**17**)
et døgn – døgnet – døgn – døgnene
døgnet rundt — around the clock (24 hours) (**22**)
døpe (v) — baptize, christen (*26*)
å døpe – døper – døpte – har døpt
dør (n) — door (**5**)
ei dør – døra
døtre (n) — cf **datter** (**10**)
dåp (n) — baptism (*26*)
en dåp – dåpen
dårlig (adj) — ill, bad (**17**)
dårlig – dårlige
ha dårlig tid — have little time (**17**)

E

EF: Det europeiske fellesskap — the European Common Market (*25*)
egen (adj) — own (**18**)
egen – eget – egne
egentlig (adj) — actual, real (**18**)
egentlig – egentlige
eget (adj) — cf **egen** (**18**)
egg (n) — egg (**8**)
et egg – egget – egg – eggene
egne (adj) — cf **egen** (**18**)
ei[1] (art) — a (**5**) cf **en**[1]
ei[2] (num) — one (**6**) cf **én**[2]
Eidsvoll — town in East Norway, site of the signing of the Norwegian Constitution in 1814 (**23**)
eidsvollsverket (n) — that which was accomplished at Eidsvoll in 1814, i.e., drafting of the Norwegian Constitution (*28*)
eie (v) — own, possess (**18**)
å eie – eier – eide – har eid
eieform (n) — genitive, possessive (*16*)
en eieform – eieformen
eiendomspronomen (n) — possessive pronoun (**9**)
et eiendomspronomen – eiendomspronomenet
eier (n) — owner (**T**)
en eier – eieren – eiere – eierne
eksamen (n) — examination (**18**)
en eksamen – eksamenen
være oppe til eksamen — take an exam (*18*)
eksamensdag (n) — examination day (*18*)

en eksamensdag – eksamensdagen
eksempel (n) — example (16)
et eksempel – eksempelet – eksempler – eksemplene
for eksempel — for example (16)
ekspeditrise (n) — saleswoman, clerk (20)
en ekspeditrise – ekspeditrisen
ekspeditør (n) — salesman, clerk (4)
en ekspeditør – ekspeditøren
ekspert (n) — expert (25)
en ekspert – eksperten
ekspresjonisme (n) — expressionism (T)
en ekspresjonisme – ekspresjonismen
ekstra (adj) — extra (27)
ektefolk (n, pl) — husband and wife (26)
ektefolk – ektefolkene
ektemann (n) — husband (26)
en ektemann – ektemannen – ektemenn – ektemennene
ektepar (n) — married couple (11)
et ektepar – ekteparet – ektepar – ekteparene
ekteskap (n) — marriage (T)
et ekteskap – ekteskapet – ekteskap – ekteskapene
eldre (adj) — older (20) cf **gammel**
eldst (adj) — oldest (20) cf **gammel**
elegant (adj) — elegant (*27*)
elegant – elegante
elektrisk (adj) — electric (25)
elektrisk – elektriske
elektronisk data behandling, "EDB" (n) — computer science (*18*)
en behandling – behandlingen
element (n) — element (*9*)
et element – elementet
elev (n) — pupil (2)
en elev – eleven
elg (n) — European moose (*27*)
en elg – elgen
eller (conj) — or (3)
ellers (adv) — anyway, otherwise (24)
ellers takk — but thanks anyway (24)
elleve (num) — eleven (3)
ellevte (num) — eleventh (12)
elske (v) — love (26)
å elske – elsker – elsket – har elsket
elv (n) — river, stream (27)
ei elv – elva
emnevalg (n) — choice of material with which to make something; choice of subject (T)
et emnevalg – emnevalget – emnevalg – emnevalgene
en[1] (art) — a, an (*2*)
en – ei – et
én[2] (num) — one (3)
én – ei – ett
en[3] (pn) — one, people, they, you (14)
hva kan en se — what can one see (*14*)
enda (adv) — still
enda noen tidsuttrykk til — still more time expressions (*17*)
enda + (comparativ) — even + (comparative)
e.g., *enda mer* — even more
ende (n) — end (13)
en ende – enden
ved enden av — at the end of (13)
endelig (adj) — final, ultimate (19)
endelig – endelige
ending (n) — ending
en ending – endingen
energisk (adj) — energetic (T)
energisk – energiske
eneste (adj) — only, single (22)
ikke en eneste — not a single one
engelsk (adj) — English (2)
engelsk – engelske
på engelsk — in English (5)
England — England (5)
enhver (pn) — everyone (*26*)
enig (adj) — agreed, in agreement (26)
enig – enige
være enige om (noe) — be in agreement about (something) (26)
være enig i (noe) — agree about (something) (26)
være enig med (noen) — agree with (someone) (26)

være helt enig — be in complete agreement (27)
enkel (adj) — plain, simple (T)
enkel - enkelt - enkle
enkelhet (n) — simplicity (T)
en enkelhet - enkelheten
enkelt (adj) — isolated (*27*)
enkelt - enkelte
enkepensjon (n) — widow's pension (*24*)
en enkepensjon - enkepensjonen
enn (conj) — than (16)
noe annet enn — something other than (16)
ennå (adv) — yet (2); still (7)
enorm (adj) — enormous, huge (18)
enorm - enormt - enorme
ensfarget (adj) — solid-colored (21)
ensfarget - ensfargede
ensom (adj) — lonesome, solitary (*24*)
ensom - ensomt - ensomme
entall (n) — singular (*5*)
et entall - entallet
entré (n) — entry hall (9)
en entré - entreen
entusiastisk (adj) — enthusiastic (28)
entusiastisk - entusiastiske
eple (n) — apple (11)
et eple - eplet
er (v) — is, am, are (1) cf **være**
erfaren (adj) — experienced (*27*)
erfaren - erfarent - erfarne
ergerlig (adj) — annoyed, irritated (28)
ergerlig - ergerlige
erklæring (n) — declaration (28)
en erklæring - erklæringen
erotikk (n) — eroticism, sex (T)
en erotikk - erotikken
erter (n, pl) — peas (11)
erter - ertene
eske (n) — box (T)
en eske - esken
et (art) — a (3) cf **en**[1]
etablere (v) — establish (*25*)
å etablere - etablerer - etablerte - har etablert
det "etablerte" — the establishment (*25*)
etasje (n) — floor, story (9)
en etasje - etasjen
i (første) etasje — on the (first) floor (9)
ett (num) — one (6) cf **én**[2]
etter (prep) — after (8)
etter at (vi spiste) — after (we ate)
etter hvert — gradually (T)
ettermiddag (n) — afternoon (17)
en ettermiddag - ettermiddagen
om ettermiddagen — in the afternoon (17)
i ettermiddag — this afternoon (17)
etternavn (n) — family name, last name (26)
et etternavn - etternavnet - etternavn - etternavnene
etterpå (adv) — after, afterwards (15)
Europa — Europe (23)
Europaveier — main roads through Europe (*23*)
e.g., *E.-18: Europavei 18* (*23*)
europeisk (adj) — European (25)
europeisk - europeiske
evangelisk (adj) — evangelical (*26*)
evangelisk - evangeliske
eventyr (n) — adventure (25); fairytale (*27*)
et eventyr - eventyret - eventyr - eventyrene
eventyrer (n) — adventurer (*28*)
en eventyrer - eventyreren - eventyrere - eventyrerne
evig (adj) — perpetual, eternal (*27*)
evig - evige
evne (n) — ability (*24*)
en evne - evnen
examen artium (n) — cf **artium** (18)

F

fabrikk (n) — factory (3)
en fabrikk - fabrikken
fabrikkarbeider (n) — factory worker (*18*)
en fabrikkarbeider - fabrikkar-

beideren – fabrikkarbeidere – fabrikkarbeiderne
fag (n) — subject, field (**18**)
et fag – faget – fag – fagene
fagbok (n) — professional, technical book (*18*)
ei fagbok – fagboka – fagbøker – fagbøkene
faktisk (adj) — factual, actual (**22**); (adv) as a matter of fact (**22**)
faktisk – faktiske
faktum (n) — fact (**28**)
et faktum – faktumet – fakta – faktaene
fall (n) — case
et fall – fallet – fall – fallene
i hvert fall — in any case, anyhow (**23**)
falle (v) — fall (*27*)
å falle – faller – falt – har falt
fallskjerm (n) — parachute (**28**)
en fallskjerm – fallskjermen
familie (n) — family (**5**)
en familie – familien
familien min — my family (**1**)
hele familien — the whole family (**12**)
fanfare (n) — fanfare, flourish (*28*)
en fanfare – fanfaren
fant (v) — found cf **finne** (**21**)
fantastisk (adj) — fantastic
fantastisk – fantastiske
fantes (v) — existed cf **finnes**
Fantoft Stavkirke — Fantoft Stave Church in Bergen (*16*)
far (n) — father (**10**)
en far – faren – fedre – fedrene
farfar (n) — paternal grandfather (**10**)
en farfar – farfaren – farfedre – farfedrene
farge[1] (n) — color (**21**)
en farge – fargen
hvilken farge — what color (*21*)
skifte farge — change color (**23**)
farge[2] (v) — color (*27*)
å farge – farger – farget – har farget
fargeflat (n) — flat field of color (**T**)
en fargeflat – fargeflaten
fargerik (adj) — colorful (**13**)
fargerik – fargerikt – fargerike
farlig (adj) — dangerous, hazardous (**27**)
farlig – farlige
farm (n) — farm (**T**)
en farm – farmen
farmasi (n) — pharmacy (*18*)
en farmasi – farmasien
farmor (n) — paternal grandmother (**10**)
en farmor – farmoren – farmødre – farmødrene
fart (n) — speed (*27*)
en fart – farten
fartsgrense (n) — speed limit (**23**)
en fartsgrense – fartsgrensen
farve (n) — cf **farge** (*28*)
fast (adj) — fixed
fast – faste
faste uttrykk — fixed expressions, idioms
fat (n) — dish
et fat – fatet – fat – fatene
fattigmann (n) — poor man (*10*)
en fattigmann – fattigmannen – fattigmenn – fattigmennene
feber (n) — fever (**24**)
en feber – feberen
febuar (n) — February (**12**)
fedre (n) — cf **far** (**10**)
fedrelandssang (n) — national anthem (**28**)
en fedrelandssang – fedrelandssangen
feire (v) — celebrate (**17**)
å feire – feirer – feiret – har feiret
feiring (n) — celebration (*28*)
en feiring – feiringen
f. eks.: for eksempel — for example (**16**)
fele (n) — violin, fiddle (**14**)
ei fele – fela
felles (adj) — common, mutual (*5*)
fellesskap (n) — joint activity, efforts (*25*)
et fellesskap – fellesskapet – fellesskap – fellesskapene
Det europeiske fellesskap (EF) — the European Common Market (*25*)

felt (n) — area, grounds, field (*25*)
et felt – feltet – felt – feltene
fem (num) — five (**3**)
femte (num) — fifth (**5**)
femten (num) — fifteen (**3**)
femtende (num) — fifteenth (**12**)
femti (num) — fifty (**3**)
femtiende (num) — fiftieth (**12**)
femøring (n) — five-øre coin (*27*)
en femøring – femøringen
fengsel (n) — jail, prison (**23**)
et fengsel – fengselet – fengsler – fengslene
ferdig (adj) — finished, completed; ready (**17**)
ferdig – ferdige
være ferdig med å gå på ski — be finished skiing (**22**)
skrive ferdig — complete writing (*24*)
ferie (n) — vacation, holiday (**22**)
en ferie – ferien
ferieparadis (n) — vacation paradise (*27*)
et ferieparadis – ferieparadiset
ferje (n) — ferryboat (**23**)
ei ferje – ferja
fersk (adj) — fresh (**16**)
fersk – ferskt – ferske
fersken (n) — peach (*15*)
en fersken – ferskenen
fest (n) — celebration, festival (**16**)
en fest – festen
festdag (n) — holiday, day of rejoicing (*28*)
en festdag – festdagen
festlig (adj) – festive (T)
festlig – festlige
festning (n) — fort, fortress (28)
en festning – festningen
festspill (n) — festival performance (**16**)
et festspill – festspillet – festspill – festspillene
Festspillene — a period of concerts and theater performances held in Bergen during May and June each year (*16*)
fetter (n) — male cousin (**10**)
en fetter – fetteren – fettere – fetterne

fikk (v) — got to, was permitted to (**15**) cf **få**
film (n) — film, movie (**6**)
en film – filmen
filologi (n) — philology, humanistic subjects (*18*)
en filologi – filologien
filosofi (n) — philosophy (*18*)
en filosofi – filosofien
fin (adj) — fine (**13**)
fin – fint – fine
finger (n) — finger (**24**)
en finger – fingeren – fingrer – fingrene
finne (v) — find (**7**)
å finne – finner – fant – har funnet (**20**)
finnes (v) — exist, be found
å finnes – finnes – fantes – har funnes
fire (num) — four (**3**)
fisk (n) — fish (**8**)
en fisk – fisken
fiske (n) — fishing (**25**)
et fiske – fisket
fiskebanke (n) — fishing bank (**25**)
en fiskebanke – fiskebanken
fiskebolle (n) — fish ball (**20**)
en fiskebolle – fiskebollen
fiskebåt (n) — fishing boat (*16*)
en fiskebåt – fiskebåten
fisker (n) — fisherman (**16**)
en fisker – fiskeren – fiskere – fiskerne
Fisketorvet — the Fish Market in Bergen (*16*)
fjell (n) — mountain (**16**)
et fjell – fjellet – fjell – fjellene
i fjellet — in the mountains (**22**)
til fjells — to the mountains (**22**)
fjellheimen (n) — the mountain wilds (**27**)
fjellkjede (n) — mountain range (*27*)
en fjellkjede – fjellkjeden
fjellside (n) — mountainside (*27*)
en fjellside – fjellsiden
fjellstrøk (n) — mountain district, area (*27*)

et fjellstrøk – fjellstrøket – fjellstrøk – fjellstrøkene
fjelltrakt (n) — mountain region (*27*)
en fjelltrakt – fjelltrakten
fjellvegg (n) — mountain wall (*16*)
en fjellvegg – fjellveggen
fjerde (num) — fourth (**5**)
fjerne (v) — remove, eliminate (**T**)
å fjerne – fjerner – fjernet – har fjernet
fjernsyn (n) — television (**9**)
et fjernsyn – fjernsynet – fjernsyn – fjernsynene
fjernsynsprogram (n) — television program (**12**)
et fjernsynsprogram – fjernsynsprogrammet – fjernsynsprogrammer – fjernsynsprogrammene
fjor (n): **i fjor** — last year (**12**)
fjord (n) — fjord, inlet (**14**)
en fjord – fjorden
fjorten (num) — fourteen (**3**)
fjortende (num) — fourteenth (**12**)
fjøs (n) — cow barn (**11**)
et fjøs – fjøset – fjøs – fjøsene
flagg (n) — flag (**13**)
et flagg – flagget – flagg – flaggene
flaks (n) — luck (*23*)
en flaks – flaksen
flamme (n) — blaze, flame (**27**)
en flamme – flammen
flaske (n) — bottle, flask (**15**)
ei flaske – flaska
flere (adj) — more (in number) (**20**) cf **mange**
flertall (n) — plural (*5*); majority (*25*)
et flertall – flertallet
flest (adj) — most (in number) (**20**) cf **mange**
de fleste — most people, most of them (**20**)
folk flest — most people (**27**)
flink (adj) — competent, good at, clever (**27**)
flink – flinkt – flinke
være flink til å — be good at (**27**)
flis (n) — chip, splinter (**28**)
ei flis – flisa
flott (adj) — grand, superb (**14**)
flott – flotte
fly (n) — airplane (**18**)
et fly – flyet – fly – flyene
flybillett (n) — plane ticket (*18*)
en flybillett – flybilletten
flytte (v) — move (**T**)
å flytte – flytter – flyttet – har flyttet
fløte (n) — cream (**15**)
en fløte – fløten
Fløybanen — cable car to the top of Mt. Fløyen in Bergen (*16*)
Fløyen — one of the seven mountains that surround Bergen (*16*)
fløyte (n) — whistle (*23*)
ei fløyte – fløyta
flåte (n) — log raft (**14**)
en flåte – flåten
folk (n) — people, persons (**13**)
et folk – folket – folk – folkene
folk flest — most people (**27**)
folkeavstemning (n) — plebiscite (*25*)
en folkeavstemning – folkeavstemningen
folkedans (n) — folkdance (**14**)
en folkedans – folkedansen
folkedanser (n) — folk dancer (**14**)
en folkedanser – folkedanseren – folkedansere – folkedanserne
folkehelse (n) — public health (*24*)
ei folkehelse – folkehelsa
folkehøgskole (n) — folk "high school" i.e., people's college (having general cultural courses not leading to any degree) (**18**)
en folkehøgskole – folkehøgskolen
folkeinstrument (n) — folk instrument (*14*)
et folkeinstrument – folkeinstrumentet
folkekunst (n) — folk art (**T**)
en folkekunst – folkekunsten
folkemengde (n) — crowd, mob (*28*)
en folkemengde – folkemengden
folkemuseum (n) — museum of folk art and architecture (*14*)
et folkemuseum – folkemuseet – folkemuseer – folkemuseene

folkeparti (n) — people's party (*25*)
et folkeparti - folkepartiet
folkepensjon (n) — public pension (*24*)
en folkepensjon - folkepensjonen
folketaler (n) — popular speaker (*28*)
en folketaler - folketaleren - folketalere - folketalerne
Folketrygden — public insurance (**24**)
fonetikk (n) — phonetics (*18*)
en fonetikk - fonetikken
for[1] (prep) — for (**2**); of (*14*)
det er alt for i dag — that's all for today (**2**)
takk for i dag — thanks for today (**2**)
for å — to, in order to (**14**)
nord for — north of (*14*)
for (en uke) siden — (a week) ago (**17**)
for[2] (conj) — because, for (**15**)
for[3] (adv) — too (**17**)
for (gammel) — too (old)
ingen er for gammel til å lære — no one is too old to learn (*3*)
foran (prep) — in front of (**7**)
forandre (v) — change (**24**)
å forandre - forandrer - forandret - har forandret
forandre seg — change (**24**)
forbauselse (n) — amazement, surprise (*25*)
en forbauselse - forbauselsen
forberede (v) — prepare, get ready (**22**)
å forberede - forbereder - forberedte - har forberedt
forberedende (adj) — preparatory (*27*)
forberedt (adj) — prepared (**28**)
forberedt - forberedte
være forberedt på — be prepared for (**28**)
forbi (prep) — past, by, beyond (**14**)
forbindelse (n) — connection (*28*)
en forbindelse - forbindelsen
i forbindelse med — in connection with (*28*)
forbitrelse (n) — indignation, resentment (*28*)
en forbitrelse - forbitrelsen
forbudt (adj) — prohibited, forbidden (*28*)
forbudt - forbudte
fordi (conj) — because (**6**)
forebygge (v) — prevent (*24*)
å forebygge - forebygger - forebygde - har forebygd
foreldre (n, pl) — parents (**10**)
foreldre - foreldrene
forelesning (n) — lecture (**18**)
en forelesning - forelesningen
forene (v) — unite, join (*28*)
å forene - forener - forente - har forent
forene seg med — join, unite with (**28**)
foretrekke (v) — prefer (*27*)
å foretrekke - foretrekker - foretrakk - har foretrukket
forfedre (n, pl) — ancestors, forefathers
forfedre - forfedrene
forhandle (v) — discuss, negotiate (**28**)
å forhandle - forhandler - forhandlet - har forhandlet
forkjørsvei (n) — priority road (*23*)
en forkjørsvei - forkjørsveien
forklare (v) — explain, expound (**28**)
å forklare - forklarer - forklarte - har forklart
forkortelse (n) — abbreviation (*24*)
en forkortelse - forkortelsen
forlate (v) — leave (**T**)
å forlate - forlater - forlot - har forlatt
forlot (v) — left cf **forlate** (**T**)
forlove (v): **forlove seg** — become engaged (**24**)
å forlove - forlover - forlovet - har forlovet
forlovelse (n) — engagement (**24**)
en forlovelse - forlovelsen
forlover (n) — best man; maid of honor (**26**)
en forlover - forloveren - forlovere - forloverne
form (n) — form
en form - formen

formann (n) — foreman (19)
en formann – formannen – formenn – formennene
formiddag (n) — forenoon, morning (17)
en formiddag – formiddagen
om formiddagen — in the morning (17)
i formiddag — this morning (17)
formiddagsmat (n) — lunch (8)
en formiddagsmat – formiddagsmaten
fornavn (n) — first name (*28*)
et fornavn – fornavnet – fornavn – fornavnene
fornøyd (adj) — satisfied, content (*24*)
fornøyd – fornøyde
fornøyelse (n) — pleasure, gratification (27)
en fornøyelse – fornøyelsen
forresten (adv) — by the way (17)
forretning (n) — business (20)
en forretning – forretningen
forretningsadministrasjon (n) — business administration (*18*)
en forretningsadministrasjon – forretningsadministrasjonen
forretningsmann (n) — businessman (*18*)
en forretningsmann – forretningsmannen – forretningsmenn – forretningsmennene
forrett (n) — first course (26)
en forrett – forretten
forrette (v) — conduct, officiate (*26*)
å forrette – forretter – forrettet – har forrettet
forrige (adj) — previous, former (20)
i forrige uke — last week (20)
forsamling (n) — assembly (*28*)
en forsamling – forsamlingen
forside (n) — front (T)
en forside – forsiden
forsiktig (adj) — careful, cautious (*15*)
forsiktig – forsiktige
forskjellig (adj) — different, various (*18*)
forskjellig – forskjellige
forslag (n) — suggestion, proposal (28)
et forslag – forslaget – forslag – forslagene
forstavelse (n) — prefix (*24*)
en forstavelse – forstavelsen
forstod (v) — understood cf **forstå** (16)
forstyrre (v) — disturb, interrupt (28)
å forstyrre – forstyrrer – forstyrret – har forstyrret
forstå (v) — understand (2)
å forstå – forstår – forstod – har forstått (16)
forståelse (n) — understanding, comprehension (*24*)
en forståelse – forståelsen
forstått (v) understood cf **forstå** (16)
forsvinne (v) — disappear, vanish (25)
å forsvinne – forsvinner – forsvant – har forsvunnet (25)
forsvunnet (v) — disappeared cf **forsvinne** (25)
forsyne (v) — provide, supply (15)
å forsyne – forsyner – forsynte – har forsynt
forsyne seg (av maten) — help oneself (to the food) (15)
forsynt (adj) — satisfied (*15*)
forsynt – forsynte
å være forsynt — to have had enough (to eat) (15)
forsøk (n) — attempt (*24*)
et forsøk – forsøket – forsøk – forsøkene
forsøk på — attempt at (*24*)
forsørger (n) — breadwinner, provider (*24*)
en forsørger – forsørgeren – forsørgere – forsørgerne
fort (adj) — fast, quick (17)
fort – forte
fortalte (v) — told cf **fortelle** (17)
fortelle (v) — tell (7)
å fortelle – forteller – fortalte – har fortalt (17)
fortelling (n) — narrative, story (*21*)
en fortelling – fortellingen

fortid (n) — past (*17*)
en fortid – fortiden
fortsatt (adj) — continued (*11*)
fortsatt – fortsatte
fortsette (v) — continue (*28*)
å fortsette – fortsetter – fortsatte – har fortsatt
fortsettes — to be continued (*11*)
fortsettelse (n) — continuation (*24*)
en fortsettelse – fortsettelsen
forundret (adj) — astonished, surprised (*27*)
forundret – forundrede
forundring (n) — astonishment, surprise (**28**)
en forundring – forundringen
forurensning (n) — pollution (**25**)
en forurensning – forurensningen
forveien (n): **i forveien** — beforehand, previously
dagen i forveien — the day before
forære (v) — give, present with (**T**)
å forære – forærer – forærte – har forært
foss (n) — waterfall (**25**)
en foss – fossen
fot (n) — foot (**24**)
en fot – foten – føtter – føttene
til fots — on foot (**27**)
fottur (n) — hike (**27**)
en fottur – fotturen
gå fottur – go on a hike (**27**)
fra (prep) — from (**1**)
gå fra (noen) — leave (someone) (**13**)
frakk (n) — overcoat (**21**)
en frakk – frakken
fram (adj) — ahead, forth (**17**)
ta fram — bring forth, take out (**17**)
komme fram — arrive (**21**)
sannheten skal fram — the truth shall be told, the truth will out (**26**)
fram og tilbake — back and forth (**27**)
framheve (v) — emphasize, stress (*27*)
å framheve – framhever – framhevde – har framhevd
framover (prep) — in the future, ahead (**T**)
framtid (n) — future (**26**)
en framtid – framtiden
framtidig (adj) — future, prospective (*28*)
framtidig – framtidige
Frankrike — France (**11**)
fransk (adj) — French (**18**)
fransk – franske
frasi (v): **frasi seg** — relinquish, renounce (*28*)
å frasi – frasier – frasa – har frasagt
fredag (n) — Friday (**12**)
fredelig (adj) — peaceful (**25**)
fredelig – fredelige
fremdeles (adv) — still (**12**)
fremmed (adj) — foreign (*27*)
fremmed – fremmede
fri (adj) — free (**22**)
fri – fritt – frie
ha fri — have a day off (**22**)
få fri — get time off (*27*)
fridag (n) — holiday, day off (*28*)
en fridag – fridagen
fridom (n) — freedom (*28*)
en fridom – fridommen
frifinne (v) — acquit, find not guilty (*28*)
å frifinne – frifinner – frifant – har frifunnet
frigjøring (n) — liberation (*28*)
en frigjøring – frigjøringen
frihet (n) — freedom (*28*)
en frihet – friheten
friluft (n) — open air, outdoors (used mostly in compound words) (*14*)
ei friluft – frilufta
friluftskafé (n) — open air cafe (**13**)
en friluftskafé – friluftskafeen
friluftsmuseum (n) — outdoor museum (**23**)
et friluftsmuseum – friluftsmuseet – friluftsmuseer – friluftsmuseene
friluftsområde (n) — outdoor area (**14**)
et friluftsområde – friluftsområdet
frimerke (n) — postage stamp (**6**)
et frimerke – frimerket
frisk (adj) — healthy; fresh; cool (*27*)
frisk – friskt – friske

frisør (n) — hairdresser (18)
en frisør – frisøren
fritt (adj) — cf **fri** (22)
frokost (n) — breakfast (8)
en frokost – frokosten
til frokost — for breakfast (8)
frokostbord (n) — breakfast table (*18*)
et frokostbord – frokostbordet – frokostbord – frokostbordene
frosne (adj) — cf **frossen** (22)
frossen (adj) — frozen (22)
frossen – frossent – frosne
fru (n) — Mrs. (11)
frue (n) — ma'am (21)
en frue – fruen
frukt (n) — fruit (11)
en frukt – frukten
frykte (v) — fear (*28*)
å frykte – frykter – fryktet – har fryktet
fryse (v) — freeze (*22*)
å fryse – fryser – frøs – har frosset
fryseboks (n) — freezer (19)
en fryseboks – fryseboksen
fugl (n) — bird (25)
en fugl – fuglen
fugleliv (n) — bird life (*25*)
et fugleliv – fuglelivet
full (adj) — full (13)
full – fullt – fulle
funnes (v) — existed cf **finnes**
funnet (v) — found cf **finne** (21)
furu (n) — pine (*27*)
ei furu – furua
fylle (v) — fill (26)
å fylle – fyller – fylte – har fylt
fysikk (n) — physics (*18*)
en fysikk – fysikken
færre (adj) — fewer cf **få**[2]
færrest (adj) — fewest cf **få**[2]
føde (v) — give birth to
å føde – føder – fødte – har født
fødsel (n) — birth (T)
en fødsel – fødselen – fødsler – fødslene
fødselsdag (n) — birthday (12)
en fødselsdag — fødselsdagen
født (adj) — born
født – fødte
når ble du født — when were you born (12)
føle (v) — feel (11)
å føle – føler – følte – har følt
føle seg — feel (11)
e.g., *jeg føler meg velkommen* — I feel welcome
følelse (n) — feeling, emotion (*24*)
en følelse – følelsen
følelsesliv (n) — emotional life (T)
et følelsesliv – følelseslivet – følelsesliv – følelseslivene
føles (v) — feel
å føles – føles – føltes – har føles
det føles godt — it feels good
følgende (adj) — following, next (*25*)
følsom (adj) — sensitive (*27*)
følsom – følsomt – følsomme
før (prep) — before (3)
ikke før — not until (7)
førerkort (n) — driver's license (23)
et førerkort – førerkortet – førerkort – førerkortene
først (adj) — first (5); (adv) first (17)
først – første
første gang — the first time (13)
førti (num) — forty (3)
førtiende (num) — fortieth (12)
føtter (n) — cf **fot** (24)
føye (v) — join
å føye – føyer – føyde – har føyd
føye til — add
få[1] (v) — get; have (8); may, be permitted to (11); have to (*22*)
å få – får – fikk – har fått (20)
kan jeg få (et spisekart) — may I have (a menu) (8)
får jeg presentere (meg) — may I introduce (myself) (11)
fikk — was permitted to (15)
får du — are you being waited on (20)
kan jeg få se — may I see
få[2] (adj) — few (24)
få – færre – færrest (comp)
fårekjøtt (n) — mutton (20)

et fårekjøtt – fårekjøttet
får-i-kål (n) — mutton and cabbage stew (**15**)
en får-i-kål – får-i-kålen
fått (v) — gotten cf **få**[1] (**20**)

G

g.: **gram** (n) — gram, .035 oz. (*15*)
gaffel (n) — fork (**8**)
en gaffel – gaffelen – gafler – gaflene (**15**)
Galdhøpiggen — mountain in Jotunheimen, highest in Norway (*27*)
gammel (adj) — old (**3**)
gammel – gammelt – gamle (**14**)
gammel – eldre – eldst (comp) (**20**)
hvor gammel er du — how old are you (**3**)
jeg er (16) år gammel — I am (16) years old
gang (n) — time, occasion (**5**)
en gang – gangen
en gang til — once more (**2**)
noen gang — any time, ever (**13**)
første gang — the first time (**13**)
med en gang — right away (**24**)
gang på gang — time after time (**T**)
gangvei (n) — (foot) path (**T**)
en gangvei – gangveien
ganske (adv) — quite, fairly (**23**)
gass (n) — gas (**25**)
en gass – gassen
gate (n) — street, avenue (**13**)
ei gate – gata
over gata — across the street (**13**)
gaupe (n) — lynx (*27*)
ei gaupe – gaupa
gav (v) — gave cf **gi** (**18**)
gave (n) — gift (**12**)
en gave – gaven
gavl (n) — gable (**T**)
en gavl – gavlen
geistlighet (n) — clergy (**28**)
en geistlighet – geistligheten
geitost (n) — goat cheese (**20**)
en geitost – geitosten
genser (n) — pullover sweater (**21**)
en genser – genseren – gensere – genserne
geografisk (adj) — geographical (**25**)
geografisk – geografiske
gevær (n) — gun, rifle (**28**)
et gevær – geværet – gevær – geværene
gi (v) — give (**18**)
å gi – gir – gav – har gitt
gi fra seg — surrender up, hand over (**28**)
gi seg — surrender, give in (**28**)
gid (I) — good grief, good heavens (**21**)
gift (adj) — married (**10**)
være gift med — be married to (**13**)
gifte (v) — marry (**26**)
å gifte – gifter – giftet – har giftet
gifte seg med (noen) — marry (someone) (**26**)
gikk (v) — went cf **gå** (**14**)
gitar (n) — guitar (**17**)
en gitar – gitaren
gjelde (v) — be valid for, concern (*28*)
å gjelde – gjelder – gjaldt – har gjeldt
gjenfortelling (n) — retelling
en gjenfortelling – gjenfortellingen
gjengivelse (n) — rendering, reproduction (**T**)
en gjengivelse – gjengivelsen
gjenklang (n) — echo (*28*)
en gjenklang – gjenklangen
gjennom (prep) — through (**23**)
gjennomgikk (v) — experienced cf **gjennomgå** (**T**)
gjennomgå (v) — go through, experience (**T**)
å gjennomgå – gjennomgår – gjennomgikk – har gjennomgått
gjenoppbygging (n) — reconstruction (*25*)
en gjenoppbygging – gjenoppbyggingen
gjenoppleve (v) — relive (*24*)
å gjenoppleve – gjenopplever – gjenopplevde – har gjenopplevd
gjenstand (n) — object, thing (**T**)
en gjenstand – gjenstanden

gjenta (v) — repeat
å gjenta – gjentar – gjentok – har gjentatt
gjentakelse (n) — reiteration, repetition (*27*)
en gjentakelse – gjentakelsen
gjenvinne (v) — regain, recover (*28*)
å gjenvinne – gjenvinner – gjenvant – har gjenvunnet
gjenvunnet (v) — regained cf **gjenvinne** (*28*)
gjerne (adv) — gladly, willingly (**9**)
gjerne – heller – helst (comp) (**20**)
vil gjerne — would like to, want to (*9*)
vil heller — would rather (*20*)
vil helst — would prefer to (*20*)
gjest (n) — guest (**15**)
en gjest – gjesten
gjorde (v) — did cf **gjøre** (**16**)
gjort (v) — done cf **gjøre** (**16**)
gjør (v) — do, are doing (**6**) cf **gjøre**
hva gjør du — what are you doing (*6*)
gjøre (v) — do (**6**); make, cause (*27*)
å gjøre – gjør – gjorde – har gjort (**16**)
gjøre reint — clean (**18**)
gjøre vondt — hurt (**24**)
gjøre (noe) om til — change, make (something) into (*25*)
gjøre innkjøp — make purchases, go shopping (**27**)
glad (adj) — glad, happy (*20*)
glad – glade
være glad i — be fond of (**19**)
være glad for — be glad about, glad because of
glass (n) — glass (**8**)
et glass – glasset – glass – glassene
et glass (melk) — a glass of (milk) (**8**)
glassfiberbåt (n) — fiberglass boat (*27*)
en glassfiberbåt – glassfiberbåten
glede[1] (v) — please (*1*); be pleased (**18**)
å glede – gleder – gledet – har gledet
det gleder meg — it pleases me, it's a pleasure (**1**)
glede seg til — look forward to (**18**)
glede[2] (n) — happiness, pleasure (**28**)
en glede – gleden
glemme (v) — forget (**14**)
å glemme – glemmer – glemte – har glemt
glemsom (adj) — forgetful (**21**)
glemsom – glemsomt – glemsomme
glimre (v) — glitter, glisten (*25*)
å glimre – glimrer – glimret – har glimret
glimt (n) — glimpse (**28**)
et glimt – glimtet – glimt – glimtene
glipp (adv): gå **glipp av** — miss, miss out on (**22**)
glitrende (adj) — sparkling, glittering (*27*)
Glitretind — the second highest mountain in Norway (*27*)
glød (n) — fervor, ardor (*28*)
en glød – gløden
glødende (adj) — ardent, fiery (*28*)
god (adj) — good (**5**)
god – godt – gode (**13**)
god – bedre – best (comp) (**20**)
god dag — hello (**1**)
god natt — good night (**11**)
god bedring — get well soon (**17**)
god tur — bon voyage, have a nice trip (**21**)
godhet (n) — goodness (*24*)
en godhet – godheten
godt (adv) — good, well (**11**) cf **god**
sov godt — sleep well (**11**)
mye godt — a lot of good things (**19**)
Golfstrømmen — the Gulf Stream (**22**)
golv (n) — floor (**5**)
et golv – golvet – golv – golvene
grad (n) — degree, extent (**T**)
en grad – graden
gradestokk (n) — thermometer (*22*)
en gradestokk – gradestokken
grafikk (n) — graphic arts (**T**)
en grafikk – grafikken
grafisk (adj) — graphic (**T**)
grafisk – grafiske
gram (n) — gram, .035 oz. (*15*)
et gram – grammet – gram – grammene
gran (n) — spruce (*27*)
ei gran – grana

granitt (n) — granite (T)
en granitt – granitten
gras (n) — grass (**14**)
et gras – graset
gratis (adj) — free of charge (*24*)
gratulere (v) — congratulate
å gratulere – gratulerer – gratulerte – har gratulert
gratulerer! — congratulations! (**24**)
grav (n) — grave (**16**)
en grav – graven
grave (v) — dig (*27*)
å grave – graver – gravde – har gravd
gravsted (n) — grave, gravesite (*26*)
et gravsted – gravstedet – gravsteder – gravstedene
greie (v) — manage (**21**)
å greie – greier – greide – har greid
det skal vi nok greie — I'm sure we'll manage (*21*)
grense (n) — border, boundary (**23**)
en grense – grensen
gresk (adj) — Greek (*18*)
gresk – greske
grevling (n) — badger (*27*)
en grevling – grevlingen
Grieg, Edvard (1843–1907) — Norwegian composer (*16*)
grill (n) — grill, restaurant (**18**)
en grill – grillen
gris (n) — pig (**11**)
en gris – grisen
grunn (n) — basis, reason (**23**)
en grunn – grunnen
på grunn av — because of (**23**)
grunnlov (n) — constitution (**23**)
en grunnlov – grunnloven
grunnlovgivende (adj): **en grunnlovgivende forsamling** — constitutional assembly (*28*)
grunnlovsdag (n) — Constitution Day (*28*)
en grunnlovsdag – grunnlovsdagen
gruppe (n) — group
en gruppe – gruppen
gryn (n) — grain (T)
et gryn – grynet – gryn – grynene
gryte (n) — kettle, pot (*15*)
ei gryte – gryta
grønn (adj) — green (**13**)
grønn – grønt – grønne
grønnsaker (n, pl) — vegetables (**8**)
grønnsaker – grønnsakene
grønnsaksuppe (n) — vegetable soup (**20**)
ei grønnsaksuppe – grønnsaksuppa
grøsse (v) — shiver, shudder (**28**)
å grøsse – grøsser – grøsset – har grøsset
grå (adj) — gray (**16**)
grå – grått – grå
gråbein (n) — wolf (*27*)
en gråbein – gråbeinen
gråne (v) — turn gray, cloud over (*24*)
å gråne – gråner – grånet – har grånet
gråte (v) — cry (*8*)
å gråte – gråter – gråt – har grått
gråte over — cry about (*8*)
Gud — God (*29*)
Gudbrandsdal — Norway's longest valley, stretching from Lake Mjøsa to Trondheim (*23*)
gudstjeneste (n) — church service (*26*)
en gudstjeneste – gudstjenesten
guide (n) — guide (**16**)
en guide – guiden
gul (adj) — yellow (**13**)
gul – gult – gule
gulfarge (n) — yellow color (*21*)
en gulfarge – gulfargen
gull (n) — gold (*17*)
et gull – gullet
gulrot (n) — carrot (**24**)
ei gulrot – gulrota – gulrøtter – gulrøttene
gulrøtter (n, pl) — carrots (**11**) cf **gulrot**
gutt (n) — boy (**5**)
en gutt – gutten
guttenavn (n) — boy's name (*6*)
et guttenavn – guttenavnet – guttenavn – guttenavnene
gymnas (n) — junior college (ages 16–19); now combined with "yrke-

skole" and referred to as "videregåendeskole" (*18*)
et gymnas – gymnaset

gymnastikk (n) — gymnastics (*18*)
en gymnastikk – gymnastikken

gynge (v) — rock, swing (*27*)
å gynge – gynger – gynget – har gynget

gå (v) — go walk (**3**)
å gå – går – gikk – har gått (**14**)
går på skole — to go school (**3**)
gå fra (noen) — leave (someone) (**13**)
hvordan går det — how goes it (**14**)
gå på kino — go to the movies (**15**)
gå på tur — go on a walk, hike (**19**)
gå med på (noe) — agree, go along with (something) (**26**)
gå på beina — walk (**27**)
gå seg vill — get lost (**27**)
gå til fots — go on foot (**27**)
gå ut på — be to the effect that (T)

gående (adj) — walking, going (*27*)

går (n): **i går** — yesterday (**4**)
takk for i går — thanks for yesterday (**4**)

gård (n) — farm (**11**)
en gård – gården

gårdsarbeid (n) — farm work (*22*)
et gårdsarbeid – gårdsarbeidet

gått (v) — gone cf **gå** (**14**)

H

ha (v) — have (**3**)
å ha – har – hadde – har hatt (**5**)
ha det bra — take care of yourself (**2**)
ha det — 'bye, so long (**4**)
jeg har det bra — I'm fine (**6**)
ha rett — be right (**6**)
ha (noe) med seg — have (something) along (**9**)
ha det hyggelig — have a good time (**12**)
ha god tid — have plenty of time (**14**)
ha på seg — be wearing, have on (**14**)

Haakonshallen — part of Bergen's medieval fortress (*16*)

hadde (v) — had cf **ha** (5)

hage (n) — garden (**11**)
en hage – hagen

hake (n) — chin (**24**)
en hake – haken

hall (n) — large hall (*16*)
en hall – hallen

hallo (I) — hello (7)

hals (n) — throat; neck (**24**)
en hals – halsen
ha vondt i halsen — have a sore throat (**24**)

halv (adj) — half (**12**)
halv – halvt – halve
klokka er halv (seks) — the time is (five) thirty (*12*)

halvhøy (adj) — half aloud (*27*)
halvhøy – halvhøyt – halvhøye
si halvhøyt — say in a low voice (*27*)

halvoffisiell (adj) — semi-official (*28*)
halvoffisiell – halvoffisielt – halvoffisielle

halvpart (n) — half (*28*)
en halvpart – halvparten

halvøy (n) — peninsula (**14**)
ei halvøy – halvøya

halvåpen (adj) — partially open (T)
halvåpen – halvåpent – halvåpne

ham (pn) — him (**6**) cf **han**

Hammerfest — northernmost town in Europe (*23*)

han (pn) — he (**1**)
han – ham

handel (n) — business, trade (*21*)
en handel – handelen

handelsby (n) — merchant city (T)
en handelsby – handelsbyen

handelshøgskole (n) — school of commerce (*18*)
en handelshøgskole – handelshøgskolen

handelsskip (n) — merchant ship (**28**)
et handelsskip – handelsskipet – handelsskip – handelsskipene

handle (v) — shop (**20**)
å handle - handler - handlet - har handlet
handling (n) — act, action (**28**)
en handling - handlingen
hans (pn) — his (**9**)
hansatid (n) — period during which the Hanseatic League flourished, 13th–17th centuries (*16*)
en hansatid - hansatiden
hanske (n) — glove (**21**)
en hanske - hansken
hard (adj) — hard; severe (**28**)
hard - hardt - harde
hardingfele (n) — Hardanger fiddle (**14**)
ei hardingfele - hardingfela
hatt[1] (v) — had cf **ha** (**5**)
hatt[2] (n) — hat (*21*)
en hatt - hatten
hav (n) — sea, ocean (*16*)
et hav - havet - hav - havene
havbunn (n) — ocean floor (*25*)
en havbunn - havbunnen
have (n) — cf **hage** (*28*)
havn (n) — harbor, port (**14**)
ei havn - havna
havre (n) — oats (**11**)
en havre - havren
hebraisk (adj) — Hebrew (*18*)
hebraisk - hebraiske
hedensk (adj) — heathen, pagan (**T**)
hedensk - hedenske
hedersplass (n) — place of honor (**T**)
en hedersplass - hedersplassen
hei (I) — hi; hey (**6**)
hel (adj) — whole, complete
hel - helt - hele (**21**)
hele familien — the whole family (**12**)
hele verden — the whole world (**13**)
hele natten — all night (**17**)
hele uken — all week (**17**)
hele tiden — the whole time, all the time (**17**)
ikke i det hele tatt — not at all (*26*)
heldig (adj) — fortunate, lucky
heldig - heldige
heldigvis (adv) — fortunately, luckily (**21**)
helg (n) — weekend, holiday (**19**)
en helg - helgen
i helgen — during the weekend, over the weekend (**19**)
helgen (n) — saint (**28**)
en helgen - helgenen
helle (v) — pour (*15*)
å helle - heller - helte - har helt
heller[1] (adv) — either (**6**)
ikke nå heller — not now either (**6**)
ikke jeg heller — me neither (**15**)
heller ikke — not either (*19*)
heller[2] (adv) — rather (*20*) cf **gjerne**
hellig (adj) — hallowed, holy (*26*)
hellig - hellige
hellighet (n) — holiness, sanctity (**28**)
en hellighet - helligheten
helsesøster (n) — public health nurse (*24*)
en helsesøster - helsesøsteren - helsesøstre - helsesøstrene
helst (adv) — preferably (**20**) cf **gjerne**
jeg går helst på ski — I prefer to ski (**22**)
jeg reiser helst med tog — I prefer to travel by train (**23**)
helt (adv) — completely (**21**) cf **hel**
helt sikkert — for sure, absolutely (**21**)
være helt enig — be in total agreement, agree completely (**23**)
hende (v) — happen, occur (**25**)
å hende - hender - hendte - har hendt
hender (n) — cf **hånd** (**24**)
henge (v) — hang (**16**)
å henge - henger - hengte - har hengt
henne (pn) — her (**6**) cf **hun**
hennes (pn) — her, hers (**9**)
hensyn (n) — consideration, respect (**28**)
et hensyn - hensynet - hensyn - hensynene
ta hensyn til — consider, take account of (**28**)

hente (v) — fetch, go get (**18**)
å hente – henter – hentet – har hentet
her (adv) — here (location) (**2**)
her ute — out here (**12**)
her borte — over here (**21**)
hermetikk (n) — canned goods (**20**)
en hermetikk – hermetikken
herr (n) — Mr. (**11**)
herre (n) — lord, master (**28**)
en herre – herren
herrefrisør (n) — barber (*18*)
en herrefrisør – herrefrisøren
herreklær (n, pl) — men's clothing (**21**)
herreklær – herreklærne
hest (n) — horse (**11**)
en hest – hesten
hete (v) — be called, be named (**1**)
å hete – heter – het – har hett (*28*)
jeg heter — my name is (*1*)
heve (v) — raise; lift (**28**)
å heve – hever – hevet – har hevet
heve stemmen — raise one's voice (**28**)
hilse (v) — greet (**6**)
å hilse – hilser – hilste – har hilst
hilse på (noen) — greet (somebody) (**6**)
hilsen (n) — regards (closing of letter) (**6**)
en hilsen – hilsenen
himmel (n) — sky (**16**)
en himmel – himmelen – himler – himlene
historie (n) — history (**3**); story (**16**)
en historie – historien
historisk (adj) — historical (28)
historisk – historiske
hit (adv) — here (motion) (**14**)
velkommen hit — welcome (*1*)
hit ned — down here (motion) (**14**)
hittil (adv) — so far, up to now (**25**)
hjelp (n) — help (**11**)
en hjelp – hjelpen
hjelpe (v) — help (**11**)
å hjelpe – hjelper – hjalp – har hjulpet
hjelpeverb (n) — auxiliary verb (*8*)
et verb – verbet – verb – verbene
hjem[1] (adv) — home, homeward (motion) (14)
hjem[2] (n) — home (**16**)
et hjem – hjemmet – hjem – hjemmene
hjemby (n) — hometown
en hjemby – hjembyen
hjemland (n) — homeland
et hjemland – hjemlandet – hjemland – hjemlandene
hjemme (adv) — at home (location) (**6**)
hjemme hos (Svein) — at (Svein's) home (7)
hjemme hos oss — at our home (7)
hjemmefra (prep) — (away) from home (**18**)
hjemmefront (n) — homefront, WWII resistance movement (*28*)
en hjemmefront – hjemmefronten
hjemmelaget (adj) — homemade (T)
hjemmelaget – hjemmelagede
hjemmelekse (n) — homework
en hjemmelekse – hjemmeleksen
hjerte (n) — heart (**24**)
et hjerte – hjertet
hjerterom (n) — room in the heart, hospitality (*9*)
et hjerterom – hjerterommet
hjørne (n) — region; corner (**25**)
et hjørne – hjørnet
hjørnestav (n) — corner stave (T)
en hjørnestav – hjørnestaven
hode (n) — head (**15**)
et hode – hodet
ha vondt i hodet — have a headache (**24**)
sette noe på hodet — turn something upside down (*25*)
Holberg, Ludvig (1684–1754) — Dano-Norwegian poet and dramatist (*13*)
holde (v) — hold; keep (**8**); give (**26**)
å holde – holder – holdt – har holdt
holde en tale — give, deliver a speech (**26**)
holde på med (noe, å gjøre noe) — be

doing, keep on doing (something) **(26)**
holde seg inne — stay indoors **(27)**
holde til — live, stay (*27*)
holme (n) — small island, islet (*27*)
en holme – holmen
Holmenkollen — location of Oslo's famous ski jump (*14*)
hoppbakke (n) — ski jumping hill **(14)**
en hoppbakke – hoppbakken
hoppe (v) — hop, jump **(28)**
å hoppe – hopper – hoppet – har hoppet
horisont (n) — horizon (*27*)
en horisont — horisonten
hos (prep) — with, at, in the company of **(7)**
hjemme hos — at the home of **(7)**
her hjemme hos oss — here at our home **(7)**
hotell (n) — hotel **(13)**
et hotell – hotellet
hov (n) — pagan temple (T)
et hov – hovet – hov – hovene
hoved- (pf) — chief, main, principal (*14*)
hovedform (n) — main form, principal part (*12*)
en hovedform – hovedformen
hovedgate (n) — main street (*14*)
ei hovedgate – hovedgata
hovedkirke (n) — main church (*14*)
en hovedkirke – hovedkirken
hovedkontor (n) — main office (*14*)
et hovedkontor – hovedkontoret
hovedrett (n) — main course **(26)**
en hovedrett – hovedretten
hovedsetning (n) — independent clause **(23)**
en hovedsetning – hovedsetningen
hovedstad (n) — capital city **(13)**
en hovedstad – hovedstaden – hovedsteder – hovedstedene
hovedvei (n) — main road (*23*)
en hovedvei – hovedveien
hovedære (n) — high honor, praise (*25*)
en hovedære – hovedæren
huff (I) — humph, ugh **(20)**
humanist (n) — humanist (*28*)
en humanist – humanisten
hun (pn) — she **(1)**
hun – henne
hund (n) — dog **(11)**
en hund – hunden
hundre (num) — hundred **(3)**
et hundre
hundre og ti — one hundred ten **(3)**
tre hundre — three hundred **(3)**
hundrevis (adv) — hundreds (*24*)
hurra-rop (n) — shout of "hurrah" (*28*)
et rop – ropet – rop – ropene
hurtig (adj) — fast, quick **(23)**
hurtig – hurtige
hurtigrute (n) — coastal steamer (*23*)
en hurtigrute – hurtigruten
hurtigtog (n) — express train (*23*)
et hurtigtog – hurtigtoget – hurtigtog – hurtigtogene
hus (n) — house **(6)**
et hus – huset – hus – husene
huske (v) — remember **(21)**
å huske – husker – husket – har husket
husmor (n) — housewife (*18*)
en husmor – husmoren – husmødre – husmødrene
husrom (n) — room in the house, housing (*9*)
et husrom – husrommet – husrom – husrommene
hva (pn) — what **(1)**
hva slags — what kind of **(9)**
hva er klokka — what time is it **(12)**
hvem (pn) — who; whom **(6)**
hver (pn) — each, every **(13)**
hver – hvert
hver sin lyst — to each his own (*6*)
dyrere for hver dag — more expensive by the day **(20)**
i hvert fall — in any case, anyhow **(23)**
hvert (fjerde) år — every (four) years **(25)**
hverandre (pn) — each other **(17)**
hverdag (n) — weekday **(19)**

en hverdag – hverdagen
hverdagsliv (n) — everyday life (*15*)
et hverdagsliv – hverdagslivet
hvete (n) — wheat (**11**)
en hvete – hveten
hvetemel (n) — wheat flour, meal (*15*)
et hvetemel – hvetemelet
hvile[1] (n) — rest, repose (**27**)
en hvile – hvilen
hvile[2] (v) — rest (**28**)
å hvile – hviler – hvilte – har hvilt
hvilken (adj) — which (*8*)
hvilken – hvilket – hvilke (**13**)
hvis (conj) — if, in case (**15**)
hvis alt går som det skal — if everything goes as it should (**26**)
hvit (adj) — white (**13**)
hvit – hvitt – hvite
hvitskurt (adj) — scrubbed white (T)
hvitskurt – hvitskurte
hvitt (n): **kjole og hvitt** — white tie and tails (**26**)
hvor (adv) — where (**1**); how (**3**)
hvor kommer du fra — where do you come from (*1*)
hvor gammel er du — how old are you (**3**)
hvor mye — how much (**4**)
hvor mye blir det — how much will that be (**4**)
hvor mange — how many (**5**)
hvor mange er klokka — what time is it (**7**)
hvordan (adv) — how (**1**)
hvordan har du det — how are you (**1**)
hvordan det — how so (**7**)
hvordan går det — how are you (**14**)
hvordan går det med (deg) — how are (you) (**19**)
hvordan står det til — how are you (**24**)
hvorfor (adv) — why (**6**)
hybel (n) — rented room (**18**)
en hybel – hybelen – hybler – hyblene
bo på hybel — live in a rented room (**18**)
hyggelig (adj) — pleasant (**11**)
hyggelig – hyggelige (**13**)
ha det hyggelig — have a good time (**12**)
hytte (n) — cabin, cottage, summer home (**16**)
ei hytte – hytta
høgskole (n) — technical school of university rank (*18*)
en høgskole – høgskolen
høns (n, pl) — chickens (*27*)
høre (v) — hear (**16**)
å høre – hører – hørte – har hørt
høre på — listen to (**16**)
høres (v) — sound (*28*)
å høres – høres – hørtes – har høres
det høres (interessant) ut — that sounds (interesting) (**28**)
det høres ut som — that sounds like (**28**)
høst (n) — autumn (**22**)
en høst – høsten
om høsten — in the fall (**22**)
i høst — this fall (**22**)
høy[1] (n) — hay (**11**)
et høy – høyet
høy[2] (adj) — high; tall (**13**)
høy – høyt – høye
høyde (n) — height, level (T)
en høyde — høyden
høyfjell (n) — high mountain plateau above tree level (**27**)
et høyfjell – høyfjellet – høyfjell – høyfjellene
høyre (adj) — right (vs. left) (**8**)
i høyre hånd — in the right hand (**8**)
til høyre (for) — to the right (of) (**14**)
Høyre — Conservative Party in Norway (*25*)
høytid (n) — holiday, celebration (*26*)
en høytid – høytiden
høyttaler (n) — loudspeaker (*23*)
en høyttaler – høyttaleren – høyttalere – høyttalerne
hånd (n) — hand (**8**)

en hånd – hånden – hender – hendene (**23**)
i høyre (venstre) hånd — in the right (left) hand (**8**)
ta (noen) i hånden — shake (someone's) hand (**11**)
håndhilse (v) — shake hands (**24**)
å håndhilse – håndhilser – håndhilste – har håndhilst
håndkle (n) — towel (*24*)
et håndkle – håndkleet – håndklær – håndklærne
håpe (v) — hope (**16**)
å håpe – håper – håpet – har håpet
hår (n) — hair (**18**)
et hår – håret – hår – hårene
klippe håret — have one's hair cut (**18**)

I

i (prep) — in (**2**); on (*9*); for (**17**)
i dag — today (**2**)
i Oslo — in Oslo (*2*)
i går — yesterday (**4**)
i morgen — tomorrow (**5**)
i første etasje — on the first floor (**9**)
i fjor — last year (**12**)
i år — this year (**12**)
i januar — in January (**12**)
i en time — for an hour (**17**)
Ibsen, Henrik (1828–1906) — Norwegian poet and playwright (*13*)
idé (n) — idea, notion (**22**)
en idé – ideen
idrett (n) — athletics, sports (*18*)
en idrett – idretten
igjen (adv) — again (**10**); left, remaining (**16**)
være igjen — be left, remaining (**16**)
ikke (adv) — not, no (**1**)
ikke det? — you don't? (*2*)
ikke så (høy) som — not as (tall) as (**16**)
ikke noe — none, not any (**20**) cf **ingen**
ikke tale om — out of the question, no way (**20**)
illustrert (adj) — illustrated (**28**)
illustrert – illustrerte
imidlertid (adv) — at the same time, however (*28*)
imot (prep) — towards (**28**)
ta imot — accept, receive (**26**)
imperativ (n) (gram) — imperative (*11*)
imperfektum (n) (gram) — imperfect tense (*12*)
imponere (v) — impress (*27*)
å imponere – imponerer – imponerte – har imponert
imponerende (adj) — impressive, striking (**7**)
impresjonisme (n) — impressionism (**T**)
en impresjonisme – impresjonismen
impresjonistisk (adj) — impressionistic (**T**)
impresjonistisk – impresjonistiske
impuls (n) — impulse, impetus (**T**)
en impuls – impulsen
indirekte (adj) — indirect (*26*)
indre (adj) — inner (**T**)
indre – innerst (comp)
industri (n) — industry (**25**)
en industri – industrien
industriland (n) — industrial country (**25**)
et industriland – industrilandet – industriland – industrilandene
infinitiv (n) (gram) — infinitive (*6*)
influert (adj) — influenced (**T**)
influert – influerte
informasjon (n) — information (**22**)
en informasjon – informasjonen
ingen[1] (pn) — nobody; none (**6**)
ingen er for gammel til å lære — no one is too old to learn (*3*)
ingen[2] (adj) — no, not any (**10**)
ingen – ikke noe – ingen (**20**)
ingen årsak — don't mention it, no cause (**19**)
ingeniør (n) — engineer (*18*)
en ingeniør – ingeniøren
initial (n) — initial (**T**)

en initial – initialen
inkludere (v) — include (*15*)
å inkludere – inkluderer – inkluderte – har inkludert
inn (adv) — in (motion) (**14**)
inn i — into (**14**)
innbydelse (n) — invitation (**19**)
en innbydelse – innbydelsen
takk for innbydelsen — thanks for the invitation (**19**)
innbygger (n) — inhabitant (**24**)
en innbygger – innbyggeren – innbyggere – innbyggerne
inne (adv) — indoors, inside, in (location) (**14**)
inne i — inside of (**14**)
innflytelse (n) — influence (**25**)
en innflytelse – innflytelsen
innføre (v) — introduce, bring in (**28**)
å innføre – innfører – innførte – har innført
innføring (n) — introduction (T)
en innføring – innføringen
innhold (n) — contents (*28*)
et innhold – innholdet
innkjøp (n) — purchase (**27**)
et innkjøp – innkjøpet – innkjøp – innkjøpene
gjøre innkjøp — go shopping (**27**)
innlede (v) — begin, introduce (*23*)
å innlede – innleder – innledet – har innledet
innrisset (adj) — carved, engraved (T)
innrisset – innrissede
innsats (n) — effort (*24*)
en innsats – innsatsen
innside (n) — inside (T)
en innside – innsiden
innsjø (n) — lake (**23**)
en innsjø – innsjøen
innstifte (v) — establish, found (*28*)
å innstifte – innstifter – innstiftet – har innstiftet
innstifter (n) — founder (*28*)
en innstifter – innstifteren – innstiftere – innstifterne
inntekt (n) — income (*24*)
en inntekt – inntekten
inntrykk (n) — impression (*23*)
et inntrykk – inntrykket – inntrykk – inntrykkene
innvendig (adj) — inside, interior (T)
innvendig – innvendige
innvie (v) — dedicate (*28*)
å innvie – innvier – innviet – har innviet
inskripsjon (n) — inscription (T)
en inskripsjon – inskripsjonen
inspektør (n) — inspector, supervisor (**18**)
en inspektør – inspektøren
inspirator (n) — one who inspires (*28*)
en inspirator – inspiratoren
instrument (n) — instrument (**14**)
et instrument – instrumentet
interessant (adj) — interesting (**13**)
interessant – interessante
interesse (n) — interest (*28*)
en interesse – interessen
interessere (v) — interest (**11**)
å interessere – interesserer – interesserte – har interessert
interessert (adj) — interested (*24*)
interessert – interesserte
interiør (n) — interior (T)
et interiør – interiøret
intet (pn) — nothing (*18*)
intransitiv (adj) (gram) — intransitive (*18*)
inversjon (n) — inverted word order, i.e., verb precedes subject (*9*)
en inversjon – inversjonen
investere (v) — invest (**25**)
å investere – investerer – investerte – har investert
invitere (v) — invite (**17**)
å invitere – inviterer – inviterte – har invitert
is (n) — ice cream (**15**); ice (**27**)
en is – isen
isbre (n) — glacier (**27**)
en isbre – isbreen – isbreer – isbreene
isfri (adj) — ice-free, open (*27*)
isfri – isfritt – isfrie

Island — Iceland (**28**)
islandsk (adj) — Icelandic (*28*)
islandsk – islandske
islending (n) — Icelander (*28*)
en islending – islendingen
istedenfor (prep) — instead of (*21*)
Italia — Italy (**11**)
ivrig (adj) — eager, enthusiastic (**27**)
ivrig – ivrige
enda ivrigere — even more enthusiastically (*28*)

J

ja (I) — yes (**1**)
jakke (n) — jacket; cardigan sweater (**21**)
ei jakke – jakka
januar (n) — January (**12**)
Japan — Japan (**23**)
jaså (I) — is that so (**3**)
javel (I) — OK; I see (**5**)
jeg (pn) — I (**1**)
jeg – meg
jente (n) — girl (**5**)
ei jente – jenta
jentenavn (n) — girl's name (*6*)
et jentenavn – jentenavnet – jentenavn – jentenavnene
jern (n) — iron (*28*)
et jern – jernet
jernbane (n) — railroad (**28**)
en jernbane – jernbanen
jernbanemann (n) — railroad employee (*28*)
en jernbanemann – jernbanemannen – jerbanemenn – jerbanemennene
jo[1] (I) — yes, certainly (in answer to a negative question) (**3**)
jo[2] (adv) — well (*14*); you know, of course (**20**)
vi må jo spise — we have to eat, you know (*20*)
jo[3] (conj) — the (with comparatives) (**20**)
jo . . . jo — the . . . the (**20**)
e.g., *jo eldre han blir, jo mer spiser han* — the older he gets, the more he eats
jobb (n) — job (**3**)
en jobb – jobben
jobbe (v) — work (**19**)
å jobbe – jobber – jobbet – har jobbet
jord (n) — ground; earth (**22**)
ei jord – jorda
jordbruksland (n) — farmland (**27**)
et jordbruksland – jordbrukslandet
Jostedalsbreen – glacier in western Norway (*27*)
Jotunheimen — mountain range in central part of South Norway (*27*)
journalist (n) — journalist (**11**)
en journalist – journalisten
jovisst (I) — certainly, indeed, of course (**21**)
jubel (n) — jubilation (**28**)
en jubel – jubelen
jublende (adj) — rejoicing, shouting with joy (*28*)
jul (n) — Christmas (*26*)
en jul – julen
god jul — Merry Christmas (**T**)
gledelig jul — Merry Christmas (**T**)
julaften (n) — Christmas Eve (**T**)
en julaften – julaftenen
lille julaften — December 23rd (**T**)
juledag (n) — Christmas Day (**T**)
en juledag – juledagen
første juledag — December 25th (**T**)
annen juledag — December 26th (**T**)
juleevangelium (n) — Christmas gospel (**T**)
et juleevangelium – juleevangeliet – juleevangelier – juleevangeliene
julekveld (n) — Christmas Eve (**T**)
en julekveld – julekvelden
julenek (n) — sheaf of grain on pole or roof peak for birds at Christmas
et julenek – juleneket – julenek – julenekene
julenisse (n) — Christmas elf
en julenisse – julenissen
julesang (n) — Christmas song (**T**)

en julesang – julesangen
juletre (n) — Christmas tree (T)
et juletre – juletreet – juletrær – juletrærne
juleøl (n) — Christmas ale
et juleøl – juleølet
juli (n) — July (12)
juni (n) — June (12)
jus (n) — jurisprudence, study of law (*18*)
en jus – jusen

K

kafé (n) — cafe (13)
en kafé – kafeen – kafeer – kafeene
kafeteria (n) — cafeteria (18)
en kafeteria – kafeteriaen
kaffe (n) — coffee (8)
en kaffe – kaffen
koke kaffe — make coffee (19)
kaffebord (n) — coffee table (9)
et kaffebord – kaffebordet – kaffebord – kaffebordene
kaffeforretning (n) — coffee store (20)
en kaffeforretning – kaffeforretningen
kake (n) — cake (8)
ei kake – kaka
kald (adj) — cold (20)
kald – kaldt – kalde
kalle (v) call (12)
å kalle – kaller – kalte – har kalt
kamerat (n) — companion, comrade (28)
en kamerat – kameraten
kamp (n) — battle, fight (28)
en kamp – kampen
kan (v) — can, am able to (8) cf **kunne**
Kanada — Canada
Kanariøyene — the Canary Islands (27)
kanskje (adv) — maybe, perhaps (10)
kanskje det — maybe so (10)
kant (n) — edge, side (23)
en kant – kanten
kapitalistisk (adj) — capitalistic (25)
kapitalistisk – kapitalistiske
kapitél (n) — capital (T)
et kapitél – kapitélet
kapittel (n) — chapter
et kapittel – kapittelet – kapitler – kapitlene
kar (n) — fellow, man (26)
en kar – karen
karakter (n) — grade, mark (*18*)
en karakter – karakteren
karbonadesmørbrød (n) — hamburger (*8*)
et karbonadesmørbrød – smørbrødet – smørbrød – smørbrødene
kart (n) — map (14)
et kart – kartet – kart – kartene
et kart over (Norge) — a map of (Norway) (14)
kassadame (n) — cashier (*20*)
en kassadame – kassadamen
kasse (n) — till, cash register (20)
ei kasse – kassa
katedral (n) — cathedral (*23*)
en katedral – katedralen
katolsk (adj) — Catholic (*26*)
katolsk – katolske
katt (n) — cat (11)
en katt – katten
kelner (n) — waiter (8)
en kelner – kelneren – kelnere – kelnerne
kg: kilo — kilogram, 2.2 pounds (*20*)
kilo (n) — kilogram, 2.2 pounds (20)
et kilo – kiloet – kilo – kiloene
kilometer (n) — kilometer, .62 mile (23)
en kilometer – kilometeren – kilometer – kilometerne
kinn (n) — cheek (24)
et kinn – kinnet – kinn – kinnene
kino (n) — movie (theater) (15)
en kino – kinoen
gå på kino — go to a movie (15)
kiosk (n) — kiosk, newsstand (16)
en kiosk – kiosken
kirke (n) — church (13)
en kirke – kirken
gå i kirken — go to church (*26*)

kirkeklokke (n) — church bell (T)
ei kirkeklokke – kirkeklokka
kirkelig (adj) — religious (*26*)
kirkelig – kirkelige
Kirkenes — Norwegian town on the Russian border (*23*)
kiste (n) — chest, trunk (T)
ei kiste – kista
kjede (n) — chain (*27*)
en kjede – kjeden
kjekk (adj) — fine; handsome (**26**)
kjekk – kjekt – kjekke
kjeller (n) — basement, cellar (**9**)
en kjeller – kjelleren – kjellere – kjellerne
kjemi (n) — chemistry (**3**)
en kjemi – kjemien
kjempe (v) — fight, struggle (**25**)
å kjempe – kjemper – kjempet – har kjempet
kjempestor (adj) — huge, giant-sized (T)
kjempestor – kjempestort – kjempestore
kjenne (v) — know, be acquainted with (**6**); feel, perceive (**27**)
å kjenne – kjenner – kjente – har kjent (**17**)
lære (en) å kjenne — get to know (somebody) (**19**)
kjent (adj) — famous, well-known (**13**); acquainted, familiar (**17**)
kjent – kjente
bli kjent med — get acquainted with (**17**)
kjole (n) — dress (**21**)
en kjole – kjolen
kjole og hvitt — white tie and tails (**26**)
kjær (adj) — beloved, dear (**21**)
kjær – kjært – kjære
kjære deg — please (weakened meaning) (**21**)
kjære (adj) — dear (letter salutation) (**6**) cf **kjær**
kjærlighet (n) — affection, love
en kjærlighet – kjærligheten

kjøkken (n) — kitchen (**9**)
et kjøkken – kjøkkenet
kjøkkenbenk (n) — kitchen counter (**9**)
en kjøkkenbenk – kjøkkenbenken
kjøkkenbord (n) — kitchen table (*9*)
et kjøkkenbord – kjøkkenbordet – kjøkkenbord – kjøkkenbordene
kjøkkenstol (n) — kitchen chair (*9*)
en kjøkkenstol – kjøkkenstolen
kjøleskap (n) — refrigerator (**9**)
et kjøleskap – kjøleskapet – kjøleskap – kjøleskapene
kjølig (adj) — chilly, cool (**22**)
kjølig – kjølige
kjøpe (v) — buy (**4**)
å kjøpe – kjøper – kjøpte – har kjøpt
kjøpmann (n) — merchant, storekeeper (*18*)
en kjøpmann – kjøpmannen – kjøpmenn – kjøpmennene
kjøre (v) — drive; ride (**19**)
å kjøre – kjører – kjørte – har kjørt
kjøtt (n) — meat (**8**)
et kjøtt – kjøttet
kjøttbolle (n) — meatball
en kjøttbolle – kjøttbollen
kjøttdeig (n) — ground meat (**20**)
en kjøttdeig – kjøttdeigen
kjøttforretning (n) — meat shop, butcher shop (**20**)
en kjøttforretning – kjøttforretningen
kjøttkake (n) — meatball (**20**)
ei kjøttkake – kjøttkaka
kjøttpålegg (n) — sandwich meat (*20*)
et kjøttpålegg – kjøttpålegget
kl.: **klokka** — o'clock
klage (v) — complain (*24*)
å klage – klager – klagde – har klagd
klage over — complain about (*24*)
klappe (v) — clap (T)
å klappe – klapper – klappet – har klappet
klappe i hendene — clap one's hands (T)
klar (adj) — clear (**16**)
klar – klart – klare

være klar over (noe) — realize (something) (*28*)
klare (v) — manage (*27*)
å klare – klarer – klarte – har klart
klarne (v) — clear up (*24*)
å klarne – klarner – klarnet – har klarnet
klasse (n) — class (group of students) (5); classification (*18*)
en klasse – klassen
klasseforstander (n) — homeroom teacher (28)
en klasseforstander – klasseforstanderen – klasseforstandere – klasseforstanderne
klassekamerat (n) — classmate (*28*)
en klassekamerat – klassekameraten
klasseværelse (n) — classroom (5)
et klasseværelse – klasseværelset
klassisk (adj) — classical (T)
klassisk – klassiske
kle (v) — clothe, dress (18); become, suit (26)
å kle – kler – kledde – har kledd
kle på seg — get dressed (18)
kle av seg — get undressed, undress (18)
det kler (noen) — it suits (someone) (26)
kledd (adj) — dressed (28)
kledd – kledde
være kledd til fest — be dressed for a party (28)
klesforretning (n) — clothing store (21)
en klesforretning – klesforretningen
klima (n) — climate (*27*)
et klima – klimaet
klippe (v) — clip, cut (18)
å klippe – klipper – klippet – har klippet
klippe håret — get one's hair cut (18)
klokke (n) — clock (5)
ei klokke – klokka
hvor mange er klokka — what time is it (7)
klokka er (elleve) — it's (eleven) o'clock (7)
klokka (elleve) — (eleven) o'clock (7)
hva er klokka — what time is it (12)
klokketårn (n) — bell tower (T)
et klokketårn – klokketårnet – klokketårn – klokketårnene
klær (n, pl) — clothes (11)
klær – klærne
ha klær på seg — have clothes on (*14*)
kne (n) — knee (24)
et kne – kneet – knær – knærne
kniv (n) — knife (8)
en kniv – kniven
knyttet (adj) — linked, attached (*28*)
knyttet – knyttede
knær (n) — cf **kne** (24)
koalisjonsregjering (n) — coalition government (*25*)
en koalisjonsregjering – koalisjonsregjeringen
koffert (n) — suitcase, trunk
en koffert – kofferten
kofte (n) — (patterned) cardigan sweater (21)
ei kofte – kofta
koke (v) — cook; boil (19)
å koke – koker – kokte – har kokt
koke kaffe — make coffee (19)
kokende (adj) — boiling (*15*)
kolonial (n) — grocery store (18)
en kolonial – kolonialen
kom (v) — came cf **komme** (14)
komfyr (n) — stove (9)
en komfyr – komfyren
kommandant (n) — commanding officer (28)
en kommandant – kommandanten
komme (v) — come (2)
å komme – kommer – kom – har kommet (14)
komme en tur — drop in, come over (19)
komme fram — arrive (21)
komme til å — be going to, will (26)
komme bort fra — get away from (*27*)
det kommer an på — it depends on (*27*)
kommode (n) — bureau, chest of drawers (9)

en kommode – kommoden
kommune (n) — municipality (T)
en kommune – kommunen
kompani (n) — military company (about 200 men) (*28*)
et kompani – kompaniet
komparasjon (n) — comparison (*20*)
en komparasjon – komparasjonen
komparativ (n) (gram) — comparative form of adjective or adverb (*20*)
kompass (n) — compass (*27*)
et kompass – kompasset
komponist (n) — composer (**16**)
en komponist – komponisten
komponisthytte (n) — composer's cottage (*16*)
ei komponisthytte – komponisthytta
komposisjon (n) — composition (**16**)
en komposisjon – komposisjonen
kone (n) — wife (**10**)
ei kone – kona
konfirmasjon (n) — confirmation (*26*)
en konfirmasjon – konfirmasjonen
konflikt (n) — conflict (*28*)
en konflikt – konflikten
konge (n) — king (**6**)
en konge – kongen
konjunksjon (n) — conjunction (*23*)
en konjunksjon – konjunksjonen
konkurranse (n) — competition (T)
en konkurranse – konkurransen
konsekvens (n) — consequence (*25*)
en konsekvens – konsekvensen
konsert (n) — concerto (**16**)
en konsert – konserten
a-moll-konserten — (Grieg's) a-minor concerto (*16*)
konservativ (adj) — conservative (*25*)
konservativ – konservativt – konservative
konstruksjon (n) — construction (*28*)
en konstruksjon – konstruksjonen
kontakt (n) — contact, touch (*26*)
en kontakt – kontakten
i kontakt med — in touch with (*26*)
kontor (n) — office (**3**)
et kontor – kontoret
kontordame (n) — office girl, secretary (*18*)
en kontordame – kontordamen
kontrollere (v) – control (**25**)
å kontrollere – kontrollerer – kontrollerte – har kontrollert
kopp (n) — cup (**8**)
en kopp – koppen
en kopp (kaffe) — a cup of (coffee) (**8**)
korn (n) — grain (**11**)
et korn – kornet
kors (n) — cross (**14**)
et kors – korset – kors – korsene
kort[1] (adj) — short (**19**)
kort – korte
kort[2] (n) — card (**27**)
et kort – kortet – kort – kortene
spille kort — play cards (**27**)
kose (v) — make things cozy, pleasant
å kose – koser – koste – har kost
kose seg — enjoy oneself, have it cozy (**17**)
koselig (adj) — comfortable, cozy (**22**)
koselig – koselige
kost (n) — broom
en kost – kosten
koste (v) — cost (**4**)
å koste – koster – kostet – har kostet
kostyme (n) — costume
et kostyme – kostymet
kr.: **krone** — unit of Norwegian currency (*4*)
kraft (n) — power (**25**)
en kraft – kraften – krefter – kreftene
krefter (n) — cf **kraft** (**25**)
krem (n) — whipped cream (*15*)
en krem – kremen
kremfløte (n) — whipping cream (*15*)
en kremfløte – kremfløten
krets (n) — circle, ring (T)
en krets – kretsen
kreve (v) — claim, demand (**27**)
å kreve – krever – krevde – har krevd
krig (n) — war (**25**)
en krig – krigen
krigsdans (n) — war dance (*28*)

en krigsdans – krigsdansen
krigskip (n) — battleship (*28*)
et krigskip – krigskipet – krigskip – krigskipene
krise (n) — crisis (25)
en krise – krisen
kristelig (adj) — Christian (*25*); kristelig – kristelige
kristelig folkeparti — Christian People's Party (*25*)
kristen (adj) — Christian (28)
kristen – kristent – kristne
kristendom (n) — Christianity (28)
en kristendom – kristendommen
Kristiansand — major city in South Norway (*18*)
kristne (adj) — cf **kristen** (28)
kritisere (v) — criticize (25)
å kritisere – kritiserer – kritiserte – har kritisert
kritt (n) —chalk (5)
et kritt – krittet – kritt – krittene
krone (n) — crown (unit of Norwegian currency) (4)
en krone – kronen
(ei krone – krona)
kronprins (n) — crown prince (*13*)
en kronprins – kronprinsen
kronprinsesse (n) — crown princess (13)
en kronprinsesse – kronprinsessen
kropp (n) — body (24)
en kropp – kroppen
ku (n) — cow (11)
ei ku – kua
kulde (n) — cold, coldness (27)
ei kulde – kulda
kuldegrad (n) — degree below the freezing point (22)
en kuldegrad – kuldegraden
kulminere (n) — culminate (*28*)
å kulminere – kulminerer – kulminerte – har kulminert
kulturell (adj) — cultural (28)
kulturell – kulturelt – kulturelle
kunde (n) — customer (20)
en kunde – kunden
kunne (v) — can, be able to (15)
å kunne – kan – kunne – har kunnet (23)
kunne du si det en gang til — could you say that one more time (2)
kan — can, am able to (8)
kunne — could, was able to (15)
har kunnet — have been able to (23)
kunst (n) — art (*18*)
en kunst – kunsten
kunstner (n) — artist (T)
en kunstner – kunstneren – kunstnere – kunstnerne
kunstretning (n) — school or style of art (T)
en kunstretning – kunstretningen
kunstverk (n) — work of art (T)
et kunstverk – kunstverket – kunstverk – kunstverkene
kusine (n) — female cousin (10)
en kusine – kusinen
kvart (adj) — quarter (12)
klokka er kvart over åtte — the time is a quarter past eight (*12*)
kvartal (n) — city block (28)
et kvartal – kvartalet
rundt kvartalet — around the block (28)
kveld (n) — evening (9)
en kveld – kvelden
i går kveld — yesterday evening, last night (9)
i kveld — this evening (17)
om kvelden — in the evening (17)
kvinne (n) — woman (11)
en kvinne – kvinnen
kvist (n) — twig (17)
en kvist – kvisten
kysse (v) — kiss
å kysse – kysser – kysset – har kysset
kyst (n) — coast, shore (16)
en kyst – kysten
København — Copenhagen (*23*)
kål (n) — cabbage (11)
en kål – kålen
kålhode (n) — head of cabbage (20)
et kålhode – kålhodet
kåpe (n) — woman's coat (21)
en kåpe – kåpen

L

l.: **liter** (n) — liter, 1.06 quarts (*20*)
la[1] (v) — let (**8**)
  å la – lar – lot – har latt (**23**)
  la oss spise — let's eat (**8**)
  la oss det — let's (**8**)
  la meg nå se — let me see now (*23*)
la[2] (v) — laid cf **legge** (**25**)
lag (n) — layer (*15*)
  et lag – laget – lag – lagene
lage (v) — make (**9**)
  å lage – lager – laget – har laget
lagt (v) — laid cf **legge** (**25**)
laken (n) — bedsheet (**24**)
  et laken – lakenet
laks (n) — salmon (*27*)
  en laks – laksen
lammesteik (n) — lamb roast (**26**)
  ei lammesteik – lammesteika
lampe (n) — lamp (**6**)
  ei lampe – lampa
land (n) — land; country (**11**)
  et land – landet – land – landene
  på landet — in the country (**11**)
  gå i land — go ashore (**17**)
  her i landet — in this country (**23**)
landevei (n) — highway (*23*)
  en landevei – landeveien
landsbygd (n) — rural community (**T**)
  ei landsbygd – landsbygda
  på landsbygda — in the country (**T**)
landsdel (n) — part, section of the country (**18**)
  en landsdel – landsdelen
landskap (n) — landscape, scenery (**23**)
  et landskap – landskapet – landskap – landskapene
lang (adj) — long (**13**)
  lang – langt – lange
  lang – lengre – lengst (comp) (**21**)
  ta lang tid — take a long time (**21**)
langbenk (n) — bench by wall (**T**)
  en langbenk – langbenken
langfredag (n) — Good Friday (**27**)
  en langfredag
langs (prep) — along (**22**)
langsom (adj) — slow; boring (**23**)
  langsom – langsomt – langsomme
langt (adv) — far, a long ways (**16**)
  langt – lenger – lengst (comp) (**21**)
  ikke langt fra — not far from (**16**)
  så langt øyet rekker — as far as the eye can see (**27**)
lastebil (n) — truck
  en lastebil – lastebilen
latter (n) — laughter (**17**)
  en latter – latteren
le (v) — laugh (**26**)
  å le – ler – lo – har ledd
lede (v) — lead, guide (**25**)
  å lede – leder – ledet – har ledet
ledig (adj) — unoccupied, vacant (**17**)
  ledig – ledige
lege[1] (n) — doctor, physician (**17**)
  en lege – legen
lege[2] (v) — to heal (*24*)
  å lege – leger – leget – har leget
legehjelp (n) — medical aid, treatment (*24*)
  en legehjelp – legehjelpen
legevakt (n) — emergency doctor (**24**)
  en legevakt – legevakten
legg (n) — lower leg, calf (**24**)
  en legg – leggen
legge (v) — lay (**7**)
  å legge – legger – la – har lagt (**25**)
  legge seg — go to bed; lie down (**7**)
  legge (noen) inn på sykehuset — put (somebody) in the hospital (**24**)
  legge fram — present, submit (**T**)
legitimasjon (n) — identification (**21**)
  en legitimasjon – legitimasjonen
leie (v) — rent (**18**)
  å leie – leier – leide – har leid
leilighet (n) — apartment (**18**)
  en leilighet – leiligheten
lek (n) — game (**T**)
  en lek – leken
leke (v) — play (**T**)
  å leke – leker – lekte – har lekt
lekse (n) — lesson
  en lekse – leksen
lektor (n) — highest ranked secondary

school teacher (*18*)
en lektor – lektoren
lenestol (n) — easy chair (**9**)
en lenestol – lenestolen
lenge (adv) — (for) a long time, long (**9**)
lenge – lenger – lengst (comp) (**21**)
det er lenge siden sist — long time no see (**9**)
ikke på lenge — not for a long time (**17**)
lenger (adv) — longer (**10**) cf **langt, lenge** (**21**)
ikke lenger — not any more, not any longer (**10**)
lengre (adj) — longer (**21**) cf **lang**
lengst (adj) — longest (**21**) cf **lang, langt, lenge**
lese (v) — read (**2**)
å lese – leser – leste – har lest
lesesal (n) — reading room (**18**)
en lesesal – lesesalen
lesestykke (n) — reading selection (*2*)
et lesestykke – lesestykket
lett (adj) — easy (**18**); light (**22**)
lett – lette
leve (v) — live, be alive (**10**)
å leve – lever – levde – har levd
levende (adj) — alive, living (T)
levestandard (n) — standard of living (**25**)
en levestandard – levestandarden
leveår (n) year of one's life (*24*)
et leveår – leveåret – leveår – leveårene
liberal (adj) — liberal (*25*)
liberal – liberalt – liberale
lide (v) — suffer (T)
å lide – lider – led – har lidt
ligge (v) lie (**5**)
å ligge – ligger – lå – har ligget (**21**)
ligge begravet — lie buried (**16**)
ligge til sengs — lie, stay in bed (**24**)
ligne (v) — resemble (**11**)
å ligne – ligner – lignet – har lignet
ligne på (noen) — resemble (somebody) (**11**)
like[1] (v) — like (**3**)
å like – liker – likte – har likt
like seg — enjoy (oneself), like it (**7**)
like (noe) godt — like (something) well, a lot (**19**)
like[2] (adv) — directly, right, straight (**13**); equally, exactly, just as (**16**)
like ved — right by (**13**)
like ved siden av — right at the side of, right next door to (**13**)
like (høye) — equally (tall), the same (height) (**16**)
like (høy) som — just as (tall) as (**16**)
like[3] (n) — like, match
uten like — unparalleled (*28*)
likeså (adv) — likewise, the same to you (**1**)
likevel (adv) — nevertheless (T)
likør (n) — liqueur (**15**)
en likør – likøren
lilla (adj) — pale violet, lilac (**21**)
lille (adj) — cf **liten** (**16**)
Lillehammer — town in eastern Norway; site of Maihaugen outdoor museum (*23*)
lin (n) — linen (**21**)
et lin – linet
linjal (n) — ruler (**4**)
en linjal – linjalen
linje (n) — line (*27*)
en linje – linjen
liste (n) — list (**8**)
ei liste – lista
liten (adj) — little, small
liten – lita – lite – små (**14**)
lille (def. sing.) (**16**)
liten – mindre – minst (comp) (**20**)
minst et par ganger — at least a couple of times (*15*)
liter (n) — liter, 1.06 quarts (**20**)
en liter – literen – liter – literne
litt (adv) — a little (**2**)
liv (n) — life (**14**); waist (**21**)
et liv – livet – liv – livene
rundt livet — around the waist (**21**)
livgivende (adj) — life-giving (**27**)
livlig (adj) — lively, bustling (**22**)
livlig – livlige

livnære (v) — keep alive (T)
å livnære – livnærer – livnærte – har livnært
livnære seg av — make a living from (T)
Livsfrisen — *The Frieze of Life*, title of a cycle of paintings produced by Munch in the 1890s (T)
lodde (n) — capelin (fish) (*27*)
ei lodde – lodda
lokal (adj) — local (T)
lokal – lokalt – lokale
lov[1] (n) — permission
en lov – loven
ha lov til å — have permission to (**23**)
lov[2] (n) — law, regulation (**23**)
en lov – loven
love (v) — promise (**26**)
å love – lover – lovte – har lovt
lue (n) — stocking cap (**21**)
ei lue – lua
luft (n) — air (**28**)
ei luft – lufta
luftpost (n) — airmail (**21**)
en luftpost – luftposten
med luftpost — (by) airmail (**21**)
lukke (v) — close, shut (**11**)
å lukke – lukker – lukket – har lukket
lukte (v) — emit an odor, smell (**23**)
å lukte – lukter – luktet – har luktet
lunsj (n) — lunch (**19**)
en lunsj – lunsjen
lure (v) — wonder (**24**); fool, trick (**28**)
å lure – lurer – lurte – har lurt
lure på — wonder about (**24**)
e.g., *jeg lurer på det* — I wonder about that
jeg lurer på om han kommer — I wonder if he's coming
jeg lurer på hvor han er — I wonder where he is
lutheraner (n) — Lutheran (*25*)
en lutheraner – lutheraneren – lutheranere – lutheranerne
luthersk (adj) — Lutheran (*18*)
luthersk – lutherske
lykke (n) — fortune, luck, success
en lykke – lykken
lykke til — good luck (*2*)
lykkelig (adj) — happy, lucky (**26**)
lykkelig – lykkelige
lykkes (v) — succeed
å lykkes – lykkes – lyktes – har lykkes
lys[1] (n) — candle (**6**)
et lys – lyset – lys – lysene
lys[2] (adj) — light, bright (**14**)
lys – lyst – lyse
lysbilde (n) — slide (picture)
et lysbilde – lysbildet
lyse (v) — give light, shine (**6**)
å lyse – lyser – lyste – har lyst
lysne (v) — become lighter, brighter (*24*)
å lysne – lysner – lysnet – har lysnet
lyst (n) — desire (**15**)
en lyst – lysten
hver sin lyst — to each his own (*6*)
ha lyst på — feel.like, want (**15**)
ha lyst til å (gjøre noe) — feel like (doing something) (**15**)
ha mer lyst — would rather (*20*)
ha mest lyst — would prefer to (*20*)
lytte (v) — listen (**24**)
å lytte – lytter – lyttet – har lyttet
lytte til — listen to (**24**)
lær (n) — leather (**21**)
et lær – læret
lære (v) — learn (**3**); teach (**28**)
å lære – lærer – lærte – har lært
lære (noen) å kjenne — get to know (somebody) (**19**)
lærer (n) — teacher (**1**)
en lærer – læreren – lærere – lærerne
lærerskole (n) — teachers' training college (*18*)
en lærerskole – lærerskolen
løk (n) — onion (*15*)
en løk – løken
løp (n) — course
et løp – løpet – løp – løpene
i løpet av — in the course of (27)
løpe (v) — run (**28**)
å løpe – løper – løp – har løpt

lørdag (n) — Saturday (**12**)
løs (adj) — loose, free (**28**)
løs – løst – løse
slippe seg løs — let oneself go (*28*)
løvtre (n) — deciduous tree (*27*)
et løvtre – løvtreet – løvtrær – løvtrærne
løvtrær (n) — cf **løvtre** (*27*)
lå (v) — lay cf **ligge** (**21**)
lån (n) — loan (**18**)
et lån – lånet – lån – lånene
låne (v) — lend, loan; borrow (**15**)
å låne – låner – lånte – har lånt
jeg lånte ham penger — I loaned him money
han lånte penger av meg — he borrowed money from me
lår (n) — thigh (**24**)
et lår – låret – lår – lårene
låve (n) — (hay) barn, loft (**11**)
en låve – låven

M

mage (n) — stomach (**24**)
en mage – magen
ha vondt i magen — have a stomach ache (**24**)
mai (n) — May (**12**)
maidag (n) — day in May (*28*)
en maidag – maidagen
Maihaugen — folk museum in Lillehammer (*23*)
makrell (n) — mackerel (*27*)
en makrell – makrellen
makt (n) — power, authority (**13**)
en makt – makten
male (v) — paint (**T**)
å male – maler – malte – har malt
maler (n) — painter (**T**)
en maler – maleren – malere – malerne
malerkunst (n) — art of painting (**T**)
en malerkunst – malerkunsten
man (pn) — one; people (**25**)
mandag (n) — Monday (**12**)
mange (adj) — many (**4**)
mange – flere – flest (comp) (**20**)
mange takk — many thanks (**4**)
mangel (n) — shortage, lack (**28**)
en mangel – mangelen – mangler – manglene
mangel på — lack of
mann (n) — man (**6**); husband (**11**)
en mann – mannen – menn – mennene
manuskript (n) — manuscript (**26**)
et manuskript – manuskriptet
Mariakirken — a stone church in Bergen, from the middle ages (*16*)
marine (n) — navy (*28*)
en marine – marinen
mark (n) — field (**22**)
ei mark – marka
mars (n) — March (**12**)
marsj (n) — march (**26**)
en marsj – marsjen
masse (n) — lots (of) (**28**)
en masse – massen
masse (bilder) — lots of (pictures)
mat (n) — food (**8**)
en mat – maten
takk for maten — thanks for the food (**8**)
maten står på bordet — the food is ready (*15*)
matematikk (n) — mathematics (**18**)
en matematikk – matematikken
materiale (n) — material (**T**)
et materiale – materialet
matfisk (n) — edible fish (*27*)
en matfisk – matfisken
matmangel (n) — food shortage (*28*)
en matmangel – matmangelen – matmangler – matmanglene
matpakke (n) — bag lunch (**18**)
en matpakke – matpakken
mave (n) — cf **mage** (*28*)
med (prep) — with (**5**); along (with) (9); by (*14*)
ha med seg — have along (**9**)
med buss — by bus (**14**)
med det samme — right away, at the same time (**18**)

med luftpost — by airmail **(21)**
være med på (noe) — go along with, be included in (something) **(22)**
med en gang — right away **(24)**
gå med på (noe) — go along, agree with (something) **(26)**
medisin (n) — medicine *(18)*
en medisin – medisinen
medlem (n) — member **(24)**
et medlem – medlemmet – medlemmer – medlemmene
medlemskap (n) — membership *(25)*
et medlemskap – medlemskapet – medlemskap – medlemskapene
meg (pn) — me **(6)**; myself **(7)** cf **jeg**
det gleder meg — it pleases me, it's a pleasure **(1)**
meget (adv) — very **(15)**
mekaniker (n) — mechanic **(19)**
en mekaniker – mekanikeren – mekanikere – mekanikerne
mektig (adj) — powerful **(26)**
mektig – mektige
mel (n) — flour, meal *(15)*
et mel – melet
melde (v) — report, announce *(27)*
å melde – melder – meldte – har meldt
melk (n) — milk **(8)**
en melk – melken
melke (v) — milk **(11)**
å melke – melker – melket – har melket
melkebutikk (n) — dairy store **(20)**
en melkebutikk – melkebutikken
mellom (prep) — between, among **(16)**
mellomtid (n) — time interval *(28)*
en mellomtid – mellomtiden
i mellomtiden — meanwhile **(28)**
men (conj) — but **(3)**
mene (v) — be of the opinion, think **(25)**
å mene – mener – mente – har ment
mengde (n) — crowd of people *(28)*
en mengde – mengden
mening (n) — meaning, sense *(23)*
en mening – meningen
menn (n) — cf **mann (6)**
menneske (n) — person **(11)**
et menneske – mennesket
menneskeliv (n) — human life *(27)*
et menneskeliv – menneskelivet – menneskeliv – menneskelivene
menneskesjel (n) — man's soul *(16)*
en menneskesjel – menneskesjelen
mens (conj) — while **(8)**
mer (adj) — more (in quantity) **(8)** cf **mye**
mere (adj) — cf **mer** *(20)*
merke (v) — note, pay attention to *(3)*
å merke – merker – merket – har merket
mest (adj) — most (in quantity) **(20)** cf **mye**
mesteparten (n) — the greatest part *(28)*
meter (n) — meter, 39.37 inches *(20)*
en meter – meteren – meter – meterne
metodist (n) — Methodist *(26)*
en metodist – metodisten
mett (adj) — full (of food), satisfied **(15)**
mett – mette
være mett — be full, have had enough to eat **(15)**
mi (pn) — cf **min (9)**
middag (n) — dinner, main meal **(8)**
en middag – middagen
til middag — for dinner **(8)**
middelalderen (n) — the Middle Ages **(16)**
midnatt (n) — midnight *(17)*
en midnatt – midnatten
midnattssol (n) — midnight sun **(22)**
ei midnattssol – midnattssola
midt (adv) — in the middle
midt på dagen — in the middle of the day, noon **(19)**
midt på natten — in the middle of the night **(24)**
midtgang (n) — middle aisle **(26)**
en midtgang – midtgangen
midtsommer (n) — midsummer (June 24) **(17)**
en midtsommer – midtsommeren – midtsomrer – midtsomrene

midtsommernatt (n) — Midsummer's Eve (17)
en midtsommernatt – midtsommernatten – midtsommernetter – midtsommernettene
mikkel (n) — Reynard (the fox) (*27*)
en mikkel – mikkelen – mikler – miklene
mil (n) — Norwegian mile, 10 kilometers, 6.25 English miles (23)
ei mil – mila – mil – milene
mild (adj) — mild (22)
mild – mildt – milde
militær (adj) — military (25)
militær – militært – militære
miljøvern (n) — environmental protection (25)
et miljøvern – miljøvernet
million (n) — million (25)
en million – millionen
min (pn) — my, mine (*1*)
min – mi – mitt – mine (9)
mindre (adj) — smaller; less (20) cf **liten**
mine (pn) — cf **min** (9)
minne (n) — memory (*28*)
et minne – minnet
minnes (v) — remember
å minnes – minnes – mintes – har minnes
minnesmerke (n) — memorial, monument (T)
et minnesmerke – minnesmerket
minst (adv) — at least (15); (adj) smallest; least (20) cf **liten**
minus (prep) — minus (÷ used as minus sign) (*11*)
minutt (n) — minute (17)
et minutt – minuttet
misbruke (v) — misuse, abuse (*24*)
å misbruke – misbruker – misbrukte – har misbrukt
misforstå (v) — misunderstand (*24*)
å misforstå – misforstår – misforstod – har misforstått
misforståelse (n) — misunderstanding (*24*)
en misforståelse – misforståelsen
mislike (v) — dislike (*24*)
å mislike – misliker – mislikte – har mislikt
miste (v) — lose (21)
å miste – mister – mistet – har mistet
mitt (pn) — cf **min** (9)
Mjøsa — Norway's largest lake (23)
modal (adj) — modal (*8*)
modal – modalt – modale
modalt hjelpeverb — modal auxiliary verb (*8*)
moderne (adj) — modern (13)
moll (n) — minor (musical) (*16*)
en moll – mollen
monumental (adj) — monumental (T)
monumental – monumentalt – monumentale
mor (n) — mother (10)
en mor – moren – mødre – mødrene
morfar (n) — maternal grandfather (10)
en morfar – morfaren – morfedre – morfedrene
morgen (n) — morning (15)
en morgen – morgenen
i morgen — tomorrow (5)
om morgenen — in the morning (17)
i morgen tidlig — tomorrow morning (17)
morgenstund (n) — morning (*17*)
en morgenstund – morgenstunden
morgenstund har gull i munn — the early bird catches the worm (*17*)
morges (n): **i morges** — this morning (used with past tense) (17)
mormor (n) — maternal grandmother (10)
en mormor – mormoren – mormødre – mormødrene
morn (I) — hello, hi (2)
morn da — good-bye (19)
morsom (adj) — amusing, funny (14)
morsom – morsomt – morsomme
mot[1] (prep) — to, towards (6); against (14)
ta i mot — accept, receive (26)
mot[2] (n) — courage, spirit (*28*)

et mot – motet
motarbeide (v) — work against, oppose (*28*)
å motarbeide – motarbeider – motarbeidet – har motarbeidet
mote (n) — fashion, vogue (*21*)
en mote – moten
siste mote — the latest fashion **(21)**
motiv (n) — motif, theme **(T)**
et motiv – motivet
motorkjøretøy (n) — motor vehicle (*23*)
et motorkjøretøy – motorkjøretøyet – motorkjøretøy – motorkjøretøyene
motsatt (adj) — opposite
motsatt – motsatte
motstand (n) — opposition, resistance (*28*)
en motstand – motstanden
motstander (n) — adversary, opponent (*25*)
en motstander – motstanderen – motstandere – motstanderne
motta (v) — welcome, receive **(27)**
å motta – mottar – mottok – har mottatt
mottok (v) — received cf **motta (27)**
mulig (adj) — possible **(21)**
mulig – mulige
så (fort) som mulig — as (fast) as possible **(21)**
mulighet (n) — possibility (*24*)
en mulighet – muligheten
Munch, Edvard (1863–1944) — Norwegian painter **(T)**
munk (n) — monk **(28)**
en munk – munken
munn (n) — mouth **(24)**
en munn – munnen
muntlig (adj) — oral (*18*)
muntlig – muntlige
museer (n) — cf **museum (13)**
museum (n) — museum **(13)**
et museum – museet – museer – museene
musikk (n) — music **(16)**
en musikk – musikken
musikk-korps (n) — brass band (*28*)
et korps – korpset – korps – korpsene
mye (adj) — much **(4)**
mye – mer – mest (comp) **(20)**
mye godt — a lot of good things **(19)**
myndighet (n) — authority (*28*)
en myndighet – myndigheten
møbler (n, pl) — furniture, furnishings **(9)**
møbler – møblene
mødre (n) — cf **mor (10)**
mørk (adj) — dark **(22)**
mørk – mørkt – mørke
mørke (n) — darkness (*27*)
et mørke – mørket
mørketid (n) — winter darkness **(27)**
en mørketid – mørketiden
mørkne (v) — darken, become dark (*24*)
å mørkne – mørkner – mørknet – har mørknet
møte[1] (n) — meeting **(13)**
et møte – møtet
møte[2] (v) — meet **(15)**
å møte – møter – møtte – har møtt
møtes — meet (each other)
må (v) — must, have to **(8)** cf **måtte**
måltid (n) — meal **(8)**
et måltid – måltidet
måned (n) — month **(12)**
en måned – måneden
månedsvis (adv) — for months on end (*24*)
måte (n) — manner, way **(23)**
en måte – måten
på en måte — in a way **(23)**
måtte (v) — have to, must
å måtte – må – måtte – har måttet **(23)**
må — have to, must **(8)**
måtte — had to **(15)**
har måttet — have had to **(23)**

N

nabo (n) — neighbor **(11)**
en nabo – naboen
napoleonskake (n) — Napoleon pastry (*20*)

ei napoleonskake – napoleonskaka
nasjonal (adj) — national (14)
nasjonal – nasjonalt – nasjonale
nasjonalbetegnelse (n) — designation of nationality (*28*)
en nasjonalbetegnelse – nasjonalbetegnelsen
nasjonalinstrument (n) — national instrument (*14*)
et nasjonalinstrument – nasjonalinstrumentet
Nationaltheatret — The National Theater in Oslo (*13*)
natt (n) — night (11)
en natt – natten – netter – nettene (17)
god natt — good night (11)
i natt — tonight; last night (17)
om natten — during the night (17)
natur (n) — nature (27)
en natur – naturen
naturalisme (n) — naturalism (T)
en naturalisme – naturalismen
naturalist (n) — naturalist (T)
en naturalist – naturalisten
naturlig (adj) — natural (27)
naturlig – naturlige
navn (n) — name (6)
et navn – navnet – navn – navnene
ned (adv) — down (motion) (14)
hit ned — down here (motion) (14)
nede (adv) — below, down (location) (14)
der nede — down there (location) (14)
nedover (prep) — down, downwards (13)
nei (I) — no (1)
nei takk — no thanks (10)
nei da — no indeed (13)
neie (v) — curtsy (T)
å neie – neier – neide – har neid
nemlig (adv) — namely; that is, you see (*28*)
nese (n) — nose (24)
en nese – nesen
nest (adj) — next (*12*)
nest – neste
neste uke — next week (12)
neste dag — the next (following) day (15)
neste kveld — the next evening (15)
nesten (adv) — almost, nearly (11)
netter (n) — cf **natt** (17)
nettopp (adv) — exactly; just now (20)
nevne (v) — mention, name (*28*)
å nevne – nevner – nevnte – har nevnt
nevø (n) — nephew (10)
en nevø – nevøen
ni (num) — nine (3)
Nidarosdomen — cathedral in Trondheim (23)
niende (num) — ninth (12)
niese (n) — niece (10)
en niese – niesen
nikke (v) — nod (24)
å nikke – nikker – nikket – har nikket
nikkende (adj) — nodding (*27*)
nitten (num) — nineteen (3)
nittende (num) — nineteenth (12)
nitti (num) — ninety (3)
nittiende (num) — ninetieth (12)
noe (pn) — something, anything (8)
noe annet enn — something other than (16)
noen[1] (pn) — someone, somebody, anyone, anybody (8)
noen[2] (adj) — some, any (4)
noen gang — ever (13)
nok (adv) — enough (15); probably, I suppose (21)
det skal vi nok greie — I'm sure we'll manage (*21*)
ikke nok med — not only (*28*)
nokså (adv) — fairly, rather (22)
nord (adv) — north (14)
nord for — north of (14)
nordbo (n) — Scandinavian (*28*)
en nordbo – nordboen
Norden — Scandinavia (Denmark, Finland, Iceland, Norway, and Sweden) (28)
nordisk (adj) — Scandinavian (28)

nordisk – nordiske
Nordkapp — North Cape (*23*)
nordmann (n) — Norwegian (**6**)
en nordmann – nordmannen – nordmenn – nordmennene
Nordmarka — the wooded hill district of Oslo, north of the city, used as a recreational area (*14*)
Nord-Norge — area north of Trøndelag; one of the five geographical divisions of Norway (**18**)
i Nord-Norge — in North-Norway (**18**)
Nordpolen — the North Pole (*14*)
Nordsjøen — the North Sea (**25**)
Norge — Norway (**1**)
Norgesveldet — the great kingdom of Norway (1240–1264); the height of Norway's territorial expansion, comprising areas that today lie in Sweden, as well as all of Iceland and Greenland, under Håkon Håkonsson (**28**)
norsk (adj) — Norwegian (**2**)
norsk – norske (**13**)
på norsk — in Norwegian (**5**)
norsktime (n) — Norwegian class (period) (**5**)
en norsktime – norsktimen
november (n) — November (**12**)
null (num) — zero (**3**)
nummer (n) — number (**21**)
et nummer – nummeret – numre – numrene
ny (adj) — new (**13**)
ny – nytt – nye
er det noe nytt — is there any news (**24**)
siste nytt — the latest news (**24**)
nydelig (adj) — beautiful, lovely (**20**)
nydelig – nydelige
nyhet (n) — newness (*24*); piece of news (*27*)
en nyhet – nyheten
nyheter, nyhetene — news, the news (**27**)
nylakkert (adj) — newly lacquered, painted (*27*)
nylakkert – nylakkerte
nylon (n) — nylon (**21**)
et nylon – nylonet
nytt (adj) — cf **ny** (**13**)
nytte (v) — be of use (*8*)
å nytte – nytter – nyttet – har nyttet
det nytter ikke — it's no use (*8*)
nyttårsaften (n) — New Year's Eve (**T**)
en nyttårsaften – nyttårsaftenen
nyttårsdag (n) — New Year's Day (**T**)
en nyttårsdag – nyttårsdagen
nær (adj) — near, close (**18**)
nær – nærmere – nærmest (comp) (**20**)
nærhet (n) — nearness, vicinity (**T**)
en nærhet – nærheten
i nærheten — nearby, in the vicinity (**T**)
nærmere (adj) — nearer, closer (**20**) cf **nær**
nærmest (adj) — nearest, closest (**20**) cf **nær**
nødvendig (adj) — necessary (**23**)
nødvendig – nødvendige
nøye (adj) — close, careful (**26**)
nøytral (adj) — neutral (**28**)
nøytral – nøytralt – nøytrale
nå (adv) — now (**2**); well (*14*); after all, really (**27**)
når[1] (adv) — when, at what time (**7**)
når[2] (conj) — when (**7**); whenever (*17*)

O

objekt (n) — object (*6*)
et objekt – objektet – objekt – objektene
objektiv (adj) — objective (**T**)
objektiv – objektivt – objektive
obligatorisk (adj) — obligatory (*18*)
obligatorisk – obligatoriske
offentlig (adj) — public (*28*)
offentlig – offentlige
offisiell (adj) — official (*28*)
offisiell – offisielt – offisielle

ofte (adv) — often (7)
og (conj) — and (2)
også (adv) — also, too (2)
okkupasjon (n) — occupation (of a country) (*28*)
en okkupasjon - okkupasjonen
okkupere (v) — occupy (**28**)
å okkupere - okkuperer - okkuperte - har okkupert
oksesteik (n) — roast beef (**15**)
en oksesteik - oksesteiken
oktober (n) — October (**12**)
o.l.: **og lignende** — and the like (T)
olabukser (n, pl) — blue jeans (**21**)
olabukser - olabuksene
oldeforeldre (n, pl) — great-grandparents (*10*)
oldeforeldre - oldeforeldrene
olje (n) — oil (**25**)
en olje - oljen
oljesprut (n) — gush of oil (*25*)
en oljesprut - oljespruten
om (prep) — about, concerning (**6**); in (**17**); if (whether) (**17**)
mange bøker om Norge — many books about Norway (*6*)
om kvelden — in the evening (**17**)
om en uke — in a week (**17**)
vet du om trikken har gått — do you know if the streetcar has gone (*17*)
ombygget (adj) — rebuilt (T)
ombygget - ombyggede
omfatte (v) — cover, include (*24*)
å omfatte - omfatter - omfattet - har omfattet
omgi (v) — surround (**27**)
å omgi - omgir - omgav - har omgitt
omgitt (adj) — surrounded (**27**)
omgitt - omgitte
omkring (prep) — around, about (**9**)
se seg omkring — look around (**11**)
område (n) — area, territory (**14**)
et område - området
omtrent (adv) — about, approximately (**14**)
omvisning (n) — guided tour (**13**)
en omvisning - omvisningen
ond (adj) — bad, evil (**26**)
ond - ondt - onde
onkel (n) — uncle (**10**)
en onkel - onkelen - onkler - onklene
onsdag (n) — Wednesday (**12**)
operasjon (n) — operation (**24**)
en operasjon - operasjonen
opp (adv) — up (motion) (**14**)
dit opp — up there (motion) (**14**)
oppbygging (n) — building up (*25*)
en oppbygging - oppbyggingen
oppdage (v) — discover (**28**)
å oppdage - oppdager - oppdaget - har oppdaget
oppdagelse (n) — discovery (*28*)
en oppdagelse - oppdagelsen
oppdagelsesreisende (n) — explorer (*28*)
en oppdagelsesreisende - den oppdagelsesreisende
oppe (adv) — up (location) (**14**)
der oppe — up there (location) (**14**)
oppfordre (v) — exhort, urge (*28*)
å oppfordre - oppfordrer - oppfordret - har oppfordret
oppgave (n) — assignment, problem, task (**18**)
en oppgave - oppgaven
oppgi (v) — give up, abandon (*28*)
å oppgi - oppgir - oppgav - har oppgitt
oppgitt (adj) — assigned (*24*)
oppgitt - oppgitte
oppkalt (adj) — named (**13**)
oppkalt - oppkalte
oppkalt etter — named after (**13**)
oppleve (v) — experience, live through (*23*)
å oppleve - opplever - opplevde - har opplevd
opplevelse (n) — adventure, experience (**14**)
en opplevelse - opplevelsen
oppløp (n) — gathering of crowds, riot (*28*)
et oppløp - oppløpet - oppløp - oppløpene

oppløse (v) — dissolve, break up (**28**)
å oppløse – oppløser – oppløste – har oppløst
oppløsning (n) — dissolution (28)
en oppløsning – oppløsningen
oppover (prep) — up, uphill (**26**)
opprinnelig (adj) — original (**16**)
opprinnelig – opprinnelige
oppskrift (n) — recipe (**19**)
en oppskrift – oppskriften
oppstilt (adj) — set up, posted (*28*)
oppstilt – oppstilte
opptatt (adj) — busy, occupied (**17**)
opptatt – opptatte
oppvask (n) — dishwashing (*15*)
en oppvask – oppvasken
oppvaskklut (n) — dish cloth (**15**)
en oppvaskklut – oppvaskkluten
oransje (adj) — orange (**21**)
ord (n) — word (**12**)
et ord – ordet – ord – ordene
ordbok (n) — dictionary (**21**)
ei ordbok – ordboka – ordbøker – ordbøkene
orden (n) — order (*21*)
en orden – ordenen
det er i orden — that's all right (**21**)
ordensmann (n) — monitor, one appointed to keep order (*18*)
en ordensmann – ordensmannen – ordensmenn – ordensmennene
ordenstall (n) — ordinal numeral (*5*)
et ordenstall – ordenstallet – ordenstall – ordenstallene
ordforråd (n) — vocabulary
et ordforråd – ordforrådet – ordforråd – ordforrådene
ordning (n) — organization, system, arrangement (**25**)
en ordning – ordningen
ordstilling (n) — word order (*6*)
en ordstilling – ordstillingen
ordtak (n) — adage, saying
et ordtak – ordtaket – ordtak – ordtakene
organisere (v) — organize (28)
å organisere – organiserer – organiserte – har organisert
orgel (n) — organ (**26**)
et orgel – orgelet – orgler – orglene
orgeltone (n) — organ music (*26*)
en orgeltone – orgeltonen
orke (v) — bear, stand (**18**)
å orke – orker – orket – har orket
jeg orker ikke å — I can't stand to (*18*)
orkester (n) — orchestra (**16**)
et orkester – orkestret – orkestre – orkestrene
Oslo — capital of Norway, located in East Norway (*13*)
oss (pn) — us (**6**); ourselves (7) cf **vi**
ost (n) — cheese (**8**)
en ost – osten
osv.: **og så videre** — etc., and so forth (**8**)
ovenfor (prep) — above (*23*)
over (prep) — over, above (7); past (**12**); across (*13*); of (*14*)
klokka er fem over åtte — the time is five past eight (*12*)
over gata — across the street (**13**)
et kart over byen — a map of the city (**14**)
overalt (adv) — everywhere (**27**)
overblikk (n) — panorama, view (*27*)
et overblikk – overblikket – overblikk – overblikkene
overdrive (v) — exaggerate, overstate (**28**)
å overdrive – overdriver – overdrev – har overdrevet
overdådig (adj) — lavish, excessive (**T**)
overdådig – overdådige
overfalle (v) — attack (**28**)
å overfalle – overfaller – overfalt – har overfalt
overføre (v) — carry forward, transfer (**T**)
å overføre – overfører – overførte – har overført
overgav (v) — surrendered cf **overgi** (**28**)
overgi (v) — surrender, give up (**28**)
å overgi – overgir – overgav – har overgitt

overgi seg — surrender (oneself) (28)
oversette (v) — translate
å oversette – oversetter – oversatte – har oversatt
oversettelse (n) — translation (*24*)
en oversettelse – oversettelsen
oversikt (n) — outline, summary (28)
en oversikt – oversikten

P

pakke (v) — pack (27)
å pakke – pakker – pakket – har pakket
pakke ut — unpack (27)
palmesøndag (n) — Palm Sunday (27)
en palmesøndag
panne (n) — forehead (24)
en panne – pannen
papir (n) — paper (4)
et papir – papiret
par (n) — couple (of); pair (8)
et par – paret – par – parene
et par (smørbrød) — a couple of (sandwiches) (8)
et par (sko) — a pair of (shoes) (*21*)
paraply (n) — umbrella (16)
en paraply – paraplyen
parentes (n) — parenthesis
en parentes – parentesen
park (n) — park (13)
en park – parken
parkanlegg (n) — park, grounds (T)
et parkanlegg – parkanlegget – parkanlegg – parkanleggene
parlament (n) — parliament (*25*)
et parlament – parlamentet
parti (n) — party (25)
et parti – partiet
partisipp (n) — participle (17)
et partisipp – partisippet
pasient (n) — patient (24)
en pasient – pasienten
pass (n) — passport (21)
et pass – passet – pass – passene
passasjer (n) — passenger (*23*)
en passasjer – passasjeren
passasjerskip (n) — passenger ship (*23*)
et passasjerskip – passasjerskipet – passasjerskip – passasjerskipene
passbåt (n) — flat-bottomed boat with outboard motor (*27*)
en passbåt – passbåten
passe (v) — fit (21); be appropriate (T)
å passe – passer – passet – har passet
passe til — go with (21)
passende (adj) — fitting, suitable
passiv (adj) — passive (25)
passiv – passivt – passive
patriot (n) — patriot (*28*)
en patriot – patrioten
pause (n) — pause, break (19)
en pause – pausen
pedagogikk (n) — education (*18*)
en pedagogikk – pedagogikken
pedagogisk (adj) — pedagogical (*18*)
pedagogisk – pedagogiske
peis (n) — fireplace, hearth (9)
en peis – peisen
peiskos (n) — fireside coziness, enjoyment (27)
en peiskos – peiskosen
peke (v) — point (*17*)
å peke – peker – pekte – har pekt
peke på — point to, refer to (*17*)
pen (adj) — nice, good, fine (13)
pen – pent – pene
penger (n, pl) — money (4)
penger – pengene
bruke penger — spend money (21)
penn (n) — pen (4)
en penn – pennen
pensjon (n) — pension (24)
en pensjon – pensjonen
pensjonist (n) — pensioner, retired person (*18*)
en pensjonist – pensjonisten
pensjonsalder (n) — retirement age with the right of pension (*24*)
en pensjonsalder – pensjonsalderen
pepper (n) — pepper (15)
et pepper – pepperet
perfektum (n) (gram) — perfect tense (*12*)
personlig (adj) — personal

personlig – personlige
personlige pronomener — personal pronouns (*6*)
perspektiv (n) — perspective (*28*)
et perspektiv – perspektivet
p.g.a.: på grunn av — because of (**23**)
pianist (n) — pianist (**16**)
en pianist – pianisten
piano (n) — piano (**16**)
et piano – pianoet
pike (n) — girl (**5**)
en pike – piken
pinse (n) — pentecost (*26*)
en pinse – pinsen
pinsevenn (n) — pentecostalist (*26*)
en pinsevenn – pinsevennen
piske (v) — beat, whip (*15*)
å piske – pisker – pisket – har pisket
planlegge (v) — plan, make plans for (**27**)
å planlegge – planlegger – planla – har planlagt
plante (n) — plant (**13**)
en plante – planten
plantemotiv (n) — plant motif (T)
et plantemotiv – plantemotivet
plass (n) — room (**18**); square (*28*)
en plass – plassen
ta plass — all aboard (*23*)
plassbillett (n) — reserved seat ticket (**21**)
en plassbillett – plassbilletten
plassere (v) — place (*23*)
å plassere – plasserer – plasserte – har plassert
plassering (n) — placement
en plassering – plasseringen
platespiller (n) — record player (**9**)
en platespiller – platespilleren – platespillere – platespillerne
plattform (n) — platform (**25**)
en plattform – plattformen
pleie (v) — be used to, be in the habit of (*7*)
å pleie – pleier – pleide – har pleid
jeg pleier å legge meg klokka 7 — I usually go to bed at 7 o'clock (*7*)
pluskvamperfektum (n) (gram) — past perfect tense (*18*)
pluss (prep) — plus (*6*)
plutselig (adj) — sudden (**23**)
plutselig – plutselige
polar (adj) — polar, arctic (*14*)
polarsirkel (n) — Arctic circle (**22**)
en polarsirkel – polarsirkelen – polarsirkler – polarsirklene
polarskip (n) — polar ship (*14*)
et polarskip – polarskipet – polarskip – polarskipene
politi (n) — police (**23**)
et politi – politiet
politibil (n) — police car (**23**)
en politibil – politibilen
politiker (n) — politician (**25**)
en politiker – politikeren – politikere – politikerne
politikk (n) — politics (*25*)
en politikk – politikken
politikontroll (n) — police inspection (*23*)
en politikontroll – politikontrollen
politimann (n) — policeman (**23**)
en politimann – politimannen – politimenn – politimennene
politisk (adj) — political (**25**)
politisk – politiske
politisk sett — from a political point of view (**25**)
politistasjon (n) — police station (*23*)
en politistasjon – politistasjonen
populær (adj) — popular (**13**)
populær – populært – populære
portal (n) — gateway, portal (**T**)
en portal – portalen
portrett (n) — portrait, picture (**T**)
et portrett – portrettet
positiv (n) (gram) — positive form of adjective or adverb (*20*)
post (n) — mail (**21**)
en post – posten
vanlig post — surface mail (*21*)
postbud (n) — postman (*18*)
et postbud – postbudet – postbud – postbudene
postkontor (n) — post office (**18**)

et postkontor - postkontoret
potet (n) — potato (**8**)
en potet - poteten
praktfull (adj) — magnificent, marvelous (**22**)
praktfull - praktfullt - praktfulle
praktisk (adj) — practical (*18*)
praktisk - praktiske
prat (n) — chat, talk, conversation (**26**)
en prat - praten
prate (v) — converse, chat (T)
å prate - prater - pratet - har pratet
preg (n) — character, stamp (*28*)
et preg - preget - preg - pregene
prege (v) — characterize, influence (T)
å prege - preger - preget - har preget
preget (adj) — influenced, characterized (T)
preget - pregede
prekestol (n) — pulpit (**16**)
en prekestol - prekestolen
preposisjon (n) (gram) — preposition
en preposisjon - preposisjonen
preposisjonsledd (n) (gram) — prepositional phrase (*25*)
et preposisjonsledd - preposisjonsleddet - preposisjonsledd - preposisjonsleddene
presens (n) (gram) — present tense (*6*)
presentere (v) — present, introduce (**11**)
å presentere - presenterer - presenterte - har presentert
får jeg presentere meg — may I introduce myself (**11**)
presentere (noen) for (noen) — introduce (someone) to (someone) (**11**)
prest (n) — minister, priest (**26**)
en prest - presten
prins (n) — prince (**13**)
en prins - prinsen
prinsesse (n) — princess (**13**)
en prinsesse - prinsessen
prinsipp (n) — principle (*28*)
et prinsipp - prinsippet
pris (n) — price (**20**)
en pris - prisen
privat (adj) — private, personal (*28*)
privat - private
problem (n) — problem (**11**)
et problem - problemet
produksjon (n) — output, production (**25**)
en produksjon - produksjonen
produkt (n) — product (**25**)
et produkt - produktet
produsere (v) — produce
å produsere - produserer - produserte - har produsert
program (n) — program (**12**)
et program - programmet - programmer - programmene
promillekjøring (n) — driving while under the influence of alcohol (i.e., in Norway, alcohol content in blood over .05 percent) (**23**)
en promillekjøring - promillekjøringen
pronomen (n) (gram) — pronoun
et pronomen - pronomenet
prosent (n) — percent (*27*)
en prosent - prosenten
provins (n) — province (*28*)
en provins - provinsen
prøve[1] (n) — test, exam (**17**)
en prøve - prøven
prøve[2] (v) — try (**18**)
å prøve - prøver - prøvde - har prøvd
får jeg prøve det — may I try it on (**21**)
prøverom (n) — fitting room (**21**)
et prøverom - prøverommet - prøverom - prøverommene
psykolog (n) — psychologist (*18*)
en psykolog - psykologen
psykologi (n) — psychology (*18*)
en psykologi - psykologien
puls (n) — pulse (**24**)
en puls - pulsen
pult (n) — school desk (**5**)
en pult - pulten
pusse (v) — polish (**7**)
å pusse - pusser - pusset - har pusset
pusse tennene — brush one's teeth (**7**)
pust (n) — breath (**24**)
en pust - pusten

holde pusten — hold one's breath (24)
puste (v) — breathe (24)
å puste – puster – pustet – har pustet
pust dypt — breathe deeply (*24*)
pute (n) — pillow (24)
ei pute – puta
pyjamas (n) — pajamas (24)
en pyjamas – pyjamasen
pyjamasjakke (n) — pajama top (*24*)
ei pyjamasjakke – pyjamasjakka
pynt (n) — decoration (T)
en pynt – pynten
til pynt — for decoration (T)
pynte (v) — garnish, trim (*15*)
å pynte – pynter – pyntet – har pyntet
pyntet (adj) — decorated (28)
pyntet – pyntede
pære (n) — pear (11)
ei pære – pæra
pølse (n) — sausage, wiener (17)
ei pølse – pølsa
på (prep) — at (3); on (5); for, in (17)
på skolen — at school (3)
går på skole — go to school (3)
på pulten — on the desk (*5*)
på norsk — in Norwegian (5)
på værelset — in the room (*6*)
klokka er fem på åtte — the time is five to eight (12)
på mandag — on Monday (12)
symbol på — symbol of (*16*)
vi har ikke vært der på fem uker — we haven't been there for five weeks (17)
pålegg (n) cheese, meat filling for sandwiches (8)
et pålegg – pålegget
påpekende (adj) — demonstrative (*20*)
påske (n) — Easter (22)
en påske – påsken
påskeaften (n) — Easter eve (27)
en påskeaften – påskeaftenen
påskebrun (adj) — tanned from Easter vacation (*27*)
påskebrun – påskebrunt – påskebrune
påskedag (n) — Easter Sunday (27)
en påskedag – påskedagen
første påskedag — Easter Sunday (27)
annen påskedag — Easter Monday (27)
påskeferie (n) — Easter vacation (*22*)
en påskeferie – påskeferien
påstedsadverb (n) (gram) — adverb of location (at) (*14*)
påvirket (adj) — influenced (*23*)
påvirket – påvirkede

R

radio (n) — radio (27)
en radio – radioen
høre (noe) i radio — hear (something) on the radio (27)
rand (n) — brink, brim (T)
en rand – randen
rar (adj) — odd, strange (16)
rar – rart – rare
rase (v) — rush, tear along (*27*)
å rase – raser – raste – har rast
rask (adj) — rapid, fast (*23*)
rask – raskt – raske
realfag (n) — scientific subject of study (*18*)
et realfag – realfaget – realfag – realfagene
realitet (n) — reality (25)
en realitet – realiteten
redd (adj) — afraid, scared (24)
redd – redde
være redd for — be afraid of (24)
rede (v) — prepare (*27*)
å rede – reder – redet – har redet
som man reder, så ligger man — you've made your bed, now lie in it; as you sow, so shall you reap (*27*)
redning (n) — rescue (25)
en redning – redningen
refleksiv (adj) — reflexive (*7*)
refleksiv – refleksivt – refleksive
regel (n) — rule (23)

en regel – regelen – regler – reglene
som regel — as a rule (23)
regjering (n) — government (25)
en regjering – regjeringen
regler (n) — cf **regel** (23)
regn (n) — rain (22)
et regn – regnet
regne[1] (v) — rain (16)
å regne – regner – regnet – har regnet
regne[2] (v) — count, calculate (T)
å regne – regner – regnet – har regnet
regne med — count on, figure (T)
regning (n) — bill, check (8)
en regning – regningen
rein (adj) — clean (16)
rein – reint – reine
gjøre reint — clean (18)
reingjøringsbetjent (n) — cleaning help (*18*)
en reingjøringsbetjent – reingjøringsbetjenten
reinsdyr (n) — reindeer (*27*)
et reinsdyr – reinsdyret – reinsdyr – reinsdyrene
reise[1] (v) — travel, go (5)
å reise – reiser – reiste – har reist
reise med (tog) — travel by (train) (21)
reise[2] (v) — raise (15)
å reise – reiser – reiste – har reist
reise seg — arise, get up (15)
reisebyrå (n) — travel agency (18)
et reisebyrå – reisebyrået
reisedagbok (n) — travel diary (*13*)
ei reisedagbok – reisedagboka – reisedagbøker – reisedagbøkene
reisemåte (n) — mode of travel (*23*)
en reisemåte – reisemåten
reisesjekk (n) — traveler's check (21)
en reisesjekk – reisesjekken
rekke[1] (v) — reach, extend (27)
å rekke – rekker – rakk – har rukket
så langt øyet rekker — as far as the eye can see (27)
rekke[2] (n) — series, number (T)
en rekke – rekken
reklame (n) — advertisement (*23*)
en reklame – reklamen
religion (n) — religion (*26*)
en religion – religionen
renne (v) — run (*27*)
å renne – renner – rant – har rent
rense (v) — rinse, clean (*15*)
å rense – renser – renset – har renset
reparasjon (n) — repair(s) (19)
en reparasjon – reparasjonen
repetere (v) — repeat, review
å repetere – repeterer – repeterte – har repetert
representant (n) — representative (25)
en representant – representanten
representere (v) — represent (25)
å representere – representerer – representerte – har representert
resiprok (adj) — reciprocal
resiprok – resiprokt – resiproke
respekt (n) — respect (27)
en respekt – respekten
rest (n) — rest, remainder (20)
en rest – resten
restaurant (n) — restaurant (8)
en restaurant – restauranten
resultat (n) — result (25)
et resultat – resultatet
som resultat — as a result (25)
retning (n) — direction (14)
en retning – retningen
rett[1] (n) — right, rightness (24)
en rett – retten
ha rett — be right (6)
ha rett til — have the right to (24)
rett[2] (adj) — rightful, lawful (*26*)
rett – rette
rette (v) — correct, rectify (*21*)
å rette – retter – rettet – har rettet
rette seg etter — be regulated according to, conform to
rettferdig (adj) — fair, just (25)
rettferdig – rettferdige
retur (n) — return trip (*21*)
en retur – returen
tur retur — round trip (21)
rev (n) — fox (*27*)
en rev – reven

revolusjon (n) — revolution (*28*)
en revolusjon – revolusjonen
rik (adj) — rich, wealthy (**25**)
rik – rikt – rike
rikdom (n) — riches, wealth (*10*)
en rikdom – rikdommen – rikdommer – rikdommene
rike (n) — kingdom, empire (**28**)
et rike – riket
rikskringkasting (n) — state broadcasting system
en rikskringkasting – rikskringkastingen
riksvei (n) — state highway (*23*)
en riksvei – riksveien
riktig (adj) — right, correct (*4*); (adv) really (**12**)
riktig – riktige
riktignok (adv) — certainly, indeed (*27*)
rimelig (adj) — reasonable (**13**)
rimelig – rimelige
ringe (v) — call (telephone); ring (**7**)
å ringe – ringer – ringte – har ringt
ringe til (noen) — call (someone) up (on the phone) (**7**)
det ringer på døra — the doorbell rings (**24**)
ringe etter (noen) — call for (someone) (**24**)
ris[1] (n) — spanking, whipping (*28*)
et ris – riset
ris[2] (n) — rice (**T**)
en ris – risen
risengryn (n) — (grain of) rice (**T**)
et risengryn – risengrynet – risengryn – risengrynene
risengrynsgraut (n) — rice porridge (**T**)
en risengrynsgraut – risensgrynsgrauten
riste (v) — shake (*27*)
å riste – rister – ristet – har ristet
riste på hodet — shake one's head (*27*)
ro (n) — rest, calm
en ro – roen
ta det med ro — take it easy (**14**)
rolig (adj) — calm, peaceful (*27*)
rolig – rolige

rolle (n) — part, role
en rolle – rollen
det spiller ingen rolle — it doesn't matter (**15**)
rom (n) — room (*9*)
et rom – rommet – rom – rommene
romantisk (adj) — romantic (*23*)
romantisk – romantiske
romjul (n) — December 27–31, period of Christmas festivities (**T**)
en romjul – romjulen
rop (n) — shout, cry (*28*)
et rop – ropet – rop – ropene
rope (v) — shout, call (**20**)
å rope – roper – ropte – har ropt
ror (n) — helm, wheel (*27*)
et ror – roret – ror – rorene
rose (n) — rose (**13**)
en rose – rosen
rosemale (v) — paint with decorative floral style (**T**)
å rosemale – rosemaler – rosemalte – har rosemalt
rosemaling (n) — decorative floral painting (**T**)
en rosemaling – rosemalingen
rosemalt (adj) — painted with floral style (**T**)
rosemalt – rosemalte
Rosenkrantztårn — part of the medieval fortress in Bergen (*16*)
rot (n) — root (**T**)
ei rot – rota – røtter – røttene
slå rot i — take root in (**T**)
ru (adj) — rough (*27*)
ru – rutt – ru
rug (n) — rye (**11**)
en rug – rugen
rulle (v) — roll (*27*)
å rulle – ruller – rullet – har rullet
rund (adj) — round (**23**)
rund – rundt – runde
rundstykke (n) — hard roll (**20**)
et rundstykke – rundstykket
rundt (prep) — around (**15**)
rundt omkring — on all sides, all about (**17**)
rundt livet — around the waist (**21**)

døgnet rundt — around the clock (22)
russ (n) — member of graduating class of "gymnas" or "videregående-skole"
en russ – russen
russefeiring (n) — "17. mai" celebration held by "russ" (*28*) cf **russ**
en russefeiring – russefeiringen
russisk (adj) — Russian (*18*)
russisk – russiske
rustet (adj) — equipped, prepared (*27*)
rustet – rustede
rute (n) — route (*24*)
en rute – ruten
rutet (adj) — plaid, checked (*21*)
rutet – rutete
rutinekontroll (n) — routine inspection (23)
en rutinekontroll – rutinekontrollen
rydde (v) — straighten up, tidy
å rydde – rydder – ryddet – har ryddet
rydde opp — clean, straighten
rygg (n) — back (24)
en rygg – ryggen
ryggsekk (n) — knapsack (27)
en ryggsekk – ryggsekken
rytmisk (adj) — rhythmic (*27*)
rytmisk – rytmiske
rød (adj) — red (13)
rød – rødt – røde
rødrutet (adj) — red plaid or checked (*21*)
rødrutet – rødrutete
rødvin (n) — red wine (*15*)
en rødvin – rødvinen
røffhet (n) — roughness (T)
en røffhet – røffheten
røre (v) — stir (*15*)
å røre – rører – rørte – har rørt
røyke (v) — smoke tobacco (21)
å røyke – røyker – røykte – har røykt
røyker/ikke-røyker — smoking/non-smoking (21)
røyking (n) — smoking (*24*)
ei røyking – røykinga
råd (n) — remedy (*12*); means, wealth (*18*)
en råd – råden
kommer tid, kommer råd — time brings wisdom, time solves problems (*12*)
ha råd til — be able to afford (18)
rådhus (n) — city hall (14)
et rådhus – rådhuset – rådhus – rådhusene
rådhustårn (n) — city hall tower (*14*)
et rådhustårn – rådhustårnet – rådhustårn – rådhustårnene
rådyr (n) — roe deer (*27*)
et rådyr – rådyret – rådyr – rådyrene

S

sa (v) — said (12) cf **si**
saft (n) — juice (8)
ei saft – safta
saftig (adj) — juicy (13)
saftig – saftige
saga (n) — saga, story (28)
en saga – sagaen
sagt (v) — said (12) cf **si**
sal (n) — auditorium, large hall (14)
en sal – salen
salg (n) — sale (*25*)
et salg – salget – salg – salgene
salt (n) — salt (15)
et salt – saltet
samarbeide (v) — cooperate (23)
å samarbeide – samarbeider – samarbeidet – har samarbeidet
samfunn (n) — society (18)
et samfunn – samfunnet – samfunn – samfunnene
samle (v) — gather, collect (17)
å samle – samler – samlet – har samlet
samling (n) — collection
en samling – samlingen
samliv (n) — cohabitation (*24*)
et samliv – samlivet – samliv – samlivene
samme (pn) — same
med det samme — right away, at the same time (18)
det samme — the same (20)

sammen (adv) — together (5)
vi leser sammen — we'll read together (5)
alle sammen — all, everyone (11)
alt sammen — everything (15)
til sammen — all together (20)
sammenheng (n) — connection, relationship (28)
en sammenheng – sammenhengen
ha sammenheng med — be connected with (*28*)
sammenkomst (n) — social gathering (T)
en sammenkomst – sammenkomsten
sammenligne (v) — compare (25)
å sammenligne – sammenligner – sammenlignet – har sammenlignet
sammenlignet med — compared to (25)
sammensatt (adj) — compound (*14*)
sammensatt – sammensatte
samtale (n) — conversation (19)
en samtale – samtalen
samtidig (adj) — simultaneous (*17*)
samtidig – samtidige
sang[1] (n) — song (16)
en sang – sangen
sang[2] (v) — sang (17) cf **synge**
sankthans (n) — Midsummer's day (June 24th), longest day of the year (17)
sann (adj) — true
sann – sant – sanne
sannhet (n) — truth (26)
en sannhet – sannheten
sannheten skal fram — the truth will out (26)
sant (adj) — true (*5*) cf **sann**
ikke sant? — not true?, right? (5)
det er sant — that's true (7)
satt[1] (v) — set (17)
cf **sette**
satt[2] (v) — sat (26) cf **sitte**
satte (v) — set (17) cf **sette**
saus (n) — gravy, sauce (16)
en saus – sausen
savne (v) — miss (24)
å savne – savner – savnet – har savnet
se (v) — see (6)
å se – ser – så – har sett (6)
ser på — look at (5)
se seg omkring — look around (11)
skal vi se — let's see (15)
se ut (som) — appear, look (like) (16)
se (sulten) ut — appear (hungry) (16)
sees (v) — see each other, meet
å sees – sees – såes – har sees
vi sees seinere — we'll see each other later, see you later
seg (pn) — him(self), her(self), it(self), one(self), them(selves); (object pronoun referring back to third-person subject of the clause) (7)
sei (n) — coalfish, pollack (*27*)
en sei – seien
seilbåt (n) — sailboat (*21*)
en seilbåt – seilbåten
seile (v) — sail (17)
å seile – seiler – seilte – har seilt
seiltur (n) — cruise, sail (*17*)
en seiltur – seilturen
sein (adj) — late; slow (18)
sein – seint – seine
seinere (adv) — later (8) cf **sein**
seint (adv) — late (17)
komme seint — be late (17)
sekk (n) — bag, sack
en sekk – sekken
man skal ikke kjøpe katten i sekken — don't buy a pig in a poke, let the buyer beware (*21*)
sekretær (n) — secretary (*18*)
en sekretær – sekretæren
seks (num) — six (3)
seksten (num) — sixteen (3)
sekstende (num) — sixteenth (12)
seksti (num) — sixty (3)
sekstiende (num) — sixtieth (12)
sekund (n) — second (17)
et sekund – sekundet
selge (v) — sell (11)
å selge – selger – solgte – har solgt (17)

selger (n) — salesperson (*18*)
en selger – selgeren – selgere – selgerne
selskap (n) — party (**21**); company (**25**)
et selskap – selskapet
gå i selskap — go to a party (**21**)
selskapssko (n) — party shoe (*21*)
en selskapssko – selskapsskoen – selskapssko – selskapsskoene
selv[1] (pn) — (her-, him-, it-, my-, one-, your-) self, (our-, them-, your-) selves (**15**)
for seg selv — by itself (**T**)
selv[2] (adv) — even (*20*)
selv om — even if, although (**20**)
selvbetjening (n) — self-service (**20**)
en selvbetjening – selvbetjeningen
selvbetjeningsbutikk (n) — self-service store (*20*)
en selvbetjeningsbutikk – selvbetjeningsbutikken
selve (pn) — her-, him-, itself; the very (**27**)
selve høyfjellet — the mountain plateau itself, the very mountain plateau (*27*)
selvgjort (adj) — done by oneself (*16*)
selvgjort – selvgjorte
selvgjort er velgjort — if you want it done well, do it yourself (*16*)
selvsagt (adv) — of course (*24*)
selvstendig (adj) — independent, self-governing (**28**)
selvstendig – selvstendige
semester (n) — semester (**18**)
et semester – semesteret – semestre – semestrene
sende (v) — send; pass (**15**)
å sende – sender – sendte – har sendt
kunne du sende meg saltet — could you pass me the salt (*15*)
sende bud etter — send for (**24**)
seng (n) — bed (**6**)
ei seng – senga
gå til sengs — go to bed (**22**)
ligge til sengs — be, stay in bed (**24**)
senke (v) — sink (**29**)
å senke – senker – senket – har senket
senke seg — descend (**T**)
Senterpartiet — the "Center Party" in Norway (*25*)
sentral (adj) — central (*28*)
sentral – sentralt – sentrale
sentrum (n) — center, downtown (**13**)
et sentrum – sentret – sentrer – sentrene
september (n) — September (**12**)
servere (v) — serve (**15**)
å servere – serverer – serverte – har servert
servering (n) — serving (*15*)
en servering – serveringen
serveringsavgift (n) — service charge (*15*)
en serveringsavgift – serveringsavgiften
seter (n) — summer grazing farm (*27*)
ei seter – setra – setrer – setrene
setning (n) — sentence
en setning – setningen
sett (v) — seen (**6**) cf **se**
sette (v) — set (**15**)
å sette – setter – satte – har satt (**17**)
sett inn — insert (*1*)
sette seg — sit down (**15**)
sherry (n) — sherry (*15*)
en sherry – sherryen
si[1] (v) — say (**8**)
å si – sier – sa – har sagt (**12**)
kunne du si det en gang til — could you say that one more time (**2**)
sier du det — you don't say, really (**9**)
som sagt — as stated (**12**)
si[2] (pn) — cf **sin** (**12**)
side (n) — side (**13**); page; aspect (*24*)
en side – siden
ved siden av — beside, next (door) to (**13**)
side om side — side by side (*27*)
siden (adv) — since (**9**); ago (**17**)
det er lenge siden sist — it's a long time since the last time, long time no see (**9**)

for (en uke) siden — (a week) ago (17)
sideordnende (adj) — coordinating (*23*)
sier (v) — say (8) cf **si**
sikker (adj) — certain, sure (21)
sikker – sikkert – sikre
være sikker på — be sure of (24)
sikkert (adv) — certainly, surely (21)
helt sikkert — absolutely (21)
sikte (v) — sift (*15*)
å sikte – sikter – siktet – har siktet
sild (n) — herring (*27*)
ei sild – silda
sin (pn) — his, her, their (referring back to subject) (12)
sin – si – sitt – sine
sine (pn) — cf **sin** (12)
sinnsstemning (n) — state of mind, mood (T)
en sinnsstemning – sinnsstemningen
sist[1] (adv) — last, the last time (4)
takk for sist — thanks for the last time (we were together) (4)
det er lenge siden sist — it's a long time since the last time, long time no see (9)
sist[2] (adj) — last, latest (21)
sist – siste
siste mote — the latest fashion (21)
i det siste — recently (25)
sitat (n) — quotation (T)
et sitat – sitatet
sitt (pn) — cf **sin** (12)
sitte (v) — sit (6)
å sitte – sitter – satt – har sittet
sitteplass (n) — seat (21)
en sitteplass – sitteplassen
situasjon (n) — situation (24)
en situasjon – situasjonen
sjel (n) — soul (16)
en sjel – sjelen
sjette (num) — sixth (12)
sjokolade (n) — chocolate (15)
en sjokolade – sjokoladen
sjokoladesaus (n) — chocolate sauce (*15*)
en sjokoladesaus – sjokoladesausen
sju (num) — seven (3)
sjuende (num) — seventh (12)
sjø (n) — sea, ocean (16)
en sjø – sjøen
sjødyr (n) — marine animal (16)
et sjødyr – sjødyret – sjødyr – sjødyrene
sjømann (n) — seaman (25)
en sjømann – sjømannen – sjømenn – sjømennene
sjøsyk (adj) — seasick (23)
sjøsyk – sjøsykt – sjøsyke
sjøvei (n) — sea route (*27*)
en sjøvei – sjøveien
sjåfør (n) — chauffeur (*18*)
en sjåfør – sjåføren
skade (v) — damage, harm (25)
å skade – skader – skadet – har skadet
skadevirkning (n) — harmful, damaging effect (*25*)
en skadevirkning – skadevirkningen
skal (v) — am going to, shall (8) cf **skulle**
jeg skal ha — I would like, I'm going to have (ordering in restaurant) (8)
skal vi se — let's see (*15*)
takk skal du ha — thank you (15)
skal det være — would you like (*19*)
(noen) vil at (noen) skal (gjøre noe) — (someone) wants (someone) to (do something) (26)
hvis alt går som det skal — if all goes as it should (*26*)
skam (n) — shame, disgrace (*27*)
en skam – skammen
skandinav (n) — Scandinavian (*28*)
en skandinav – skandinaven
Skandinavia — Scandinavia (*28*)
skandinavisk (adj) — Scandinavian (*28*)
skandinavisk – skandinaviske
skap (n) — cabinet, closet (9)
et skap – skapet – skap – skapene
skarp (adj) — sharp (23)
skarp – skarpt – skarpe
skatt (n) — tax(es) (25)
en skatt – skatten
skepsis (n) — skepticism (25)
en skepsis – skepsisen

ski (n) — ski (**14**)
ei ski - skia - ski - skiene
gå på ski — ski (**22**)
skiferie (n) — ski vacation (*22*)
en skiferie - skiferien
skifte (v) — change (**23**)
å skifte - skifter - skiftet - har skiftet
skifte farge — change color (**23**)
skiftende (adj) — changeable, varying (*27*)
skikkelse (n) — form, figure (*27*)
en skikkelse - skikkelsen
skildre (v) — depict, portray (**T**)
å skildre - skildrer - skildret - har skildret
skille (v) — part, separate (**26**); distinguish (**T**)
å skille - skiller - skilte - har skilt
til døden skiller dere ad — til death do you part (*26*)
skilt (n) — sign (**23**)
et skilt - skiltet - skilt - skiltene
skinke (n) — ham (**8**)
ei skinke - skinka
skinne (v) — shine (**14**)
å skinne - skinner - skinte - har skint
skip (n) — ship (**14**)
et skip - skipet - skip - skipene
skipsfart (n) — shipping industry (**25**)
en skipsfart - skipsfarten
skisport (n) — skiing (**27**)
en skisport - skisporten
skiutstyr (n) — ski equipment (*27*)
et skiutstyr - skiutstyret
skje[1] (n) — spoon (**8**)
en skje - skjeen
skje[2] (v) — happen, occur (**18**)
å skje - skjer - skjedde - har skjedd
skjebne (n) — fate, destiny
en skjebne - skjebnen
felles skjebne er felles trøst — common fate is common consolation, misery loves company (*5*)
skjedde (v) — happened cf **skje** (**18**)
skjegg (n) — beard (**28**)
et skjegg - skjegget - skjegg - skjeggene
skjenkekar (n) — pouring container, pitcher (**T**)
et skjenkekar - skjenkekaret - skjenkekar - skjenkekarene
skjerf (n) — scarf (**21**)
et skjerf - skjerfet - skjerf - skjerfene
skjorte (n) — shirt (**21**)
ei skjorte - skjorta
skjær (n) — reef, skerry (*27*)
et skjær - skjæret - skjær - skjærene
skjære (v) — cut, slice (*15*)
å skjære - skjærer - skar - har skåret
skjærgård (n) — skerries, archipelago (*27*)
en skjærgård - skjærgården
skjærtorsdag (n) — Maundy Thursday (**27**)
en skjærtorsdag
skjønn (adj) — beautiful, lovely (**22**)
skjønn - skjønt - skjønne
skjønne (v) — understand, realize (**24**)
å skjønne - skjønner - skjønte - har skjønt
skjønnhet (n) — beauty (*24*)
en skjønnhet - skjønnheten
skjønt (conj) — although, though
skjørt (n) — skirt (**21**)
et skjørt - skjørtet - skjørt - skjørtene
skjøt (v) — shot (**28**) cf **skyte**
sko (n) — shoe (**21**)
en sko - skoen - sko - skoene
skog (n) — forest, wood (**22**)
en skog - skogen
skogkledd (adj) — wooded (*28*)
skogkledd - skogkledde
skole (n) — school (**3**)
en skole - skolen
på skolen — at school (**3**)
går på skole — go to school (**3**)
skolebarn (n) — school child (*22*)
et skolebarn - skolebarnet - skolebarn - skolebarna
skolebok (n) — school book (*14*)
ei skolebok - skoleboka - skolebøker - skolebøkene
skolebygning (n) — school building (*14*)
en skolebygning - skolebygningen

skoleforhold (n) — school conditions (*24*)
et skoleforhold – skoleforholdet – skoleforhold – skoleforholdene
skolegang (n) — education, schooling (*18*)
en skolegang – skolegangen
skoleliv (n) — school life (*18*)
et skoleliv – skolelivet
skoleår (n) — school year (*14*)
et skoleår – skoleåret – skoleår – skoleårene
skrev (v) — wrote (**16**) cf **skrive**
skrevet (v) — written (**16**) cf **skrive**
skriftlig (adj) — written (*18*)
skriftlig – skriftlige
skrik (n) — screaming, yelling (*28*); scream (**T**)
et skrik – skriket – skrik – skrikene
skrive (v) — write (**1**)
å skrive – skriver – skrev – har skrevet (**16**)
skrive om — rewrite
skrive med (noen) — correspond with (somebody) (*5*)
skrive ferdig — complete (*24*)
skrivebord (n) — desk (**5**)
et skrivebord – skrivebordet – skrivebord – skrivebordene
skrivepapir (n) — writing paper (**4**)
et skrivepapir – skrivepapiret
skuespill (n) — play (**13**)
et skuespill – skuespillet – skuespill – skuespillene
skulder (n) — shoulder (**24**)
en skulder – skulderen – skuldrer – skuldrene
skulle (v) — be going to, shall, be supposed to
å skulle – skal – skulle – har skullet (**23**)
skal — am going to, shall (**8**)
skulle — was going to, should (**15**)
har skullet — have been going to (**23**)
jeg skulle ha — I would like (**15**)
skulptur (n) — sculpture (**T**)
en skulptur – skulpturen

skydekke (n) — cloud cover, overcast (*27*)
et skydekke – skydekket
skiftende skydekke — variable cloudiness (*27*)
skylde (v) — owe
å skylde – skylder – skyldte – har skyldt
skynde (v) — hurry
å skynde – skynder – skyndte – har skyndt
skynde seg — hurry (up) (**17**)
skyte (v) — shoot (**28**)
å skyte – skyter – skjøt – har skutt
skytshelgen (n) — patron saint (*28*)
en skytshelgen – skytshelgenen
skål (n) — (drinking) toast (**26**)
ei skål – skåla
slag (n) — battle (**28**)
et slag – slaget – slag – slagene
slags (n) — kind of, sort of (*9*)
hva slags — what kind of (**9**)
slappe (v) — relax
å slappe – slapper – slappet – har slappet
slappe av — relax, slack off (*27*)
slektning (n) — relative (**10**)
en slektning — slektningen
slektskap (n) — kinship, relationship (*24*)
et slektskap – slektskapet
slik (adj) — like that, such (**14**)
slik – slikt – slike
slike skip — ships like that (*14*)
slippe (v) — avoid, get out of (**23**); let go (*28*)
å slippe – slipper – slapp – har sloppet
slippe seg løs — let oneself go (*28*)
slips (n) — necktie (**21**)
et slips – slipset – slips – slipsene
slo (v) — beat
slo rot — took root cf **slå** (**T**)
sloss (v) — fought, struggled (**28**) cf **slåss**
slott (n) — palace (**13**)
et slott – slottet – slott – slottene

slottsbalkong (n) — palace balcony (*28*)
en slottsbalkong – slottsbalkongen
slurk (n) — swallow, gulp (T)
en slurk – slurken
slutt[1] (adj) — finished, over (5)
slutt – slutte
timen er ikke slutt ennå — class isn't finished yet (5)
slutt[2] (n) — end, finish (18)
en slutt – slutten
til slutt — at last, finally (15)
ved slutten av — at the end of (*18*)
slutte (v) — conclude, finish (*17*)
å slutte – slutter – sluttet – har sluttet
slå (v) — beat (*27*); do, perform (T)
å slå – slår – slo – har slått
slå rot — take root (T)
slåss (v) — fight, struggle (28)
å slåss – slåss – sloss – har slåss
smak (n) — taste (19)
en smak – smaken
smake (v) — taste (15)
å smake – smaker – smakte – har smakt
smake på (noe) — sample, taste (something) (15)
det skal smake med (kaffe) — (coffee) will taste good (19)
smal (adj) — narrow (23)
smal – smalt – smale
smalne (v) — become narrower (*24*)
å smalne – smalner – smalnet – har smalnet
smed (n) — smith, blacksmith (*26*)
en smed – smeden
enhver er sin egen lykkes smed — everyone is the designer of his own happiness (*26*)
smerte (n) — ache, pain (24)
en smerte – smerten
ha smerter — be in pain (24)
smi (v) — forge
å smi – smir – smidde – har smidd
man skal smi mens jernet er varmt — strike while the iron is hot
smile (v) — smile (11)
å smile – smiler – smilte – har smilt
smile til — smile at (11)
smilende (adj) — smiling (*27*)
smør (n) — butter (T)
et smør – smøret
smørbrød (n) — sandwich (8)
et smørbrød – smørbrødet – smørbrød – smørbrødene
smørbrødliste (n) — sandwich list (*8*)
ei smørbrødliste – smørbrødlista
smøring (n) — ski wax (27)
en smøring – smøringen
små (adj) — cf **liten** (14)
småkake (n) — cookie (8)
ei småkake – småkaka
småkoke (v) — simmer (*15*)
å småkoke – småkoker – småkokte – har småkokt
snakke (v) — speak, talk (2)
å snakke – snakker – snakket – har snakket
snakkes (v) — talk with each other, talk together
snart (adv) — quickly, soon (8)
snekker (n) — carpenter (*18*)
en snekker – snekkeren – snekkere – snekkerne
snill (adj) — kind, nice (15)
snill – snilt – snille
kunne du være så snill å — please (could you be so kind to) (15)
snu (v) — turn, turn back (*27*)
å snu – snur – snudde – har snudd
snø[1] (n) — snow (22)
en snø – snøen
snø[2] (v) — snow (*27*)
å snø – snør – snødde – har snødd
snøbyge (n) — snow flurries (*27*)
en snøbyge – snøbygen
snøskred (n) — avalanche, snowslide (27)
et snøskred – snøskredet – snøskred – snøskredene
sofa (n) — sofa (9)
en sofa – sofaen
sitte i sofaen — sit on the sofa (*9*)
Sognefjorden — the longest and deepest fjord in Norway

sokk (n) — sock (**21**)
en sokk – sokken
sol (n) — sun (**13**)
ei sol – sola
soldat (n) — soldier (*28*)
en soldat – soldaten
solgte (v) — sold (**17**) cf **selge**
Solo — name of a soft drink (*20*)
soloppgang (n) — sunrise
en soloppgang – soloppgangen
som[1] (conj) — as, like (**7**)
som alltid — as always (**7**)
som sagt — as stated (**12**)
som vanlig — as usual (**19**)
som[2] (pn) — that, which, who, whom (**16**)
sommer (n) — summer (**13**)
en sommer – sommeren – somrer – somrene
om sommeren — in the summer (**22**)
i sommer — this summer (**22**)
sommeridyll (n) — summer idyll (*27*)
en sommeridyll – sommeridyllen
sommerklær (n, pl) — summer clothes (*22*)
sommerklær – sommerklærne
sorg (n) — grief, sorrow (**T**)
en sorg – sorgen
sort (adj) — black cf **svart**
sort – sorte
sosialarbeider (n) — social worker (*18*)
en sosialarbeider – sosialarbeideren – sosialarbeidere – sosialarbeiderne
sosialdemokratisk (adj) — social democratic (**25**)
sosialdemokratisk – sosialdemokratiske
sosialist (n) — socialist (*25*)
en sosialist – sosialisten
sosialistisk (adj) — socialistic (**25**)
sosialistisk – sosialistiske
sosiologi (n) — sociology (**18**)
en sosiologi – sosiologien
sove (v) — sleep (**3**)
å sove – sover – sov – har sovet (**11**)
sov godt — sleep well (**11**)
soverom (n) — bedroom
et soverom – soverommet – soverom – soverommene
sovevogn (n) — sleeping car (on train)
ei sovevogn – sovevogna
soveværelse (n) — bedroom (**7**)
et soveværelse – soveværelset
Sovjetunionen — the Soviet Union (*23*)
sovne (v) — fall asleep (**11**)
å sovne – sovner – sovnet – har sovnet
Spania — Spain (**11**)
spansk (adj) — Spanish (*18*)
spansk – spanske
spare (v) — save (*27*)
å spare – sparer – sparte – har spart
spare på — be sparing with, save (*27*)
spart (adj) — saved
spart – sparte
speide (v) — peer, observe carefully (*27*)
å speide – speider – speidet – har speidet
speil (n) — mirror (**7**)
et speil – speilet – speil – speilene
spennende (adj) — exciting (**28**)
spenning (n) — excitement, suspense (**T**)
en spenning – spenningen
spesiell (adj) — special (**14**)
spesiell – spesielt – spesielle
spill (n) — game (**27**)
et spill – spillet – spill – spillene
spille (v) — play (**14**)
å spille – spiller – spilte – har spilt
det spiller ingen rolle — it doesn't matter (**15**)
spillemann (n) — fiddler, musician (**14**)
en spillemann – spillemannen – spillemenn – spillemennene
spilt (adj) — spilled, wasted (*8*)
spilt – spilte
spise (v) — eat (**7**)
å spise – spiser – spiste – har spist (**8**)
spise seg god og mett — eat one's fill (*28*)
spisebord (n) — dining table (*9*)
et spisebord – spisebordet – spisebord – spisebordene

spisekart (n) — bill of fare, menu (8)
et spisekart - spisekartet - spisekart - spisekartene
kan jeg få spisekartet — may I have the menu (*8*)
spisesal (n) — dining hall (*14*)
en spisesal - spisesalen
spiseskikk (n) eating custom, practice (*15*)
en spiseskikk - spiseskikken
spiseskje (n) — tablespoon (*15*)
en spiseskje - spiseskjeen
spisestue (n) — dining room (9)
ei spisestue - spisestua
spisevogn (n) — dining car (on train)
ei spisevogn - spisevogna
spor (n) — train track, rail (*23*)
et spor - sporet - spor - sporene
sport (n) — sport (22)
en sport - sporten
sprede (v) — spread (T)
å sprede - spreder - spredte - har spredt
sprenge (v) — blow up, explode (28)
å sprenge - sprenger - sprengte - har sprengt
sprenge i lufta — blow up (28)
språk (n) — language, speech (*18*)
et språk - språket - språk - språkene
språkvitenskap (n) — linguistics (*18*)
en språkvitenskap - språkvitenskapen
spurte (v) — asked (17) cf **spørre**
spør (v) — ask (7) cf **spørre**
spørre (v) — ask (7)
å spørre - spør - spurte - har spurt (17)
spørreord (n) — question word, interrogative (*3*)
et spørreord - spørreordet - spørreord - spørreordene
spørsmål (n) — question (1)
et spørsmål - spørsmålet - spørsmål - spørsmålene
stille et spørsmål — ask a question (25)
ss: spiseskje — tablespoon (*15*)
stabbur (n) — storehouse (on pillars) (11)
et stabbur - stabburet - stabbur - stabburene
stadig (adj) — constant, continual (25)
stadig - stadige
stamme (n) — trunk (*11*); stem (*17*)
en stamme - stammen
eplet faller ikke langt fra stammen — like father, like son (*11*)
starte (v) — start, take off (*28*)
å starte - starter - startet - har startet
stasjon (n) — station (14)
en stasjon - stasjonen
stat (n) — state, government (18)
en stat - staten
statsbane (n) — national railway (*23*)
en statsbane - statsbanen
Norges Statsbaner (NSB) — Norwegian State Railways (*23*)
statskirke (n) — state church (*26*)
en statskirke - statskirken
statsmann (n) — statesman (*25*)
en statsmann - statsmannen - statsmenn - statsmennene
statsminister (n) — prime minister (25)
en statsminister - statsministeren - statsministere - statsministerne
statsvitenskap (n) — political science (*18*)
en statsvitenskap - statsvitenskapen
statue (n) — statue (13)
en statue - statuen
Stavanger — seaport in southwestern Norway (*23*)
stave (v) — spell (2)
å stave - staver - stavet - har stavet
stavelse (n) — syllable (*24*)
en stavelse - stavelsen
stavkirke (n) — stave church (14)
en stavkirke - stavkirken
sted (n) — place, location (13)
et sted - stedet - steder - stedene
steik (n) — roast (*15*)
ei steik - steika
steike (v) — bake (*15*); roast (17)
å steike - steiker - steikte - har steikt

stein (n) — stone, rock (16)
en stein – steinen
steinbygning (n) — stone building (*16*)
en steinbygning – steinbygningen
steinkirke (n) — stone church (*16*)
en steinkirke – steinkirken
stelle (v) — take care of, tend (11)
å stelle – steller – stelte – har stelt
stemme[1] (v) — be correct (*2*); vote (*25*)
å stemme – stemmer – stemte – har stemt
det stemmer — that's right (2)
stemme[2] (n) — voice (*23*)
en stemme – stemmen
stemmerett (n) — right to vote (28)
en stemmerett – stemmeretten
alminnelig stemmerett — universal suffrage (28)
stemning (n) — atmosphere, mood (*28*)
en stemning – stemningen
stenge (v) — shut, close (*20*)
å stenge – stenger – stengte – har stengt
stengt (adj) — shut, closed (20)
stengt – stengte
sterk (adj) — strong (16)
sterk – sterkt – sterke
et sterkt verb — strong verb, i.e., verb which does not add an ending to form its past tense (*17*)
stetoskop (n) — stethoscope (24)
et stetoskop – stetoskopet
stikke (v) — stick, thrust (*27*)
å stikke – stikker – stakk – har stukket
stil (n) — essay, theme (*9*); style (T)
en stil – stilen
stille[1] (adj) — calm, quiet (12)
stille[2] (v) — pose, place, put (25)
å stille – stiller – stilte – har stilt
stille et spørsmål — ask (pose) a question (25)
stille seg opp — line up (*28*)
Stillehavet — the Pacific Ocean (14)
stillhet (n) — silence, stillness (T)
en stillhet – stillheten
stilling (n) — position, occupation (26)
en stilling – stillingen
stiltrekk (n) — stylistic trait (*27*)
et stiltrekk – stiltrekket – stiltrekk – stiltrekkene
stjele (v) — steal (*27*)
å stjele – stjeler – stjal – har stjålet
stod (v) — stood (16) cf **stå**
stoff (n) — fabric, material (21)
et stoff – stoffet – stoffer – stoffene
stol (n) — chair (5)
en stol – stolen
stoppe (v) — stop (6)
å stoppe – stopper – stoppet – har stoppet
stor (adj) — big, large, great (13)
stor – stort – store
stor – større – størst (comp) (20)
stort sett — on the whole (*27*)
storhet (n) — greatness, grandeur (*24*)
en storhet – storheten
stormakt (n) — great power (*25*)
en stormakt – stormakten
stormkast (n) — gust of wind (*27*)
et stormkast – stormkastet – stormkast – stormkastene
storting (n) — Norway's parliament (13)
et storting – stortinget
stortingsvalg (n) — election for parliament (*25*)
et stortingsvalg – stortingsvalget – stortingsvalg – stortingsvalgene
straff (n) — punishment, penalty (23)
en straff – straffen
strand (n) — shore, beach (23)
ei strand – stranda – strender – strendene
strek (n) — line, stroke (*23*)
en strek – streken
ha strek under — be underlined (*23*)
strender (n) — cf **strand** (24)
streng (adj) — strict, stringent (23)
streng – strengt – strenge
stress (n) — stress (*27*)
en stress – stressen
strid (n) — conflict, fight (*28*)
en strid – striden

strikke (v) — knit (T)
å strikke – strikker – strikket – har strikket
strø (v) — sprinkle, strew (*15*)
å strø – strør – strødde – har strødd
strømpe (n) — stocking (21)
en strømpe – strømpen
strømper — hose
stråle (n) — beam, ray of light (22)
en stråle – strålen
student (n) — university student (2)
en student – studenten
bli student — enter university level of instruction (17)
Studenterlunden — the Student Grove, park in Oslo's business district (*13*)
studere (v) — study, be a student (3)
å studere – studerer – studerte – har studert
studie (n) — study (*18*)
en studie – studien
stue (n) — living room (9)
ei stue – stua
stum (adj) — silent
stum – stumt – stumme
stund (n) — moment, while (15)
en stund – stunden
stygg (adj) — bad (27)
stygg – stygt – stygge
styggvær (n) — bad weather, storm (27)
et styggvær – styggværet
stykke (n) — a bit, short distance, ways (14); piece (19)
et stykke – stykket
et stykke kake — a piece of cake (19)
styre (v) — steer, pilot (*27*)
å styre – styrer – styrte – har styrt
stønne (v) — groan, moan (23)
å stønne – stønner – stønnet – har stønnet
stønnende (adj) — groaning (*27*)
støpeskje (n): **i støpeskjeen** — being reshaped, radically changed (*25*)
større (adj) — larger (20) cf **stor**
størrelse (n) — size (21)
en størrelse – størrelsen
størst (adj) — largest (20) cf **stor**
støtte (n) — support (*25*)
en støtte – støtten
støvel (n) — boot (21)
en støvel – støvelen – støvler – støvlene
stå (v) — stand (7)
å stå – står – stod – har stått (16)
hvordan står det til — how are you (24)
stå opp — get up (out of bed) (17)
stå til — go with, match
stått (v) — stood cf **stå** (16)
subjekt (n) — subject (*6*)
et subjekt – subjektet
substantiv (n) (gram) — noun (*2*)
et substantiv – substantivet
sukke (v) — sigh (5)
å sukke – sukker – sukket – har sukket
sukker (n) — sugar (15)
et sukker – sukkeret
sukkerbit (n) sugar lump (15)
en sukkerbit – sukkerbiten
sulten (adj) — hungry (14)
sulten – sultent – sultne
sum (n) — sum, total (*24*)
en sum – summen – summer – summene
sunget (v) — sung (17) cf **synge**
sunn (adj) — healthy, wholesome (20)
sunn – sunt – sunne
superlativ (n) (gram) — superlative form of an adjective or adverb (*20*)
suppe (n) — soup (15)
ei suppe – suppa
sur (adj) — foul, dank (22); sour (*22*)
sur – surt – sure
man får ta det sure med det søte — one has to take the bad with the good (*22*)
surkål (n) — sour cabbage (*15*)
en surkål – surkålen
svaberg (n) — bare, smooth, sloping rock (*27*)
et svaberg – svaberget – svaberg – svabergene
svak (adj) — weak (*17*)

svak - svakt - svake
et svakt verb — weak verb, i.e., verb which adds an ending to form its past tense (*17*)
svalgang (n) — vestibule, covered balcony (T)
en svalgang - svalgangen
svar (n) — answer, reply (**15**)
et svar - svaret
svare (v) — answer (**11**)
å svare - svarer - svarte - har svart
svare på et spørsmål — answer a question
svart (adj) — black (**22**)
svart - svarte
Svartedauden — the Black Death (*28*)
Svartisen — a large glacier in northern Norway (*27*)
svein (n) — swain, youth (**28**)
en svein - sveinen
svelgje (v) — swallow (**24**)
å svelgje - svelgjer - svelgjet - har svelgjet
svensk (adj) — Swedish (*28*)
svensk - svenske
svenske (n) — Swede (*28*)
en svenske - svensken
Sverige — Sweden (**11**)
svigerforeldre (n, pl) — parents-in-law (**26**)
svigerforeldre - svigerforeldrene
svinekotelett (n) — pork chop (*15*)
en svinekotelett - svinekoteletten
sving (n) — bend, curve (**23**)
en sving - svingen
svinge (v) — swing, turn (*27*)
å svinge - svinger - svingte - har svingt
svinge seg — dance, turn around (T)
svær (adj) — huge, tremendous (*28*)
svær - svært - svære
svært (adv) — very, extremely (**13**)
svømme (v) — swim (**22**)
å svømme - svømmer - svømte - har svømt
sy (v) — sew (**26**)
å sy - syr - sydde - har sydd
syk (adj) — sick, ill (**17**)
syk - sykt - syke
bli syk — get sick (**17**)
sykdom (n) — sickness, disease (*24*)
en sykdom - sykdommen - sykdommer - sykdommene
sykebesøk (n) — sick call (*24*)
et sykebesøk - sykebesøket
komme på sykebesøk — make house calls
sykebil (n) — ambulance (**24**)
en sykebil - sykebilen
sykehus (n) — hospital (**24**)
et sykehus - sykehuset - sykehus - sykehusene
legge (noen) inn på sykehuset — put (someone) in the hospital (**24**)
sykepleie (n) — nursing (*18*)
en sykepleie - sykepleien
sykepleier (n) — (male) nurse (*18*)
en sykepleier - sykepleieren - sykepleiere - sykepleierne
sykepleierske (n) — (female) nurse (*18*)
en sykepleierske - sykepleiersken
syketrygd (n) — health insurance (*24*)
en syketrygd - syketrygden
sykle (v) — ride a bicycle (**22**)
å sykle - sykler - syklet - har syklet
syltetøy (n) — jam, preserves (**8**)
et syltetøy - syltetøyet
symbol (n) — symbol (**16**)
et symbol - symbolet
symbolikk (n) — symbolism (T)
en symbolikk - symbolikken
synes (v) — think, be of an opinion (**21**)
å synes - synes - syntes - har synes (**22**)
hva synes du om det — what's your opinion on that (*22*)
synge (v) — sing (**17**)
å synge - synger - sang - har sunget (**17**)
synke (v) — sink, settle (**25**)
å synke - synker - sank - har sunket (**25**)
synsinntrykk (n) — visual sensation (T)
et synsinntrykk - synsinntrykket -

synsinntrykk – synsinntrykkene
system (n) — system (*20*)
et system – systemet
sytten (num) — seventeen (**3**)
syttende (num) — seventeenth (**12**)
syttende mai — 17th of May, Norwegian Independence Day (*28*)
sytti (num) — seventy (**3**)
syttiende (num) — seventieth (**12**)
syv (num) — seven (old number system) (**20**)
særlig (adv) — especially (**22**)
søndag (n) — Sunday (**12**)
sønn (n) — son (**10**)
en sønn – sønnen
sør (adv) — south (**14**)
sør for — south of (**14**)
Sør-Amerika — South America (*14*)
søren (I) — drat it (**15**)
søren også — darn it anyway (**15**)
Sørlandet — area along the southern coast and immediate inland districts of Norway; one of the five geographical divisions of Norway (**18**)
på Sørlandet — in South Norway (**18**)
sørlig (adj) — southern, southerly (*27*)
sørlig – sørlige
Sørpolen — the South Pole (*14*)
søsken (n, pl) — siblings, brothers and sisters (**10**)
søsken – søsknene
søskenbarn (n) — cousin (**10**)
et søskenbarn – søskenbarnet – søskenbarn – søskenbarna
søster (n) — sister (**10**)
en søster – søsteren – søstre – søstrene
søt (adj) — cute, nice (**21**); sweet (*22*)
søt – søtt – søte
søyle (n) — column, pillar (**T**)
en søyle – søylen
så[1] (adv) — so (**4**); then (subsequently) (**17**)
så mye — so much (*11*)
så skyndte de seg — then they hurried (*17*)
så[2] (v) — saw (**6**) cf **se**
så[3] (conj) — so, as (**11**)
så (høy) som — as (high) as (*16*)
så de skyndte seg — so they hurried (*17*)
såkalt (adj) — so-called (*28*)
såkalt – såkalte
således (adv) — thus, accordingly (*28*)
sånn (adj) — such, like that (*27*)
sånn – sånt – sånne
såpe (n) — soap (**20**)
en såpe – såpen
sår (n) — sore, wound (*24*)
et sår – såret – sår – sårene

T

ta (v) — take (**11**)
å ta – tar – tok – har tatt (**14**)
ta (noen) i hånden — shake hands (with someone) (**11**)
ta det med ro — take it easy (**14**)
ta fram — take out (**17**)
ta telefonen — answer the telephone (**19**)
ta lang tid — take a long time (**21**)
ta vare på (noe) — take care of (something) (**24**)
ta i mot — accept (**26**)
tablett (n) — tablet, pill (**24**)
en tablett – tabletten
tak (n) — ceiling (**5**); roof (*20*)
et tak – taket – tak – takene
takk (n) — thank you, thanks (**1**)
en takk – takken
takk for i dag — thanks for today (**2**)
takk for nå — thanks for now (**2**)
takk for sist — thanks for the last time (**4**)
takk for i går — thanks for yesterday (**4**)
mange takk — many thanks (**4**)
takk for maten — thanks for the food (**8**)
tusen takk — a thousand thanks (**9**)
takk skal du ha — thank you (**15**)
ellers takk — thanks anyway (**24**)

takke (v) — thank (**15**)
å takke – takker – takket – har takket
taklys (n) — ceiling light (**5**)
et taklys – taklyset – taklys – taklysene
takrytter (n) — ridge turret (for decoration or clock placement) (**T**)
en takrytter – takrytteren – takryttere – takrytterne
tale[1] (n) — speech, talk (**26**)
en tale – talen
ikke tale om — certainly not, out of the question (**20**)
holde en tale — give, make a speech (**26**)
tale[2] (v) — speak, give a speech (**26**)
å tale – taler – talte – har talt
talelære (n) — speech (*18*)
en talelære – talelæren
tall (n) — number, numeral (**23**)
et tall – tallet – tall – tallene
tallerken (n) — plate
en tallerken – tallerkenen
tanke (n) — thought, idea (**25**)
en tanke – tanken
tankefull (adj) — thoughtful, contemplative (**23**)
tankefull – tankefullt – tankefulle
tann (n) — tooth (**24**)
ei tann – tanna – tenner – tennene
pusse tennene — brush one's teeth (**7**)
tannkrem (n) — toothpaste (**20**)
en tannkrem – tannkremen
tannlege (n) — dentist (*18*)
en tannlege – tannlegen
tante (n) — aunt (**10**)
en tante – tanten
tape (v) — lose (**28**)
å tape – taper – tapte – har tapt
tapper (adj) — courageous, valiant (**24**)
tapper – tappert – tapre
tatt (v) — taken (**14**) cf **ta**
i det hele tatt — at all (**26**)
tavle (n) — blackboard (**5**)
ei tavle – tavla
te (n) — tea (**8**)
en te – teen
teater (n) — theater (**13**)
et teater – teatret – teatre – teatrene
i teatret — at the theater (**13**)
tegneskole (n) — drawing school (**T**)
en tegneskole – tegneskolen
tegning (n) — drawing, sketch (**28**)
en tegning – tegningen
teknisk (adj) — technical (**T**)
teknisk – tekniske
tekst (n) — text
en tekst – teksten
telefon (n) — telephone (**9**)
en telefon – telefonen
ta telefonen — answer the telephone (**19**)
telefonsamtale (n) — telephone conversation (*19*)
en telefonsamtale – telefonsamtalen
telle (v) — count (**3**)
å telle – teller – talte – har talt
tellemåte (n) — method of counting (*20*)
en tellemåte – tellemåten
tema (n) — theme (**T**)
et tema – temaet
temperatur (n) — temperature (**22**)
en temperatur – temperaturen
tenke (v) — think (**7**)
å tenke – tenker – tenkte – har tenkt (**22**)
har tenkt å — am planning to
tenke på — think about (**22**)
tenke seg — imagine (**27**)
tenkende (adj) — thinking (*27*)
tenne (v) — light, ignite (**17**)
å tenne – tenner – tente – har tent (**17**)
tennene (n) — teeth (*7*) cf **tann**
pusse tennene — brush one's teeth (**7**)
tennis (n) — tennis (*24*)
en tennis
teologi (n) — theology (*18*)
en teologi – teologien
teoretisk (adj) — theoretical (*18*)
teoretisk – teoretiske
tepose (n) — tea bag (**20**)
en tepose – teposen
teppe (n) — carpet, rug (**6**)
et teppe – teppet

teskje (n) teaspoon (*15*)
 en teskje – teskjeen
tett (adj) — dense (**27**)
 tett – tette
tettsted (n) — densely populated area (*27*)
 et tettsted – tettstedet – tettsteder – tettstedene
ti (num) — ten (**3**)
tid (n) — time (**8**); (verb) tense (*17*)
 en tid – tiden
 ved (8) tiden — around (8) o'clock (**8**)
 kommer tid, kommer råd — time brings wisdom, time solves problems (*12*)
 lang tid — a long time (**14**)
 ha god tid — have plenty of time (**14**)
 ha dårlig tid — have little time (**17**)
 hele tiden — all the time (**17**)
 for tiden — at the present time, at the moment (**20**)
 ta lang tid — take a long time (**21**)
 tiden leger alle sår — time heals all wounds (*24*)
 det vil tiden vise — time will tell (**24**)
 alle tiders — all time, best ever (**28**)
tide (n): **på tide** — about time, high time (*22*)
 i tide — in time, at the right time (*27*)
tidlig (adj) — early (**17**)
 tidlig – tidlige
 i dag tidlig — this morning (**17**)
 i morgen tidlig — tomorrow morning (**17**)
tidsnok (adv) — on time, soon enough (**17**)
 komme tidsnok — be on time (**17**)
tidsuttrykk (n) — time expression (*5*)
 et tidsuttrykk – tidsuttrykket – tidsuttrykk – tidsuttrykkene
tidtabell (n) — timetable (*17*)
 en tidtabell – tidtabellen
tiende (num) — tenth (**12**)
til[1] (prep) — to; for (**5**); of (possession) (*6*)
 skrive til — write to (*5*)
 til klasseværelset — for the classroom (*5*)
 døra til Jorunn — Jorunn's door (**6**)
 til frokost — for breakfast (**8**)
 til får-i-kål — with mutton and cabbage stew (*15*)
 til slutt — at last, finally (**15**)
 av og til — now and then (**17**)
 telefonen er til deg — the telephone call is for you (*20*)
 til sammen — altogether (**20**)
 til værs — into the air (**25**)
 til fots — on foot (**27**)
til[2] (adv) — more, additional
 en gang til — one more time (**2**)
 litt til — a little more (**15**)
 litt (kaffe) til — a little more (coffee) (*15*)
til[3] (conj) — until (*18*)
tilbake (adv) — back (**8**)
 fram og tilbake — back and forth (**27**)
tilbakeholden (adj) — reserved, aloof (*28*)
 tilbakeholden – tilbakeholdent – tilbakeholdne
tilbud (n) — offer, bargain (**20**)
 et tilbud – tilbudet – tilbud – tilbudene
 på tilbud — on sale (**20**)
tilbudspris (n) — sale, bargain price
 en tilbudspris – tilbudsprisen
tilfreds (adj) — content, satisfied (**27**)
 tilfreds – tilfredse
tilhøre (v) — belong to (*26*)
 å tilhøre – tilhører – tilhørte – har tilhørt
tillegg (n) — supplement, addition (*18*)
 et tillegg – tillegget – tillegg – tilleggene
 i tillegg til — in addition to (*18*)
tilsette (v) — add to, mix (*15*)
 å tilsette – tilsetter – tilsatte – har tilsatt
tilskyende (adj) — growing cloudy (*27*)
tilstedsadverb (n) (gram) — adverb of motion (to) (*14*)
time (n) — class period (**5**); hour (**17**)
 en time – timen

timen er ikke slutt ennå — (the) class is not over yet (**5**)
ting (n) — thing (**13**)
en ting – tingen – ting – tingene
tinn (n) — tin, pewter
et tinn – tinnet
tipp-oldeforeldre (n, pl) — great-great grandparents (*10*)
tipp-oldeforeldre – tipp-oldeforeld-rene
tirsdag (n) — Tuesday (**12**)
titte (v) — glance, peek (**20**)
å titte – titter – tittet – har tittet
jeg bare titter — I'm just looking (**20**)
jeg skulle bare titte litt — I'm just going to look a bit (**20**)
tittel (n) — title (*20*)
en tittel – tittelen – titler – titlene
tiårsdag (n) — tenth anniversary (*28*)
en tiårsdag – tiårsdagen
tja (I) — hmm, well (*17*)
tjene (v) — earn (**7**)
å tjene – tjener – tjente – har tjent
tjeneste (n) — service (*24*)
en tjeneste – tjenesten
tjent (adj) — earned (*4*)
tjent – tjente
tjue (num) — twenty (**3**)
tjue-tretti — twenty or thirty (**27**)
tjueannen (num) — twenty-second (**12**)
tjueen (num) — twenty-one (**3**)
tjueførste (num) — twenty-first (**12**)
tjuende (num) — twentieth (**12**)
tjueto (num) — twenty-two (**3**)
tjue-tretti — cf **tjue**
to (num) — two (**3**)
toalett (n) — toilet (**9**)
et toalett – toalettet
tobakk (n) — tobacco (**18**)
en tobakk – tobakken
tog (n) — train (**16**); parade (*28*)
et tog – toget – tog – togene
gå i tog — parade (*28*)
togbillett (n) — train ticket (*18*)
en togbillett – togbilletten
togreklame (n) — train advertisement (*23*)
en togreklame – togreklamen
togtabell (n) — train timetable
en togtabell – togtabellen
tok (v) — took (**14**) cf **ta**
tolv (num) — twelve (**3**)
tolvte (num) — twelfth (**12**)
tom (adj) — empty (**27**)
tom – tomt – tomme
tomat (n) — tomato (**11**)
en tomat – tomaten
tone (n) — sound, music (**26**)
en tone – tonen
topp (n) — top (**13**)
en topp – toppen
på toppen av — on top of (**13**)
torg (n) — marketplace (**11**)
et torg – torget – torg – torgene
Torggate — Market Street (*13*)
torn (n) — thorn (*19*)
en torn – tornen
ingen roser uten torner — there are no roses without thorns (*19*)
torsdag (n) — Thursday (**12**)
torsk (n) — cod (*15*)
en torsk – torsken
torv (n) — cf **torg** (*28*)
tradisjon (n) — tradition (*27*)
en tradisjon – tradisjonen
tradisjonell (adj) — traditional (**25**)
tradisjonell – tradisjonelt – tradi-sjonelle
traktor (n) — tractor (**11**)
en traktor – traktoren
tralle (n) — cart (*23*)
ei tralle – tralla
trang (adj) — crowded, cramped (*27*)
trang – trangt – trange
transitiv (adj) (gram) — transitive (*18*)
trapp (n) — stairway (**9**)
ei trapp – trappa
travel (adj) — busy (**26**)
travel – travelt – travle
tre[1] (num) — three (**3**)
tre[2] (n) — tree (**14**); wood (T)
et tre – treet – trær – trærne
tredje (num) — third (**5**)

tredve (num) — thirty (old counting system) (**20**)
trekantet (adj) — three-cornered, triangular (*23*)
trekantet – trekantede
trekke (v) — absorb, soak up (*15*)
å trekke – trekker – trakk – har trukket
trenge[1] (v) — need (**4**)
å trenge – trenger – trengte – har trengt
trenge[2] (v) — force, press (*27*)
å trenge – trenger – trengte – har trengt
trenge inn i — penetrate (**27**)
trening (n) — conditioning, practice (*27*)
en trening – treningen
tresnitt (n) — woodcut (T)
et tresnitt – tresnittet – tresnitt – tresnittene
trestykke (n) — piece of wood (*28*)
et trestykke – trestykket
tresøyle (n) — wood column, pillar (T)
en tresøyle – tresøylen
trett (adj) — cf **trøtt** (*28*)
tretten (num) — thirteen (**3**)
trettende (num) — thirteenth (**12**)
tretti (num) — thirty (**3**)
trettiende (num) — thirtieth (**12**)
trikk (n) — streetcar, trolley car (**17**)
en trikk – trikken
trikkeholdeplass (n) — streetcar stop (**17**)
en trikkeholdeplass – trikkeholdeplassen
trikkekonduktør (n) — streetcar conductor (**17**)
en trikkekonduktør – trikkekonduktøren
trives (v) — thrive, do well (*27*)
å trives – trives – trivdes – har trives
tro (v) — believe (**6**)
å tro – tror – trodde – har trodd (**22**)
tro på — believe in (*12*)
du kan tro — you bet, you can be sure (*27*)
. . . , *tro?* — do you think? (**T**)
Trollhaugen — Grieg's home outside of Bergen (**16**)
Tromsø — major city in North Norway (*18*)
Trondheim — major city in South-Trøndelag (*18*)
trone (n) — throne (**13**)
en trone – tronen
trossamfunn (n) — denomination, community of faith (*26*)
et trossamfunn – trossamfunnet – trossamfunn – trossamfunnene
trygd (n) — insurance (through government agencies) (**24**)
en trygd – trygden
trygghet (n) — security (*24*)
en trygghet – tryggheten
trykke (v) — press, push (**24**)
å trykke – trykker – trykte – har trykt
trykkende (adj) — depressing (*27*)
tryksterk (adj) — stressed (*18*)
tryksterk – tryksterkt – tryksterke
trær (n) — cf **tre** (**14**)
Trøndelag — area around the Trondheimsfjord; one of the five geographical divisions of Norway (**18**)
i Trøndelag — in Trøndelag (**18**)
trøst (n) — comfort, consolation (*5*)
en trøst – trøsten
felles skjebne er felles trøst — misery loves company (*5*)
trøtt (adj) — tired, weary (**14**)
trøtt – trøtte
ts: **teskje** — teaspoon (*15*)
tulle (v) — be foolish, talk nonsense (**6**)
å tulle – tuller – tullet – har tullet
tung (adj) — heavy (**21**)
tung – tungt – tunge
tung – tyngre – tyngst (comp)
tungtvann (n) — heavy water (D_2O) (*28*)
et tungtvann – tungtvannet
tunnel (n) — tunnel (*23*)
en tunnel – tunnelen
tur (n) — tour, trip (**14**); turn (**26**)

en tur – turen
gå en lang tur — take a long trip, hike (14)
komme en tur — come over (19)
gå på tur — hike, go for a walk (19)
god tur — bon voyage (21)
tur-retur — round-trip (ticket) (21)
turist (n) — tourist (13)
en turist – turisten
turistattraksjon (n) — tourist attraction (T)
en turistattraksjon – turistattraksjonen
tusen (num) — thousand (3)
fem tusen — five thousand (3)
tusen takk — a thousand thanks (9)
tusenvis (adv): **i tusenvis** — by the thousands (*24*)
T.V.-stue (n) — T.V. room (9)
ei T.V.-stue – T.V.-stua
tydelig (adj) — clear, evident (25)
tydelig – tydelige
tykk (adj) — thick, fat (27)
tykk – tykt – tykke
tyngre (adj) — heavier cf **tung**
tyngst (adj) — heaviest cf **tung**
type (n) — type, kind (T)
en type – typen
typisk (adj) — typical (*17*)
typisk – typiske
tysk (adj) — German (16)
tysk – tyske
Tyskebryggen — the German wharf in Bergen (*16*)
Tyskland — Germany (10)
tyve (num) — twenty (old counting system) (20)
tær (n) — cf **tå** (24)
tønne (n) — barrel, drum (*27*)
ei tønne – tønna
Tønsberg — oldest city in Norway (founded 871) (*20*)
tå (n) — toe (24)
ei tå – tåa – tær – tærne
tåke (n) — fog, haze (27)
ei tåke – tåka
tårn (n) — tower (14)
et tårn – tårnet – tårn – tårnene

U

uavhengig (adj) — independent (*28*)
uavhengig – uavhengige
uavhengighet (n) — independence (*28*)
en uavhengighet – uavhengigheten
uavhengighetserklæring (n) — declaration of independence (*28*)
en uavhengighetserklæring – uavhengighetserklæringen
ubestemt (adj) — indefinite (*4*)
ubestemt – ubestemte
ubestemt artikkel — indefinite article (*4*)
uenig (adj) — in disagreement (*25*)
uenig – uenige
uerstattelig (adj) — irreplaceable, irreparable (25)
uerstattelig – uerstattelige
uflaks (n) — bad luck (23)
en uflaks – uflaksen
uførhetstrygd (n) — disability pension (*24*)
en uførhetstrygd – uførhetstrygden
ugras (n) — weed(s) (*24*)
et ugras – ugraset
uhyggelig (adj) — unpleasant (*24*)
uhyggelig – uhyggelige
uke (n) — week (12)
en uke – uken
neste uke — next week (12)
i forrige uke — last week (20)
ukeblad (n) — weekly magazine, newspaper (19)
et ukeblad – ukebladet – ukeblad – ukebladene
ukedag (n) — weekday (*12*)
en ukedag – ukedagen
ukedagene — the days of the week (*12*)
ukevis (adv) — for weeks (*24*)
ukontrollert (adj) — uncontrollable (*25*)
ukontrollert – ukontrollerte
ull (n) — wool (21)
ei ull – ulla
Ulriken — highest of Bergen's seven mountains (*16*)
ulv (n) — wolf (*27*)

en ulv – ulven
umulig (adj) — impossible (*23*)
umulig – umulige
under (prep) — under (**14**); during (**16**)
underbukser (n, pl) — underpants, shorts, panties (**21**)
underbukser – underbuksene
underforstått (adj) — implied, understood (*23*)
underforstått – underforståtte
undergrunnsbane (n) — subway, underground railway (**14**)
en undergrunnsbane – undergrunnsbanen
undergrunnsbevegelse (n) — underground resistance movement during WWII (**28**)
en undergrunnsbevegelse – undergrunnsbevegelsen
underholde (v) — amuse, entertain (*27*)
å underholde – underholder – underholdt – har underholdt
underholdende (adj) — amusing, entertaining (**26**)
underholdning (n) — entertainment (*18*)
en underholdning – underholdningen
underlig (adj) — queer, strange (**T**)
underlig – underlige
underordnende (adj) — subordinating (*23*)
underskjorte (n) — undershirt (*21*)
ei underskjorte – underskjorta
understreke (v) — emphasize (**T**)
å understreke – understreker – understreket – har understreket
undersøke (v) — examine (**24**)
å undersøke – undersøker – undersøkte – har undersøkt
undertegne (v) — sign (*28*)
å undertegne – undertegner – undertegnet – har undertegnet
undertøy (n) — underwear (**22**)
et undertøy – undertøyet
undervise (v) — instruct, teach (**28**)
å undervise – underviser – underviste – har undervist
ung (adj) — young (**20**)
ung – ungt – unge
ung – yngre – yngst (comp)
ungdom (n) — youth, adolescence (*27*)
en ungdom – ungdommen – ungdommer – ungdommene
ungdomsskole (n) — junior high school (*18*)
en ungdomsskole – ungdomsskolen
union (n) — union (*28*)
en union – unionen
unionsoppløsning (n) — dissolution of the union (*28*)
en unionsoppløsning – unionsoppløsningen
universitet (n) — university (**3**)
et universitet – universitetet
ved et universitet — at a university (**3**)
unnskylde (v) — excuse, pardon (*2*)
å unnskylde – unnskylder – unnskyldte – har unnskyldt
unnskyld — excuse me (**2**)
unnskyldende (adj) — apologetic (**21**)
unntatt (prep) — except (for)
upersonlig (adj) — impersonal (*14*)
upersonlig – upersonlige
uregelmessig (adj) — irregular
uregelmessig – uregelmessige
urmaker (n) — watchmaker (**19**)
en urmaker – urmakeren – urmakere – urmakerne
urolig (adj) — agitated, disharmonious (**T**)
urolig – urolige
ut (adv) — out (motion) (*14*)
utallig (adj) — innumerable, countless (**T**)
utallig – utallige
utblåsning (n) — blow-out (**25**)
en utblåsning – utblåsningen
utbre (v) — spread out, circulate (**T**)
å utbre – utbrer – utbredte – har utbredt
utbredelse (n) — spreading, diffusion (**T**)
en utbredelse – utbredelsen
utbredt (v) — circulated cf **utbre** (**T**)
utbygge (v) — develop (e.g., water

power, by building electric power stations) (25)
å utbygge – utbygger – utbygde – har utbygd
utdanne (v) — educate, train (28)
å utdanne – utdanner – utdannet – har utdannet
utdanne seg til — train to be (28)
utdrag (n) — excerpt, selection (T)
et utdrag – utdraget – utdrag – utdragene
ute (adv) — out, outside (location) (7)
her ute — out here (12)
være ute og gå — be out walking (19)
utelate (v) — leave out, omit (*18*)
å utelate – utelater – utelot – har utelatt
utelatelse (n) — omission
en utelatelse – utelatelsen
uten (prep) — without (15)
uten like — unparalleled (*28*)
utenat (adv) — by heart (*1*)
utenfor (prep) — outside (of), beyond (14)
utenfor Oslo — outside of Oslo (*14*)
utføring (n) — workmanship (T)
en utføring – utføringen
utgang (n) — exit, departure gate (*23*)
en utgang – utgangen
utland (n) — foreign countries (*12*)
et utland – utlandet – utland – utlandene
i utlandet — abroad (12)
utlending (n) — foreigner (22)
en utlending – utlendingen
utmerket (adj) — excellent, splendid (T)
utmerket – utmerkede
utnytte (v) — utilize (T)
å utnytte – utnytter – utnyttet – har utnyttet
utrettelig (adj) — untiring, tireless (*28*)
utrettelig – utrettelige
utrolig (adj) — unbelievable, incredible (23)
utrolig – utrolige
utsending (n) — delegate, envoy (*28*)
en utsending – utsendingen
utsikt (n) — view, lookout point (14)
en utsikt – utsikten
utskåret (adj) — carved (T)
utskåret – utskårne
utsmykning (n) — decoration, embellishment (T)
en utsmykning – utsmykningen
utstyr (n) — equipment (27); household furnishings, linens (T)
et utstyr – utstyret
uttale (n) — pronunciation (*1*)
en uttale – uttalen
uttaleøvelse (n) — pronunciation practice
en uttaleøvelse – uttaleøvelsen
uttrykk (n) — expression (*2*)
et uttrykk – uttrykket – uttrykk – uttrykkene
faste uttrykk — fixed expressions
uttrykke (v) — express (*26*)
å uttrykke – uttrykker – uttrykte – har uttrykt
uttrykksform (n) — form of expression (T)
en uttrykksform – uttrykksformen
utvandrer (n) — emigrant (T)
en utvandrer – utvandreren – utvandrere – utvandrerne
utvandringsbølge (n) — wave of emigration (28)
en utvandringsbølge – utvandringsbølgen
utvide (v) — expand (*26*)
å utvide – utvider – utvidet – har utvidet
utvikle (v) — develop (*25*)
å utvikle – utvikler – utviklet – har utviklet
utvikling (n) — development (25)
en utvikling – utviklingen
uvenn (n) — enemy (*24*)
en uvenn – uvennen
uvennlighet (n) — unfriendliness (*24*)
en uvennlighet – uvennligheten
uvær (n) — bad weather (*27*)
et uvær – uværet

V

vaffel (n) — waffle (**15**)
en vaffel – vaffelen – vafler – vaflene
vaie (v) — wave, flutter (*28*)
å vaie – vaier – vaide – har vaid
vakker (adj) — attractive, beautiful (**16**)
vakker – vakkert – vakre
vakker – vakrere – vakrest (comp) (**20**)
vaksinasjon (n) — vaccination (*24*)
en vaksinasjon – vaksinasjonen
vaktmester (n) — caretaker (*18*)
en vaktmester – vaktmesteren – vaktmestere – vaktmesterne
valg (n) — election (**25**)
et valg – valget – valg – valgene
valgte (v) — elected, chose (**25**) cf **velge**
vanlig (adj) — usual, customary (**19**)
vanlig – vanlige
vanlig ordstilling — normal word order, i.e., subject precedes verb (*9*)
som vanlig — as usual (**19**)
vanligvis (adv) — usually (**23**)
vann (n) — water (**8**); lake (**23**)
et vann – vannet – vann – vannene
vannkant (n) — shoreline, water's edge (*23*)
en vannkant – vannkanten
vannkraft (n) — water power (**25**)
en vannkraft – vannkraften
vannski (n) — water ski (*27*)
ei vannski – vannskia – vannski – vannskiene
vannsprut (n) — spray of water (*27*)
en vannsprut – vannspruten
vanskelig (adj) — difficult (**18**)
vanskelig – vanskelige
vanskelighet (n) — difficulty (*24*)
en vanskelighet – vanskeligheten
vant (v) — won (**T**) cf **vinne**
var (v) — was, were (**3**) cf **være**
vare[1] (v) — last, go on (**18**)
å vare – varer – varte – har vart
vare[2] (n): **ta vare på** — attend to, take care of (**24**)
varehus (n) — warehouse (**16**)
et varehus – varehuset – varehus – varehusene
variant (n) — variant (**T**)
en variant – varianten
variere (v) — vary, fluctuate (**22**)
å variere – varierer – varierte – har variert
varm (adj) — warm (**13**)
varm – varmt – varme
varme (n) — heat, warmth (**27**)
en varme – varmen
varmegrad (n) — degree above freezing (**22**)
en varmegrad – varmegraden
varmrett (n) — hot dish (**8**)
en varmrett – varmretten
vask (n) — sink, washbasin (**7**)
en vask – vasken
vaske (v) — wash (**7**)
å vaske – vasker – vasket – har vasket
vaske seg — wash (oneself) (**7**)
vaske opp — wash dishes (**15**)
vaskepulver (n) — detergent (**20**)
et vaskepulver – vaskepulveret
ved (prep) — at (**3**); by (**6**); around (with time) (*8*); about
ved å (skrive) — by (writing)
ved et universitet — at a university (**3**)
ved skolen — by the school (*6*)
ved (8)-tiden — around (8) o'clock (**8**)
like ved — right by (**13**)
en ny side ved oljeeventyret — a new side of the oil adventure (**25**)
vedta (v) — adopt, pass (*24*)
å vedta – vedtar – vedtok – har vedtatt
vegg (n) — wall (**5**)
en vegg – veggen
veggdekorasjon (n) — wall decoration (**T**)
en veggdekorasjon – veggdekorasjonen
veggmaleri (n) — mural (**14**)
et veggmaleri – veggmaleriet

veggteppe (n) — tapestry (T)
et veggteppe – veggteppet
vei (n) — road, way (14)
en vei – veien
på veien til — on the way to (14)
hele veien — all the way (14)
en vei — one-way (ticket) (21)
veiarbeider (n) — road construction worker (*18*)
en veiarbeider – veiarbeideren – veiarbeidere – veiarbeiderne
veikant (n) — roadside, shoulder (*23*)
en veikant – veikanten
vekke (v) — awaken (12)
å vekke – vekker – vekket – har vekket (*18*)
veksle (v) — change (money) (21)
å veksle – veksler – vekslet – har vekslet
vekslende (adj) — changing, varying (*27*)
vel[1] (I): **ja vel** — indeed, I see, OK (2)
vel[2] (adv) — well (*8*)
vel bekomme — you're welcome (only in reply to "takk for maten") (8)
vel[3] (adv) — (unstressed) I suppose, no doubt (*27*)
veldig (adv) — extremely, very (23); (adj) huge, enormous (*27*)
velferdsstat (n) — welfare state (24)
en velferdsstat – velferdsstaten
velge (v) — choose (*18*); elect (25)
å velge – velger – valgte – har valgt
velgjort (adj) — well-done (*16*)
velgjort – velgjorte
velkjent (adj) — familiar, well-known (*16*)
velkjent – velkjente
velkommen (adj) — welcome (11)
velkommen hit — welcome (to here) (*1*)
velkommen til oss — welcome to our home (11)
ønske (noen) velkommen — wish (someone) welcome (11)
vende (v) — turn, face (27)
å vende – vender – vendte – har vendt
venn (n) — friend (17)
en venn – vennen
en venn av meg — a friend of mine (17)
venneløs (adj) — friendless (*24*)
venneløs – venneløst – venneløse
venninne (n) — girlfriend (17)
en venninne – venninnen
vennlig (adj) — friendly, kind (*23*)
vennlig – vennlige
vær vennlig og lukk dørene — please shut the doors (*23*)
vennlighet (n) — friendliness (*24*)
en vennlighet – vennligheten
vennskap (n) — friendship (*24*)
et vennskap – vennskapet – vennskap – vennskapene
venstre (adj) — left (8)
i venstre hånd — in the left hand (8)
til venstre (for) — to the left (of) (14)
Venstre — the Liberal Party in Norway (*25*)
Venstreparti — Liberal Party in Norway (*25*)
vente (v) — wait; expect (15)
å vente – venter – ventet – har ventet
vente på — wait for (15)
venting (n) — anticipation (T)
en venting – ventingen
veranda (n) — balcony, porch (19)
en veranda – verandaen
verb (n) (gram) — verb (*2*)
et verb – verbet – verb – verbene
verbal (n) (gram) — conjugated verb (*9*)
verden (n) — world (13)
en verden – verdenen
hele verden — the whole world (13)
verdenskjent (adj) — world famous (T)
verdenskjent – verdenskjente
verdenskrig (n) — world war (25)
en verdenskrig – verdenskrigen
den annen verdenskrig — the Second World War (25)
verdi (n) — object of value, asset (25)
en verdi – verdien

uerstattelige verdier — irreplaceable assets (25)
verdt (adj) — worth, worthwhile
verdt å vite — worth knowing (*22*)
verk (n) — work, creation (T)
et verk – verket – verk – verkene
verne (v) — defend, protect (T)
å verne – verner – vernet – har vernet
verre (adj) — worse (*27*) cf **vond**
vert (n) — host (15)
en vert – verten
vertinne (n) — hostess (15)
en vertinne – vertinnen
vest (adv) — west (14)
vest for — west of (14)
vestkyst (n) — west coast (*16*)
en vestkyst – vestkysten
på vestkysten — on the west coast (16)
Vestlandet — West Norway; one of the five geographical divisions of Norway (18)
på Vestlandet — in West Norway (18)
vestlig (adj) — western (*25*)
vestlig – vestlige
vet (v) — know (7) cf **vite**
vevd (adj) — woven (T)
vevd – vevde
vi (pn) — we (1)
vi – oss
vidde (n) — mountain plateau (27)
ei vidde – vidda
videre (adv) — further, on (5)
og så videre (osv.) — and so forth (etc.) (8)
videregåendeskole (n) — secondary education at the advanced level, junior college (*18*)
en videregåendeskole – videregåendeskolen
vidunderlig (adj) — marvelous, miraculous (22)
vidunderlig – vidunderlige
vie (v) — marry, perform marriage ceremony (*26*)
å vie – vier – viet – har viet
vie seg — get married (*26*)
vielse (n) — wedding (26)
en vielse – vielsen
Vigeland, Gustav (1869–1943) — Norwegian sculptor (T)
vikeplikt (n) — obligation to yield to other traffic (*23*)
en vikeplikt – vikeplikten
viking (n) — viking (14)
en viking – vikingen
vikingtokt (n) — viking raid (28)
et vikingtokt – vikingtoktet – vikingtokt – vikingtoktene
viktig (adj) — important (14)
viktig – viktige
vil (v) — want to, will (8) cf **ville**
vill (adj) — wild; astray, lost (*27*)
vill – vilt – ville
gå seg vill — lose one's way, get lost (27)
ville (v) — want to, will
å ville – vil – ville – har villet (23)
vil — want to, will (8)
ville — wanted to, would (15)
har villet — have wanted to (23)
(noen) vil at (noen) skal (gjøre noe) — (someone) wants (someone) to (do something) (26)
vin (n) — wine (15)
en vin – vinen
vind (n) — wind (*28*)
en vind – vinden
vindu (n) — window (5)
et vindu – vinduet
vindusplass (n) — window seat (on train, plane, etc.) (21)
en vindusplass – vindusplassen
vinke (v) — wave, signal (23)
å vinke – vinker – vinket – har vinket
vinkende (adj) — waving, blinking (*27*)
vinne (v) — win (*18*)
å vinne – vinner – vant – har vunnet
vinter (n) — winter (22)
en vinter – vinteren – vintrer – vintrene
om vinteren — in the winter (22)
i vinter — this winter (22)
virke (v) — seem, appear (T)
å virke – virker – virket – har virket

virkelig (adj) — actual, real; (adv) really (19)
virkelig – virkelige
virkelighet (n) — reality (*24*)
en virkelighet – virkeligheten
virkning (n) — effect (25)
en virkning – virkningen
vise (v) — show (11)
å vise – viser – viste – har vist
det vil tiden vise — time will tell (24)
vise seg — become apparent, appear (*25*)
viskelær (n) — eraser (4)
et viskelær – viskelæret – viskelær – viskelærene
viss (adj) — certain (T)
viss – visst – visse
visst (adv) — indeed, surely (26)
visste (v) — knew (17) cf **vite**
vite (v) — know (7)
å vite – vet – visste – har visst (17)
vitenskap (n) — science (*24*)
en vitenskap – vitenskapen
vitenskapsmann (n) — scientist, scholar (*28*)
en vitenskapsmann – vitenskapsmannen – vitenskapsmenn – vitenskapsmennene
vogge (n) — cradle, birthplace (27)
ei vogge – vogga
vogn (n) — railway car (21)
ei vogn – vogna
vokal (n) — vowel (*1*)
en vokal – vokalen
lange vokaler — long vowels (*1*)
korte vokaler — short vowels (*1*)
vokse (v) — grow, increase (11)
å vokse – vokser – vokste – har vokst
vokse fram — grow up, spring forth (25)
vond (adj) — bad, painful, difficult
vond – vondt – vonde
vond – verre – verst (comp)
ha vondt i (hodet) — have pain in (the head), have a (head)ache (24)
gjøre vondt — hurt (24)
vott (n) — mitten (21)
en vott – votten

vær (n) — weather (13); air (*25*)
et vær – været
til værs — in the air (25)
rekke hånden i været — raise one's hand (28)
værbitt (adj) — weather-beaten (*27*)
værbitt – værbitte
være (v) — be (3)
å være – er – var – har vært
vær så god — here you are (handing somebody something) (4); please come to the table (15)
værelse (n) — room (5)
et værelse – værelset
værmelding (n) — weather report, forecast (27)
en værmelding – værmeldingen
vært (v) — been (13) cf **være**
våge (v) — dare, risk (27)
å våge – våger – våget – har våget
den som intet våger, intet vinner — nothing ventured,nothing gained (*18*)
våkne (v) — wake, waken (*18*)
å våkne – våkner – våknet – har våknet
våningshus (n) — farmhouse (T)
et våningshus – våningshuset – våningshus – våningshusene
vår[1] (pn) — our, ours (9)
vår – vår – vårt – våre
vår[2] (n) — spring, springtime (22)
en vår – våren
om våren — in the spring (22)
i vår — this spring (22)
vårsol (n) — spring sun (*22*)
ei vårsol – vårsola

W

Wergeland, Henrik (1808–1845) — Norwegian poet and patriot (*28*)

Y

yngre (adj) — younger (20) cf **ung**
yngst (adj) — youngest (20) cf **ung**
yrkeskole (n) — trade school (*18*)
en yrkeskole – yrkeskolen

ytre (adj) — outer (T)
ytre – ytterst (comp)
ytterst (adj) — outermost (T) cf **ytre**

Æ

ære[1] (v) — honor, respect (**26**)
å ære – ærer – æret – har æret
ære[2] (n) — credit, praise (**28**)
en ære – æren

Ø

ødelegge (v) — ruin, destroy, spoil (**25**)
å ødelegge – ødelegger – ødela – har ødelagt
økonomi (n) — economics (*18*)
en økonomi – økonomien
økonomisk (adj) — economic, economical (**25**)
økonomisk – økonomiske
økonomisk sett — from an economic point of view (**25**)
øl (n) — beer (**17**)
et øl – ølet
ølbolle (n) — wooden ale bowl (T)
en ølbolle – ølbollen
ønske (v) — wish (**11**)
å ønske – ønsker – ønsket – har ønsket
ønske (noen) velkommen — wish (someone) welcome (**11**)
ønske seg — wish for oneself (T)
øre[1] (n) — øre (coin), 1/100 of a Norwegian crown (**4**)
en øre – øren – øre – ørene
øre[2] (n) — ear (*24*)
et øre – øret
ørret (n) — trout (*27*)
en ørret – ørreten
øse (n) — ladle
ei øse – øsa
øst (adv) — east (**14**)
øst for — east of (**14**)
Østlandet — East Norway; one of the five geographical divisions of Norway (**18**)
på Østlandet — in East Norway (**18**)
øve (v) — practice
å øve – øver – øvde – har øvd
øve seg — practice (*7*)
øvelse (n) — practice (*1*)
en øvelse – øvelsen
øverst (adj) — uppermost, highest (T)
øy (n) — island (**14**)
ei øy – øya – øyer – øyene
øye (n) — eye (**24**)
et øye – øyet – øyne – øynene
så langt øyet rekker — as far as the eye can see (**27**)
øyeblikk (n) — moment (**4**)
et øyeblikk – øyeblikket – øyeblikk – øyeblikkene
et øyeblikk — just a moment (**4**)
øyeblikkelig (adj) — instantaneous, immediate (*24*)
øyeblikkelig – øyeblikkelige
øyne (n) — cf **øye** (*24*)

Å

å[1] — to (infinitive marker) (*3*)
å[2] (I) — oh, ah (*4*)
åpen (adj) — open (**20**)
åpen – åpent – åpne
åpne (v) — open (**18**)
å åpne – åpner – åpnet – har åpnet
åpning (n) — opening (*24*)
en åpning – åpningen
åpningstid (n) — business, office hours (*20*)
en åpningstid – åpningstiden
år (n) — year (**3**)
et år – året – år – årene
i (førti)årene — in his/her (forties) (**11**)
i år— this year (**12**)
godt nytt år — Happy New Year (T)
årevis (adv): **i årevis** — for years and years (*24*)
århundre (n) — century (**25**)
et århundre – århundret
det (20.) århundre — the (20th) century (**25**)
årsak (n) — cause, reason
en årsak – årsaken

ingen årsak — don't mention it (19)
årsdag (n) — anniversary (*28*)
en årsdag - årsdagen
årstall (n) — date, year (28)
et årstall - årstallet - årstall - årstallene
årstid (n) — season of the year (22)
en årstid - årstiden
ås (n) — ridge (*27*)
en ås - åsen
åsside (n) — hillside (*27*)
en åsside - åssiden
åt (n) — bait
et åt - åtet
åtte (num) — eight (3)
åttende (num) — eighth (12)
åtti (num) — eighty (3)
åttiende (num) — eightieth (12)

Register (Index of Grammatical Topics)

(*Note:* Page numbers in bold-face type refer to the Grammar Summary.)